Veröffentlichung der Holtzendorff-Stiftung.

Die Sicherung der Gesellschaft gegen gemeingefährliche Geisteskranke.

Ergebnisse einer im Auftrage der Holtzendorff - Stiftung gemachten Studienreise

von

Dr. Gustav Aschaffenburg,
Professor für Psychiatrie an der Akademie für praktische Medizin in Köln a. Rh.

Berlin 1912.
J. Guttentag, Verlagsbuchhandlung,
G. m. b. H.

Vorwort.

Von Zeit zu Zeit erregt die Schreckenstat eines Geisteskranken die allgemeine Aufmerksamkeit, und wenn dann der Kranke auf Grund psychiatrischer Begutachtung freigesprochen wird, so spiegelt sich in den Tageszeitungen, gelegentlich auch in den Verhandlungen der Kammern dieselbe Szene ab: Die Irrenärzte werden beschuldigt, durch die Weichherzigkeit, mit der sie die Bestimmungen über die Unzurechnungsfähigkeit ausdehnen, die öffentliche Rechtssicherheit zu gefährden. Daß dieser Vorwurf, wenn er berechtigt wäre, auch die Gerichte treffen würde, daß auch dann die Besorgnis um die öffentliche Rechtssicherheit angebracht wäre, wenn der Irrenarzt überhaupt gar nicht gutachtlich herangezogen würde, daß die gleichen Bedenken gegen die Entlassung in die unbeaufsichtigte Freiheit bei einer großen Zahl der nicht geisteskranken Verbrecher zutreffen, alle diese Gesichtspunkte treten zurück hinter der allgemeinen Stimmung gegen die Irrenärzte, die nun einmal als die Schuldigen in den Augen des Publikums gelten.

Und doch sind gerade die Irrenärzte aller Länder schon seit Jahren eifrigst bemüht, das Problem zu lösen, wie der Rechtsgrundsatz, daß ein Geisteskranker nicht bestraft werden kann, mit den Bedürfnissen der öffentlichen Rechtssicherheit zu vereinigen sei. Auch ich habe schon seit Jahren mich mit ähnlichen Arbeiten befaßt. Ich habe es deshalb außerordentlich dankbar empfunden, daß mir die Holtzendorf-Stiftung die Mittel zur Verfügung gestellt hat, mir persönlich die wichtigsten der für die Unterbringung gefährlicher Kranker bestimmten Anstalten anzusehen und mich von den Licht- und Schattenseiten selbst zu überzeugen.

Die Fertigstellung der Arbeit hat sich unliebsam verzögert. Einmal deshalb, weil meine Zeit mir nicht erlaubte, innerhalb einer kurzen Frist die über ganz Europa verstreuten Anstalten zu besuchen, dann auch, weil ich es für zweckmäßig hielt, mich nicht auf eine Schilderung des Beobachteten zu beschränken, sondern die ganzen Erörterungen auf eine weitere Basis zu stellen. Es schien mir richtig, auch die gesetzgeberischen Grundlagen einschließlich der überall auftauchenden Projekte in den Rahmen meiner Ausführungen hineinzuziehen und die Notwendigkeit von Sondermaßregeln auch durch statistisches Material zu erläutern.

Wenn ich auch diese dadurch bedingte Verzögerung bedaure, in einer Beziehung ist sie gewiß der nachfolgenden Abhandlung zugute gekommen. Ich habe Zeit gehabt, die Frage nach allen Richtungen zu prüfen und wieder zu prüfen. Ich habe Gelegenheit gefunden, mit Kollegen aus aller Herren Länder meine Auffassung zu besprechen, und so darf ich hoffen, daß die Schlußfolgerungen, wenn sie auch manchen nicht gefallen werden, doch auch denen, die anderer Ansicht sind, Anlaß geben zu neuen Untersuchungen, und daß so vielleicht diese überaus schwierige Frage zu einer endgültigen Klärung kommt.

Inhaltsverzeichnis.

I. Kapitel.

Einleitung.

Die Frage nach der zweckmäßigsten Art der Unterbringung und Versorgung geisteskranker Verbrecher gehört zu den Fragen, deren Bedeutung am besten bei einer historischen Betrachtung verständlich ist; ist sie doch als eine natürliche und unvermeidliche Folge der Entwickelung der ganzen Irrenfürsorge anzusehen.

In den früheren Jahrhunderten, in den ersten Zeiten, in denen wir die Anfänge einer Sonderbehandlung der Geisteskranken wahrnehmen können, im Mittelalter bedingte die Auffassung vom Wesen geistiger Anomalien, daß von all den praktischen und theoretischen Schwierigkeiten, mit denen wir augenblicklich zu kämpfen haben, kaum die Rede sein konnte.

Man begnügte sich, die unbequemen und lästigen Menschen einfach aus der menschlichen Gesellschaft auszuscheiden; je sorgfältiger der Kranke hinter festen Mauern und Gittern eingesperrt war, umso sicherer konnte sich der Gesunde fühlen. Der Gesichtspunkt der Behandlung trat fast ganz zurück; bescheidenen Andeutungen von Behandlungs- und Heilungsversuchen stehen schroffe und brutale Maßregeln als allgemeinüblich gegenüber. „Narrentürme“ und „Torenkisten“ waren die Unterkunftsstätten für Kranke, ja nicht selten fand man es am einfachsten und zweckmäßigsten, Zuchthäuser und Tollhäuser zu vereinigen. Eines dieser Gebäude, in Celle, errichtet 1720—29, trug die kennzeichnende Aufschrift: „Puniendis facinorosis, custodiendis furiosis et mente captis publico sumptu dicata domus.“ Verbrecher und Geistesgestörte wurden ohne weiteres als zusammengehörige Feinde der Gesellschaftsordnung betrachtet. Die ganze Verpflegung und Obsorge der Geisteskranken war vielfach geradezu den Strafgefangenen anvertraut.

Noch ist kein Jahrhundert verflossen, seit diese Gemeinschaft der Kranken und Verbrecher aufgegeben worden ist, und noch ist es kein Jahrhundert, seit zum letzten Male Berichte erschienen, in denen die schändlichen Szenen geschildert werden, die sich bei der üblichen Sonntagsbelustigung, dem Besuche der hinter Gittern wie die wilden Tiere, zuweilen sogar gegen Bezahlung zur Schau ausgestellten Geisteskranken, abgespielt haben. Aber auch diese für unser heutiges Empfinden unbegreiflichen Rohheiten werden verständlich, wenn man sich erinnert, wie sehr das Wesen der Geisteskrankheit allgemein verkannt wurde. Sogar ein unbedingt als bedeutend zu bezeichnender Irrenarzt, Heinroth, vertrat im Anfang des vorigen Jahrhunderts noch die Auffassung, daß Leidenschaften und Sünde die Ursachen der geistigen Erkrankungen seien.

Im Mai 1798, mitten im Toben der Revolution, nahm der französische Arzt Pinel 49 Kranken, die seit Jahren, einer darunter schon 45 Jahre, angekettet waren, die Ketten ab. Dieser Vorgang ist etwas sagenhaft geworden, und es ist mehr als fraglich, ob er sich überhaupt so, wie er überliefert worden ist, abgespielt hat. Die dramatische Ausschmückung der Szene hat vergessen lassen, daß dieser kühne Schritt nicht der erste war, der zur Befreiung der Geisteskranken von den Ketten getan worden ist. Für die Bewertung vor dem Forum der Wissenschaft wird das Verdienst Pinels darum nicht geringer, weil sein Vorgehen nicht ein Experiment war, sondern ein klares, vorbedachtes, zielbewußtes Streben, den Kranken zu helfen.

Noch war aber mit dieser Befreiung von den Ketten wenig geschehen, noch bestand das Instrumentarium der Irrenanstalten aus Folterwerkzeugen aller Art. Die abenteuerlichsten Erfindungen: Drehscheiben und Drehkästen, Schaukeln, Flaschenzüge sollten dazu dienen, die Kranken zu heilen. Neben diesen traurigen Ausgeburten einer irregeleiteten therapeutischen Bestrebung befanden sich weiterhin noch allenthalben Zwangsstühle, Zwangsbetten, und vor allen Dingen die anscheinend unentbehrliche Zwangsjacke. Sie sollte den Kranken der Bewegungsfreiheit berauben und ihm so die Möglichkeit nehmen, seine Umgebung zu schädigen.

Auch die Befreiung von der Zwangsjacke knüpft an bestimmte Namen an. Schon etwa im Jahre 1838 suchte Gardner Hill im Lincoln Asylum[1]) alle mechanischen Zwangsmittel abzuschaffen, und ihm folgte John Conolly, der am 21. September 1839 in Hanwell, damals der größten Irrenanstalt Englands, mit einem Schlage alle Zwangsmittel beseitigte. Zwar hatte auch Conolly schon sonst Vorgänger gehabt, aber ihm gebührt das Verdienst, nicht zögernd und schrittweise, sondern mit kühnem Entschluß und im großen Stile bei einem sehr großen Krankenbestande den Zwang ein und für allemal abgeschafft zu haben.

Das no-restraint-system fand in Deutschland bald begeisterte Anhänger. Auch Gegner, und zwar Gegner, deren Namen damals und noch heute einen guten Klang hatten. Schien es doch undenkbar, tobende und verworrene Geisteskranke anders als durch mechanische Mittel von der Gefährdung ihrer Umgebung zurückzuhalten. Man fürchtete, daß an die Stelle des mechanischen Zwanges die rohen Fäuste der eingreifenden Wärter treten würden. Die Erfahrungen haben allen diesen Befürchtungen nicht Recht gegeben; aber gewiß wäre auch diese Entwicklung nicht so glatt vor sich gegangen, wenn nicht, parallel mit ihr, eine ganz andere Art der ärztlichen Behandlung Geisteskranker eingesetzt hätte.

Der Franzose Parchappe empfahl zuerst Überwachungsabteilungen. Sie sollten hauptsächlich dazu dienen, frisch aufgenommene Kranke einer sorgfältigen Beobachtung und einem zielbewußten Heilversuch zu unterwerfen. Diese Bestrebungen wurden erweitert durch das von Griesinger in den sechziger Jahren entworfene große Programm: Stadtasyle sollten der ersten Unterbringung frisch Erkrankter dienen; hier sollte unter möglichst guter Aufsicht und Pflege der Kranke sofort und ohne umständliche Formalien Aufnahme und Behandlung finden, bis die stürmischsten Erscheinungen der Krankheit abgelaufen waren; die weitere Behandlung sollte dann auf dem Lande stattfinden, wo Gelegenheit zur Arbeit gegeben werden konnte.

Der Gedanke, Kranke durch Beschäftigung zu heilen, war nicht neu. Selbst Heinroth hatte, trotz seiner eigen-

---

[1]) Ives. Penal methods of the middle ages. 1910. S. 171.

artigen Ansicht über die Ursachen geistiger Erkrankungen, die Arbeit als ein wertwolles Heilmittel empfohlen. Schon in den zwanziger Jahren war innerhalb der Anstalt Bicêtre bei Paris der Versuch gemacht worden, Kranke auf den benachbarten Feldern zu beschäftigen, und 1832 wurde eine Meierei in der Nähe von Bicêtre angekauft und mit 100 Kranken Gemüsebau und Schweinezucht betrieben. Bald folgten allenthalben weitere koloniale Irrenanstalten, bis in den siebziger Jahren endlich durch Köppen und Paetz die erste koloniale Irrenanstalt in Alt-Scherbitz (Provinz Sachsen) in einer auch heute noch als musterhaft geltenden Weise errichtet wurde.

Von anderer Seite war eine neue Erfahrung berichtet worden, die der weiteren Ausbildung wert schien. In Schottland hatte man in einer kleinen Irrenanstalt — sie war nur für 100 Kranke bestimmt — den Versuch gemacht, auf die hohen Mauern, die bis dahin alle Anstalten umgaben, zu verzichten. Es ist nicht uninteressant, daß der Zufall den Anlaß gab, diesen Versuch, bevor er sich bewährt hatte, zu wiederholen. In einer anderen schottischen Anstalt hatte man sich genötigt gesehen, um die Anstalt zu vergrößern, die Mauern niederzulegen. Der Wiederaufbau der Mauern hatte sich aus äußeren Gründen verzögert. Die überraschende Erfahrung, daß in dieser Zeit keinerlei Zunahme der Entweichungen zu bemerken war, ermutigte, auf diesem Wege weiterer Freiheitsgewährung fortzufahren, und bald waren in den meisten schottischen Anstalten die Mauern gefallen.

Auch in Deutschland machte man sich bald die guten Erfahrungen mit dem open-door-System zunutze. Mehr und mehr schwanden die hohen — und nebenbei bemerkt kostspieligen — Sicherungsmauern, wenn auch vorerst nur für einzelne Abteilungen, einzelne Teile der Anstalten.

In den letzten 25 Jahren haben die Irrenanstalten noch weitere einschneidende Veränderungen erfahren. Parchappe hatte bei seinen Überwachungsabteilungen die erregten Kranken, da sie die Ruhe und damit die Heilungsaussichten der frisch aufgenommenen Kranken störten, von den Wachabteilungen fernhalten wollen. Auch Scholz, Köppen, Paetz, Ludwig, Meyer und Gudden hatten befürwortet, die erregten Kranken im großen ganzen von der Wohltat der Wachabteilungen auszuschließen. So blieb für diese Kranken ursprünglich nichts anderes übrig, wie die Zelle. Diese Absonderung erregter Kranker in Einzelzimmern hatte aber ihre erheblichen Bedenken. Die Kranken wurden der Aufsicht entzogen; ihre Erregung mußte sich austoben, und was wäre dazu geeigneter gewesen als die Zelle selbst, die dem Bewegungsdrange der Kranken ein unerwünschtes Hemmnis bildete. So wurden die Zellen schließlich aus immer festerem Material gebaut, die Fenster unzerbrechlich in eiserne Rahmen eingelassen; der Aufenthaltsraum für den Kranken glich mehr und mehr einem Käfig für wilde Tiere. Die unbeaufsichtigten und unbeschäftigten Kranken verkamen in der Zelle. Unsauberkeit, wüste Explosionen bei jedem Öffnen der Türe, Zerreißen des Bettzeugs, nacktes Herumlaufen waren an der Tagesordnung. So war es bald offensichtlich, daß gerade frisch Erkrankte in ihrer Erregung ganz besonderer Sorgfalt und Aufsicht bedurften, demnach erst recht aus der Zelle entfernt werden mußten. Die Folgerungen, die sich daraus ergaben, waren leicht zu ziehen. Wollte man diese Kranken, wie es notwendig war, auch unter dauernde Überwachung stellen, so mußten eben zwei Wachabteilungen geschaffen werden, eine für unruhige, eine für ruhige Kranke.

Aus diesem Bedürfnis heraus entwickelten sich unsere modernen Wachabteilungen mit der mehr oder weniger streng durchgeführten Bettbehandlung, entwickelten sich weiterhin die Versuche, sehr schwer erregte Kranke mit Dauerbädern zu behandeln, entsprang das Bestreben, die Zelle ganz zu beseitigen. Jeder dieser Fortschritte wurde mühsam erkämpft. Man darf wohl behaupten, daß sich die Argumente, mit denen man die Abschaffung der Zwangsjacke bekämpft hatte, von denen, die der Abschaffung der Zellen entgegengehalten wurden, nicht sehr wesentlich unterschieden haben. Aber wie der Siegeszug des no-restraint-Systems nicht aufzuhalten war, so wenig die moderne Entwicklung der Irrenfürsorge. Wir gehen nicht zu weit, wenn wir behaupten, daß die heutige Irrenanstalt sich kaum von anderen Krankenhäusern unterscheidet. In nichts, es sei denn darin, daß die Räume etwas größer und freundlicher sind, die Zahl der Pflegerinnen und Pfleger etwas größer ist und die Türen einzelner Abteilungen geschlossen sind. Nichts mehr von Gittern und dumpfen Zellen, erst recht nichts von Zwangsjacken und mechanischem Zwang. Ich habe in 20 Jahren psychiatrischer Tätigkeit nur in ausländischen Anstalten noch Kranke mit Zwangsjacken selbst gesehen, abgesehen von einigen wenigen Fällen, in denen zum Transport eine Zwangsjacke — meist überflüssig — benutzt worden war. Und die jüngere Generation der Psychiater dürfte wohl die Zwangsjacke, wie wir die anderen Apparate früherer therapeutischer Verirrungen nur noch in Museen kennen lernen.

Das moderne Programm der Irrenfürsorge ist zurzeit wohl unumstritten folgendes: Für Kulturzentren, in denen sich die akuten Erkrankungen häufen, bedarf es der Stadtasyle: Aufnahmeabteilungen von nicht allzugroßem Umfang, wo jeder Kranke sofort, ohne umständliche Einforderung von Papieren, zu seiner und seiner Umgebung Sicherung aufgenommen werden kann. Außerhalb der großen Städte befinden sich dann die großen Heil- und Pflegeanstalten, die neben einer Abteilung für körperlich Kranke, für die Unterbringung Erregter und solcher Kranken, die aus irgendwelchen Gründen einer genaueren und sorgsameren Aufsicht bedürfen, zahlreiche Einzelpavillons aufweisen, in denen die Kranken beschäftigt werden, oder von denen aus sie alltäglich zur Arbeit auf dem Felde, die sich als besonders wertvoll erwiesen hat, geführt werden. Die letzteren Abteilungen unterscheiden sich in nichts von großen landwirtschaftlichen Betrieben, außer dadurch, daß die Arbeiter Kranke sind und als solche etwas wohnlichere Räume zur Verfügung haben. Gitter und hohe Mauern sind verschwunden; nur einzelne Abteilungen bedürfen noch der Schutzmaßregeln, auch der verschlossenen Türen; überall sonst ist den Kranken die freieste Bewegung gestattet.

Um den Fortschritt, der darin liegt, ganz ermessen zu können, muß man sich erinnern, daß der weitaus größte Teil der jetzt fleißig auf dem Felde arbeitenden Kranken in früherer Zeit in der Zwangsjacke oder in der Zelle unschädlich gemacht wurde. Es sind die gleichen Kranken, die unter der früheren Behandlungsmethode so gefährlich waren und jetzt so harmlos sind.

Ich muß besonders betonen, daß nicht etwa diese freiere Behandlung die Gefahren für die Umgebung vermehrt hat. Weder die Zwangsjacke noch die Zelle haben es verhindern können, daß von Zeit zu Zeit Kranke ernste Angriffe auf ihre Umgebung gemacht haben. Die Zahl solcher Unglücksfälle hat sich unter der Beseitigung des Zwanges nicht vermehrt, sondern vermindert; wir dürfen wohl annehmen, deshalb vermindert, weil der mechanische Zwang und das jahrelange Eingesperrtsein die Reizbarkeit der Kranken erhöhte, den Groll gegen Ärzte und Wärter gesteigert haben muß. Nicht zum wenigsten mögen auch die Ablenkung durch die Beschäftigung, die Frische und Freudigkeit, eine natürliche Folge der körperlichen Arbeit im Freien, dem Kranken zu einer friedlichen Stimmung verhelfen und ihm die Überzeugung beibringen, daß der Arzt nicht mehr sein Feind ist, der mit roher Gewalt als der Stärkere den Schwächeren niederzwingt, sondern sein Arzt, sein Helfer. Sonst wäre es kaum verständlich, warum wir jetzt trotz der immer wachsenden Größe der Anstalten und der immer mehr gewährten Bewegungfreiheit so selten von Unglücksfällen hören, die früher so überaus häufig waren.

Auch die Entweichungen haben im allgemeinen nicht zugenommen. Wohl kommt es gelegentlich vor, daß ein Kranker entflieht; aber wenn man bedenkt, daß es dazu fast durchweg keiner besonderen Verschlagenheit bedarf, daß keine Mauer, kein Gitter den Kranken von der Freiheit trennen, so muß es fast wundernehmen, wenn so selten ein Kranker Gebrauch von der ihm gebotenen Gelegenheit macht. Hier dürfte wohl der Grund darin zu suchen sein, daß der Kranke sich in der Anstalt wohlfühlt; er stößt nicht überall auf Mauern und Gitter, die ihm zum Bewußtsein bringen, daß er kein freier Mann ist, und ihn eben dadurch versuchen, sich die Freiheit zu verschaffen. Weder Mauern noch Gräben, weder Zellen noch Gitter haben Entweichungen verhindern können. Es gelingt doch auch alljährlich einer recht beträchtlichen Zahl von Verbrechern, aus Gefängnissen und Zuchthäusern zu entweichen. Es ist wahrlich kein geringer Erfolg unserer modernen Irrenpflege, wenn wir feststellen können, daß unsere Kranken nicht, wie zu befürchten war, seit der Einführung des Offen-Tür-Systems in hellen Haufen die Flucht ergreifen, sondern daß die Häufigkeit der Entweichungen seit dem Fallen der Mauern nicht zugenommen hat.

Das vielleicht überraschende Ergebnis dieses kurzen Überblicks über die Geschichte der Irrenfürsorge ist also das:

Die Befreiung der Geisteskranken aus Ketten und Banden, die Beseitigung von Zellen, Gittern und Mauern, die dem Kranken gegebene Bewegungsfreiheit haben nur Vorteil gebracht, für die Kranken nicht nur, sondern auch für die unmittelbare Umgebung der Kranken, die nicht, wie man befürchtet hat, mehr, sondern eher weniger durch die Geisteskranken gefährdet ist.

Diese moderne Bewegung in der Irrenfürsorge, die an die Stelle der Unschädlichmachung und Einsperrung des Kranken eine humane und ärztliche Behandlung setzte, scheint indessen nicht ohne Bedenken für die öffentliche Rechtssicherheit. Das wichtigste und auf den ersten Anblick nur zu berechtigte Bedenken besteht in der Furcht vor der Gefährdung durch solche Kranke, die ein unbeschränktes Maß von Bewegungsfreiheit nicht vertragen.

Jedesmal, wenn ein Geisteskranker durch irgend eine Untat die öffentliche Aufmerksamkeit auf sich lenkt, erhebt sich ein Sturm der Entrüstung. Und immer wieder wird die Frage aufgeworfen, warum man solche Kranke unbedenklich herumlaufen läßt. In den meisten Fällen handelt es sich um Kranke, die bis dahin überhaupt noch nicht in irrenärztlicher Behandlung gestanden haben, und es wäre wohl angebrachter, den Vorwurf an die Adresse derer zu richten, die die Unterbringung eines Geisteskranken durch ein Prozeßverfahren regeln wollen, derer die das Vorurteil unterhalten, als ob Geisteskrankheit ein Makel, die Internierung in einer Anstalt einem Gefängnisaufenthalte gleichzustellen sei. Gerade das Vorurteil gegen die Irrenanstalten verzögert allzu oft die rechtzeitige Versorgung der Kranken und gibt so den Anlaß zu Gewalttaten und Unglücksfällen.

Doch muß zugegeben werden, daß gelegentlich die Gefährdung der Öffentlichkeit von Personen ausgeht, die bereits in Irrenanstalten gewesen und aus diesen entlassen sind. In seltenen Fällen sind auch Irrenanstalten selbst der Schauplatz ernster Ereignisse; so sind in den letzten 10 Jahren bei uns in Deutschland zweimal Irrenärzte die Opfer ihres Berufes geworden. Es verdient aber gleich hier festgelegt zu werden, daß in dem einen Falle wenigstens der Kranke dauernd in der Isolierzelle eingeschlossen war, ein Beweis dafür, daß der traurige Unglücksfall nicht auf die moderne Methode der Behandlung zurückzuführen ist, wie denn auch erfahrungsgemäß in anderen Ländern, wo die Bewegunsfreiheit der Kranken nicht entfernt an die ihnen bei uns eingeräumte heranreicht, ernste Unglücksfälle innerhalb der Anstalten häufiger sind, als bei uns in Deutschland.[1])

Die theoretisch recht ernste Gefahr, die dem friedlichen Staatsbürger durch Geisteskranke droht, ist tatsächlich weit weniger groß als nach einzelnen sensationellen Vorfällen angenommen zu werden pflegt. Wird doch gar zu leicht vergessen, welch ungeheure Zahl von Geisteskranken in den Anstalten untergebracht ist, und wie viele — es sind mehr als die in den Anstalten — sich unbeanstandet in die Freiheit bergen. Doch wäre es verfehlt, aus der zahlengemäß geringen Gefährdung der öffentlichen Rechtssicherheit durch die Geisteskranken den Schluß zu ziehen, es könne ruhig alles so bleiben, wie es war und zur Zeit ist.

Um einen vollen Einblick in die Gefahr zu gewinnen, die der Öffentlichkeit seitens der Geisteskranken droht, ist es notwendig, alle die Kranken, die mit der öffentlichen Rechtssicherheit in Konflikte gekommen sind oder kommen können, zu gruppieren. Dabei ergeben sich folgende sieben Gruppen:

1. Die erste umfaßt diejenigen Kranken, die auf Grund des § 51 RStrGB. oder der entsprechenden Bestimmungen der anderen Strafgesetzbücher freigesprochen worden sind. Kranke also, bei denen der Richter auf Grund eines ärztlichen Gutachtens oder in manchen Fällen wohl auch ohne ein solches auf Grund seiner eigenen Beobachtung zu der Überzeugung gekommen ist, daß sich der Täter, wie der Wortlaut des § 51 RStGB. lautet, zur Zeit der Begehung der strafbaren Handlung in einem Zustande krankhafter Störung der Geistestätigkeit oder Bewußtlosigkeit befunden hat, durch welchen die freie Willensbestimmung ausgeschlossen war.

2. Nicht selten treten bereits in der Voruntersuchung die Krankheitserscheinungen deutlich zutage, oder die Feststellung,

[1]) Aschaffenburg. Die Verantwortlichkeit des Irrenarztes. Allg. Zeitschrift für Psychiatrie. Bd. 56, S. 72.

daß der Angeschuldigte bereits mehrfach in Irrenanstalten war oder entmündigt ist, beweist das Vorhandensein einer ernsten geistigen Erkrankung. In solchen Fällen stellt das Gericht häufig bereits in der Voruntersuchung das Verfahren unter Anwendung des § 51 ein, ohne daß es zur Erhebung der Anklage kommt.

Die beiden ersten Gruppen werden in der Regel unter der gemeinsamen Bezeichnung „verbrecherische Geisteskranke" zusammengefaßt, wodurch ausgedrückt werden soll, daß es sich um Kranke handelt, die verbrecherische Handlungen begangen haben.

Bei der Betrachtung dieser beiden Gruppen verdienen von vornherein zwei grundlegende praktische Bedenken Erörterung. Das erste Bedenken besteht darin, daß bei einer Einstellung des Verfahrens oder bei seiner Freisprechung auf Grund des § 51 RStrGB. unentschieden bleibt, ob der Kranke die ihm zur Last gelegte strafbare Handlung auch wirklich begangen hat oder nicht. Mir persönlich ist, wie wohl jedem vielbeschäftigten Sachverständigen, mehrfach der Fall begegnet, daß ein Gutachten über einen Menschen erstattet werden mußte, bei dem mir ernste Bedenken aufgetaucht sind, ob er tatsächlich die Tat begangen hat. Bei der Hauptverhandlung, wenn es zu einer solchen kommt — in der Gruppe 2 kommt es eben nicht dazu — wird ja regelmäßig neben der Schuldfrage auch die Tatfrage erörtert, und bei der Freisprechung vor der Strafkammer wird das Gericht wohl in den seltensten Fällen darauf verzichten, in der Begründung des freisprechenden Urteils die Tat- und Schuldfrage getrennt zu behandeln. Doch besteht darüber keine Vorschrift, und es ist in das Belieben des erkennenden Gerichts gestellt, ob sie diese wichtige Entscheidung in den Urteilsgründen erwähnen will.

Die Nichtbeachtung des Unterschiedes zwischen der Feststellung, ob ein Angeklagter eine Tat begangen und ob er wegen seiner Krankheit verantwortlich gemacht werden kann, die bei dem Berufsrichter vorkommen kann, ist bei dem Laiengericht eine unabweisliche notwendige Folge des Wortlauts unserer Gesetzesparagraphen, der die Tat eines Unzurechnungsfähigen als „nicht vorhanden" bezeichnet. Das Schwurgericht hat dementsprechend in seinem Spruch es zu erklären, daß nur den Angeklagten für nicht schuldig hält. Es darf sich nicht, wie das bei den Jugendlichen Vorschrift ist, darüber äußern, daß es den Angeklagten für den Täter gehalten hat, aber wegen Unzurechnungsfähigkeit freisprechen mußte. Da außerdem die Protokolle der Verhandlungen des Schwurgerichts keinerlei Notizen über den Inhalt der Zeugenaussagen enthalten — wenigstens in der Regel nicht —, so ist es später unmöglich festzustellen, ob ein Angeklagter freigesprochen worden ist, weil die Verhandlung ergeben hat, daß er als Täter gar nicht in Betracht kam, oder ob sich das Gericht nicht zu einem Schuldspruche entschließen konnte, weil die Schuld nicht mit genügender Sicherheit festgestellt war, oder endlich, ob es auf eine Verurteilung verzichten mußte, weil der Angeklagte unter den Schutz des § 51 zu stellen war.

Und doch hängt nunmehr das weitere Schicksal des Kranken sehr erheblich davon ab, ob von ihm verbrecherische Handlungen zu erwarten sind oder nicht. In dem einen Falle wird man keinerlei Bedenken hegen, den Kranken, vorausgesetzt daß nicht besondere ärztliche Gründe dagegen sprechen, seinen Angehörigen ohne weiteres zurückzugeben. Besteht aber der Verdacht, daß der Kranke gemeingefährlich ist, und dieser Verdacht bleibt bei der schwurgerichtlichen Freisprechung unwiderlegt, so wird niemand so leicht die Verantwortung für den Kranken übernehmen wollen. Er wird dann in einer Irrenanstalt untergebracht werden müssen; so oft aber die Entlassungsfrage in Erörterung kommt, wird man sich durch die vermeintliche, seitens des Kranken begangene Tat von dem Versuche der Entlassung abschrecken lassen. Es ist übrigens auch für den Ruf der Familie nach den bestehenden Vorurteilen nicht dasselbe, ob eines seiner Mitglieder von einem schweren Verdacht deshalb befreit wird, weil sich seine Unschuld im Sinne einer Nichttäterschaft herausstellt, oder ob der Kranke zwar als Täter bekannt, aber wegen Unzurechnungsfähigkeit von der Strafe befreit geblieben ist.

Das andere Bedenken, das bei den ersten beiden Gruppen zutage tritt, besteht darin, daß das Gericht sich darauf beschränken muß, einen Angeklagten wegen Unzurechnungsfähigkeit freizusprechen, nicht aber berechtigt ist, über das Schicksal des Unzurechnungsfähigen mitzubestimmen.

An anderer Stelle werde ich auf die Einzelheiten noch eingehen und dabei auch erörtern, welche Art der Regelung mir als die zweckmäßigste erscheint, um dem Gerichte den notwendigen Einfluß auf die Unterbringung eines gemeingefährlichen Kranken zu sichern. Hier möchte ich mich darauf beschränken, einen praktischen Gesichtspunkt hervorzuheben. Der Strafrichter muß es unbedingt peinlich empfinden, wenn er einen Kranken freisprechen muß, von dem er eine Wiederholung der Straftat mit Wahrscheinlichkeit voraussetzen kann, ohne daß er selbst es zu verhindern vermag. Das habe ich nicht selten gerade von Staatsanwälten in ihren Auseinandersetzungen als Hauptgrund hören müssen, mittels dessen sie eine Verurteilung gegen das ärztliche Gutachten durchzusetzen versuchten. Es klingt wie eine Karrikatur der Rechtspflege und ist doch eine Tatsache, die rechtlich unantastbar ist, daß das Gericht die Aufhebung der Beschlagnahme eines gefährlichen Instrumentes zugleich mit der Freisprechung und Strafentlassung eines Unzurechnungsfähigen verfügen muß[1]. So muß der Strafrichter tatsächlich nicht nur den gefährlichen Kranken wieder entlassen, sondern ihm geradezu das Mittel in die Hand drücken, mit dem er seine Straftat von neuem begehen kann. Das derartige Gedankengänge den Richter in eine innere Opposition gegen die psychiatrische Begutachtung bringen, ist nur zu leicht begreiflich.

Ob die Benachrichtigung der Verwaltungsbehörde die beabsichtigten notwendigen und zweckmäßigen Schritte nach sich zieht, entzieht sich der Kenntnis, entzieht sich dem Einfluß des Richters. Kein Wunder, wenn er dann in allen fraglichen Fällen — und zuweilen auch vielleicht in nicht fraglichen — es vorzieht, lieber den Kranken als den friedlichen Rechtsbürger zu benachteiligen. Ich bin sicher, wir würden mit unsern Gutachten viel leichter bei den Richtern, insbesondere auch bei den Volksrichtern durchdringen, wenn der Richter das Recht hätte, die ihm erforderlich erscheinenden Sicherungsmaßregeln selbst zu treffen. Deshalb entspricht es auch unseren ärztlichen Bedürfnissen, wenn das Urteil nicht nur die Tatfrage und die

---

[1] Aschaffenburg, Beschlagnahme von Waffen freigesprochener Geisteskranker. Monatsschrift für Kriminalpsychologie. VII, 506.

subjektive Schuldfrage getrennt behandeln, sondern auch die Versorgung des Kranken anordnen darf.

3. In die dritte Gruppe möchte ich diejenigen Verurteilten einreihen, die nicht zur Strafverbüßung herangezogen werden können, weil sie nach der Verurteilung in Geisteskrankheit verfallen sind (§ 487 StrPO.), und ferner diejenigen, bei denen gemäß § 203 StrPO. das Verfahren vorläufig eingestellt wird, weil „dem weiteren Verfahren der Umstand entgegensteht, daß der Angeschuldigte nach der Tat in Geisteskrankheit verfallen ist".

Diese beiden, an und für sich rechtlich durchaus verschiedenen Gruppen, habe ich zu einer vereinigt. Bei den ersterwähnten Kranken ist durch Gerichtsurteil die Tatfrage entschieden, der Kranke gilt als überwiesener Täter, der nur durch den Verfall in Geisteskrankheit vor der Verbüßung der Strafe bewahrt bleibt. Bei den anderen Kranken bleibt, ähnlich wie bei den gemäß § 51 StrGB. Freigesprochenen oder außer Verfolgung Gesetzten die Täterschaft ungeklärt. Denn man wird doch wohl auch hier mit der Möglichkeit rechnen dürfen, daß die Verhandlung, deren Durchführung die Geisteskrankheit entgegensteht, den Angeklagten von jedem Verdacht der Täterschaft befreien kann.

Ich habe beide Fälle trotz dieser Verschiedenheit der Rechtslage deshalb in eine Gruppe verschmolzen, weil für beide weit mehr, als vielleicht im allgemeinen angenommen wird, die Wahrscheinlichkeit besteht, daß die Erkrankung mit ihren ersten Anfängen bereits in die Zeit vor der strafbaren Handlung zurückreicht. Die meisten Phychosen entwickeln sich nicht so plötzlich, daß ein bis dahin geistig völlig Gesunder von einem Tag zum anderen erkrankt! Vielmehr läßt eine sorgsame Erhebung der Vorgeschichte, die besonders in der durch die Art der Erkrankung gewiesenen Richtung vorzunehmen ist, meist erkennen, daß schon längst vor dem Bemerktwerden der Erkrankung Symptome mehr oder weniger schwerer Art vorhanden waren, die beweisen, daß die Erkrankung schon lange bestanden hat. Zwischen der Verurteilung und der Strafverbüßung liegt in der Regel nur ein ganz kurzer Zeitraum. Und auch zwischen der Tat und der Verhandlung nur selten ein so langer, daß die später zutage tretende Psychose nicht den Verdacht wachrufen müßte, sie habe schon zur Zeit der Begehung der Tat bestanden.

4. Die weitaus wichtigste Gruppe ist die der Verbrecher, die im Laufe der Strafverbüßung erkranken, denen ich unmittelbar die Kranken anreihen möchte, die trotz ihrer Krankheit im Strafvollzug geblieben sind, aber gleich nach Beendigung ihrer Strafzeit Irrenanstalten zugeführt werden, und endlich diejenigen Kranken, in deren Vorgeschichte eine kürzere oder längere Verbrecherlaufbahn verzeichnet ist. Man hat diese Gruppe vielfach mit dem Namen der geisteskranken Verbrecher bezeichnet und damit kennzeichnen wollen, daß es sich um Verbrecher handelt, die später geisteskrank geworden sind. Auch hier ist es aber notwendig, darauf hinzuweisen, wie oft diese Bezeichnung unzutreffend ist und irreführt. Ich habe ja bei der Gruppe 3 schon auf dies Bedenken eingehend hingewiesen, daß nicht selten die ersten krankhaften Erscheinungen, zumal bei schleichender Entwicklung völlig übersehen werden. Auch bei einer ganz erheblichen Anzahl von Strafgfangenen, die scheinbar während der Verbüßung ihrer Strafe erkrankten, konnte ich, wie das auch schon häufig von anderer Seite geschehen ist, feststellen, daß die Erkrankung nicht im Gefängnis zum Ausbruch gekommen war, sondern dort nur erkannt wurde, daß vielfach die Straftaten bereits in Zuständen geistiger Störungen begangen worden waren, auf die der § 51 hätte Anwendung finden müssen.

Damit soll natürlich nicht die prinzipielle Möglichkeit in Abrede gestellt werden, daß ein geistig gesunder Mensch, jedenfalls gesund in dem Sinne, daß man nicht berechtigt wäre, ihn für seine Straftaten für unverantwortlich zu erklären, später im Strafvollzug geistig erkrankt. Aber wir haben mehr und mehr die Erfahrung machen müssen, daß die Veranlagung zur Erkrankung für ihre Entstehung den wichtigsten Faktor bedeutet. Gewiß mag bei manchem Gewohnheitsverbrecher, in dessen Vorgeschichte keinerlei Zeichen geistiger Abnormität zu finden ist, wohl aber Syphilis oder gesundheitszerrüttende Lebensgewohnheiten wie Vagabondage und Trunksucht vorangegangen sind, der Ausbruch einer psychischen Erkrankung nach langer nervenaufreibender Strafverbüßung in der Strafanstalt selbst erfolgen. Aber von der früher vielfach geäußerten Anschauung, daß die Strafhaft in besonderem Maße geeignet sei, psychische Störungen hervorzurufen, ist man doch im Laufe der Jahre, durch die Erfahrung belehrt, mehr und mehr zurückgekommen, und so wird man sich stets bei Verbrechern, die geisteskrank geworden sind, fragen, ob das Verbrechen in keinerlei Zusammenhang mit der späteren Erkrankung steht, oder ob es nur die Folge einer schon länger bestehenden aber unbemerkt verlaufenen Psychose ist, oder ob das Verbrechen und die geistige Erkrankung als nebeneinander stehende Symptome einer degenerativen Veranlagung aufzufassen sind. Jedenfalls wird man guttun, mit dem Ausdruck geisteskranke Verbrecher nicht allzu freigebig zu sein.

5. Die 5. Gruppe umfaßt diejenigen Personen, die gemäß § 81 StrPO. zur Beobachtung ihres Geisteszustandes auf die Dauer von 6 Wochen in eine Irrenanstalt eingewiesen werden. Man wird allerdings diese Gruppe den anderen nicht gleichstellen dürfen, weil weder die Geisteskrankheit noch die Straftat als erwiesen betrachtet werden können. Zwar lehrt die Erfahrung, daß ein recht beträchtlicher Prozentsatz dieser Untersuchten im Laufe der Beobachtung als geisteskrank erkannt werden. Wird auf Grund der schriftlichen Begutachtung das Verfahren eingestellt, oder der Angeklagte in der mündlichen Verhandlung wegen seiner Geistesstörung freigesprochen, so scheidet er aus dieser Gruppe aus und gehört dann in eine der bisher besprochenen. Ist er aber gesund befunden, so fällt er überhaupt nicht in den Rahmen unserer Betrachtungen.

Aber es konnte doch nicht umgangen werden, diese Gruppe hier zu besprechen, weil sie, je nach der Wertschätzung, deren sich die betreffende Anstalt bei den Richtern der Umgebung erfreut, stets einen mehr oder weniger großen Prozentsatz aller Kranken darstellt. Die Anstalten sind gerade bei diesen Kranken in besonderem Maße verpflichtet, dafür Sorge zu tragen, daß sie nicht entweichen können. Sie unterziehen sich im allgemeinen dieser Verpflichtung recht gerne und nehmen keinen erheblichen Anstoß daran, in solchen Fällen auch neben der ärztlichen Aufgabe sichernde Maßnahmen zu treffen. Das Interesse an diesem zweifellos für die ärztliche Ausbildung überaus wichtigen Krankenmaterial, die fesselnden Probleme der Sachverständigentätigkeit überwiegen so sehr die sonst so oft gehörten Bedenken gegen den Zwang, Sicherungsanordnungen zu treffen, daß die Anstalten durchweg sich der Zuweisung recht zahlreicher Beobachtungsfälle zu freuen pflegen.

Noch aus einem anderen Grunde verdient diese Gruppe unser besonderes Interesse. Zu den Gründen, die gegen die gemeinsame Verpflegung bestrafter und unbestrafter Personen ins Feld geführt werden, gehört auch der, daß den nichtverbrecherischen Kranken das Zusammensein mit kriminellen Elementen nicht zugemutet werden könne. Aber das scheint bei den Anstalten kein Grund zu sein, diese Personen, bei denen doch im allgemeinen wohl die verbrecherischen Eigenschaften, nicht aber die Krankheit feststehen, unbedenklich mit unbescholtenen Kranken zusammenzubringen. Es ist das Verdienst Heilbronners[1]), mit großem Nachdruck auf diesen Gesichtspunkt aufmerksam gemacht zu haben, daß sich bisher trotz aller sonst geäußerten Bedenken noch keine Anstalt gegen die Aufnahme von Beobachtungsgefangenen ablehnend verhalten habe. Wir können daraus mit ihm den für die weitere Erörterung der Frage nach der zweckmäßigsten Unterbringung der geisteskranken Verbrecher überaus wichtigen Schluß ziehen, daß das Bedenken, die nicht bestraften Kranken würden durch das erzwungene Zusammensein mit kriminellen Elementen enpfindlich gestört und geschädigt, keinesfalls sehr ernstlich in die Wagschale fallen kann.

6. Die bisher besprochenen fünf Gruppen sind insofern unter einem einheitlichen Gesichtspunkte zu betrachten, als die Gerichte sich mit den Kranken oder bei den Untersuchungsgefangenen mit den Krankheitsverdächtigen abzugeben genötigt waren; daß also bestimmte kriminelle Handlungen den Anlaß gegeben haben, gegen die Kranken vorzugehen. Nun führen aber nicht immer Angriffe auf die Umgebung, plötzliche Gewalttätigkeiten, versuchte Brandstiftungen, Sittlichkeitsdelikte zum Einschreiten der Staatsanwaltschaft. Dann nämlich nicht, wenn die Angehörigen die Erkrankung richtig erkannt haben und durch die bedenklichen Handlungen sich dazu veranlaßt sehen, den Schritt zu tun, den sie vielleicht schon lange hätten tun sollen, den Kranken in einer Irrenanstalt unterzubringen. Besonders da, wo die Aufnahmebedingungen sehr einfach sind, wie in den meisten Kliniken und

[1]) Heilbronner, Die Versorgung der geisteskranken Verbrecher und Bemerkungen über die Wirksamkeit der Gefängnisabteilungen in Preußen. Monatsschrift für Kriminalpsychologie und Strafrechtsform, Jahrgang I. Seite 269.

Stadtasylen, in die jeder Kranke wie ein körperlich Kranker in ein gewöhnliches Krankenhaus sofort ohne jedes Aufnahmepapier und ohne ärztliches Zeugnis verbracht werden kann, erlebt man es fast täglich, daß Kranke eingewiesen werden, weil sie irgend etwas begangen haben. In der Regel kommen dann diese gemeingefährlichen Handlungen, zumal dann, wenn es nur beim Versuche eines Verbrechens bleibt, gar nicht zur Anzeige.

7. Nahe verwandt mit dieser Gruppe sind endlich diejenigen Fälle, in denen ein Kranker innerhalb einer Irren- oder Epileptikeranstalt Angriffe auf seine Umgebung, auf die Mitkranken und das Personal macht, und bei denen nur die fortdauernde sorgsame Aufsicht es verhindert, daß ernste Folgen entstehen. Zuweilen sind sie trotzdem nicht ganz zu vermeiden, wie das Schicksal einiger Irrenärzte und Pfleger lehrt, die den Angriffen Kranker zum Opfer fielen. Auch in diesen Fällen pflegt ein Eingreifen der Staatsgewalt nicht zu erfolgen. Für unsere Betrachtung aber verdienen diese Kranken die gleiche Bewertung wie alle andern, und nicht selten sogar spielen in den Klagen über die Schwierigkeit der Versorgung gefährlicher Kranker diese eine besonders große Rolle, obgleich sie infolge des Ortes der Tat und des dadurch vorauszusetzenden Zustandes niemals Objekte strafrechtlicher Beurteilung geworden sind.

Der Überblick über die besprochenen Gruppen zeigt, daß ich die Bezeichnung der gemeingefährlichen Kranken nicht davon abhängig machen möchte, ob und wie weit sich der Strafrichter mit diesen Kranken befaßt hat. Und zwar veranlaßt mich dazu die Überzeugung, daß es in den meisten Fällen vom Zufall und von der Umgebung abhängt, welcher der Kategorien der einzelne Kranke zuzuweisen ist. Ein Kranker, dessen Angehörige rechtzeitig für seine Unterbringung gesorgt haben, kommt überhaupt nicht dazu, außerhalb einer Anstalt eine verbrecherische Handlung — verbrecherisch im Sinne einer von einem Nichtgeisteskranken begangenen Tat — zu begehen. Begeht er sie, weil der richtige Zeitpunkt versäumt wird, doch, ohne daß besonders schlimme Folgen entstehen, und ergreift die Familie, durch das Ereignis veranlaßt, die geeigneten Schritte zur sofortigen Unterbringung, so bleibt der Kranke auch weiterhin ein unbescholtener Kranker, von dessen Gefährlichkeit unter Umständen nicht einmal der Irrenarzt unterrichtet wird.

Kommt es aber zur Voruntersuchung, so hängt alles weitere davon ab, ob die krankhaften Erscheinungen so deutlich sind, daß der Richter schon in der Voruntersuchung die Anklage niederschlägt, oder ob die Freisprechung erst in der Verhandlung erfolgt. In diesen Fällen erscheint der Kranke unter dem Namen eines verbrecherischen Geisteskranken.

Entgeht die geistige Störung dem Auge des Richters, und wird sie erst in der Strafhaft festgestellt, ohne daß gleichzeitig erkannt wird, daß schon die Straftat selbst ein Ausfluß geistiger Erkrankung war, so haben wir einen geisteskranken Verbrecher vor uns.

So gehen alle diese Gruppen ohne scharfe Grenze ineinander über. Die genaue Betrachtung ergibt, daß die scheinbar so verschieden zu beurteilenden und zu behandelnden einzelnen Gruppen der gefährlichen Kranken innerlich aufs engste verwandt sind, ja daß der Versuch, sie einer bestimmten Gruppe zuzuweisen, fast stets erkennen läßt, wie wenig zutreffend die auf den ersten Blick so klare und einwandfreie Bezeichnung ist. Damit fällt aber die Möglichkeit fort, die Kranken je nach der ihnen angehängten Marke als geisteskranke Verbrecher oder verbrecherische Geisteskranke verschieden zu behandeln, und wir kommen zu einer einheitlicheren, aber dafür auch ungekünstelten, logischeren Auffassung.

Der Zufall der äußeren Verhältnisse spielt eine zu bedeutsame Rolle, als daß wir uns in der Beurteilung dessen, was zu geschehen hat, von dem Gesichtspunkte leiten lassen dürfen, ob der Kranke mit der Strafrechtspflege offiziell in Konflikt gekommen ist oder nicht, und ebensowenig, in welchem Augenblicke der Strafverfolgung seine Erkrankung erkannt worden ist. Das wäre um so verfehlter, weil die Erkrankung nicht selten den Menschen von Grund auf verändert. Ein Paralytiker, der im Beginne seiner Erkrankung einen Mord begeht, kann schon nach wenigen Wochen so hochgradig verblödet sein, daß er als gänzlich harmlos bezeichnet werden muß. Ein Epileptiker, der in einem Dämmerzustand ein Sittlichkeitsverbrechen verübt hat, wird, auch wenn er wochen- und monate-, ja jahrelang ohne jeden Anfall geblieben ist, stets eine latente Gefahr bedeuten. Ein Trinker, der in einem pathologischen Rausch einen Menschen ersticht, ist in der Anstalt unter erzwungener Alkoholabstinenz ein fleißiger Arbeiter; sein und seiner Umgebung weiteres Schicksal ist nur davon abhängig, ob er in der Freiheit seine Enthaltsamkeit beibehält oder wieder in seine alten Trinkgewohnheiten verfällt.

Mancher Kranker, der in den ersten Jahren seiner Psychose ein stiller und ungefährlicher Insasse einer Irrenanstalt war, kann später unter dem Einfluß wahnhafter Vorstellungen oder sonstiger psychotischer Symptome zu einer dauernden Gefahr für seine Mitpatienten, für Ärzte und Pflegepersonal werden. Ein echter Verbrecher aber, mag er in seinen kriminellen Neigungen noch so bedenklich gewesen sein, kann durch seine geistige Erkrankung zu einem gutmütigen Menschen werden, der in stiller Beschaulichkeit dahinlebt, ohne auch nur in kleinsten Zügen noch an seine alte Verbrechernatur zu erinnern.

Wollten wir die Maßnahmen nur davon abhängig machen, was der Kranke getan hat, und wie das Strafgesetz die Tat wertet, so würden wir jeden geisteskranken Verbrecher mit allen Mitteln moderner Technik lebenslänglich internieren müssen, auch wenn er ganz harmlos geworden ist, den in der Irrenanstalt allmählich immer gefährlicher gewordenen Geisteskranken aber nicht anders behandeln dürfen, wie alle anderen Kranken. Der überflüssige Aufwand in einem Falle, die Unzulänglichkeit der Sicherungsmaßregeln im andern würden bald die Unrichtigkeit des ganzen Vorgehens beweisen.

Wenn wir nicht Gefahr laufen wollen, bald mit Kanonen nach Spatzen zu schießen, bald aber wieder den Brunnen offen zu lassen, obgleich wir wissen, wie leicht jederzeit ein Unglücklicher ein Opfer des allzu formalen Vorgehens werden kann, so müssen wir uns frei machen von dem Gedanken an das Rechtsverhältnis, in dem der Kranke steht, und uns nur nach der einen Frage richten: Ist der Kranke für seine Umgebung gefährlich oder nicht? Und ist er gefährlich, so erhebt sich die weitere Frage, wie ist der Kranke am besten unterzubringen, damit die öffentliche Sicherheit nicht durch seine Handlungen gefährdet wird?

So kommen wir zu dem Schlusse, als gemeingefährlichen Geisteskranken jeden Menschen anzusehen, der infolge oder während einer geistigen Störung die allgemeine Rechtssicherheit erheblich zu gefährden droht[1]). Es wird die Aufgabe der folgenden Kapitel sein, die Erfahrungen zusammenzustellen, die mit den verschiedenen Methoden der Unterbringung bisher gemacht worden sind, und die Gesetze näher zu beleuchten, die sich mit der schwierigen Materie befaßt haben.

---

[1]) Aschaffenburg: Die Behandlung gemeingefährlicher Geisteskranker und verbrecherischer Gewohnheitstrinker. Vergleichende Darstellung des deutschen und ausländischen Strafrechts. Allg. Teil, Bd. 1, S. 108. Otto Liebmann, Berlin.

Inzwischen hat sich auch der Nordostdeutsche Verein für Psychiatrie und Neurologie mit einer Definition des Begriffs der Gemeingefährlichkeit befaßt und sich nach Puppes Vorschlag dahin ausgesprochen: „Gemeingefährlichkeit kann nur unter Berücksichtigung aller Einzelheiten des Falles als vorliegend anerkannt werden. Eine für alle Fälle passende Definition zu liefern, ist unmöglich.“ (Allg. Zeitschr. für Psych. Bd. 5 S. 692.)

II. Kapitel.

Deutschland.

A. Die Gesetzgebung Deutschlands.

Die Fassung des § 51 unseres Reichsstrafgesetzbuches, durch den der Unzurechnungsfähige vor der Strafe bewahrt wird, lautet:

„Eine strafbare Handlung ist nicht vorhanden, wenn der Täter zur Zeit der Begehung der Handlung sich in einem Zustande von Bewußtlosigkeit oder krankhafter Störung der Geistestätigkeit befand, durch welchen seine freie Willensbestimmung ausgeschlossen war.“

Die zahlreichen Bedenken, die gegen die Begriffsbestimmungen und die Wahl der Ausdrücke im Laufe von vier Jahrzehnten geltend gemacht worden sind, können an dieser Stelle um so eher übergangen werden, als die bevorstehende Reform unseres Strafgesetzbuches wohl Gelegenheit geben wird, die Mängel zu beseitigen. Nur eines bedarf hier der Erörterung, das Fehlen einer Handhabe für den Richter, den von ihm als unzurechnungsfähig anerkannten Kranken in zweckmäßiger Weise zu versorgen.

Zwar war man sich bei der Beratung über das Strafgesetzbuch wohl der Schwierigkeiten bewußt geworden, die aus der Freisprechung Geisteskranker dann entstehen müßten, wenn keine weiteren Maßnahmen gegen sie gesetzlich vorgesehen würden. Nach den Verhandlungsberichten hatte der Reichstag sogar in einer Resolution beschlossen, „den Bundeskanzler aufzufordern, im Wege einer Vorlage die Regelung des Verfahrens herbeizuführen, durch welches Personen, die wegen ihres Geisteszustandes oder als Taubstumme für straflos erklärt worden sind, im Falle der Gemeingefährlichkeit einer sorgsamen Beaufsichtigung überwiesen werden".

40 Jahre sind seitdem verflossen, aber es ist nie zu der geforderten gesetzlichen Regelung gekommen. Nur vereinzelt ist durch landesgesetzliche Verordnung ein Ersatz für die Unterlassung versucht worden. So erging in Preußen am 25. Oktober 1882 an sämtliche Justizbehörden und Gefängnisverwaltungen ein Erlaß: „Es ist der Fall vorgekommen, daß ein wegen Geisteskrankheit außer Verfolgung gesetzter Untersuchungsgefangener, ungeachtet seiner Gemeingefährlichkeit, aus dem Gefängnis entlassen worden ist, ohne zugleich der Polizeibehörde überwiesen zu werden. Zur Verhütung ähnlicher Vorkommnisse bestimmt der Justizminister, daß, wenn ein Gefangener wegen Geisteskrankheit aus dem Gefängnis zu entlassen ist, dieser Entlassungsgrund in der betreffenden Verfügung des Gerichts bzw. der Strafvollstreckungsbehörde ausdrücklich anzugeben ist, und daß alsdann der Gefängnisvorsteher den Gefangenen der Polizeibehörde des Entlassungsortes zu überweisen hat. Hiervon wird nur dann abgesehen werden dürfen, wenn der Geisteskranke bei der Entlassung seinen Angehörigen oder seinem Vormund übergeben wird, und hierdurch nach dem pflichtmäßigen Ermessen des Gefängnisvorstehers eine Gefahr für den Entlassenen selbst wie für dritte Personen ausgeschlossen erscheint."

Diese Verordnung leidet an dem Mangel, daß sie sich nur auf die in Haft befindlichen Untersuchungsgefangenen und Gefangenen bezieht, nicht aber auf alle auf Grund des § 51 StGB. Freigesprochenen. Außerdem zeigt die Erfahrung, daß vielfach von dieser Bestimmung kein Gebrauch gemacht wird, und wenn es geschieht, daß dem Gericht und der Strafvollstreckungsbehörde jeder Einfluß fehlt, um die von ihnen als notwendig erkannte Maßnahme dann durchzuführen, wenn die Polizeibehörde den Fall anders beurteilt. Mindestens müßte doch ein Weg gesucht werden, wie im Falle solcher Auffassungsverschiedenheiten die Entscheidung einer höheren Instanz herbeigeführt werden könnte.

Ein weiterer Fehler ist der, daß der Gefängnisvorsteher das Recht hat, einen Kranken seinen Angehörigen zu übergeben, falls er eine Gefahr für ausgeschlossen hält. Wie aber, wenn der Gefängnisvorsteher die zum Erkennen einer drohenden Gefahr notwendigen Kenntnisse nicht besitzt? Und das wird wohl die Regel sein, denn es ist schon für den Fachmann oft unendlich schwierig, mit einiger Sicherheit zu bestimmen, wie sich ein entlassener Kranker in der Freiheit bewähren wird. Um wieviel mehr für einen Laien. Die Verantwortung ist viel zu groß, als daß sie ohne Einschränkung „dem pflichtgemäßen Ermessen" einer einzelnen Person, die nicht einmal für diese Aufgabe vorgebildet ist, anvertraut werden dürfte.

Neben dieser Preußischen Bestimmung bestehen auch noch andere Bestrebungen, durch die versucht wird, den Organen der Rechtspflege Einfluß auf das weitere Geschick freigesprochener Kranker einzuräumen. Fast allgemein besteht die Gewohnheit, von der Freisprechung oder Außerverfolgungsetzung die Polizeibehörde zu benachrichtigen, und vielfach sind sogar die Staatsanwälte direkt angewiesen, die notwendigen Schritte zur Unterbringung der Kranken einzuleiten. Nicht immer aber erfolgen seitens der Gerichtsbehörden die notwendigen Schritte, und, was mehr ins Gewicht fällt, nicht immer wird seitens der Verwaltungsbehörde die Notwendigkeit weiterer Schritte anerkannt.

Diesen Mißständen sucht der Vorentwurf zu einem neuen Strafgesetzbuch durch den § 65 abzuhelfen.

„§ 65. Wird jemand auf Grund des § 63 Abs. 1 freigesprochen oder außer Verfolgung gesetzt, so hat das Gericht, wenn es die öffentliche Sicherheit erfordert, seine Verwahrung in einer öffentlichen Heil- oder Pflegeanstalt anzuordnen.

Auf Grund der gerichtlichen Entscheidung hat die Landespolizeibehörde für die Unterbringung zu sorgen. Sie bestimmt auch über die Dauer der Verwahrung und über die Entlassung. Gegen ihre Bestimmung ist gerichtliche Entscheidung zulässig.

Die erforderlichen Ausführungsvorschriften werden vom Bundesrate erlassen."

Der Vorentwurf sichert also dem Strafrichter das Recht, die Unterbringung im Interesse der öffentlichen Rechtssicherheit anzuordnen, und auch weiter das Recht, zu entscheiden, wenn über die Dauer der notwendigen Verwahrung Meinungsverschiedenheiten entstehen. Warum der Vorentwurf diese Entscheidung in die Hände des Strafrichters gelegt wissen will, wird in der

Begründung des Deutschen Vorentwurfs [1]) folgendermaßen auseinandergesetzt:

„Das Gericht kennt alle Einzelheiten des Straffalles, in dem auch das Vorleben des Täters aufgedeckt ist, hat diesen selbst vor sich gesehen, sich eingehend mit seinem Geisteszustande befaßt, die ärztlichen Sachverständigen in der Regel mündlich gehört, übrigens deren Gutachten nebst dem übrigen Akteninhalt kennen gelernt. Es besitzt also unmittelbare und zuverlässige Erkenntnisquellen. Die Verwaltungsbehörde dagegen entscheidet ohne alle diese Hilfsmittel in der Regel nur auf das Gutachten eines beamteten Arztes hin, der den Kranken oft nur einmal gesehen hat, und allenfalls auf Grund einer Äußerung der örtlichen Polizeibehörde, die es übrigens meist selbst ist, welche die Unterbringung anordnet. Dazu tritt noch, daß gerade die Frage, ob die öffentliche Sicherheit die Verwahrung erheischt, oft am besten durch die mündliche Verhandlung beleuchtet wird, weil diese zeigt, wie der Kranke der Außenwelt gegenübergetreten ist und sich in die Rechtsordnung gefügt hat, so daß aus dem Kriminalfalle selbst nicht selten die Gemeingefährlichkeit hervorgeht. Hiernach ist das Gerichtbesser in der Lage, sich über die Notwendigkeit der Unterbringung ein Urteil zu bilden, als die Verwaltungsbehörde.“

Diese Auffassung ist in dem geschilderten Umfange nicht zutreffend. Der Strafrichter kennt zwar die Akten und die Persönlichkeit des Rechtsbrechers genügend, um ein freisprechendes Urteil ergehen zu lassen, aber doch wohl in den meisten Fällen nicht genügend, um entscheiden zu können, welche weiteren Maßnahmen dann erforderlich sind; ob es ausreicht, den Kranken der Aufsicht einer Familie anzuvertrauen, ob eine Irrenanstalt oder eine Epileptikeranstalt oder welche Art der Verwahrung angezeigt ist. Es fehlt, mehr noch, wie das weiter unten für den Arzt als ein Mangel der Beurteilung angeführt werden wird, die Unterlage, um die Verhältnisse klar zu übersehen, in die der Kranke zurückkehrt, und von deren Gestaltung es vielleicht einzig und allein abhängt, ob der Kranke harmlos bleiben oder von neuem die öffentliche Rechtssicherheit gefährden wird.

---

[1]) Vorentwurf zu einem Deutschen Strafgesetzbuch. Allgemeiner Teil. Berlin. J. Guttentag, 1909, S. 237.

Weit größer noch ist der Fehler, der aus der unmittelbaren Stimmung während der Verhandlung hervorgeht. Unter dem Eindruck einer sensationellen Greueltat wird sich der Strafrichter vielleicht zu allzu schroffen, bei harmlosen Kleinigkeiten dagegen zu allzu milden Maßnahmen verleiten lassen.

Immerhin hat die beabsichtigte zukünftige Regelung gegenüber dem jetzigen Zustande den großen Vorzug, daß der Richter eher geneigt sein wird, das Gutachten des Sachverständigen anzuerkennen, wenn er gleichzeitig das Recht hat, über das weitere Schicksal des Freigesprochenen vorläufig zu bestimmen. Vorläufig, denn alles weitere bleibt auch in Zukunft der Landespolizeibehörde vorbehalten.

Die Begründung wehrt sich zwar ausdrücklich dagegen[1]), daß die angeordnete Unterbringung als „vorläufig" betrachtet werden dürfe, „welcher die endgültige der Verwaltungsbehörde erst nachfolgen muß, und die also durch diese aufgehoben werden kann". Aber tatsächlich hat die Verwaltungsbehörde die Bestimmung über die Dauer der Verwahrung und die Entlassung. Und damit die wichtigste Entscheidung, durch die alle Intentionen des Strafrichters zunichte gemacht werden können; denn es kann ja jederzeit die Entlassung verfügt werden, sobald die Landespolizeibehörde eine weitere Verwahrung für überflüssig hält. Zwar heißt es ausdrücklich: „gegen diese Bestimmung (über die Dauer der Verwahrung und über die Entlassung) ist gerichtliche Entscheidung zulässig." Aber doch wohl nur, wenn das Gericht um Entscheidung ersucht wird; die Landespolizeibehörde wird aber nicht daran denken, ihre eigene Auffassung von der Möglichkeit der Entlassung durch Anrufung des Gerichtes zu durchkreuzen. Tatsächlich geht auch aus der Begründung hervor, daß durch die Möglichkeit, gerichtliche Entscheidung anzurufen, dem Verwahrten selbst und seinem Vertreter ein Rechtsbehelf gegen allzuweit gehendes administratives Ermessen gegeben werden soll. Es heißt dann weiter: „Folgerichtig ist es alsdann, einen solchen Behelf auch dem Staatsanwalt oder einer sonst zu bestimmenden Behörde gegen unzeitige Entlassungsanordnungen zu gewähren." Wie das aber geschehen soll, vor allem woher der Staatsanwalt oder eine sonst zu bestimmende

---

[1]) Begründung S. 239.

Behörde, deren Kennzeichnung fehlt, von der beabsichtigten Entlassung Kenntnis bekommen soll, müßte doch wohl im Gesetze genauer bestimmt werden.

Ungemein wichtig ist die Neuerung, daß für die Entlassung gefährlicher Kranker einheitliche Gesetzesvorschriften in Aussicht stehen. Bisher herrschte in der Richtung in den deutschen Bundesstaaten ein absoluter Mangel an Regelung. Bevor ich darauf näher eingehe, möchte ich noch kurz auf den gleichen Mangel an Einheitlichkeit in bezug auf das hinweisen, was in den einzelnen Bundesstaaten mit den im Strafvollzug Erkrankten zu geschehen pflegt.

In manchen Staaten, so z. B. in Baden und Württemberg, bleiben die Kranken bis zum Strafende in den Irrenanstalten der Gefängnisverwaltung. Man darf wohl auch Sachsen insofern hinzurechnen, als das räumliche Nebeneinander des Zuchthauses und der Irrenanstalt — diese ist nur durch das Tor und dem Hof der Strafanstalt zugängig — letzterer trotz völliger Unabhängigkeit den Charakter eines Adnexes am Zuchthaus gibt. Baden und Württemberg aber behalten in ihren Irrenabteilungen in Bruchsal und auf dem Hohenasperg nur die Männer; die erkrankten Frauen werden in die gewöhnlichen Irrenanstalten überführt. Auch in Baden wird übrigens der Strafvollzug dann nicht bis zu Ende durchgeführt, wenn keine Aussicht auf Besserung mehr besteht.

In Preußen besteht den Vorschriften nach die sorgsamste Methode der Auslese aller psychisch Defekten. Die während der Strafverbüßung der Geisteskrankheit Verdächtigen werden in die den Gefängnissen angegliederten Beobachtungsabteilungen untergebracht. Falls dort eine voraussichtlich dauernde oder wenigstens in absehbarer Zeit nicht heilbare geistige Erkrankung festgestellt wird, wird der Kranke aus dem Strafvollzuge entlassen und in die gewöhnlichen Irrenanstalten eingewiesen. Die Frauen, für die keine Beobachtungsabteilungen errichtet worden sind, werden dagegen gleich, sobald ihr Zustand ein längeres Verweilen in der Strafanstalt als bedenklich erscheinen läßt, als Kranke in die Provinzialanstalten überführt.

Bayern und Elsaß-Lothringen sowie die übrigen Bundesstaaten haben keine eigenen Kriminalirrenanstalten. So zeigt sich also auf diesem Gebiete eine Verschiedenartigkeit der Handhabung, die für die Einheitlichkeit unseres deutschen Rechtslebens sehr unerfreulich ist. Noch mehr gilt das für die Frage, was weiter mit den Kranken, die in die Irrenanstalten eingewiesen worden sind, zu geschehen hat. In den meisten Bundesstaaten hört der Kranke mit dem Ausscheiden aus dem Strafvollzuge oder mit seiner Freisprechung auf, Gegenstand der Rechtspflege zu sein. Es liegt ganz in der Hand des Arztes, ob er den Genesenen oder Gebesserten ohne weiteres in die Freiheit entlassen will, und nur seine ärztliche Pflicht gibt ihm die Richtschnur seines Handelns. Nur ganz vereinzelt, so in Preußen, ist den leitenden Ärzten der Irrenanstalten das Recht beschränkt worden, nach eignem Ermessen zu verfahren.

In dem Erlaß des preußischen Ministers der Medizinalangelegenheiten und des Ministers des Innern, betreffend das Verfahren bei der Entlassung gefährlicher Geisteskranker aus den öffentlichen Irrenanstalten vom 15. Juni 1901, heißt es:

„Das Verfahren bei der Entlassung gefährlicher Geisteskranker aus den öffentlichen Irrenanstalten genügt, wie die Erfahrung gezeigt hat, den Interessen der öffentlichen Sicherheit nicht. Es ist vielmehr erforderlich, daß die Polizeibehörden von der beabsichtigten Entlassung einer nach ihrem Vorleben als gefährlich zu erachtenden Person gehört werden und ihnen Gelegenheit gegeben wird, etwaige Bedenken zum Ausdruck zu bringen, welche aus dem Vorleben und den ganzen wirtschaftlichen und Familienverhältnissen, namentlich auch aus denjenigen, in welche der zu Entlassende demnächst eintreten wird, gegen die Entlassung sprechen. Eine solche Äußerung kann für die Anstaltsleitung, der diese Verhältnisse oft unbekannt sein werden, sowohl im allgemeinen wie mit Rücksicht auf § 832 BGB. nur erwünscht sein. Ferner ist es erforderlich, daß von der Entlassung eines Kranken, bei dem nach seinem Vorleben eine Gefährdung der öffentlichen Sicherheit in Frage kommt, der Polizeibehörde sofort Nachricht gegeben wird, damit sie imstande ist, die erforderlichen Maßregeln zu treffen.

Ew. Exzellenz ersuchen wir ergebenst, zu veranlassen, daß in der dortigen Provinz

1. Geisteskranke, auf Grund des § 51 freigesprochene oder auf Grund des § 203 StrPO. außer Verfolgung gesetzte Personen und geisteskranke Verbrecher, bei denen der Strafvollzug ausgesetzt ist, — sofern diesen Personen ein Verbrechen oder ein nicht ganz geringfügiges Vergehen zur Last gelegt ist —;

2. diejenigen auf Veranlassung der Polizeibehörde aufgenommenen Geistes-

kranken, bei denen die Polizeibehörde ausdrücklich das Ersuchen um Mitteilung von der beabsichtigten Entlassung gestellt hat;

3. sonstige nach Ansicht des Anstaltsleiters gefährliche Geisteskranke aus den öffentlichen Irrenanstalten nicht entlassen werden, bevor dem Landrat, in Stadtkreisen der Ortspolizeibehörde des künftigen Aufenthaltsortes und, wenn dieser außerhalb Preußens liegt, der gleichen für den Ort der Anstalt zuständigen Behörde Gelegenheit zur Äußerung gegeben ist. Die Leiter der Anstalten werden den genannten Behörden unter Mitteilung des Materials zur Beurteilung des Kranken, insbesondere eines eingehenden ärztlichen Gutachtens, die beabsichtigte Entlassung mitzuteilen haben und werden über sie erst nach Eingang der Äußerung der Behörden oder nach Ablauf einer Frist von drei Wochen seit deren Benachrichtigung Entscheidung treffen dürfen. Auch werden sie diese Behörden von der Entlassung sofort zu benachrichtigen haben.

Einer Änderung des Reglements der öffentlichen Irrenanstalten bedarf es zu diesem Zwecke nicht, es genügt vielmehr, wenn die erforderlichen Anordnungen im Verwaltungswege getroffen werden."

Dieser Erlaß hat dann noch eine Ergänzung gefunden durch einen gemeinsamen Erlaß der Minister der Medizinalangelegenheiten und des Innern vom 16. Dezember 1901, in dem bestimmt wird:

„daß die Polizeibehörden in den Fällen, in welchen es sich um die in der Rundverfügung vom 15. Juni d J. unter I aufgeführten Personen, mit Ausnahme der auf Grund des § 51 StrGB. freigesprochenen, handelt, spätestens binnen drei Tagen nach Empfang der Mitteilung des Anstaltsleiters über die beabsichtigte Entlassung diese Mitteilung nebst Anlagen zunächst der an dem Strafverfahren beteiligt gewesenen Staatsanwaltschaft mit dem Ersuchen um eine Äußerung zu übersenden haben. Diese Behörden werden von dem Herrn Justizminister angewiesen werden, ihre Äußerung spätestens binnen einer Woche den Polizeibehörden mitzuteilen. Nach Ablauf dieser Frist ohne Eingang einer Antwort der Staatsanwaltschaft ist die Polizeibehörde zur selbständigen weiteren Verfügung berechtigt. Widerspricht die Staatsanwaltschaft der Entlassung nach Ansicht der Polizeibehörde unbegründeterweise, so ist die Entscheidung des Regierungspräsidenten nachzusuchen. Dies hat stets auch dann zu geschehen, wenn die Staatsanwaltschaft und die Polizeibehörde zwar derselben Ansicht sind, es sich aber um Fälle von besonderer Wichtigkeit und Schwierigkeit handelt. Hierzu sind alle Fälle zu rechnen, in denen die gegen den Verbrecher verhängte Freiheitsstrafe zwei Jahre übersteigt. Die Regierungspräsidenten haben die Entscheidung in den ihnen unterbreiteten Fällen sofort zu treffen. Die Polizeibehörden haben in diesen beiden Fällen auf Grund der Entscheidung des Regierungspräsidenten und in allen sonstigen Fällen auf Grund eigener pflichtgemäßer Prüfung nach Eingang der Äußerung der Staatsanwaltschaft der Leitung der Irrenanstalt mitzuteilen, ob polizeilicherseits gegen die Entlassung Bedenken zu erheben sind. Da die Anstaltsleiter nach der Verfügung vom 15. Juni d. J. berechtigt sind, hinsichtlich der Entlassung der betreffenden Personen Entscheidung zu treffen, wenn sie drei Wochen nach der Benachrichtigung der Polizeibehörde von dieser keine Antwort erhalten haben, so muß der nach vorstehendem erforderliche Schriftwechsel so beschleunigt werden, daß jene Frist in allen Fällen innegehalten wird. Die Polizeibehörden und die Regierungspräsidenten sind hierauf besonders aufmerksam zu machen. Zur Verhütung von Verzögerungen erscheint es ferner geboten, die Anstaltsleiter zu ersuchen, in ihren Mitteilungen an die Polizeibehörden die in Frage kommende Staatsanwaltschaft genau zu bezeichen."

Ein Erlaß des Justizministers vom 6. Januar 1902 regelt endlich auch die Mitwirkung der Justizverwaltung:

Nach näherer Bestimmung eines Runderlasses der Herren Minister der geistlichen, Unterrichts- und Medizinalangelegenheiten und des Innern vom 15. Juni v. J. (M. d. I. IIa 9209, M. d. g. A. M. 6368) (Minist.-Blatt für Medizinalangelegenheiten I. Jahrgang S. 179) liegt es dem Oberpräsidenten ob, im Interesse der öffentlichen Sicherheit zu veranlassen, das aus öffentlichen Irrenanstalten solche Personen, welche nach ihrem Vorleben als gefährlich zu erachten, nicht ohne polizeiliche Mitwirkung zu entlassen sind. Als solche Personen sind in dem Runderlasse unter Ziffer I aufgeführt:

„Geisteskranke auf Grund des § 51 StrGB. freigesprochene oder auf Grund des § 203 StrPO. außer Verfolgung gesetzte Personen und geisteskranke Verbrecher, bei denen der Strafvollzug ausgesetzt ist — sofern diesen Personen ein Verbrechen oder ein nicht ganz geringfügiges Vergehen zur Last gelegt ist —".

An der Benachrichtigung über eine bevorstehende Entlassung der hier bezeichneten Personen haben die Justizbehörden insofern ein unmittelbares Interesse, als eine alsbaldige oder spätere Wiederaufnahme der vorläufig eingestellten Untersuchung oder des ausgesetzten Strafvollzuges in Frage kommen kann, und es den Justizbehörden erwünscht sein muß, sowohl den gegenwärtigen Gesundheitszustand als auch den Verbleib des Beschuldigten oder des Verurteilten zu erfahren. Es entspricht aber auch der Stellung der Staatsanwaltschaft, die ihr etwa bekannten Umstände, welche Bedenken gegen die Entlassung eines ungeheilten Geisteskranken wegen seiner Gemeingefährlichkeit zu begründen geneigt sein könnten, zur Kenntnis der zuständigen Polizeibehörde zu bringen.

Der Runderlaß vom 16. Dezember v. J. sichert der Staatsanwaltschaft eine Mitwirkung bei der Entlassung geisteskranker Verbrecher aus öffentlichen Irrenanstalten, soweit ein Interesse der Rechtspflege an dieser Mitwirkung besteht, und zwar auch, soweit es sich um Strafsachen handelt, in welchen die Strafvollstreckung den Amtsgerichten obliegt. Die nach dem Runderlasse von der Staatsanwaltschaft abzugebenden Erklärungen, für welche die oben hervorgehobenen Gesichtspunkte maßgebend sein müssen, sind, soweit tunlich, umgehend zu erstatten, in jedem Falle aber so zu beschleunigen, daß die

Antwort mit den wieder angeschlossenen Anfragen bei der anfragenden Polizeibehörde innerhalb einer Woche wieder eingeht."

Man hat in den Kreisen meiner Fachgenossen diese Bestimmungen mit großem Mißbehagen aufgenommen, und vielfach sind gegen den in gleicher Richtung sich bewegenden Vorschlag des neuen Strafgesetzentwurfes gleiche Einwände erhoben worden. Man fürchtet die Ausschaltung des ärztlichen Einflusses, die Verdrängung der durch die Krankheit bedingten Gesichtspunkte durch solche der Sicherheitsbehörden. Gewiß muß mit der Möglichkeit gerechnet werden, daß gebesserte oder geheilte Kranke entgegen dem Wunsche des Arztes, nicht zur Entlassung kommen können, weil sich die Verwaltungsbehörden dem widersetzen. Aber mir scheint dieses Bedenken doch ziemlich unbegründet. Die Verwaltungsbehörden urteilen doch nicht ohne Mitwirkung des Arztes. Und in dessen Hand liegt es, den Zustand des Kranken so zu schildern, wie er ihn sieht, und darzutun, wie er sich den weiteren Verlauf der Ereignisse vorstellt. Aber das Zusammenwirken von Ärzten und Verwaltungsbehörden hat doch das Gute, daß ein klareres Urteil über die Zukunft ermöglicht wird. Die Verwaltungsbehörden haben häufig besser als die Ärzte Gelegenheit, sich über die Umgebung, in die der Kranke zurückkehren soll, genau zu unterrichten; davon aber hängt es nicht selten ab, ob der Rückfall eines Kranken bald zu erwarten ist oder nicht.

Und zwar muß hier der Rückfall eines Kranken sowohl in das Verbrechertum wie in die geistige Erkrankung berücksichtigt werden. Die Erkrankung kann, das Verbrechen muß zu einer Gefährdung der Öffentlichkeit führen. Ist die Gefahr neuer Verbrechen groß, gleichzeitig aber wegen der bestehenden Erkrankung die strafrechtliche Verantwortlichkeit ausgeschlossen, so scheint mir die Pflicht des Staates unabweislich, die Öffentlichkeit vor solchen Ereignissen zu schützen. Dann mag wohl ab und zu ein Konflikt entstehen, wenn die Krankheit als solche harmlos ist und erst durch die kriminelle Neigung ihre Gefährlichkeit bekommt. Dann kann es auch geschehen, daß soziale Gründe die Zurückhaltung eines Kranken rechtfertigen, die aus rein ärztlichen nicht begründet werden kann. Die Behauptung aber, die Irrenanstalten würden dadurch zu Strafanstalten, geht von der unrichtigen Voraussetzung aus, daß die kriminelle Gefährdung den alleinigen Grund der Festhaltung bilde. Dabei wird übersehen, daß die kriminelle Neigung doch nur im Verein mit der krankhaften Veranlagung den Ausschlag gibt, und diesem Gedankengang wird man seine Berechtigung nicht versagen können.

Nicht zu verkennen ist, daß der Kranke ein Anrecht besitzt, nicht unnötig in einer Irrenanstalt zurückgehalten zu werden. Wer aber soll im Konfliktsfalle zwischen Ärzten und Verwaltungsbehörden entscheiden? Bisher waren der Kranke und der Arzt in der Beziehung völlig rechtlos. Wenigstens nach der in Preußen gültigen Verordnung kann — theoretisch — die Polizeibehörde die Entlassung eines geheilten Kranken verhindern. Dem soll, wie erwähnt, der neue Entwurf abhelfen. Er bedarf allerdings noch vieler und ernster Erwägungen. Denn man wird doch auch dagegen Einspruch erheben müssen, daß der Strafrichter, der den Kranken nur nach den Akten und — falls er mitgewirkt hat — aus dem Strafprozeß kennt, später, wenn vielleicht eine völlige Änderung des psychischen Zustandes eingetreten ist, eine so wichtige Entscheidung treffen soll. Welches die beste Lösung ist, soll weiter unten erörtert werden, hier genügt es den Mangel an Einheitlichkeit des Verfahrens und seine Reformbedürftigkeit zu kennzeichnen.

Auch in der Art und Weise, wie die einzelnen Bundesstaaten die gefährlichen Geisteskranken versorgen, besteht ein buntes Durcheinander, in dem sich der Kampf der Meinungen über die beste Art der Unterbringung sehr hübsch wiederspiegelt. Ganze Staaten, wie z. B. Bayern verzichten gänzlich auf eine Sonderbehandlung. Andere wie Sachsen scheuen sich nicht, auch solche Kranke, die nie mit den Gesetzen in Konflikt gekommen sind, in eine Anstalt wie Waldheim unterzubringen, der durch das starke Überwiegen der kriminellen Elemente sowohl wie durch den erwähnten Zusammenhang mit dem Zuchthaus der Ruf einer Kriminalanstalt anhaftet. In Preußen gehen die Verschiedenheiten soweit, daß einzelne Provinzen die kriminellen Kranken auf alle Anstalten unterschiedslos verteilen, andere in einzelnen Anstalten in sogenannten Bewahrungshäusern sammeln, daß in der Rheinprovinz sogar das eine Bewahrungshaus an das

Arbeitshaus in Brauweiler, in Ostpreußen an das Korrektionshaus in Tapiau angegliedert ist und trotz dieser Angliederung auch nicht kriminelle Kranke aufnimmt. Zum Teil sind die Bewahrungshäuser nur für solche Kranke bestimmt, die eine ernste verbrecherische Tat begangen oder auf ein längeres Verbrecherleben zurückblicken können; zum Teil ist die Belegung der Bewahrungshäuser unabhängig vom Vorleben und nur durch das unsoziale Verhalten der Kranken bedingt, wie z. B. in Göttingen.

Diese Übersicht läßt wohl zur Genüge erkennen, wie notwendig die Klärung der Frage ist, wohin mit den gefährlichen Kranken. Aber diese Vielgestaltigkeit der Erscheinungen gibt uns gleichzeitig auch ein ausreichendes Material zur Prüfung der Frage und manchen wichtigen Hinweis auf ihre zweckmäßigste Lösung.

B. Die Beobachtungsabteilungen für geisteskranke Verbrecher an den Strafanstalten Preußens.

Im Jahre 1887 wurde bei der Strafanstalt Moabit in Berlin versuchsweise eine Irrenabteilung eingerichtet. Den Anlaß dazu gab die Weigerung der öffentlichen Irrenanstalten, solche Verurteilte, die während des Strafvollzugs den Verdacht einer geistigen Störung wachriefen, zur Beobachtung aufzunehmen. Die günstigen Erfahrungen, die mit dieser Neueinrichtung gemacht wurden, haben schließlich dazu geführt, noch weitere derartige Abteilungen einzurichten, so daß die preußische Gefängnisverwaltung an den unter dem Ministerium des Innern stehenden Gefängnissen und Strafanstalten zur Zeit über sechs derartige, ausschließlich für Männer bestimmte Abteilungen verfügt.

Die Aufgabe dieser Abteilungen besteht darin, die als geistesgestört erscheinenden oder im Verdacht einer Geisteskrankheit stehenden Gefangenen einem Heil- oder Beobachtungsverfahren zu unterziehen. Werden sie als geistig gesund erkannt, oder bessert sich ihr Zustand soweit, daß sie ihre Strafe weiter verbüßen können, so werden sie in den geordneten Strafvollzug zurückversetzt. Sie werden in der Regel versuchsweise in die Hauptanstalt, der die Beobachtungsabteilung angegliedert ist, überwiesen, um dort noch weiter unter psychiatrischer Beobachtung zu bleiben.

Die Dauer des Aufenthalts in der Irrenabteilung soll im allgemeinen sechs Monate nicht übersteigen. Nur dann, wenn sich nach Ablauf dieser Zeit die endgültige Wiederherstellung in kürzester Frist erwarten läßt, kann der Aufenthalt verlängert werden; im anderen Falle berichtet der Arzt an das Ministerium des Innern, das in Übereinstimmung mit dem Justizministerium den Strafvollzug unterbricht, worauf der Kranke in die zuständige, gewöhnliche Irrenanstalt überführt wird.

Wird in dieser später der Kranke für soweit geheilt erklärt, daß der Versuch, die Strafe zu Ende zu verbüßen, wieder gemacht werden kann, so wird der Gefangene nicht sofort wieder in den gewöhnlichen Strafvollzug übernommen, sondern kommt noch einmal in die Beobachtungsabteilung zurück. Diese Maßregel hat sich deshalb als notwendig erwiesen, weil sehr häufig die Besserung, die unter der freien Verpflegung innerhalb der gewöhnlichen Irrenanstalten eingetreten war, den Schädigungen des Strafvollzuges nicht stand hielt.

Mit Recht hebt der Jahresbericht der Strafanstalten [1]) hervor, daß dadurch viele „Schäden, unnötige Kosten, eine lästige Vermehrung des Schreibwerks und vor allem gesundheitliche Nachteile für den Gefangenen entstehen“, und zitiert die Äußerungen des Leiters einer dieser Abteilungen, der in einem Jahre nicht weniger als 12 solcher Fälle beobachtete: „Ein Grund für diesen Mißstand liegt darin, daß den Irrenanstaltsärzten die Einrichtungen des Strafvollzuges vielfach gänzlich unbekannt sind, und sie daher nicht ermessen können, wie der Strafvollzug auf den betreffenden Menschen einwirkt. Unter den günstigeren Lebensbedingungen, wie sie eine Irrenanstalt darbietet, pflegen sich bei den Schwachsinnigen und Degenerierten, welche die überwiegende Mehrheit der geisteskranken Verbrecher bilden, eine Reihe psychopathischer Erscheinungen, insbesondere Wahnvorstellungen und Sinnestäuschungen, allmählich zurückzubilden, die Degeneration und krankhafte Disposition bleibt jedoch bestehen, und auf diesem

---

[1]) Statistik der zum Ressort des Königlich Preußischen Ministerium des Innern gehörenden Strafanstalten und Gefängnisse. Berlin. 1908, Seite CVIII.

Boden werden und müssen akute Geistesstörungen wieder zum Ausbruch kommen, wenn das abnorme Individuum wieder den Schädlichkeiten der Strafhaft ausgesetzt wird.

Eine großzügige, weitschauende psychiatrische Prophylaxe müßte hier einsetzen, um die Degenerierten und zu geistigen Erkrankungen Disponierten durch Unterbringung in besondere Anstalten einerseits vor dem Rückfall ins Verbrechen und andererseits vor dem Rückfall in Geistesstörung zu schützen. In den Irrenanstalten bilden diese geisteskranken Verbrecher die störendsten, unruhigsten Elemente, die fortwährend die anderen Kranken aufwiegeln und nicht selten zu Revolten und tätlichen Angriffen auf die Ärzte und Pfleger Anlaß geben.

Es ist daher verständlich, daß die Leiter der Irrenanstalten bestrebt sind, diese unruhigen, querulierenden Elemente so bald als angängig aus ihren Anstalten zu entfernen. Objekte eines geordneten Strafvollzuges können diese Menschen jedoch nimmer sein, die Strafe hat für sie Sinn und Bedeutung verloren. Ermahnungen und Belehrungen wie Disziplinarstrafen prallen wirkungslos an ihnen ab, ihr Weg führt sie nach kurzer Zeit wieder in die Irrenanstalten. So werden sie wie ein Spielball zwischen Irrenanstalten und Strafanstalten hin- und hergeworfen, und das Ende der Strafzeit ist in manchen Fällen gar nicht abzusehen, weil der Aufenthalt in den Irrenanstalten für die Strafzeit nicht angerechnet wird.

Die jetzige Behandlung der geisteskranken Verbrecher in den Irrenanstalten, das baldige „Abschieben“ derselben in die Strafanstalten ist unwürdig und schädlich. Unwürdig, weil es Aufgabe der psychiatrischen Wissenschaft und der Irrenpflege ist, sich auch der geisteskranken Rechtsbrecher in humaner Weise anzunehmen und durch entsprechende dauernde Fürsorge dem Rückfall derselben in akute geistige Erkrankung vorzubeugen, und direkt schädigend, indem durch Überführung des Degenerierten und Schwachsinnigen in Strafanstalten bei diesen neue geistige Erkrankungen ausgelöst werden.“

Diese Ausführungen kann man wohl als durchaus zutreffend bezeichnen. Sie weisen nachdrücklich auf den Krebsschaden der ganzen Einrichtung hin. Die Irrenanstalten suchen sich tatsächlich gern der unbequemen Elemente zu entledigen, wie ich an zwei besonders drastischen Fällen durch einen meiner Assistenten habe darstellen lassen[1]). Die Strafverbüßung aber scheitert immer wieder, oder doch wenigstens in vielen Fällen, ebenso wie der Versuch, diese unsicheren Elemente in die Freiheit zu entlassen. Es ist deshalb unbedingt als ein Fortschritt zu bezeichnen, wenn derartige Kranke nicht sofort wieder in die Strafhaft kommen, sondern erst wieder der Beobachtungsabteilung zugewiesen werden.

Der im Jahre 1887 gegründeten Abteilung in Moabit folgten 1899 die in Breslau, 1900 in Cöln, 1901 in Halle a. S. und Münster i. W., 1902 in Graudenz. Einige dieser Anstalten hatten noch bis vor kurzem auch die Berechtigung, Untersuchungsgefangene, die gemäß § 81 StPO. zur Beobachtung eingewiesen waren, aufzunehmen. Diese Möglichkeit ist den Anstalten genommen worden, weil in dem Wortlaut des § 81 von öffentlichen Irrenanstalten die Rede ist, und derartige Anstalten nicht gut als öffentliche Anstalten bezeichnet werden können. Im Interesse der Anstaltsärzte ist diese Maßregel sehr zu bedauern. Geht ihnen doch dadurch ein großes Material verloren, dessen Vertretung vor Gericht sie in steter lebendiger Fühlung mit den Anforderungen der Rechtspflege bringt. Allerdings kann ich ein Bedenken nicht verschweigen, das mir während meiner Tätigkeit an der Beobachtungsabteilung in Halle (1901—1904) immer wieder auftauchte, ob die Stationen der Aufgabe gewachsen sind, besonders schwierige Fälle fraglicher Zurechnungsfähigkeit zu beobachten. Der Mangel an Wachabteilungen, in denen auch nachts ein geschultes Personal unmittelbar am Krankenbett den Verdächtigen beobachten kann, das Fehlen eines Hausarztes, der etwa bei Anfällen oder ähnlichen plötzlichen Ereignissen sofort zur Stelle sein kann, gelegentlich auch unzureichende Unterstützung durch das Personal, das nicht der Disziplinargewalt des Arztes, sondern der Gefängnisverwaltung untersteht, alle diese Mängel erschweren unbedingt die einwandfreie Beobachtung.

Die meisten der den Anstalten aus den Gefängnissen und Strafanstalten überwiesenen Kranken kommen erst in späten

[1]) Christian Müller, Ein Beitrag zur Frage der Aufbewahrung und Entlassungsfähigkeit in Landesirrenanstalten untergebrachter geisteskranker Verbrecher. Monatsschrift für Kriminalpsychologie Bd. VI S. 263.

Stadien der Erkrankung zur Aufnahme. Ich kann aus meiner eigenen Erfahrung an der Beobachtungsabteilung in Halle berichten, daß ich zeitweise beinahe so viel Kranke aus dem Gefängnis in Halle, an dem ich gleichzeitig als Arzt tätig war, zur Beobachtung auf die Irrenabteilung verlegte, wie die sämtlichen Anstalten aus mehr als zwei preußischen Provinzen zusammen, die der Geisteskrankheit verdächtige Gefangene nach Halle zu überweisen hatten. Auch in der Statistik der Strafanstalten tritt das klar zutage. In manchen Anstalten sind überhaupt keine Geisteskrankheiten zur Beobachtung gekommen, in andern sehr viele. Es ist gewiß kein Zufall, wenn sich besonders da die Psychosen in der Statistik häufen, wo ein Nervenarzt gleichzeitig die Stellung des Gefängnisarztes versieht.

Der Grund liegt in der mangelhaften Vorbildung mancher Gefängnisärzte in der Psychiatrie[1]) und der vielfach ungenügenden, zuweilen sogar geradezu absichtlich vermiedenen Unterstützung der Ärzte durch die Gefängnisbeamten. Auf Grund seiner Erfahrungen als Arzt an der Strafanstalt in Waldheim hat Knecht[2]) sich so ausgesprochen: „Es kann nicht wundernehmen, wenn unter den für die Erkennung von Psychosen so ungünstigen Verhältnissen der Strafanstalten und bei der daselbst trotz Vingtrinier eingewurzelten Präsumption für Simulation manche Kranke erst dann als geistig gestört anerkannt werden, wenn die ganze Stufenleiter der Disziplinarstrafen sich an ihnen unwirksam erwiesen hat. Solcher Irren bemächtigt sich dann allmählich ein derartiger Grad von Verbitterung und Rachsucht, daß Bosheit und Auflehnung gegen jede Autorität eine gewisse Herzenserleichterung für sie bilden. Man darf daher erwarten, daß eine wesentliche Ursache für das üble Verhalten der irren Verbrecher mit dem Heranwachsen der auf der Universität psychiatrisch gebildeten Generation von Ärzten rasch in Wegfall kommen und damit ein hauptsächlicher Grund zur Errichtung eigner Asyle für diese Klasse von Kranken schwinden wird."

---

[1]) Wilmanns: Psychopathologie des Landstreichers. J. A. Barth, Leipzig 1906. S. 404 und folgende.

[2]) Knecht: Die Irrenstation bei der Strafanstalt Waldheim. Allgemeine Zeitschrift für Psychiatrie. 37, 150.

Diese Worte Knechts sind vor mehr als 30 Jahren geschrieben worden. Wie wenig sich seitdem geändert hat, geht am besten aus einem Satze des erwähnten Berichtes des Ministeriums des Innern hervor: „In einer Anstalt wurden von fünf Krankheitsverdächtigen drei längere Zeit als Simulanten aufgefaßt und alle fünf boten jahrelange Zeichen geistiger Störungen, ehe sie der zuständigen Irrenabteilung überwiesen wurden.“ Die Sucht, überall Simulation zu wittern, wird nicht eher schwinden, als bis die sämtlichen Gefängnisärzte gründliche Kenntnisse in der Psychiatrie besitzen und dafür Sorge tragen, auch die Anstaltsbeamten tunlichst mit den Grundzügen ihrer Wissenschaft vertraut zu machen. Nicht erst die unverkennbare Erkrankung, sondern schon der Verdacht einer solchen müßte den Anlaß geben, die Gefangenen der Beobachtungsabteilung zuzuweisen. Sie ermöglicht eine fachmännische Behandlung und Beobachtung, ohne daß der Gefangene aus dem Strafvollzuge entfernt werden muß. Wenn die Aufgabe der Abteilungen seitens der Gefängnisbeamten und Gefängnisärzte richtig erkannt würde, würde die Zahl der Beobachtungsfälle sehr viel größer sein, als sie zurzeit ist, aber es würde auch häufiger möglich sein, die Kranken aus dem Strafvollzuge zu entfernen, bevor sie völlig verblödet, oder, was schlimmer ist, in den Zustand chronischer Reizbarkeit gekommen sind, in den viele geraten.

Wer längere Zeit in Irrenanstalten tätig gewesen ist, wird die Erfahrung gemacht haben, daß unter den Kriminellen nicht die Schwerkranken mit akuten Erscheinungen die Hauptschwierigkeiten machen, sondern die chronischen Fälle. Die Verkennung geistiger Abweichungen im Strafvollzug führt zu Disziplinierungen, die sich um so mehr häufen, als dem Kranken das Verständnis für die Disziplinarstrafen abzugehen pflegt. So wird er immer gereizter und feindseliger gegen seine Umgebung, bis schließlich ein Kranker, der vielleicht bei rechtzeitiger Entfernung aus dem Strafvollzuge harmlos geblieben wäre, als ein gefährliches Kunstprodukt in die gewöhnlichen Irrenanstalten überführt werden muß. Auch einer der letzten Jahresberichte des preußischen Ministeriums des Innern erklärt: „Eine sorgfältige Beobachtung der Gefangenen in der Richtung auf geistige Mängel ist nicht nur vom humanitären, sondern auch vom praktischen Verwaltungsstandpunkte aus fruchtbar."[1])

Die ganze Einrichtung der Beobachtungsabteilungen ist noch zu neu, als daß in einem so schwerfälligen Mechanismus, wie ihn die vielköpfige Gefängnisverwaltung bedeutet, der Wert der Abteilungen schon jetzt ungetrübt und in vollem Umfange zutage treten könnte. Die prinzipielle Forderung, von der vom Standpunkt des Irrenarztes aus nicht abgewichen werden kann, ist die, daß sämtliche Gefängnisärzte sich über eine längere Tätigkeit an einer öffentlichen Irrenanstalt ausweisen können. Noch im Jahre 1889 vertrat Krohne[2]) den Standpunkt, daß die Spezialisten irgendwelcher Art „auf das Ängstlichste zu vermeiden sind, die in wissenschaftlichem Eifer vergessen, daß in einer Strafanstalt der Vollzug der gesetzlichen Strafe die erste Rolle spielt und nicht der medizinisch-wissenschaftliche Versuch; daß die Forderungen des Arztes ihre festbestimmte Grenze haben an der Tatsache, daß es das Geld des ehrlichen Steuerzahlers ist, welches für den die Gesellschaft gefährdenden Rechtsbrecher aufgewendet wird." Ich glaube, gerade die sorgfältige spezialistische Ausbildung aller Gefängnisärzte käme nicht nur dem Strafvollzug, der Rechtspflege, der öffentlichen Rechtssicherheit, sondern auch dem steuerzahlenden Bürger zugute. Krohne ist später selbst zu der Überzeugung gekommen, daß die Anstellung von Fachleuten mindestens für die Beobachtungsabteilungen notwendig ist. Für diese ist eine zweijährige psychiatrische Vorbildung als Voraussetzung der Anstellung gefordert worden, wenn auch leider vereinzelte Male schon von dieser Forderung abgewichen worden ist. Sie scheint mir aber unerläßlich für die Beobachtungsabteilungen und eine ebensolange Ausbildung in der Psychiatrie überhaupt als Voraussetzung erforderlich für alle im Gefängnisdienst tätigen Ärzte. Dann würde bald der Strafvollzug von all den Elementen gesäubert sein, die für die Verbüßung einer Strafe ungeeignet sind. Mindestens ebensohoch aber schätze ich den Gewinn, der der öffentlichen Rechtssicherheit dadurch zugute kommt, daß die Kranken

---

[1]) Statistik der Strafanstalten und Gefängnisse für das Rechnungsjahr 1907, S. CXII.

[2]) Krohne, Lehrbuch der Gefängniskunde. Stuttgart 1899. S. 522.

rechtzeitig in psychiatrische Obhut kommen, bevor die Schädigungen eines unzweckmäßigen Strafvollzugs sich dauernd eingewurzelt haben, und bevor aus den bei sofortiger Überführung in geeignete Behandlung harmlosen Kranken reizbare, unzufriedene, mißtrauische, in stetem Kampfe mit der Umgebung lebende Menschen geworden sind, wie wir sie jetzt alle Augenblicke aus den Strafanstalten in die Irrenanstalten eingeliefert bekommen.

Moabit.

Die älteste aller Beobachtungsabteilungen, die Berliner, liegt auf dem Terrain der Strafanstalt Moabit und besteht aus einem großen langgestreckten Einzelbau, der ursprünglich für 40 Kranke bestimmt war, 1898 aber durch Erweiterungsbauten auf eine Aufnahmefähigkeit von 55 Kranken gebracht wurde. Sie enthält 15 für Kranke bestimmte Einzelzellen, von denen fünf als Sicherungszellen und zehn als Absonderungsräume bestimmt sind; zwei von diesen befinden sich in einem Kellergeschoß, was ärztlicherseits zu beanstanden ist. Von den neun Gemeinschaftsräumen dienen drei als Aufenthaltsräume, drei als Schlafräume, ein Raum als Überwachungsabteilung und einer als Reserve- und Kirchenraum. Die Verzettelung der Isolierräume über vier Stockwerke, zwei feste Zellen im Kellergeschoß und drei im Erdgeschoß, vier Einzelzimmer im ersten und sechs im zweiten Stock machen es fast unmöglich, die Kranken ausreichend zu überwachen.

In den Sicherungszellen sind die Fenster aus schmiedeeisernem Profileisen mit unzerbrechlichem Rohglas gefertigt. Der Boden besteht aus Eichenriemen in Asphalt gelegt. Das Bettlager befindet sich auf dem Fußboden. Eß-, Wasch- und Nachtgeschirr bestehen aus gepreßter Pappe.

In allen übrigen Zellen befinden sich Bettstellen, Tische und Leibstühle. In den gemeinsamen Räumen sind die Öfen durch Drahtgitter abgeschlossen, die Zellen werden durch Öfen von außen geheizt.

An der Irrenabteilung Moabit sind zwei Ärzte angestellt.

Die ganze Irrenabteilung ist von einer besonderen Umwährungsmauer begrenzt; neben dem erfreulich großen und gartenmäßig angelegtem Hofe befindet sich noch ein kleinerer für besonders unruhige Kranke.

Breslau.

Die Breslauer Beobachtungsabteilung[1]) besteht aus einem dreigeschossigen, dem Zentralgefängnis angegliederten Gebäude. In dem Erdgeschoß befinden sich drei Zellen für unruhige Kranke und am entgegengesetzten Ende des Flurs ein großer Arbeitsraum. Das Erdgeschoß ist nur drei Meter hoch, was für Krankenräume nicht ausreichend ist, wenn auch den gesetzlichen Vorschriften für den Luftraum Genüge geleistet ist. Verfehlt ist auch die abgelegene Lage dieser lm Erdgeschoß untergebrachten Zellen. Gerade Kranke, die allein in einer Zelle liegen, sollten doppelt sorgfältig überwacht werden.

In dem ersten Stock ist ein Flügel durch körperliche Kranke in Anspruch genommen, der andere enthält neben dem Zimmer des Arztes und der Apotheke und einem Aufseherzimmer nur ein Einzelzimmer für einen unruhigen Kranken und einen großen Schlafraum mit acht Betten. Im Obergeschoß befinden sich zwei große Räume, der eine als Schlafraum, der andere als Tageraum gedacht. Daneben noch vier Zimmer für unruhige Kranke. Die beiden großen Schlafräume haben den großen Fehler, daß sie nicht von der Türe aus bis in alle Winkel hinein beaufsichtigt werden können. Die Kombination der Spülzelle, in der die Klosetteimer gespült werden, mit einem Bad ist im höchsten Grade zu beanstanden.

Die Höchstzahl, bis zu der die Irrenabteilung belegt werden darf, beträgt 39 Kranke. Außer dem Oberaufseher und sieben Aufsehern werden zu Hausarbeiten noch gesunde, besonders sorgsam ausgesuchte Gefangene verwendet, damit das Pflegepersonal sich ganz ausschließich dem Krankendienst widmen kann.

Graudenz.

Die Beobachtungsabteilung für geisteskranke Gefangene im Zuchthaus zu Graudenz ist am 1. April 1902 eröffnet worden. Sie ist durch eine besondere Umfassungsmauer von dem Hofe der Anstalt getrennt, auf deren Gelände sie liegt. Der zweigeschössige

[1]) Bonhoeffer: Irrenabteilungen an Gefängnissen. Monatsschrift für Psychiatrie und Neurologie. 1899. S. 231.

Bau ist zur Aufnahme von 50 Kranken bestimmt. Im Kellergeschoß sind drei Zimmer als feste Zellen gebaut, die im Notfalle benutzt werden sollen. Ärztlicherseits wird man dazu schwerlich seine Zustimmung geben können.

Im Erdgeschoß ist ein großer Wachsaal für zehn unruhige Kranke. Da der Wachsaal senkrecht zur Längsachse des Hauses ungefähr vier Meter vorspringt, so ist der eine Winkel des Saales jeder Aufsicht entzogen. Im selben Geschoß befinden sich vier Einzelzimmer, die als feste Zellen gebaut sind, ein Zimmer für den Oberaufseher, in dem Nachts ein zweiter Nachtaufseher schläft, der durch von allen Seiten dorthin geführte Klingelzüge sofort herbeigerufen werden kann. Außerdem liegen im Erdgeschoß noch die Zimmer des Arztes und ein Baderaum, sowie ein davon, im Gegensatz zu Breslau, getrennter Spülraum. Auch im ersten Stock ist ein Wachsaal für zehn Kranke. Er ist leichter zu überwachen, da eine große Glastür das neben ihm liegende Aufseherzimmer mit ihm verbindet. Der unübersichtliche Winkel besteht auch in diesem Saal, ebenso wie in dem im zweiten Stock darüberliegenden Schlafsaal für zehn ruhige Kranke. Der erste Stock enthält dann weiter noch einen Arbeitssaal, ein Zimmer für ruhige Kranke und drei Einzelzimmer, sowie ein weiteres Bad. Der zweite Stock zwei Schlafsäle für zehn ruhige Kranke und zwei Arbeitssäle. Die Fenster der Isolierzellen im Erdgeschoß sowie die unteren Scheiben im Wachsaal für unruhige Kranke bestehen aus 22 mm dickem Rohglas. Alle übrigen Fenster sind durch starke Eisenstäbe von außen gesichert.

Die Gebäude werden durch Zentralheitzung erwärmt und durch Gasglühlicht erleuchtet. Als Beschäftigung ist Stuhlsitz- und Mattenflechten sowie Dütenkleben vorgesehen.

Halle a. d. S.

Die Beobachtungsabteilung am Strafgefängnis in Halle ist für 50 Kranke bestimmt. Der Bau ist durch Umbau eines früher schon bestehenden Magazin- und Lazarettgebäudes dem jetzigen Zwecke angepaßt worden. Er liegt auf dem Terrain des ehemaligen Zuchthauses und jetzigen Strafgefängnisses; insofern sehr ungünstig, als die eine Front den Beamtenhäusern gegenüber liegt, und zwar in sehr geringer Entfernung, die andere in etwas größerer Entfernung von einer Reihe von Privathäusern.

Das Terrain zeigt eine Niveaudifferenz, und es ist dadurch ermöglicht worden, in dem Kellergeschoß Räume zu gewinnen, die in gleicher Fußbodenhöhe wie ein daranstoßender Spazierhof liegen.

Im Kellergeschoß sind drei Arbeitsräume für die Kranken angelegt worden und ferner zwei feste Zellen. Diese waren allerdings derartig feucht, daß sie zur Zeit meiner Tätigkeit an dieser Beobachtungsabteilung (1. April 1901 — Tag der Eröffnung — bis zum 1. August 1904) von mir niemals benutzt worden sind und wohl auch schwerlich seitdem in Benutzung genommen werden konnten. Zwei der Arbeitsräume dagegen sind ausreichend groß und luftig.

In dem Erdgeschoß befanden sich anfangs nur zwei feste Zellen; eine Reihe weiterer Einzelzimmer sowie ein ursprünglich als Wachraum gedachter Raum wurden aber dann noch in Einzelzimmer und feste Zellen verwandelt, so daß im ganzen zwölf zur Verfügung stehen. Die Fenster einiger dieser Zellen sind, ohne daß der Arzt über die Zulässigkeit gefragt worden wäre, mit undurchsichtigem Glas versehen worden und dadurch für die Unterbringung Kranker zu dunkel, abgesehen davon, daß es für das Befinden der Kranken auch nicht gleichgültig ist, wenn ihnen wochen-, unter Umständen sogar monatelang jeder Ausblick ins Freie unmöglich ist. Zwei große Schlafräume dienen als Überwachungsräume. Sie sind hell und luftig und ermöglichen eine ausgiebige Überwachung.

Im ersten Obergeschoß befindet sich ein Tageraum für 20 Kranke, außerdem noch sechs Einzelzimmer. Bei diesen ist durch sogenannte U b e r sche Blenden, undurchsichtige den Fenstern von außen vorgesetzte Vorfenster, das Hinausblicken der Kranken unmöglich gemacht worden. Die unmittelbare Nachbarschaft des Beamtenhauses hat zu dieser Maßregel Anlaß gegeben. Das Interesse der Kranken mußte gegen das Interesse der Beamten zurücktreten. Warum aber neben den Blenden noch seitlich Blechkappen angebracht werden mußten, die auch jeden seitlichen Ausblick hindern, habe ich nie begreifen können. Vom Standpunkt des Arztes aus ist diese Einrichtung höchst bedauerlich. Ich habe oft gesehen, wie Kranke, zumal dann, wenn sie sich — aus krankhaften Gründen — weigerten, ins Freie zu gehen, unter dieser völligen Abgeschlossenheit von der Außenwelt, die ihnen nicht einmal den Anblick des blauen Himmels erlaubte und keinem Sonnenstrahl den Zutritt zu diesen Einzelzimmern gestattete, empfindlich gelitten haben.

Der Garten der Abteilung ist groß und luftig, nur fehlt es etwas an gärtnerischem Schmuck, der ihn freundlicher machen würde.

Das zweite Geschoß des Hauses dient als Lazarett für körperlich Kranke.

Das Pflegepersonal der Irrenabteilung bestand ursprünglich aus einem Oberpfleger und sieben Pflegern. Von vornherein war diese Zahl unzulänglich in Anbetracht dessen, daß die preußischen Gefängnisbeamten nicht über zehn Stunden Dienst im Tage zu tun haben. Infolgedessen standen, da die Nachtwache ohnedies ganz vom Tagesdienst entbunden war, dauernd immer nur höchstens vier bis fünf Pfleger zur Verfügung. Damit war die Aufsicht nur schwer durchzuführen, zumal die Verzettelung der Abteilung auf drei Stockwerke eine genügende Aufsicht überhaupt kaum ermöglichte. Erst nachdem bei einem Ausbruch, an dem sich sieben Kranke beteiligten, ein Aufseher, der geknebelt worden war, erstickt war, wurde die Zahl der Pfleger auf elf erhöht.

Auf Grund meiner Erfahrung möchte ich über die Kranken folgendes bemerken: Besonders schwierige Elemente waren fast ausnahmslos diejenigen Kranken, die nicht an schweren Psychosen litten, sondern die dem Grenzgebiete entstammenden, die Schwachsinnigen, Epileptiker und die Hysterischen. Sie waren auch stets diejenigen, die andauernd mit Klagen kamen, sich gegenseitig durch Beschwerden aufregten und aufhetzten. Außerordentlich schädlich wirkte in dieser Richtung der Zusammenhang mit dem Strafgefängnis dadurch, daß unvermeidlich die Auffassung der Gefängnisbeamten mit der meinigen auseinander gehen mußte. Die Besuche der Gefängnisbeamten, die stets in Abwesenheit des Arztes erfolgten, führten sehr häufig zu Konflikten, die in Gegenwart des Arztes nicht entstanden wären. Auch sonst erwies sich der Zusammenhang mit dem Strafgefängnis als erschwerend für den Dienst. So beispielsweise bei der Korrespondenz der Kranken. Ich hätte als Arzt sehr häufig nicht nur den Kranken das Schreiben an ihre Angehörigen erlaubt, wo die Gefängnisordnung eine vorherige Anmeldung des Schreibens verlangte und dadurch eine Verzögerung um eine Woche hervorrief, sondern geradezu veranlaßt. Auch das Pflegepersonal wurde, obgleich nur früher bereits in Irrenanstalten tätig gewesene Pfleger angestellt wurden, durch die fortdauernde Berührung mit dem Gefängnispersonal angesteckt und witterte überall Simulation und Böswilligkeit bei den Kranken.

Man unterschätze diese Kleinigkeiten nicht; so harmlos jeder einzelne Vorfall ist, so wirkt die Summe dieser kleinen Erschwernisse auf die Kranken im höchsten Maße ungünstig und führt zu Aufregungen, Drohungen, nötigt zu Isolierungen, die unter ausschließlich ärztlicher Leitung nicht vorkommen würden.

Allerdings steht die Gefängnisverwaltung auf dem Standpunkte, daß es bei den zur Beobachtung ihres Geisteszustandes eingelieferten Kranken sich durchweg um Gefangene handelt, die der Geistesstörung verdächtig sind, nicht aber um Kranke, deren Zustand feststeht. Um diesen Standpunkt richtig bewerten zu können, muß man sich der S. 43 erwähnten Äußerung der Aufsichtsbehörde erinnern und nicht weniger auch der ernsten Klagen aller psychiatrisch gebildeten Ärzte, daß die meisten Kranken viel zu spät als solche erkannt würden.

Die Beurteilung eines Kranken von dem Stadium seiner offiziellen Strafvollzugsfähigkeit abhängig zu machen, mutet dem Arzt mehr zu, als er vor seinem Gewissen verantworten kann. Bei den meisten eingelieferten Kranken war es mir schon nach ganz kurzer Beobachtung, oft schon am ersten Tage klar, daß es sich um Kranke handelte. Wenn ich daraufhin nicht sofort den Antrag auf Überführung in eine gewöhnliche Irrenanstalt stellte, so lag es daran, daß ich versuchen wollte und nach den Vorschriften auch dazu gezwungen, die Kranken so lange wie möglich im Strafvollzuge zu behalten.

Einmal deshalb, weil bei einer ganzen Reihe solcher Kranken nach kurzer Zeit die Psychose ablief, so daß der Gefangene wieder in den Strafvollzug zurückkehren konnte; dann aber auch, weil die Überführung in eine gewöhnliche Irrenanstalt in Preußen mit der Unterbrechung des Strafvollzuges verbunden ist. Infolgedessen wird die in der Irrenanstalt verbrachte Zeit dem Kranken nicht angerechnet, und er kehrt nach eingetretener Besserung von neuem in den Strafvollzug zurück. Dadurch wird die Dauer der Gesamtinhaftierung verlängert und zwar, da bei manchen Kranken im Strafvollzuge bald von neuem psychische Störungen sich zeigen, unter Umständen mehrfach, so daß sich die Gesamtdauer bis auf das Doppelte erhöhen kann. Da nun die Zeit, die ein Kranker in der der Strafanstalt angegliederten Irrenabteilung verbringt, als Strafvollzug angesehen wird, so mußte bei allen denjenigen, deren Strafzeit in absehbarer Zeit zu Ende ging, versucht werden, den Strafvollzug nicht zu unterbrechen.

Ich habe absichtlich diese Ausführungen eingeschaltet, um den Vorwurf zu entkräften, als ob ohne ernste Gründe die Kranken länger als wünschenswert in der Beobachtungsabteilung geblieben wären, auch nachdem das Vorhandensein einer Psychose einwandfrei festgestellt war.

Die Fiktion, als wenn es sich um fragliche Geisteszustände handele, führt zu dem dauernden Vorurteil des gesamten Gefängnispersonals, daß die Simulationsfrage nicht ernst genug erörtert werden könne. Inzwischen scheint allerdings eine andere Auffassung, zum mindesten an der Zentralstelle, sich durchgerungen zu haben. Wenigstens heißt es in dem letzten Jahresbericht[1]): „Der alte Übelstand, daß Vortäuschung von Geisteskrankheit in so und so vielen Fällen ohne nähere Begründung in den Berichten verzeichnet wird, macht sich in fast unvermindertem Maße geltend. Es wäre richtig, über die Simulanten ebenso eingehend wie über die Geisteskranken zu berichten und auch diejenigen Fälle hervorzuheben, in denen die Diagnose der Simulation nachträglich in diejenige der Geisteskrankheit umgewandelt werden mußte."

Ich glaube, wenn einmal die sämtlichen Fälle, in denen Simulation diagnostiziert worden ist, einer nachträglichen genaueren Prüfung unter besonderer Berücksichtigung des weiteren Verlaufs

[1]) Statistik der zum Ressort des Königlich Preußischen Ministeriums des Innern gehörenden Strafanstalten und Gefängnisse und der Korrigenden für das Rechnungsjahr 1908.

unterworfen würden, so würde die Zahl ganz außerordentlich stark heruntergehen. Ich habe persönlich in den dreieinhalb Jahren meiner Tätigkeit wohl hier und da kleine Ansätze zur Simulation oder zur Übertreibung irgendeines Symptoms gesehen, glaube aber mit absoluter Sicherheit behaupten zu dürfen, daß unter den längere Zeit Simulierenden nicht ein einziger gewesen ist, der geistig gesund gewesen wäre.

An unliebsamen und traurigen Ereignissen hat es natürlich nicht gefehlt. Gleich in der allerersten Zeit kam es, angestiftet durch einen reizbaren Schwachsinnigen, zur Demolierung eines Wachraumes. Glücklicherweise wurde mit einem Eingreifen gegen die Gefangenen, die sich hinter der zertrümmerten Türe mit Betten, Matratzen und den Trümmern der Bettstellen verschanzt hatten, bis zu meinem Eintreffen gewartet. Es gelang mir ohne Schwierigkeit, allein in den Saal Eintritt zu bekommen, die Kranken zu beruhigen und in die andern Räume zu verteilen.

Ein zweiter ernsterer Vorfall war der schon erwähnte Ausbruch. Die Kranken hatten sich ein Loch in die Wand des Schlafsaales im ersten Geschoß gebrochen, was nicht auf Schwierigkeiten stieß, da die Wand keinen Zementverputz hatte, und waren von dort in einen tiefer gelegenen Garten heruntergestiegen. Als der Wärter bei seinem Rundgange in einen unbeleuchteten Hof, den er überschreiten mußte, trat, wurde er überfallen und geknebelt; dann öffneten die Gefangenen mittels der dem Wärter abgenommenen Schlüssel das Haus, bekleideten sich und entflohen. Als der Ausbruch entdeckt wurde, war der Wärter erstickt. Die Gefangenen wurden am gleichen Tage noch wieder eingefangen; das gegen sie eingeleitete Verfahren wurde bei allen sieben auf Grund eines von mir gemeinsam mit dem Gerichtsarzte Professor Dr. Ziemke erstatteten Gutachtens eingestellt.

Die Vermehrung des Personals ermöglichte es nach diesem unglückseligen Vorfall, die Nachtwache von zwei Pflegern ausführen zu lassen. Die Ausrüstung dieser Nachtwache mit einem Revolver scheint mir allerdings wenig geeignet, ähnliche Vorfälle zu verhindern. Nach dem ganzen Vorgange hätte der Pfleger gar keine Möglichkeit gehabt, von seiner Waffe Gebrauch zu machen. Ein Polizeihund wäre wohl ein besserer Schutz.

In den beiden geschilderten Vorfällen sowie bei andern harmloseren kleineren Ereignissen zeigt sich die außerordentliche Infektionsgefahr solcher Abteilungen in überaus charakteristischer Weise. Von den sämtlichen bei der ersten Revolte beteiligten Gefangenen hatte nicht ein einziger Grund, sich zu beklagen, und keiner wußte nachher recht, warum er sich eigentlich beteiligt hatte. Auch bei dem Ausbruch war unter anderen ein Patient beteiligt, dessen Strafende in einigen Wochen bevorstand! Die ganz sinnlose Teilnahme an Revolten, Beschwerden, Ausbrüchen und Angriffen seitens sonst ganz friedlicher Menschen, eine Erscheinung, die in der „Psychologie der Massen“ eine besondere Rolle spielt, bildet in solchen Abteilungen, wo sich immer einzelne brutale und rücksichtslose Menschen befinden, eine besonders große Gefahr; und diese Gefahr wird sicher dadurch noch erhöht, daß die Kranken, die sich mit fortreißen lassen, infolge ihrer geistigen Defekte noch weniger Widerstandskraft gegen die suggerierte Massenerregung haben, als gesunde Menschen.

Nach dem Ausbruchsversuch gelang es mir, was mir bis dahin nicht geglückt war, durchzusetzen, daß für die Gefangenen Arbeitsgelegenheit geschaffen wurde. Ich hatte bis dahin versucht, die Kranken nach Möglichkeit in der Weise zu beschäftigen, daß ich sie abschreiben, zeichnen und modellieren ließ. Besonders gern wurden Modellierbogen bearbeitet, und einige Gefangene bewiesen sogar ein geradezu erstaunliches Geschick, ohne jede Vorbildung und ohne Vorlagen aus Papier die kunstvollsten Gebäude, Schiffe u. dgl. herzustellen. Etwas gebildetere Patienten veranlaßte ich, Übersetzungen zu machen, ließ sie Stenographie lernen u. dgl. m. Aber alles das war doch nur ein kümmerlicher Zeitvertreib für wenige Stunden. Die später eingeführte Dütenkleberei und Rohrflechterei fand bei den Kranken sehr viel Anklang. Da die Arbeiten ebenso eintönig wie geistestötend sind, so darf es wohl als ein Beweis aufgefaßt werden, wie sehr die Kranken unter der Beschäftigungslosigkeit gelitten haben. Der gute Einfluß auf den ganzen Geist der Anstalt war gar nicht zu verkennen.

Köln.

Die dem Straf- und Untersuchungsgefängnis in Köln angegliederte Irrenabteilung ist erheblich kleiner als die übrigen. Sie kann nur mit 33 Kranken belegt werden. Sie ist von dem Strafgefängnis durch einen großen, mit hohen Mauern umgebenen Spazierhof getrennt, der einen überraschend freundlichen Eindruck macht. Reichliche, wohlgepflegte Blumen, gut gehaltener Rasen beweisen, daß es völlig unrichtig ist, aus Furcht vor der Zerstörungslust der Kranken die Spazierhöfe kahl und unfreundlich zu halten. Der große Vorgarten wird ganz ausschließlich von den Gefangenen benutzt, nur ganz vereinzelt werden die Kranken auch in den völlig kahlen Hof für unruhige Kranke geführt, der ohne jede Spur von Rasen weit unfreundlicher wirkt als die Höfe des Gefängnisses, abgesehen davon, das bei seiner Kleinheit die hohen Mauern dem Hofe den Eindruck einer Art Zigarrenkiste aus Stein geben.

Im Erdgeschoß der Abteilung befinden sich die Lazaretträume für die körperlich Kranken des Strafgefängnisses, sowie das Untersuchungszimmer des Arztes. Im ersten Stockwerk ist ein großer, für vierzehn Kranke bestimmter Raum, der ursprünglich als Schlafraum dienen sollte, ganz in eine Wachabteiluug verwandelt, während der darüberliegende kleinere Wachraum jetzt zur Unterbringung von sechs Kranken während der Nacht dient. In einem gleichgroßen Raume schlafen im zweiten Stock ebenfalls Kranke, während ein großer und ein kleinerer Saal als Trageräume benutzt werden. Im ganzen stehen nur drei Einzelzimmer zur Verfügung, was entschieden zu wenig ist.

Die übrigen Einrichtungen bieten nichts Bemerkenswertes. Die Räume sind freundlich und würden luftig sein, wenn man sich nicht genötigt gesehen hätte, eine Reihe von Fenstern mit Uberschen Blenden zu versehen. Das war deshalb nicht zu umgehen, weil die Anstalt unmittelbar an die Straße stößt, und dadurch ein höchst unerwünschter Verkehr der Gefangenen mit übelberüchtigten Personen sich nicht verhindern ließ.

Die Verlegung der Abteilung und ihre Angliederung an eine auf dem Lande gelegene Strafanstalt, von der schon einmal die Rede war, wird wohl daran scheitern, daß sich kaum ein psychiatrisch vorgebildeter Arzt finden wird, der sich bei den geringen Gehältern der Gefängnisärzte auf das Land wird verbannen lassen. Wer nicht in einer Stadt wohnt und durch das Betreiben einer spezialistischen Praxis sowie durch die andauernde Berührung mit

Fachkollegen sich fortdauernd auf dem laufenden erhalten kann, wird bald in seinem Fache in Rückstand geraten. Das Betreiben einer allgemeinen Landpraxis, das aus pekuniären Gründen unerläßlich sein würde, kann unmöglich als Ersatz dienen. So besteht die Gefahr, daß die Stellung einem Nichtfachmanne übertragen und damit der ganze Zweck der Beobachtungsabteilung zunichte gemacht wird.

Münster i. W.

Die Irrenabteilung ist der Königlichen Strafanstalt angegliedert. Sie kann 55 Kranke aufnehmen. Der Bau ist dreigeschossig. Im Parterre befinden sich die Räume für den Arzt und den Oberpfleger, ein großes Bad mit drei Badewannen, Sektions- und Vorratsräume sowie ein Zimmer für zwei Reservewärter; außerdem vier Zellen, die besonders fest ausgebaut sind. Zwei von diesen Zellen liegen in einem durch ein Treppenhaus von der Hauptabteilung getrennten Teile der Anstalt. Da diese Treppe zu dem im ersten und zweiten Stock befindlichen Lazarett für körperlich Kranke gehört, während die Irrenabteilung ihr getrenntes Treppenhaus hat, so stehen die beiden Zellen nicht unter genügender Aufsicht. Die beiden Hofräume für ruhige und unruhige Kranke sind durch den Bau selbst voneinander getrennt.

Im ersten Stock befinden sich zwei aneinander stoßende größere Säle, die als Wachabteilungen benutzt werden, der eine mit sieben, der andere mit zehn Betten, am Ende des Korridors ein großer Schlafraum für fünfzehn Kranke; außerdem sechs Einzelzimmer, von denen vier als Zellen erbaut sind. Im zweiten Stockwerk sind zwei Schlafräume, für je zwölf Kranke und drei große Arbeitsräume.

Die ganze Abteilung ist durch die Verzettelung auf drei Stockwerke unübersichtlich und reichlich winklig. Besonders störend dürfte der Umstand sein, daß im ersten und zweiten Stockwerk, unmittelbar anstoßend, die Unterbringungsräume für körperlich Kranke sind.

Auch die Irrenabteilung in Münster ist sowenig wie die andern von ernsten Ereignissen verschont geblieben. Größere Demolierungen haben dazu geführt, daß in einem Teile der Anstalt die Betten abgeschafft worden sind. Die Methode, die Kranken einfach auf

Matratzen, die auf dem Boden liegen, schlafen zu lassen, mag vom Sicherheitsstandpunkte aus verständlich erscheinen. Vom ärztlichen Standpunkte aus ist die Maßregel unzulässig. Da die anderen Anstalten ohne diese Methode auskommen, so müßte auch in Münster davon Abstand genommen werden.

C. Die Bewahrungshäuser in Preußen.

Die Geisteskranken zu versorgen, ist in Preußen Sache der Provinzen, mit Ausnahme von Berlin, wo die Stadt selbst, und von Hessen-Nassau, wo die Regierungsbezirke für die Unterbringung der Kranken aufkommen. Ich habe in der Tabelle I eine Übersicht über die verschiedenen Provinzen zusammengestellt.

Tabelle 1.

Provinz	Zahl der Einwohner	Zahl der Anstalten	Krankenbestand a. 1. I. oder 31. III. 06	Bewahrungshäuser	Darin Betten
1. Berlin . . .	2 040 000	3 (4)	4395	1 (3)	70 (195)
2. Brandenburg .	3 530 000	8 (9)	6180	1 (3)	36 (166)
3. Hannover . .	2 760 000	6	3082	(1)	(60)
4. Hessen-Nassau.	2 070 000	5	3600	—	—
5. Ostpreußen . .	2 060 000	4	2788	1	68
6. Pommern . .	1 680 000	3 (4)	1842	— (1)	— (50)
7. Posen. . . .	1 980 000	4	2617	1	30
8. Rheinprovinz .	6 440 000	7 (8)	4836	1 (3)	48 (146)
9. Sachsen . . .	2 980 000	4	3556	1	50
10. Schlesien . .	4 930 000	10	5530	1 (2)	38 (78)
11. Schlesw.-Holstein	1 500 000	3	2010	1	40
12. Westfalen . .	3 620 000	6	3484	1	50
13. Westpreußen .	1 640 000	3	2447	—	—

Die Zahlen sind dem Buche Laehrs[1]) entnommen und entsprechen demnach nicht ganz den heutigen Verhältnissen. Immerhin sind die Verschiebungen nicht so groß, daß sie uns den Einblick in die derzeitigen Zustände verschleiern könnten. In Klammern

[1]) Handb. Laehr: Die Anstalten für psychisch Kranke. Berlin 1907 G. Reimer.

sind die Zahlen der Ende 1911 bestehenden Anstalten und die Zahl der für kriminelle oder unsoziale Kranke augenblicklich vorhandenen Abteilungen und Betten eingefügt. Einige Provinzen, so das Rheinland, auch Berlin, benutzen in großem Maßstabe zur Pflege von Idioten, harmlosen chronisch Geisteskranken und Epileptikern die zahlreich bestehenden Privatanstalten; so erklärt es sich, weshalb die Rheinprovinz mit ihrer fast doppelt so großen Einwohnerzahl ein fünftel Kranke weniger in den Provinzialanstalten hat als Brandenburg. Nicht mitberücksichtigt wurden ferner überall die städtischen Anstalten und die psychiatrischen Kliniken. Zum Teil werden ja deren Kranke, soweit es sich nicht um akute Fälle oder schnell ablaufende episodische Erregungen chronischer Kranker handelt, in die Provinzialanstalten überführt, zum Teil aber auch längere Zeit in eigener Pflege behalten. Die Zahlen geben also keinen absolut vergleichbaren Überblick. Immerhin genügen sie, um uns einen Einblick zu gewähren, wie groß das Bedürfnis nach den Sonderanstalten in den einzelnen Provinzen ist, und wie weit dieses Bedürfnis durch Erbauung von Bewahrungshäusern befriedigt worden ist.

Das eine springt wohl sofort ins Auge: eine überraschende Ungleichartigkeit. Während z. B. in Berlin 1906 75 Plätze in gesicherten Häusern für 4395 Kranke vorhanden waren (1 : 61), in Ostpreußen ein Platz auf 41 Kranke, begnügte sich Schlesien mit 1 : 100, Brandenburg sogar mit einem Platz auf 172 Kranke. Manche Provinzen besaßen damals noch gar kein Bewahrungshaus, und drei haben auch heute noch keine eigenen Häuser für kriminelle Kranke eingerichtet. Noch auffälliger wird die Verschiedenheit, wenn man in Betracht zieht, wieviel Plätze auf die Einwohnerzahl der Provinzen kamen. Das Verhältnis der Zahl der Plätze im Verwahrungshaus betrug in Brandenburg 1 : 98055, im Rheinland 1 : 132500, während in Ostpreußen schon 1 Platz auf 30294, in Berlin sogar auf 27200 Einwohner kommt; auch diesmal wieder abgesehen von den Provinzen ohne eigene Bewahrungshäuser.

Endlich verdient auch noch von einem anderen Standpunkt aus die Verschiedenheit besonders hervorgehoben zu werden. Die Zahl der Irrenheil- und Pflegeanstalten ist in den verschiedenen

Provinzen sehr wechselnd. Wenn Brandenburg beispielsweise die 166 unsozialen Kranken auf die vorhandenen Anstalten verteilen würde, so hätte jede Anstalt 18 schwierige Kranke zu versorgen; und sicher würden sich die Kranken der 78 in Schlesien zur Verfügung stehenden Plätze wohl unschwer auf die vorhandenen zehn Anstalten verteilen lassen. Die statistische Betrachtung lehrt jedenfalls nicht, daß ein unbedingtes Bedürfnis nach Sonderabteilungen besteht.

Berlin.

Kein Land und wohl kaum eine Stadt hat mit der Versorgung der geisteskranken Verbrecher ähnliche Schwierigkeiten wie Berlin. Einmal deshalb, weil die Millionenstadt eine ungewöhnliche Anziehungskraft auf kriminelle Elemente ausübt und damit natürlich auch auf die geistig Defekten unter ihnen; dann, weil die Nähe der Großstadt, wo der Entflohene schnell untertauchen kann, mehr als sonst zu Ausbrüchen lockt und wohl auch leichter Gelegenheit gibt, sich mit der Außenwelt und nicht gerade mit den besten Elementen derselben in Verbindung zu setzen; weiter auch, weil die Beobachtungsabteilung in Moabit (S. 45) fortdauernd in größerer Zahl die für geisteskrank erklärten Verbrecher aus der Strafhaft in die Fürsorge der Stadt Berlin übergibt.

So kam Berlin schon bald dazu, in der 1880 eröffneten Irrenanstalt Dalldorf besondere Einrichtungen für die geisteskranken Verbrecher zu treffen. Ein bei der ursprünglichen Anlage des Hauses als Abteilung für geisteskranke Verbrecher bestimmter Bau wurde den besonderen Zwecken angepaßt. Mit mäßigem Erfolge. Trotz aller Sondereinrichtungen traten immer wieder von neuem schwere Schädigungen des Betriebes hervor; vor allen Dingen machte sich der Mangel an Einzelzimmern und kleineren Abteilungen ebenso wie die unzulängliche Versorgung mit Wartepersonal — 14 auf 50 — unangenehm geltend. Schließlich spielte sich im Jahre 1899 eine sehr ernste Revolte ab, die dazu führte, durch einen Anbau und Umbau die ganze Abteilung neu zu organisieren.

Das Bewahrungshaus zerfällt in drei Abteilungen. Im Erdgeschoß befindet sich ein durchgehender Korridor mit den nötigen Nebenräumen, ein Besuchszimmer, ein Arztzimmer, zwei

Schlafräume für vier Pfleger, ein Speiseraum für acht und zwei Schlafräume für fünf bis zehn Kranke sowie ein Tageraum, der gleichzeitig als Speiseraum dient für diese Kranken. Ferner befinden sich an jedem Ende je zwei Einzelzimmer und je drei feste Zellen, außerdem ein Billardzimmer, eine Kartoffelschälstube mit 5 Plätzen und eine Strumpfstrickerei mit drei Strickmaschinen im Erdgeschoß.

Die untere Abteilung ist für 20 Kranke eingerichtet.

Die obere Abteilung im ersten Stockwerk, bestimmt für 30 Kranke, enthält vier Schlafräume für vier bis zehn Kranke, einen Aufenthaltsraum für Kranke und acht Werkstätten, darunter zwei für Schuhmacher mit je vier Plätzen, eine für Bürstenbinder mit drei bis vier Plätzen, eine für Tapezierarbeiten mit fünf Plätzen, zwei für Schneider mit je drei bis vier Plätzen (in jeder Werkstatt eine Maschine), eine für Buchbinder mit drei Plätzen und eine für Kartoffelschäler zu acht Plätzen. Außerdem sind drei Schlafräume für elf Pfleger und ein Speiseraum in dieser Abteilung.

Der Anbau, der auf der Mittelachse des Hauses nach dem Garten zu errichtet und durch einen schmalen Verbindungsgang mit dem alten Hause verbunden ist, enthält zwei Schlafräume für je acht Kranke, einen Aufenthaltsraum für diese Kranken, fünf besonders feste Zellen, fünf gesicherte Einzelzimmer, zwei Schlafzimmer für zwei Wärter, einen Baderaum mit zwei Wannen und die sonstigen üblichen Nebenräume. Die Belegziffer des Anbaues ist auf 20 berechnet.

Bei dem Umbau wurden die Türen in dem alten Bau durch schwere Blocktüren ersetzt, und gleichzeitig an Stelle der Stühle überall schwere Bänke aufgestellt. In dem Neubau sind die sämtlichen Türen der Einzelzimmer und Zellen an der Innenfläche mit Eisenblech beschlagen. Eine der Zellen für besonders gefährliche Kranke ist mit einer Speiseklappe versehen. Die Beleuchtung der Einzelräume geschieht von außen mittels einer durch Drahtglasplatte nach innen geschützten Gasflamme.

Das Pflegepersonal besteht jetzt aus 19 Pflegern und 2 Oberpflegern. Die Pfleger werden mit besonderer Sorgfalt ausgewählt und erhalten ein etwas höheres Gehalt als die Pfleger der gesamten Irrenanstalt.

Besonderer Wert ist auf die Beschäftigung und Unterhaltung der Kranken gelegt worden. Wie schon die aufgeführten Arbeitsräume dartun, sind in ziemlich großem Umfange die verschiedenartigsten Handwerke und Beschäftigungen vorgesehen worden. Schneider, Schuhmacher, Bürstenbinder, Tapezierer, Strumpfstricker, Buchbinder, Strumpfstopfer, Kartoffelschäler und Hausreiniger sind mehr oder weniger regelmäßig einen halben Tag mit der Arbeit beschäftigt; von den 70 Kranken arbeiten durchschnittlich etwa 50. Die Arbeiter erhalten als besondere Gratifikation nach Wahl eine feste und eine flüssige Extradiät. Die feste besteht aus Wurst, Schinken, Käse oder Eiern, die flüssige aus Braunbier, Milch, Selters, Haferschleim, Schokolade oder Kakao. Wenn auch das Braunbier wenig alkoholhaltig ist, dürfte es sich doch wohl empfehlen, diese Vergünstigung abzuschaffen. Sie unterhält das Vorurteil, als ob der Biergenuß etwas besonders Erstrebenswertes wäre, und ist in Anbetracht der gerade unter den Kranken Dalldorfs recht zahlreichen Alkolisten und Epileptiker wohl zuweilen direkt kontraindiziert.

Außer den Kostzulagen erhalten die Kranken je nach ihrer Arbeitsleistung eine kleine Geldsumme von 50 Pfennig bis 1 Mark in der Woche, die zu Anschaffungen von Musikinstrumenten und Rauchutensilien benutzt werden kann.

Neben der reichlichen Bewegung im Garten ist den Kranken gestattet worden, ihrer Vorliebe für Musik nachzugehen, so daß immer eine ganz beträchtliche Anzahl von verschiedenen Musikinstrumenten im Gebrauch sind. Andere Kranken beschäftigen sich mit Kopieren von Zeichnungen, mit Anfertigung künstlicher Blumen, mit Lesen, Sprachstudien; außerdem ist seit 1902 an Stelle einer früher bestehenden und durch den Neubau in Fortfall gekommenen Kegelbahn für die Kranken ein Billardzimmer eingerichtet worden. Soweit möglich, nehmen die Kranken außerdem auch an den in der Zentralanstalt stattfindenden Theateraufführungen und ähnlichen Veranstaltungen teil. Diejenigen Kranken, die dazu geneigt sind, und bei denen nicht besondere Gegengründe vorliegen, haben auch Gelegenheit, dem Gottesdienst in der Hauptanstalt beizuwohnen. In allen solchen Fällen wird für ausreichende Begleitung durch Pfleger gesorgt.

Eine eigentliche Kriminalabteilung besitzt Herzberge nicht.

Wohl aber sind zwei Abteilungen besonders gesichert worden, um bei schwierigen Kranken Sicherheit gegen die Neigung zum Ausbrechen zu geben. Diese „Überwachungshäuser“ haben für je 80 Männer Platz.

Die neuerbaute Anstalt in Buch dagegen hat eine eigene Abteilung für Kriminelle mit 26 Einzelräumen, von denen acht als feste Zellen ausgebaut sind. Leider war es mir nicht möglich, sie selbst zu besichtigen. Nach Fertigstellung des neuprojektierten Verwahrungshauses können einschließlich des bereits bestehenden zusammen 125 Kriminelle in Buch versorgt werden.

Brandenburg.

In Neu-Ruppin ist ein Haus zur festen Abteilung umgebaut worden, die 36 Kranke fassen kann. Die Fenster sind durch schwere Eisenstäbe gesichert, das Treppenhaus mit eisernen Gittertüren verschlossen. Auf die 36 Kranken kommen elf Pfleger und ein Oberpfleger. Der Garten ist von einer $4\,^1/_2$ m hohen Mauer umgeben.

Daß man für besonders gefährliche verbrecherische Kranke auf Fenstermodelle zurückgegriffen hat, die etwa 2,60 über dem Fußboden beginnen, finde ich bedauerlich. Es geht überall ohne diese nur allzu sehr an das Gefängnis erinnernden Fenster.

Das „Haus für unruhige und kriminelle Kranke“ in Landsberg a. W. besteht aus einem zweigesehossigen Gebäude. Es enthält im Erdgeschoß zwei große Schlafsäle zu elf und zwei Wachsäle zu neun Betten, sowie zwei große Tageräume. In jedem der kurzen Endflügel befinden sich außerdem je drei Einzelzimmer. Ähnlich ist die Anordnung des Obergeschossos. Die Vergitterung ist im ganzen Hause sehr viel stärker als in den sonstigen Krankenabteilungen.

Auch in der neuerbauten Anstalt Teupitz ist ein Verwahrungshaus für Kriminelle mit 50 Betten eingerichtet worden. Das ganze Haus ist durch starke Gitter gesichert und der Garten mit einer 4 m hohen Mauer umgeben. Es besteht aus zwei Geschossen. Im Erdgeschoß befinden sich zwei Wachsäle mit je acht Betten, ein Schlafraum für fünf Kranke, ein großer Tageraum und fünf Einzelzimmer; im Obergeschoß drei Schlafzimmer mit zusammen zwanzig Betten, ein großer Tageraum und vier Einzelzimmer.

In beiden Geschossen außer dem Nebenzimmer und dem Pflegerzimmer je ein Baderaum mit drei Wannen. Das Untergeschoß ist für die Aufnahme akuter, das Obergeschoß chronisch Kranker bestimmt. Besonders sorgfältig ist das Alarmsystem ausgebildet.

Das Bewahrungshaus nimmt außer den kriminellen ausnahmsweise auch besonders schwierige Kranke auf.

Als Beschäftigungszweig ist seit Frühjahr 1911 eine Goldleistenfabrikation eingeführt, mit der durchschnittlich fünfzehn Kranke unter Aufsicht und Unterstützung von drei bis vier Pflegern beschäftigt werden. Außerdem arbeiten in der Schneiderei durchschnittlich fünf Kranke. Sehr vermißt wird die Möglichkeit, alle Kranken zu beschäftigen. Die Direktion strebt darnach, landwirtschaftliche Arbeiten einzuführen, was bei der Lage der Anstalt kaum große Schwierigkeiten machen dürfte.

Trotz aller Sorgfalt, die auf die Sicherung verwendet worden ist, gelang es 1910 zwei Kranken, aus dem Bewahrungshause zu entweichen.

Hannover.

Das Verwahrungshaus für unsoziale Geisteskranke bei der Provinzial-Heil- und -Pflegeanstalt Göttingen.

Dem Beispiele anderer Provinzen folgend hat auch die Provinz Hannover auf Anregung von Professor Dr. Cramer in Göttingen ein Verwahrungshaus für unsoziale Kranke errichtet. Das Haus befindet sich in unmittelbarer Angliederung an die Provinzial-Heil- und -Pflegeanstalt in Göttingen, nur wirtschaftlich ihr ganz angegliedert, sonst aber in jeder Beziehung unabhängig. Mit Ausnahme, daß der Direktor der Provinzial- Heil- und -Pflegeanstalt eine Art Oberaufsicht über das Verwahrungshaus führt, und daß ihm als klinischen Lehrer der Psychiatrie das Recht zusteht, die Kranken des Verwahrungshauses unter geeigneten Vorsichtsmaßregeln in seinen klinischen Vorlesungen vorzustellen. Im übrigen ist der Leiter, zurzeit der Oberarzt der Heil- und Pflegeanstalt Professor Dr. Weber, dem ein Assistenzarzt zur Seite steht, in der Leitung des Verwahrungshauses unabhängig, ebenso wie auch das Pflegepersonal nicht mit dem der Provinzialanstalt zusammen, sondern in einem besonderen unmittelbar neben dem Verwahrungshause gebauten Wärterheim wohnt, soweit nicht der Dienst die dauernde Anwesenheit im Verwahrungshause verlangt.

Der § 1 des Reglements für den Betrieb des Verwahrungshauses lautet:

„Das bei der Heil- und Pflegeanstalt Göttingen errichtete Verwahrungshaus ist bestimmt zur Aufnahme solcher Geisteskranker, welche sich wegen ihres unsozialen Verhaltens nicht zur Behandlung und Pflege in einer der Heil- und Pflegeanstalten der Provinz Hannover eignen. Maßgebend ist dabei nicht etwa die Tatsache, ob, wie oft und wie ein Kranker mit dem Strafgesetz in Konflikt gekommen ist, ob er auf Grund des § 51 StGB. freigesprochen oder ob er verurteilt und in der Strafhaft erkrankt ist, sondern lediglich die während eines längeren Aufenthaltes in einer der Heil- und Pflegeanstalten festgestellte Unmöglichkeit, den Kranken in freieren Verhältnissen zu halten, sei es, weil er durch fortgesetzte Drohungen oder durch gewalttätige Handlungen oder durch Komplott- und Entweichungsversuche die Sicherheit seiner Umgebung und der Anstalt bedroht."

Diese Auffassung von den Aufgaben des Verwahrungshauses gibt auch schon der Name wieder. Und mit Recht betont Cramer in seiner Schilderung der Neueinrichtung[1]), daß zahlreiche verbrecherische Kranke in jeder Anstalt recht gut behandelt werden könnten. Dementsprechend wäre es eine zwecklose und unsinnig kostspielige Maßregel, sich ausschließlich nach der kriminellen Vergangenheit zu richten, während tatsächlich der einzige brauchbare Gesichtspunkt die Unterbringung besonders schwieriger Kranker ist.

Die Aufnahmeanträge, die durch Akten und Krankengeschichten belegt werden sowie diejenigen Angaben enthalten müssen, aus denen die Unmöglichkeit hervorgeht, den Kranken in einer der Provinzialanstalten zu behandeln, werden beim Landesdirektorium gestellt, das über sie nach Anhörung und gutachtlicher Äußerung des Leiters des Verwahrungshauses, in zweifelhaften Fällen des Direktors der Heil- und Pflegeanstalt Göttingen entscheidet. Von der Überführung werden die Angehörigen und Pfleger der Kranken sowie die einliefernde Behörde benachrichtigt, ihre vorherige Zustimmung ist dagegen nicht erforderlich. Wenn der Zustand sich so weit bessert, daß der Aufenthalt in der geschlossenen Abteilung

[1]) Die weitere Entwicklung der Anstalten für psychische und Nervenkrankheiten in Göttingen. Klinisches Jahrbuch, XXII. Bd., Jena, Gustav Fischer, 1909.

nicht mehr notwendig ist, wird der Kranke der einliefernden Anstalt wieder zugeführt[1]).

Die Zahl der von der Provinz Hannover etwa zu versorgenden Patienten wurde auf 50—60 festgestellt, ein sehr geringer Prozentsatz, wenn man bedenkt, daß in den sämtlichen Provinzialanstalten Hannovers 4000 Geisteskranke verpflegt werden. Dementsprechend wurde der Bau für 60 Kranke eingerichtet.

Das Haus ist zweigeschossig, und zwar in der Form gebaut, daß die für die Unterbringung der Kranken bestimmten Räume rechtwinklig aufeinander stoßen. In der Mitte befinden sich Untersuchungs- und Besuchsräume, Garderobe, Badezimmer, sowie die Räume des Oberpflegepersonals und im zweiten Geschoß Wohnungen für die Ärzte. Die beiden Korridore stoßen in einer Rotunde aneinander, in der Tag und Nacht eine Wache ist, die beide Abteilungen mit einem Blick übersehen kann. Die gleiche Einrichtung findet sich im Obergeschoß. Außer diesen Pflegern führen nachts auf den Korridoren noch vier Wandel- und eine Außenwache die Aufsicht. Überall sind Alarmvorrichtungen, so daß jederzeit reichlich Hilfe gleich aus dem Wärterheim herbei gerufen werden kann. Die zwei Stationen im linken Flügel, die durch eiserne Gittertüren von dem Mittelbau getrennt sind, enthalten je 15 Einzelzimmer, im rechten Seitenflügel Arbeitsräume, Lazaretträume, ein Eßzimmer, zwei Schlafräume, durch ein Pflegerzimmer getrennt, Baderaum und Klosett. Jeder Aufenthaltsraum für Kranke besitzt außer der hölzernen Tür noch eine eiserne Gittertür.

Alle Einrichtungen sind so vorsichtig gesichert, und das Material ist so gewählt, daß Zerstörungen außerordentlich erschwert sind, und es den Kranken so gut wie unmöglich ist, irgendwelche Teile zu lockern und zu Waffen oder Ausbruchsinstrumenten umzuwandeln.

Der ganze Hof ist mit einer 5 m hohen Mauer umgeben und durch eine $3^1/_2$ m hohe Mauer in zwei Teile geteilt. Der Verkehr der Kranken im Freien erfolgt in der Weise, daß jede der vier Abteilungen für sich bleibt, so daß eine Berührung der Kranken untereinander ausgeschlossen ist.

---

[1]) Weber, Das hannoversche Provinzial-Verwahrungshaus in Göttingen. Monatsschrift für Kriminalpsychologie VII, 159.

Die Kosten der gesamten Anstalt, einschließlichlich der inneren Einrichtung und des Wärterheims, sowie der daran anschließenden Wohnung für den Oberpfleger betrugen 220000 M.

Von vornherein ist von Cramer beabsichtigt worden, die Belegzahl nicht über 50 steigen zu lassen, da er es mit Recht für dringend erforderlich hält, ein derartiges Haus nicht bis auf den letzten Platz zu belegen, sondern stets etwas Raum, besonders einige Zellen, zur freien Verfügung zu haben. Daß die ganze Einrichtung des Bewahrungshauses, soweit bis jetzt übersehen werden kann, auf richtiger Grundlage aufgebaut ist, beweist die Tatsache, daß seitens der Provinzialanstalten nicht mehr Kranke zur endgültigen Anmeldung gekommen sind, als bei der dem Plane zugrunde liegenden vorhergehenden Sichtung als notwendig bezeichnet worden waren.

Die Zahl der Kranken beträgt im allgemeinen nur wenig über 40, von denen weitaus der größte Teil dauernd mit Flechten, Buchbinderei, Schneiderei, Schuhmacherei, Tütenkleben und ähnlichen Arbeiten beschäftigt wird. Durch Spiele, Aufführungen, Rauchen (dieses nur in den Freistunden) wird für die Unterhaltung der Kranken gesorgt, ja es besteht sogar eine Musikkapelle.

Ostpreußen.

Die Pflegeanstalt für geisteskranke Männer in Ostpreußen ist als Adnex an die Korrektionsanstalt zu Tapiau gebaut. Sie ist nach § 1 des Reglements bestimmt „zur Aufnahme gemeingefährlicher, unheilbarer geisteskranker Personen männlichen Geschlechts“.

Es ist von der allergrößten Bedeutung, die Entwicklung dieser Bestimmung zu verfolgen. Nach dem ersten Entwurf vom Jahre 1896[1]) war beabsichtigt, die Geisteskranken mit verbrecherischen Neigungen aus den Irrenanstalten Ostpreußens, ferner Geisteskranke mit verbrecherischem Vorleben und endlich Gefangene der Straf- und Gefängnisanstalten sowie der Provinzialanstalt zu Taupiau, die in Geisteskrankheit verfallen, oder deren Geisteszustand zweifelhaft sei, aufzunehmen. Dann erhielt der § 1 folgende Fassung:

---

[1]) Fritz Hoppe: Die Pflegeanstalt für geisteskranke Männer in Tapiau. Psychiatrisch-neurologische Wochenschrift, 1904, S. 111.

„Die bei der ostpreußischen Provinzial-Besserungsanstalt zu Tapiau eingerichtete Irrenanstalt ist bestimmt zur Aufnahme solcher männlicher irrer Verbrecher, deren Entfernung aus den ordentlichen Provinzialirrenanstalten im Interesse dieser Anstalten erwünscht erscheint. Unter irren Verbrechern werden Personen verstanden, welche wegen eines Verbrechens bzw. Vergehens oder einer Übertretung durch rechtskräftiges gerichtliches Urteil mit einer Zuchthaus-, Gefängnis- oder Haftstrafe unter gleichzeitiger Überweisung an die Landespolizeibehörde bestraft wurden und vor oder nach Verbüßung dieser Strafe in unheilbare Geisteskrankheit verfallen sind."

Diese Fassung wurde von dem Minister nicht genehmigt. „Es würde damit ein Unterscheidungsmerkmal aufgestellt, welches ebensowenig in der Pflege der Geisteskranken als in der Pflege der körperlich Kranken zugelassen werden kann[1])." Dieser energische Protest des Ministers führte dann zu der oben erwähnten Fassung.

Bei der Eröffnung der Anstalt im Jahre 1895 war der Arzt, der gleichzeitig an der Besserungsanstalt tätig war, im innern Dienst der Irrenabteilung selbständig; die Verwaltungsangelegenheiten, die Disziplinaraufsicht über das Pflegepersonal war Sache des Direktors. — Es ist nicht verständlich, weshalb dem Direktor der Korrektionsanstalt die Vertretung nach außen hin und insbesondere die Disziplinaraufsicht übertragen wurden. Die Pflegeanstalt muß, ihren Aufnahmestatuten entsprechend, jeden Schein vermeiden, als wenn die kriminelle Vergangenheit des Kranken für seine Unterbringung maßgebend sei. Warum man

---

[1]) Schon früher einmal hat Tapiau den Anlaß gegeben, daß ein preußischer Minister sich gegen die Verquickung von Anstalten für Geisteskranke mit sonstigen, dem Zwecke nach völlig verschiedenen Anstalten wandte. Durch einen Erlaß vom 7. Juli 1832 legte der damalige Minister von Altenstein dem Oberpräsidenten von Ostpreußen dringend ans Herz, die von den preußischen Provinzialständen geplante Einrichtung von Provinzialirrenanstalten in Verbindung mit den Landarmenanstalten in Tapiau zu verhindern, weil diese als verwerflich bekannte Verbindung mit den Ansprüchen der Humanität und der Wissenschaft in Widerspruch stehe. — Und heute? 80 Jahre später? Heute besteht der Anstaltskomplex in Tapiau aus einer Besserungsanstalt, dem festen Hause für Kriminelle, einer großen Irrenpflegeanstalt für 1000 Kranke und einer kleinen Abteilung für heilbare Kranke. Die Oberleitung aber ist trotz des starken Wachsens der Irrenabteilungen nach wie vor in den Händen des nichtärztlichen Verwaltungsdirektors der Korrektionsanstalt!

dann den Arzt nicht von vornherein selbständig gemacht hat, ist unverständlich.

Das dreigeschossige Gebäude ist durch einen Eisengitterzaun von der Besserungsanstalt getrennt, der Zugang zur Anstalt geht durch den Hof der Korrektionsanstalt. Das ist, ähnlich wie in Waldheim, vom ärztlichen Standpunkt aus nicht zu billigen, und selbst wer die Maßnahme im Interesse der Kranken für notwendig hält, muß sie im Interesse der Angehörigen bedauern. Besonders überraschend ist dieser Zugang durch das Arbeitshaus, weil im § 2 des Reglements ausdrücklich der räumliche Abschluß gegen die Korrektionsanstalt und der besondere Zugang vorgeschrieben ist. Hoppe hebt hervor, daß ein recht erheblicher Prozentsatz der Kranken weder kriminell noch vorbestraft waren. Mit welchem Recht man diesen Kranken das Odium auferlegt, das mit dem Durchgang durch eine Korrektionsanstalt verbunden ist, ist nicht zu verstehen.

Es stehen im ganzen 68 Plätze zur Verfügung. Die Isolierzimmer, vierundzwanzig an der Zahl, liegen in drei Geschossen verteilt in einem senkrecht auf dem Hauptbau stehenden Flügel. Alle Einzelzellen sind sehr fest gebaut, mit Doppeltüren und 25 mm dicken Glasscheiben versehen. Die neun Schlafräume sind alle nicht sehr groß, wodurch die Anhäufung der Kranken auf allzu engem Raume vermieden wird. Die Beleuchtung ist elektrisch.

Für die 68 Kranken sind neunzehn Wärter und ein Oberwärter angestellt, die nur in dieser Abteilung Dienst tun. Die Kranken werden außer mit häuslichen Arbeiten mit Tütenkleben, einzelne Kranke auch mit Maler-, Schneider- und Matratzenarbeiten sowie im Garten beschäftigt.

Bedeutsam ist, daß unter den 88 während der ersten zwei Jahre aufgenommenen Kranken nicht weniger als 34 % überhaupt nicht vorbestraft und weitere 10 % nur mit geringen Haft- oder Gefängnisstrafen belegt waren. Hoppe schreibt ausdrücklich: „Im Laufe der letzten Jahre ist die Beobachtung gemacht, daß sich dieses Verhältnis andauernd zugunsten der gefährlichen, nicht kriminellen Elemente noch weiter verschiebt, indem die überfüllten Irrenanstalten weit lieber harmlose Verbrecher behalten und dafür im Interesse der anderen Kranken jene unliebsamen Störenfriede abschieben."

Pommern.

In der demnächst vollendeten vierten pommerschen Provinzialheilanstalt, die für 1000 Kranke bestimmt ist, wird ein Verwahrungshaus für 50 Kriminelle errichtet werden.

Posen.

Die Provinzialanstalt Obrawalde bei Meseritz in der Provinz Posen hat etwas abseits von den anderen Abteilungen ein Bewahrungshaus für 30 Kranke errichtet.

Im Erdgeschoß befinden sich ein Tageraum und zwei kleinere Arbeitsräume, von denen aus eine Veranda und der Garten, der mit einer massiven Mauer umgeben ist, erreicht werden können. An die Arbeitsräume stößt beiderseits ein kurzer Korridor an, der hauptsächlich der Abhaltung des Lärmes dienen soll, und von dem aus je drei Einzelzimmer zugängig sind. Um diese besser übersehen zu können, sind sie durch Verstärkung der Mauern nach der Türe leicht keilförmig gehalten. Die dreiteiligen Fenster lassen nur die Öffnung der Seitenteile um ihre Mittellinie zu, so daß ein Entweichen durch die schmalen Öffnungen unmöglich ist. Sie sind mit zolldicken Glasscheiben versehen und vergittert. Außerdem befinden sich im Untergeschoß noch Abort und Baderaum.

Im Obergeschoß sind außer zwei Waschzimmern vier kleine Schlafräume für je einen Kranken und je zwei Schlafräume zu drei, fünf und sieben Betten. Das Haus ist durchweg voll belegt. Nachts wird die Überwachung durch zwei Pfleger ausgeführt. Nach Abzug dieser beiden und eines Pflegers, der den Pförtnerdienst tut, bleiben ein Stationspfleger und sieben weitere Pfleger. Der Oberpfleger hat außer dem Dienst an dem Bewahrungshaus noch zwei weitere Pavillons der Anstalt unter sich. Das Personal des Bewahrungshauses erhält eine besondere Funktionszulage.

In der Abteilung werden, abgesehen von zwei, drei ruhigen Kranken, die zu Hausarbeiten verwendet werden, nur kriminelle Kranke untergebracht. In der ersten Zeit wurden Mützen gemacht, geschneidert und geschustert. Diese Beschäftigung mußte aber aus Mangel an geeigneten Werkstätten aufgegeben werden. Einige Kranke haben im Garten Beete angelegt und beschäftigen sich fleißig damit. Der Mangel an Werkstätten, an Einzelzimmern und das Fehlen eines Wachsaales werden, wir mir seitens der Direktion mitgeteilt wurde, als große Mängel empfunden. Es soll durch einen in nächster Zeit zur Ausführung kommenden Bau Abhilfe geschaffen werden.

Rheinprovinz.

Düren, Brauweiler und Bedburg.

Schon im Jahre 1831 wurde ein Gut in Andernach angekauft, um eine Bewahranstalt zu errichten, in welche „alle die als unheilbar aus der Irrenanstalt entlassene und als gemeingefährlich und sittengefährlich bezeichneten sowie sonstige von einem Arzte als geisteskrank und unheilbar erklärten Personen, welche sich oder einem anderen gefährlich werden konnten oder durch ihr Betragen die Sittlichkeit auf eine grobe Art beleidigten, Aufnahme finden sollten“[1]). Die Anstalt entsprach in keiner Weise den ärztlichen Anforderungen bescheidenster Art; ja, man darf ruhig behaupten, daß sich dort bis zur Übernahme der Leitung durch den jetzigen Direktor, d. h. bis zum letzten Jahre des vorigen Jahrhunderts Zustände entwickelt hatten, die geradezu skandalös waren[2]). Seitdem erst wurden erträgliche Verhältnisse geschaffen. Wenn auch unter den zurzeit dort befindlichen 536 Männern 92 = 17,2 % Kriminelle sind, so hat doch die Anstalt nicht etwa der Aufgabe zu dienen, für die sie ursprünglich bestimmt war, der Versorgung besonders gefährlicher Kranken, und es ist sehr fraglich, ob sie in früheren Jahren jemals dieser Aufgabe gerecht geworden ist.

Das Bedürfnis, für eine sichere Unterbringung gemeingefährlicher Kranken zu sorgen, ein Bedürfnis, das sich in der dichtbevölkerten Rheinprovinz doppelt empfindlich geltend machen mußte, war so stark, daß schon im Jahre 1897 der rheinische Provinziallandtag den Beschluß faßte, eine besondere Abteilung für irre Verbrecher zu bauen. Sie sollte ursprünglich bestimmt werden für diejenigen geisteskrank gewordenen Verbrecher, die ihre Strafzeit zu Ende verbüßt hatten, und ferner für diejenigen

---

[1]) Deutsche Heil- und Pflegeanstalten für Psychischkranke, Halle a. S., Karl Marhold, 1910, S. 312.

[2]) Weichelt: Zum 75jährigen Bestehen der Irrenpflegeanstalt St. Thomas zu Andernach, Psych.-Neurol. Wochenschrift XI, 375.

Geisteskranken, die verbrecherische Handlungen begangen haben oder Selbstmordneigung zeigen. Das „Bewahrungshaus“, wie die Abteilung genannt wurde, wurde an die Provinzialirrenanstalt zu Düren angeschlossen. Der Bau war für 48 Männer bestimmt und konnte am 7. August 1900 bezogen werden.

Der Bau liegt etwa 100 m von der eigentlichen Irrenabteilung entfernt und besteht aus einem großen Zentralgebäude von 48 m Länge und zwei 21 m langen Flügeln. Nur der Mittelbau besitzt ein zweites Stockwerk, in dem Schlafräume und Assistentenwohnungen untergebracht sind. Das Erdgeschoß und das erste Stockwerk bilden zwei völlig getrennte Abteilungen. Jede Abteilung besteht aus zwei Schlafräumen in der Größe von 6,30 : 7 mit je sechs Betten, einem ebenso großen Arbeitssaal und einem 8 : 12 großen Eßsaal. In den Flügeln befinden sich je zwei Isolier- und zwei Einzelzimmer von verschiedener Größe, im ganzen also 16 Einzelräume. In den Isolierzellen ist hinter der Tür, die während des Tages vielfach offen gehalten wird, ein starkes Eisengitter angebracht; in einzelnen Zellen ebenso ein zweites vor dem Fenster. Das mag sehr praktisch sein, gibt aber den Räumen ein höcht unerfreuliches Aussehen; der Kranke ist wie in einem Käfig nach zwei Seiten von Gittern eingeschlossen. Auch die Abteilungen sind durch starke Eisengitter voneinander abgetrennt. Jede der beiden Abteilungen besitzt einen Garten von ausgiebiger Größe, umgeben von 4 m hohen Mauern. Für Bäder ist ausreichend gesorgt. Das ganze Haus macht durch die Breite der Korridore ($2^1/_2$ m), die Größe der Fenster und den hellen Anstrich einen durchaus freundlichen Eindruck. Die Heizung erfolgt durch Niederdruckdampfheizung. Die Gesamtkosten betrugen einschließlich der nachträglich notwendig gewordenen Verstärkungen der Mauern und sonstigen Umbauten 190000 M.

Das Personal, ursprünglich aus einem Stationspfleger und zwölf Pflegern bestehend, mußte bald auf achtzehn Pfleger und zwei Stationspfleger erhöht werden. Die Pfleger werden ans dem Pflegepersonal der Zentralansalt ausgewählt; sie erhalten eine monatliche Gehaltszulage von 7,50 M, die Stationspfleger eine Jahreszulage von 100 M. Während den Pflegern jederzeit gekündigt werden kann. sind die Stationspfleger Beamte und auf Lebenszeit angestellt.

Die meisten Pfleger sind verheiratet, was mit Rücksicht auf die Notwendigkeit, keinen häufigen Wechsel eintreten zu lassen, sehr wesentlich war. In der ersten Zeit bewährte sich das Bewahrungshaus durchaus nicht[1]). Exzesse aller Art, Demolierungen der Einzelzimmer, Ausbruchversuche und Angriffe zwangen dazu, die ganze Anstalt umzubauen. Überall wurden die Einrichtungen fester gemacht, die Einzelzimmer verstärkt.

Eine merkwürdige Beobachtung wurde gelegentlich dieses Umbaues gemacht. Die sämtlichen Kranken mußten aus dem Bewahrungshause in die Zentralanstalt zurückverlegt und unter die übrigen Kranken verteilt werden. Flügge sagt darüber wörtlich: „Die schlimmen Eigenschaften traten im Verkehr mit ruhigen und harmlosen Kranken weniger hervor, die gegenseitige Ansteckung fehlte eben. Aus den Kreisen der schuldlosen Patienten kam fast keine Klage über die Zugesellung einer so großen Anzahl bestrafter Individuen, die allerdings schlau genug waren, hier nicht mit ihrer verbrecherischen Vergangenheit zu renommieren. Ob dies so geblieben wäre, erscheint allerdings zweifelhaft. Umgekehrt konnten wir wiederholt die Erfahrung machen, daß eine Versetzung in das Bewahrungshaus einen ungünstigen Einfluß nicht nur auf das äußere Verhalten des Kranken, sondern auch auf den ganzen Verlauf der Psychose ausübte."

Die Besserung der Verhältnisse nach dem Umbau war offensichtlich. Immerhin glaubte Flügge noch im Jahre 1904 sich dahin aussprechen zu müssen: „Eine Vergrößerung des Dürener Bewahrungshauses oder der Bau einer zweiten derartigen Anstalt dürften wohl kaum mehr beabsichtigt werden." Im Jahre 1908 aber konnte Geller[2]) bereits über die weiteren Erfahrungen in Düren durchweg Günstiges berichten. Abgesehen von einem Selbstmord war in den letzten fünf Jahren kein unliebsames Ereignis mehr vorgekommen. Aus dem Bericht geht hervor, daß die günstigste Wirkung dabei die Beschäftigung der Kranken ausgeübt hat. 80 bis 90 % der Kranken sind beschäftigt. Davon etwa 60 % mit der Anfertigung von Papierdüten, die übrigen mit Haus-

[1]) Flügge, Einiges aus der Abteilung für irre Verbrecher in Düren. Monatsschrift für Kriminalpsychologie und Strafrechtsreform I 347.

[2]) Aus dem Bewahrungshause in Düren. Monatsschrift für Kriminalpsychologie und Strafrechtsreform V 14.

arbeit, Schneidern und einige auch mit Gartenarbeit. Als Belohnung erhalten die Arbeiter 8 Pf. für den Tag, die ihnen zur Beschaffung von Nahrungs- und Genußmitteln zur Verfügung stehen, aber auch zur Anschaffung von Zeitungen, Büchern, von Zeichenmaterial und Musikinstrumenten, ja sogar zur Unterstützung von Angehörigen Verwendung fanden. Im Gesamtergebnis hält Geller Zentralanstalten für Kriminelle für ungeeignet und befürwortet die Dezentralisierung. Jede Irrenanstalt sollte ihr festes Haus haben und dadurch für alle Arten Kranker eingerichtet sein.

Der Platzmangel, der bald in Düren eintrat, und eintreten mußte, da verhältnismäßig selten Kranke zur Entlassung kommen konnten, die Zahl der sicher zu verwahrenden Kranken, aber fortdauernd wuchs, nötigte die Provinzialverwaltung zu weiteren Schritten. Es wurde beschlossen, ein zweites Bewahrungshaus zu errichten; bereits im Mai 1908 konnte es eröffnet werden. Es befindet sich auf dem Terrain der Provinzialarbeitsanstalt Brauweiler und zwar in engster Verbindung mit dem Arbeitshause. Die Aufsicht über die Verwaltung des Bewahrungshauses steht, — wie übrigens auch die Aufsicht über die Provinzialirrenanstalten — dem Landeshauptmann zu, und die für die Verwaltung und den Betrieb der Irrenanstalten bestehenden gesetzlichen Bestimmungen sowie die besonderen Vorschriften für die Rheinlande finden auch auf das Bewahrungshaus in Brauweiler singemäße Anwendung.

Mit einer, meiner Meinung nach, allerdings prinzipiell wichtigen Ausnahme. Der Direktor der Arbeitsanstalt leitet als Vorsteher des Bewahrungshauses gemeinsam mit dem Arzte der Arbeitsanstalt, der gleichzeitig leitender Arzt des Verwahrungshauses ist, die Anstalt. Der Direktor führt die Verwaltungsgeschäfte, der Arzt übt den ärztlichen Dienst, unterstützt von einem nebenamtlich angestellten Assistenzarzt aus. Warum man dem Arzte nicht volle Selbständigkeit einräumt, ist mir nicht verständlich. Wenn auch die Küche, Wäscherei, der Bezug der Anstaltswäsche u. dergl. mit dem Arbeitshause gemeinsam verwaltet und besorgt werden kann, so halte ich doch für bedenklich, wenn der Direktor der Arbeitsanstalt die Leitung des Verwaltungsdienstes in Händen hat. Es handelt sich um eine rein ärztliche Anstalt, denn man wird wohl schwerlich annehmen, daß die Mitwirkung eines Verwaltungsbeamten den Betrieb ausbruchsicherer gestaltet. Gerade wenn die Verantwortung zwei Personen zufällt, wird jede die Verantwortung von sich ablehnen, und in diesem Falle der Arzt zweifellos mit dem größeren Rechte, weil seine Funktionen in erster Linie ärztliche sind. Jedenfalls steht fest, daß trotz der Mitwirkung des Verwaltungsbeamten es möglich war, daß gleich im ersten Jahre vier Kranke gleichzeitig entwichen sind, und auch später ist es noch gelegentlich vorgekommen, daß ein Kranker trotz der Erhöhung der Mauern entweichen konnte. Notwendig ist jedenfalls die Mitwirkung der Verwaltungsbeamten nicht, wie das Beispiel von Waldheim lehrt, wo den Beamten des Zuchthauses nicht einmal das Betreten der Irrenabteilung gestattet ist.

Die Anstalt selbst ist recht geschickt und auch äußerlich leidlich freundlich gebaut. Sie besteht aus einem großen Mittelgebäude mit zwei Seitenflügeln. Die Räume zur Unterbringung von Kranken sind im Erdgeschoß und ersten Stockwerk gleichmäßig verteilt, und zwar vier Tagesräume, davon je zwei 260 und zwei 270 qm groß, je drei Schlafsäle, einer für acht und zwei für vier Kranke bestimmt und je zwei Wachsäle mit acht Betten. Bei den Wachsälen, die mit Doppeltüren versehen sind, davon eine aus Eisenstäben, bleibt die Holztüre bei Nacht offen, so daß der Aufsichtsbeamte von außen die beiden Säle gleichzeitig übersehen kann. Dadurch nämlich, daß die beiden Säle an der einander zugekehrten Ecke abgeschrägt sind, ist es dem Aufseher möglich, ohne sich vom Flecke zu bewegen, beide Säle, einschließlich der Kloseträume, zu überblicken.

Ferner befinden sich auf jedem Stockwerke noch je acht Einzelzellen, 40 cbm groß, davon vier für unruhige Kranke eingerichtet. Die Einzelzellen liegen in den Flügeln, die durch Gitterabschlüsse von den anderen Krankenabteilungen und den Treppenhäusern getrennt sind. Zwischen je zwei Einzelzellen sind neutrale Räume eingeschoben, die als Garderobe oder Aufseherzimmer oder Abort benutzt werden. Die Zellen für die unruhigen Kranken liegen am äußeren Ende des Flügels. Zwischen je zwei dieser Zellen ist ein Baderaum eingerichtet, von dem aus der nach dem Fenster gelegene und durch ein starkes Abschlußgitter von dem eigentlichen Zelleninnern getrennte Teil der Zelle betreten werden kann. Dadurch ist es dem Beamten möglich, die Fenster und Fensterläden zu öffnen und zu schließen, ohne von dem Kranken gestört zu werden. Alle Zellen sind mit Doppeltüren, einer inneren Gittertür und einer äußeren, eisenbeschlagenen Tür versehen. Auch sämtliche Fenster sind fest vergittert.

Durch ein sorgsam ausgearbeitetes Alarmsystem kann jederzeit Hilfe herbeigerufen werden. Den nächtlichen Sicherheitsdienst versehen im Innern drei Beamte; der Sicherheitsdienst außerhalb der Anstalt wird von dem Arbeitshause besorgt. Drei große Höfe, die allerdings durch eine 4,5 m hohe, innen glatt geputzte Mauer ein sehr unfreundliches Äußere bekommen, dienen der Bewegung im Freien. Die Badeeinrichtungen sind vollendet. Im ganzen stehen 16 Badewannen zur Verfügung, darunter zwei Baderäume mit je vier Wannen, die als Dauerbäder benuzt werden können.

In den Aufenthaltsräumen werden allerhand Arbeiten gemacht, doch steht bei weitem nicht genügend Arbeitsgelegenheit zur Verfügung. Im Kellergeschoß befinden sich vier helle und luftige Arbeitsräume, in denen Schusterei u. dgl. getrieben werden soll, aus Mangel an Material aber meist nicht getrieben werden kann. Die Beköstigung der Kranken entspricht nicht der Verpflegung des Arbeitshauses, sondern der der Provinzialirrenanstalten. Diejenigen Kranken, die sich an den Arbeiten beteiligen, bekommen ein kleines Arbeitsgeschenk, über das sie mit Genehmigung des Arztes verfügen können, und außerdem eine Kostzulage.

Das Bedürfnis der Rheinprovinz, ihre gemeingefährlichen Geisteskranken unterzubringen, war durch die beiden Bewahrungshäuser in Düren und Brauweiler nicht gedeckt. Es muß allerdings dabei berücksichtigt werden, daß die Rheinprovinz überhaupt mehr Geisteskranke zu versorgen hat als irgendeine andere preußische Provinz. In der neuen für 2200 Kranke bestimmten Anstalt in Bedburg bei Kleve ist ein drittes festes Haus erbaut worden.

Das Bewahrungshaus, für 50 Männer bestimmt, liegt etwas abseits von den übrigen Gebäuden; sein Äußeres wirkt infolge der es umgebenden 3 m hohen Mauer und der massiven Eingangspforte sehr düster. Es besteht aus einem zweiflügeligen Gebäude, in dessen Mitte die Räume für Pfleger und Arzt liegen. Im linken Flügel befinden sich drei Tageräume, fünf Einzelzimmer, ein Schlafraum mit drei, ein weiterer mit vier Betten.

Der Seitenflügel enthält sechs feste Zellen; bei allen Zellen befindet sich hinter der Eichentür ein sehr starkes Gitter, sodaß die Kranken bei offener Türe isoliert werden können. Zwei von den Zellen besitzen außerdem die gleiche Einrichtung wie in Brauweiler, daß sich zwischen der Zelle und dem Fenster ein Durchgang befindet, der durch ein Gitter abgetrennt ist; dadurch hat die Zelle durchaus den Typus eines großen, in ein Zimmer eingebauten Käfigs.

In der Ecke, an der die beiden Flügel zusammenstoßen, liegen zwei Wachsäle mit je fünf Betten. Durch die Abschrägung der Ecken kann auch hier der Pfleger, ähnlich wie in Brauweiler, beide Räume, die nach außen durch ein Gitter verschlossen sind, übersehen. Durch die Lage der Wachsäle ist es aber dem wachthabenden Pfleger ermöglicht, gleichzeitig auch, fast ohne sich von der Stelle zu bewegen, die beiden langen Korridore bis zum äußersten Ende im Auge zu behalten.

Im ganzen Hause besteht das Geschirr aus Papiermasse. In den Zellen sind die Nachttöpfe ebenfalls aus Papiermasse. Nur in den Wachsälen befinden sich Wasserklosets, durch eine halbhohe Kachelwand von den Betten getrennt.

Für die nicht isolierten Kranken sind Wasserklosets in besonderen Räumen vorgesehen.

Die Raumverteilung des Oberstockes ist die gleiche wie unten, nur daß sich oben ein Schlafraum mehr befindet.

Vor dem Hause liegt ein großer, schön angelegter Schutzgarten, der aber nicht von den Kranken benützt werden darf. Ein gleicher, durch ein hohes Drahtgitter abgegrenzter, auch hinter dem Hause. Zwei Gärten dienen dem Luft- und Bewegungsbedürfnis der Kranken.

Landwirtschaftliche Beschäftigung ist nicht vorgesehen. Die einzige, für die bisher 29 Kranken zur Verfügung stehende Arbeit, ist die Schneiderei, die mit großem Eifer und guten Erfolg betrieben wird. Jeder arbeitende Kranke erhält vier Pfg. für den Tag und darf für dieses Geld kleine Bedürfnisse, Obst, Kuchen, Tabak kaufen. Die gleichen Kranken erhalten in Düren für ihre Arbeit acht Pfg.; auch diese Arbeitsbelohnung ist noch gering genug. Ihr Wert liegt in dem Anreiz für die Kranken, sich zu beschäftigen; dadurch aber werden Werte geschaffen, die wenigstens einigermassen die hohen Bau- und Unterhaltungskosten zu decken im Stande sind; wichtiger scheint mir die durch die Beschäftigung zu erreichende friedliche Stimmung der Kranken, die dem ganzen Betriebe zu Gute kommt.

Die 20 Pfleger (diese Zahl gilt für die volle Belegung) erhalten 72 M Zulage, die zwei Stationspfleger 100 M Zulage im Jahr.

Der Eindruck der Anstalt ist nicht erfreulich. Die Reihe offner Zimmer, hinter deren Eisengittern in gänzlich kahlen Kammern, deren einzige Ausstattung ein auf dem Boden liegendes Bett ist, die Kranken beschäftigungslos auf und ab wandeln, wirkt drückend. Auch in diesen Zellen müßte gearbeitet werden, soweit als die — durchweg ruhigen — Kranken dazu zu bringen sind. Daß von vornherein keine Gartenarbeit in Aussicht genommen war, ist bedauerlich, aber glücklicherweise zu ändern.

Die Abteilung nimmt nicht nur kriminelle Kranke auf, sondern ausnahmsweise besonders schwierige und störende, unbescholtene Patienten. Diese Auffassung des Bewahrungshauses, die sich der darin noch weitergehenden des Göttinger Bewahrungshauses (S. 62) nähert, ist meiner Überzeugung nach die allein mögliche und auf die Dauer durchführbare. Aber gerade dann sollte auch der Charakter des Hauses nicht dieses absolut zuchthausmäßige haben. Bilder an den Wänden, Blumen auf den Fensterbrettern, würden dem ganzen Hause sofort die beklemmende Kahlheit und Unfreundlichkeit nehmen.

Provinz Sachsen.

Das Verwahrungshaus in Nietleben besteht aus einem dreiflügeligen Bau. Im Erdgeschoß befinden sich gleich beim Eingang die Zimmer des Arztes und eines Wärters; im rechten Seitenflügel 13 Einzelzimmer mit den Nebenräumen, im linken kürzeren Flügel zwei Schlafräume mit je vier Betten; in dem, dem Eingang gegenüber sich öffnenden Flügel zehn Einzelzimmer. Im ersten Stock befinden sich über dem Eingang ein Tagraum für die Wärter und ein Schlafraum, im rechten Flügel vier Schlafräume mit vier Betten sowie zwei Einzelzimmer, im linken nur Räume für das Personal; im senkrechten Flügel acht Einzelzimmer und eine Werkstätte. Das Dachgeschoß enthält nur die Wohnung des Oberpflegers und Zimmer für die Wärter. Die Anstalt kann 50 Kranke aufnehmen.

Schlesien.

In der schlesischen Provinzialheil- und Pflegeanstalt Plagwitz ist ein Pavillon durch Umbau und Befestigung zu einer Station für unsaubere und verbrecherische Kranke umgestaltet worden. Die Abteilung[1]) enthält außer zwei Badezimmern, neun Einzelzellen mit Parkettfußböden, an einem Korridor zusammenliegend, zwei Tagesräume im unteren, mehrere Schlafräume im oberen Geschoß und eine Veranda mit Garten. Der Garten ist mit einem hohen Drahtzaun umkleidet. Alle Zellen haben Doppeltüren und schmiedeeiserne Fenster mit 2 cm dickem Glas, doch mußten diese Fenster nachträglich noch vergittert werden, da sie sich als unzulänglich gegen die Entweichungen erwiesen. Die Abteilung ist für 38 Kranke bestimmt.

Das „feste Haus“ in der für 1000 Kranke eingerichteten oberschlesischen Provinzialheil- und Pflegeanstalt Rybnik ist für 40 Kranke bestimmt. Für die Auswahl der Kranken, die sich nur aus Vorbestraften oder für unzurechnungsfähig Erklärten zusammensetzen ist bestimmend: Fluchtverdacht bei hohen Strafen, Gewalttätigkeit und asoziales Verhalten.

An einen langen Korridor, dessen Ausbuchtung als Tagesraum dient, befinden sich auf der einen Seite sieben Einzelzimmer und zwei Schlafräume für je drei Kranke, auf der andern zwei Einzelzimmer und das Bad. In dem senkrecht auf dem Hauptflügel errichteten breiten Seitenflügel liegen neben Pflegerzimmern und Nebenräumen noch drei weitere besonders feste und große Zellen, die nur einen Tagesraum angeordnet sind. Der Pfleger kann durch ein Beobachtungsfenster von seinem Zimmer aus den Tagesraum übersehen. Das Obergeschoß ist dem untern gleich.

Es stehen im ganzen zwölf Pfleger zur Verfügung.

Als Beschäftigung dient die Fabrikation von Briefumschlägen und Zigarren, sowie die Weberei.

Schleswig-Holstein.

In Neustadt in Holstein wurde 1904 ein „festes Haus“ mit einem Kostenaufwand von 180 000 M hergestellt. Das Haus,

[1]) Deutsche Heil- und Pflegeanstalten Bd. I, S. 370.

architektonisch außerordentlich geschmackvoll, liegt abgetrennt von den anderen Gebäuden und besteht aus zwei Geschossen. Es hat im ganzen Raum für 40 Kranke. Im Erdgeschoß wie in dem ersten Stockwerk liegen in der Mitte die Tagesräume und das Hauptbad. Darüber im Obergeschoß die Wohnung für den Assistenzarzt und den Oberpfleger. Die Seitenflügel enthalten vier Krankenabteilungen, jede für zehn Kranke. Eine davon im Erdgeschoß ist als Überwachungsabteilung ausgebildet. Zwischen beiden Wachsälen befindet sich ein Zimmer für den Pfleger, der durch ein Beobachtungsgitter, das in einem Winkel in beide Säle hineinragt, beide Säle gleichzeitig übersehen und beaufsichtigen kann. Außerdem befindet sich in der Aufnahmeabteilung noch ein besonderes Bad, während für die anderen Kranken ein gemeinsames Bad mit vier Wannen im Obergeschoß liegt. Alle Zimmer, einschließlich der Zellen, haben elektrische Beleuchtung, die Fenster in den Schlafräumen und Zellen bestehen aus $2^1/_2$ cm dicken, zum Teil mit Einlagerung von Drahtgeflecht versehenen Glasplatten und sind sämtlich mit eisernen Gittern versehen. Der Garten in denen sich eine Kaninchenzucht befindet, ist von einer hohen Mauer umgeben. Fünfzehn Einzelzellen, deren Türen Beobachtungslöcher besitzen, ermöglichen die Absonderung besonders schwieriger Elemente.

Das Wartepersonal besteht aus 14 Wärtern, von denen am Tage elf zur Verfügung stehen, da zwei, am Tage schlafende Nachtwachen sowie der Pförtner abzuziehen sind. Die Nachtwache geschieht durch einen Wärter, der, wie oben beschrieben, die Wachsäle zu überwachen, und eine Patroullierwache, die sämtliche Abteilungen durchzugehen hat.

Zur B e s c h ä f t i g u n g ist eine Schneiderei und eine Weberei eingerichtet sowie eine Seidenraupenzucht in Angriff genommen. Daneben ist durch Beschaffung von Spielen aller Art sowie durch Musikinstrumente, durch eine Bibliothek sowie Zeitungen für die Unterhaltung der Kranken gut gesorgt. Die in der Weberei nach Scherrebecker Art und nach künstlerischen Mustern gewebte Gobelins dürfen durchaus den Anspruch machen, als gleichwertig mit den Erzeugnissen der besten Fabriken ähnlicher Waren betrachtet zu werden.

Bemerkenswert ist, wie Dr. K r ö m e r[1]) ausdrücklich hervorhebt, daß fast alle Kranke den Wunsch zeigten, allein zu schlafen.

Von besonderen Schwierigkeiten ist, obgleich es natürlich auch nicht an Ausbruchsversuchen und Komplotten gefehlt hat, bisher nichts bekannt geworden. Krömer glaubt auf Grund seiner und der anderwärts gemachten Erfahrungen, sich für die Irrenanstaltenadnexe als die geeignetste Methode der Unterbringung geisteskranker Verbrecher aussprechen zu sollen. Als Vorbedingung eines guten Gelingens fordert er: wirklich feste Bauart, zahlreiche Zellen und kleine Schlafräume, gutes Personal, richtige Verteilung der einzelnen Individuen auf kleine Abteilungen und sachgemäße, verständige Leitung und Behandlung.

Westfalen.

Eikelborn.

Die Abteilung für gemeingefährliche Geisteskranke in der Provinzialpflegeanstalt Eikelborn besteht aus einem zweigeschössigen Bau. In der Mitte des Erdgeschosses befinden sich Aufnahmezimmer, zwei Bäder, eine Teeküche und ein Pflegerzimmer. Unmittelbar daran anstoßend ein großer Wachsaal und ein Schlafraum, an den sich zwei Tageräume anschließen. Durch diese Räume hindurch geht der Zutritt zu einem Zellenflur, an dessen einer Seite sich drei Einzelzimmer, an der anderen ein Arbeitszimmer befinden.

Der rechte Flügel ist ebenso gebaut, nur mit dem Unterschiede, daß der eine Wachsaal als Schlafsaal dient.

Die Einrichtung des Obergeschosses ist genau die gleiche, auch die Bestimmung der Räume dieselbe, so daß also im ganzen zwölf Einzelzimmer zur Verfügung stehen. Der Zugang zu den, an dem äußersten Ende des Gebäudes liegenden Isolierzimmern durch die anderen Räume hindurch will mir nicht zweckmäßig erscheinen. Das Dachgeschoß ist nur zum kleinsten Teile ausgebaut und enthält neben Kleiderkammern nur Zimmer für das Pflegepersonal.

Die Belegzahl der Abteilung ist auf 63 gemeingefährliche Geisteskranke berechnet.

---

[1]) Krömer: Zur Frage der Unterbringung geisteskranker Verbrecher. Zeitschrift für Psychiatrie, 64, 980.

Keine besonderen Abteilungen zur Unterbringung unsozialer Patienten bestehen in den Provinzen Hessen-Nassau und Westpreußen.

D. Die übrigen Deutschen Bundesstaaten und ihre Einrichtungen zur Beobachtung und Versorgung gefährlicher Kranker.

Auch die übrigen deutschen Bundesstaaten zeigen dieselbe Verschiedenartigkeit der Behandlung krimineller und gefährlicher Geisteskranker wie Preußen. Nur drei, Württemberg, Baden und Hamburg besitzen eigene Abteilungen zur Beobachtung von Strafgefangenen, die der Geisteskrankheit verdächtig sind, nur vier, Sachsen, Bremen, Hamburg und Hessen besondere Abteilungen für die Unterbringung gefährlicher Kranker. Zwei weitere Staaten, Baden und Elsaß-Lothringen, haben den Bau von Bewahrungshäusern projektiert.

Tabelle 2.

Provinz	Zahl der Einwohner	Zahl d. Anstalten	Krankenbestand a. 1. I. oder 31. III. 06	Bewahrungshäuser	Darin Betten
1. Bayern	6510000	12 (13)	7968	—	—
2. Sachsen	4502000	8 (9)	5151	1 (1)	200 (275)
3. Württemberg	2300000	5	2412	—	— [1]
4. Baden	2009000	4	2932	(1) [2]	(46) [3]
5. Hessen	1210000	3 (4)	1936	(1)	(25)
6. Mecklenburg-Schwerin	625000	3	1010	—	—
7. Mecklenburg-Strelitz	103000	1	177	—	—
8. Oldenburg	438000	3	562	—	—
9. Sachsen-Weimar	388000	2	766	—	—
10. Sachsen-Meiningen 11. Schwarzburg-Rudolstadt	510000	1	714	—	—
12. Sachsen-Altenburg 13. Reuß j. L.	351000	2	452	—	—
14. Anhalt	328000	3	713	—	—
15. Braunschweig	486000	1	608	—	—
16. Lippe	146000	1	218	—	—
17. Hamburg	875000	2	2077	1 (2)	55 (110) [4]
18. Bremen	263000	1	419	— (1)	— (40)
19. Lübeck	106000	1	212	—	—
20. Elsaß-Lothringen	1820000	2 (5)	2776	(1)	(40)

[1]) Eine Beobachtungsabteilung mit 36 Betten. [2]) Projektiert.
[3]) Eine Beobachtungsabteilung mit 38 Betten.
[4]) Eine Beobachtungsabteilung mit 20 Betten; Erweiterung des Bewahrungshauses auf 110 projektiert.

Die Tabelle II, ebenfalls nach Laehr zusammengestellt, ergibt, daß auch im übrigen deutschen Reiche das Bedürfnis nach Ausscheidung gefährlicher Kranker nicht gleichmäßig empfunden wird. In Baden kommt nach dem Ausbau der Abteilung in Wiesloch ein Kranker im festen Haus auf 64 in den übrigen Anstalten, in Hessen 1:77, in Elsaß-Lothringen 1:69, während das Verhältnis in Hamburg 1:38, nach der Erweiterung sogar 1:19, in Sachsen 1:25 und nach dem Neubau in Waitzen 1:18 beträgt. In Hessen wird ein Platz in einem festen Hause auf 48400, in Elsaß-Lothringen einer auf 45500, in Baden einer auf 43713 Einwohner zur Verfügung stehen, während Sachsen jetzt einen Platz auf 22500, später auf 16335 und Hamburg jetzt einen Platz auf 15909, später sogar auf 7959 besitzt.

Auch in Sachsen würde eine Verteilung der Kranken auf alle Anstalten keine allzugroße Belastung mit gefährlichen Elementen bedeuten, wenn sogar das größere Bayern, dessen Bevölkerung weit stärker zu Verbrechen neigt, als Sachsen, seine Kranken in den Landesanstalten unterzubringen weiß. Hamburg mit seiner Großstadtbevölkerung dürfte wohl allerdings ebenso wie Berlin besondere Schwierigkeiten haben, weil die Verbindung mit der Stadt die Entweichungsgefahr besonders bedenklich macht.

Bayern.

Nach den Feststellungen Kundts [1]) beträgt die Gesamtzahl der als „ungeeignet zur gemeinsamen Verpflegung" zu bezeichnenden Personen in den sämtlichen Irrenanstalten Bayerns 367 Männer und 50 Frauen. Aber diese Zahl ist nicht gleichbedeutend mit der Zahl der Vorbestraften. Wurden doch nach den Berichten über das Jahr 1909 allein in den Anstalten Ansbach, Bayreuth, Eglfing, Kaufbeuren und Kutzenberg, also nur in fünf der zwölf großen Kreisanstalten in einem Jahre 227 kranke Männer aufgenommen, die bereits vorher mit dem Strafgesetz in Berührung gekommen waren; also dürfte die jährliche Aufnahme-

1) Kundt und Rüdin, Über die zweckmäßigste Unterbringung der irren Verbrecher und verbrecherischen Irren in Bayern. Zeitschrift für die gesamte Neurologie und Psychiatrie, Bd. II S. 275.

ziffer solcher Kranken bei weitem die Zahl der als schwierig Bezeichnenden des Bestandes übersteigen.

Unter diesen schwierigen Elementen waren vier Männer und eine Frau, die gemäß § 81 zur Beobachtung in die Irrenanstalten einzuweisen worden waren und als nicht geisteskrank erklärt wurden! Derartige Menschen gehören natürlich nicht in die Irrenanstalten, in denen sie nur vorübergehend sich befinden, sondern ins Gefängnis. Aber die Beobachtungsfälle gerade werden, wie S. 21 erwähnt, von fast allen Anstalten sehr gern aufgenommen und sind auch im Interesse der Rechtspflege und der Ausbildung der Ärzte nicht zu entbehren. Da es sich ja ohnehin nur um eine Höchstdauer der Beobachtungszeit von sechs Wochen handelt, kann die kleine Zahl auch wohl mit in den Kauf genommen werden. Aber wir können daraus den Schluß ziehen, daß der Widerstand der Irrenanstalten gegen schwierige kriminelle Kranke auch Ausnahmen verträgt und nicht nur aus dem Bedürfnis entspringt, die Nichtvorbestraften vor dem Zusammenleben mit Verbrechern zu bewahren.

367 schwierig zu verpflegende Männer bedeutet bei zwölf Kreisanstalten, zu denen jetzt noch eine dreizehnte hinzukommt, eine Durchschnittszahl von 30 Personen auf jede Anstalt. Es wird wohl kaum bezweifelt werden können, daß bei richtiger Verteilung auf alle Anstalten eine erhebliche Erschwerung des Betriebs durch diese Kranken nicht entstehen kann. Und eine eigene Anstalt wäre schon deswegen unzulässig, weil unter diesen 367 Kranken auch solche Kranke enthalten sind, mit denen der Strafrichter nichts oder nichts mehr zu tun hat. Deren Zahl (245 Männer und 33 Frauen) übertrifft bei weitem die andere Gruppe.

So ergibt sich wohl für Bayern als die zweckmäßigste Lösung eine Verteilung auf alle Anstalten, die natürlich dann entsprechende Einrichtungen zu schaffen haben, wie solche in Eglfing bereits vorhanden sind. —

In der großen, für 1016 Kranke III. Klasse bestimmten Oberbayerischen Heil- und Pflegeanstalt Eglfing bei München, die 1905 eröffnet wurde, sind zwei Pavillons mit je 70 Plätzen für unsichere und unruhige Kranke bestimmt. Die Häuser enthalten große Schlafräume mit zehn und achtzehn Betten, mehrere

Tagräume und kleine Schlafzimmer, Einzelzimmer und feste Isolierungszimmer. Der Flügel im Obergeschoß, in dem sich je vier Isolierzimmer für Kriminelle befinden, ist durch ein massives Gitter gegen die übrigen Räume abgeschlossen. Ein scharfer Unterschied zwischen gefährlichen und verbrecherischen Kranken wird bei der Belegung der Abteilung nicht gemacht, sie hängt vielmehr von der Art der Erkrankung und der daraus erwachsenden Gefährlichkeit ab.

Königreich Sachsen.

Die erste in Deutschland errichtete Anstalt für irre Verbrecher wurde Ende 1876 in Waldheim im Königreich Sachsen eröffnet. Waldheim war 1716 als Zucht-, Armen- und Waisenhaus eröffnet worden, „um nicht nur Armen und Kranken zum Aufenthalte zu dienen, sondern auch dazu, daß „mutwillige Müßiggänger", welche dem Lande zur Last werden, zur Arbeit angehalten und andere böse Buben, die nur durch Diebstahl, Rauben und Morden ihren Aufenthalt zu suchen gewohnt sind, zu gehöriger Strafe gezogen werden möchten"[1]. Erst viel später wurden die Kranken aus Waldheim entfernt, das dann ausschließlich Zuchthaus blieb, bis der Strafanstalt 1876 von neuem eine Irrenabteilung angegliedert wurde. Sie war bestimmt „zur Beobachtung, beziehentlich Heilung und Verwahrung solcher in Landes-, Straf- und Korrektionsanstalten detinierter männlicher Personen, welche in Geisteskrankheit verfallen sind, oder deren geistiger Zustand zweifelhaft erscheint. Demnächst können derselben zu gleichem Zwecke auch andere Personen, deren Zuführung in eine Irrenanstalt in Frage kommt, zugewiesen werden, wenn deren Aufnahme in eine andere Irrenanstalt, weil sie zur Zeit strafrechtlicher Verfolgung oder der Detention in einem Gerichtsgefängnisse unterliegen, oder aus sicherheits-, wohlfahrts- oder sittenpolizeilichen Gründen wegen ihres verbrecherischen Vorlebens oder ihrer Individualität bedenklich fällt."

Die Anstalt befindet sich unmittelbar an der Strafanstalt Waldheim und stand früher in direkter Abhängigkeit von dem Zuchthause. Der Direktor führte die Oberaufsicht über

[1]) Glauning, Die ersten Anfänge staatlicher Fürsorge für Geisteskranke in Sachsen. Monatsschrift für Kriminalpsychologie VIII, 98.

die Irrenstation; ihm stand die Disziplinargewalt über die an derselben tätigen Beamten zu. Sie war im Erdgeschoß des neuerbauten Krankenhauses untergebracht und konnte anfangs nur 40 Kranke aufnehmen, zu deren Beaufsichtigung sechs Wärter angestellt waren. Inzwischen ist der Andrang zu dieser Anstalt außerordentlich stark gewachsen, so daß sie nach dem Jahre 1891 erweitert werden mußte. In den Jahren 1880—1891 kamen im ganzen 151 Kranke zur Aufnahme, davon allein 98 aus dem Zuchthause in Waldheim selbst. Die übrigen kamen entweder aus dem Gefängnis oder aus Irrenanstalten oder waren wegen Geisteskrankheit freigesprochen worden.

Im Jahre 1892 wurde die Irrenabteilung nochmals erweitert und ist endlich jetzt seit sechs Jahren völlig von dem Zuchthause getrennt. Durch Erlaß vom 10. März 1905 wurde die „Irrenstation bei der Strafanstalt Waldheim zum Range einer selbständigen „Landesanstalt für Geisteskranke zu Waldheim“ erhoben, deren Verwaltung nach den für die Landesheil- und Pflegeanstalten geltenden Grundsätzen durch einen Arzt zu erfolgen hat. Gemeinsam mit dem Zuchthause ist auch heute noch das Inventar und die Küche, sowie der Zugang zur Irrenabteilung, der nur durch die Strafanstalt möglich ist. Sonst aber ist die Anstalt vollständig unabhängig, und zwar soweit, daß ich bei einem Besuche die Anstalt erst dann betreten konnte, als der Arzt gekommen war, da es den Beamten der Strafanstalt vom Direktor an bis zu den Hilfsaufsehern überhaupt nicht gestattet ist, die Irrenabteilung zu betreten.

An der Strafanstalt und der Irrenabteilung sind im ganzen vier Ärzte im Hauptamte tätig, von diesen zwei Irrenärzte, die aushilfsweise auch die Strafanstaltsärzte zu vertreten haben. Der Bestand an Kranken beträgt etwa 180 und setzt sich so zusammen, daß eine kleine Wachabteilung für Gefangene, die auf ihren Geisteszustand beobachtet werden, vorhanden ist, am Tage meines Besuches mit fünf Kranken belegt, eine weitere Wachabteilung und Bettstation für aus der Freiheit eingewiesene und vom Strafvollzug abgeschriebene Verpflegte (21), und endlich noch 156 weitere Kranke der beiden letzten Gruppen. Hierzu muß noch bemerkt werden, daß die in der Irrenanstalt verbrachte Zeit nicht auf die Strafzeit angerechnet wird. Zwanzig Tobzellen von recht düsterem

Charakter stehen zur Verfügung. Die Kranken schlafen in diesen Zellen in einem Bett, das auf dem Boden hergerichtet wird; in den Zellen befindet sich nicht einmal ein Stuhl.

Als Beschäftigung dient Wollezupfen, Papierkleben, Rohrflechten. Einige Kranke werden auch in dem Garten des Zuchthauses beschäftigt. Kranke aus besseren Ständen, die als Privatkranke eine andere Verpflegung bekämen, befanden sich nicht in der Anstalt, obgleich dafür Einzelzimmer zur Verfügung stehen.

Als Wärter dienen ausschließlich Irrenpfleger, die vorher in der Behandlung Geisteskranker ausgebildet sind, 36 an der Zahl; die Verpflegung ist die gleiche wie in den Irrenanstalten, also nicht wie im Zuchthaus.

Die ganze Einrichtung scheint mir im höchsten Grade der Reform zu bedürfen. Die Angliederung an das Zuchthaus ist trotz der nunmehr hergestellten Abtrennung von der Zuchthausverwaltung sehr bedenklich. Es soll doch ein Krankenhaus sein, das zur Unterbringung schwieriger Kranker dient, von denen ein recht großer Teil nie mit dem Gesetz in Konflikt gekommen ist. Welchen Eindruck muß es nun auf die Angehörigen machen, wenn sie beim Besuche ihrer Kranken den Hof des Zuchhauses passieren müssen? Der Zusammenhang mit dem Zuchthaus ist für diejenigen Kranken, die aus der Freiheit oder anderen Irrenanstalten eingeliefert werden, eine unzulässige Brandmarkung. Die Anstalt ist dabei gerade mit Rücksicht darauf, daß die in ihr untergebrachten Kranken viel weniger leicht als aus den gewöhnlichen Irrenanstalten zur Entlassung kommen, zu wenig freundlich; das allzu enge Zusammensitzen der Kranken bedingt Reibereien und die Gefahr der Komplottierungen, wie das schon zur Zeit des ersten an der Anstalt tätigen Arztes, Knecht[1]), der Fall gewesen ist. Ich konnte es sehr wohl verstehen, als mir der führende Kollege seine Meinung dahin aussprach, daß die Adnexe an Strafanstalten nicht empfehlenswert seien, auch wenn der Zusammenhang ein so lockerer ist, wie in Waldheim. —

Die am 20. Februar 1908 eröffnete Abteilung für Geisteskranke bei der Landesstrafanstalt Bautzen ist durch Umwandlung eines bis dahin als Gefangenenabteilung benutzten Gebäudes

[1]) Knecht, Die Irrenstation bei der Strafanstalt Waldheim. Allgemeine Zeitschrift für Psychiatrie 37, 145.

der Strafanstalt ihrem neuen Zweck angepaßt worden. Wie in Waldheim, ist auch in Bautzen den Beamten der Strafanstalt der Zutritt zur Irrenabteilung untersagt, die Trennung ist sogar noch besser durchgeführt insofern, als eine vier m hohe Mauer die Krankenanstalt von der Strafanstalt trennt, und ein eigener Eingang für die Besucher und Beamten der Abteilung besteht.

Im Untergeschoß befindet sich ausser einigen Einzelräumen, dem Bad und Wirtschaftsräumen, ein grosser Tages- und Arbeitsraum für 25 Kranke. Das Erdgeschoß enthält zwei Schlafräume mit elf und zwölf Betten, einen Wachsaal mit zwölf Betten, einen Tagesraum für 45 Kranke und 17 Einzelzimmer, darunter vier feste Zellen. Ganz ähnlich ist die Einrichtung des Obergeschosses.

Die Belegzahl des Hauses beträgt 70 Kranke, meist kriminelle, nur vereinzelt auch sonst schwierige Patienten. Zur Beobachtung auf ihren Geisteszustand, finden auch Strafgefangene aus der Strafanstalt Aufnahme. 37 Einzelzimmer ermöglichen eine ausgiebige Trennung bei Nacht.

Ein Oberpfleger, zehn Pfleger und drei Irrenwärter besorgen die Pflege und Aufsichtsdienst.

Als Beschäftigung ist Tütenkleben, Haus- und Gartenarbeit eingeführt.

Besondere Abteilungen, die nur für die Pflege geisteskranker Verbrecher bestimmt sind, besitzt das Königreich Sachsen innerhalb seiner anderen großen Heil- und Pflegeanstalten nicht.

Württemberg.

In Württemberg war nach den Vorschriften der Hausordnungen für die Strafanstalten ein Gefangener, der in Geisteskrankheit verfiel, in eine Irrenanstalt zu verbringen [1]. Erst gegen Ende des vorigen Jahrhunderts kam die Frage zur Erörterung, ob besondere Maßnahmen für die geisteskranken Verbrecher zu treffen seien. Das Medizinalkollegium trat für einen Adnex an einer Strafanstalt bei, wünschte aber auch die

[1] von Schwab, Die Unterbringung geisteskranker Strafgefangener in Württemberg. Blätter für Gefängniskunde Bd. 38 S. 11.

Aufnahme besonders gefährlicher verbrecherischer Geisteskranker in das Asyl. Im Falle besonderer rechtlicher Bedenken gegen diese Art der Unterbringung von verbrecherischen Geisteskranken wurde für diese ein Adnex an einer Irrenanstalt vorgeschlagen. Das Strafanstaltenkollegium und das Justizministerium hielt aus rechtlichen Gründen nur die Aufnahme von geisteskranken Strafgefangenen in einem Strafanstaltadnex für zulässig, die Errichtung eines solchen aber mit Rücksicht auf die kleine Zahl in Frage kommender Personen — damals waren es nur 26 — für überflüssig.

Neue Schwierigkeiten aber, die bald auftauchten, führten dazu, daß das Ministerium des Innern sich für die Errichtung eines Adnexes an einer Strafanstalt aussprach. Ein solcher wurde am 1. Februar 1905 im sog. Kommandantenbau auf Hohenasperg eröffnet.

Auf dem Hohenasperg befand sich schon seit dem Jahre 1888 außer einer kleinen Gefängnis- und einer Tuberkuloseabteilung eine der Strafanstaltsdirektion im nahegelegenen Ludwigsburg unterstehende Invalidenstrafanstalt zur Unterbringung von Personen bestimmt die, ohne als geisteskrank im eigentlichen Sinne gelten zu können, wegen geistiger Schwäche, Epilepsie und ähnlicher Mängel einer besonderen, von der Strafanstaltsordnung abweichenden Behandlung bedürfen.

Der durch Umbau seinen Zwecken angepaßte Bau für die geisteskranken Verbrecher enthält im Unterstock eine Wachabteilung mit fünf bis sechs Betten, einen etwas kleinen Tageraum, Wärterzimmer, Bad und zwölf Einzelzellen, darunter eine besonders feste als Tobzelle. Im Obergeschoß sind drei Schlafsäle, mit elf, neun und elf Betten, zwei größere Arbeitssäle, während der Korridor als Tagraum benutzt wird. Im ganzen können 36 Kranke untergebracht werden. Ein Spazierhof mit wundervoller Aussicht steht den Kranken zur Verfügung.

Nach der Hausordnung sollen die Kranken auf ihren Geisteszustand geprüft oder einem Heil- und Pflegeverfahren unterworfen werden. Die Aufnahmeformalitäten sind denkbar einfach[1]).

[1]) Schwandner, Praktische Erfahrungen in der Behandlung geisteskranker Strafgefangener. Monatsschrift für Kriminalpsychologie Bd. V S. 411.

Kranke der Anstalten Ludwigsburg und Hohenasperg, auch der Invalidenanstalt, können mit Zustimmung des leitenden Arztes in die Irrenabteilung sofort aufgenommen werden unter gleichzeitigen Bericht an das Strafanstaltskollegium. Dieses entscheidet auch bei der Überführung aus anderen Strafanstalten; der Antrag wird durch den Direktor der Strafanstalt Ludwigsburg mit hausärztlichem Bericht und gutachtlicher Äußerung des leitenden Arztes dem gleichen Kollegium vorgelegt. Doch kann in dringenden Fällen dessen Zustimmung nachträglich eingeholt werden.

Die Entlassung erfolgt mit Ablauf der Strafzeit, und zwar in die zuständige Irrenanstalt, falls weitere irrenärztliche Behandlung notwendig ist. Im Falle der Heilung wird der Kranke in den Strafvollzug zurückgebracht, oder auch, falls es sich um Grenzfälle handelt, in die Invalidenabteilung versetzt. Bei voraussichtlicher Unheilbarkeit kann die Begnadigung beantragt werden; der begnadigte Kranke kommt in die zuständige Irrenanstalt.

Die Vertretung der Anstalt und die Disziplinargewalt über das Personal steht dem Vorstand der Strafanstalt zu; die ärztlichen Anordnungen sind Sache des Abteilungsarztes, der zu den Ärzten der Landesirrenanstalten gehört und mit ihnen rangiert. Disziplinarmaßregeln können getroffen werden, doch werden sie als durchaus entbehrlich nicht angewendet. Isolierungen sollen nur aus ärztlichen oder aus Gründen der Sicherheit erfolgen. Hält der Vorstand die Isolierung eines Gefangenen der Sicherheit wegen für geboten, so trifft er die erforderlichen Anordnungen im Benehmen mit dem Arzt. Die Beköstigung entspricht der Kostordnung aller Gefangenenanstalten, doch bekommt stets ein beträchtlicher Teil (durchschnittlich 20—30) der Insassen Krankenkost.

In der Abteilung besteht kein Arbeitszwang. Da „alle Arbeiten ausgeschlossen sind, zu denen die Kranken gefährliche Werkzeuge wie Messer und Scheren bedürfen“, bleibt nur Tütenkleben, an dem sich etwa zwei Fünftel der Kranken beteiligen. Auch landwirtschaftliche Arbeiten im Freien werden wegen der Fluchtgefahr und sonstiger Gefährlichkeit für ausgeschlossen erachtet.

Das Pflegepersonal besteht aus einem Oberaufseher, zwei Abteilungsaufsehern und sechs Wärtern. Alle tragen einen Gummistab, um sich gegen schwere Angriffe wehren zu können.

Der einzige bisherige Erfolg war die Verurteilung eines Aufsehers wegen Körperverletzung im Amt, weil er, ohne angegriffen zu sein, einen Kranken mit dem Gummistab mißhandelt hatte.

Die nächtliche Überwachung geschieht durch einen monatlich wechselnden Wärter; die andren Wärter sind leicht zu erreichen. Auch der Arzt und der Oberaufseher, die unmittelbar neben der Abteilung wohnen, sind durch Haustelefon schnell zu rufen.

Schon in den ersten Monaten kam es zu Schwierigkeiten, zu Beschimpfungen, Angriffen, Zerstörungen, bis schließlich im Oktober des Eröffnungsjahres eine regelrechte Revolte den Anlaß gab zu einem gründlichen Umbau. Alle Zellen wurden verstärkt, drei neue besonders feste Zellen durch Verkleinerung des ursprünglich zu großen Wachraumes gewonnen; die Öfen wurden durch Zentralheizung, die Petroleumlampen durch elektrisches Licht ersetzt. Seitdem sind erhebliche Schwierigkeiten nicht mehr entstanden.

Dem Berichte des Anstaltsarztes[1]) entnehme ich folgende interessante Mitteilungen:

In den ersten drei Jahren wurden 84 Gefangene, und zwar 53 aus dem Zuchthause, 31 aus den Gefängnissen aufgenommen. Von der ersten Gruppe wurden zwei als Simulanten, drei als Psychopathen ohne ausgesprochene Geistesstörung bezeichnet. An eigentlichen Psychosen litten nur achtzehn; fünfzehn waren psychopathisch Degenerierte mit kurzdauernden psychotischen Störungen, sechs Imbecille, sechs Epileptiker und drei Hysterische. Unter den 31 Gefängnissträflingen waren drei nicht geisteskrank, drei Degenerierte ohne Psychosen, ein nicht geisteskranker Epileptiker und ein Simulant. Die 23 übrigen verteilen sich auf sechs Fälle von Degeneration mit interkurrenten psychotischen Zuständen, drei angeboren Schwachsinnige, fünf Hysterische und Neurasthenische, während nur neun an schweren Psychosen litten.

Aus dieser Übersicht geht die auch anderwärts stets zum Vorschein gekommene Tatsache hervor, daß unter den Fällen der Beobachtungsabteilung die dem Grenzgebiete zwischen normalem und geisteskrankem Denken angehörigen Fälle bei weitem

---

[1]) Staiger, Erfahrungen in der Behandlung geisteskranker Verbrecher. Monatsschrift für Kriminalpsychologie Bd. V S. 421.

überwiegen. Staiger stellt fest, daß die Degenerierten, die Epileptiker und Schwachsinnigen die schwierigsten Elemente der Abteilung waren, also diejenigen, deren Unbequemlichkeit und Gefährdung für die Umgebung aus ihrem Zustande entspringt, nicht aus ihren kriminellen Neigungen.

Am interessantesten ist das weitere Schicksal der Kranken. Von 59 wurden achtzehn als ungeheilt in die Landesirrenanstalt überführt, zwei in die Heimat entlassen, einer starb, dreizehn wurden nach erfolgter Beobachtung als nicht geisteskrank wieder in den Strafvollzug zurückgebracht, ebenso dreizehn Genesene, während die Mehrzahl der Gebesserten in der Invalidenabteilung Unterkunft fand.

Das weitere Verhalten der 18 in die Irrenanstalt überführten Kranken lehrt nun, daß die geisteskranken Verbrecher tatsächlich größtenteils viel harmloser sind, als man denkt; neun konnten als nicht irrenanstaltspflegebedürftig entlassen werden, einer starb; unter den übrigen acht wurde nur einer als unangenehm und störend bezeichnet. „Gefangene, die bei uns zu den allerunangenehmsten gehörten, haben sich in der Irrenanstalt gut gehalten." Das beweist, daß offenbar doch die Beobachtungsabteilungen mit ihrem gefängnisartigen Charakter und der Anhäufung schwieriger Kranker mit antisozialen Neigungen ihre großen Schattenseiten haben, Schattenseiten, die um so bedenklicher hervortreten, je länger die Kranken in den Abteilungen bleiben müssen. Staigers Ausführungen enden mit den Worten[1]: „Die großen Irrenanstalten mit ihren zahlreichen und hinsichtlich der freien Behandlung verschieden abgestuften Abteilungen, sind am ehesten in der Lage, die irren Verbrecher zu verteilen und individuell zu behandeln und unterzubringen, ein Vorteil, den eine eigene Abteilung für irre Verbrecher niemals in dieser Weise besitzt und besitzen kann."

Die Beobachtungsabteilung auf dem Hohenasperg erfreut sich einer herrlichen Lage; aber sie trägt doch in ihrem Innern sehr stark den Gefängnischarakter. Ich glaube ferner, daß mancher der üblen Vorgänge hätten vermieden werden können, wenn von vornherein mehr für die Beschäftigung der Kranken geschehen wäre. Die Furcht vor jeder Betätigung, zu

---

[1]) A. a. O. S. 434.

der ein Instrument gebraucht wird, ist doch in den meisten Kriminalanstalten nicht in dem Maße geteilt, und üble Ereignisse sind da sicher nicht zahlreicher, wo die Kranken, wie in Perth oder wie in Aversa, mit Garten- und Feldarbeiten, mit Bauarbeiten beschäftigt sind.

Für durchaus verkehrt halte ich die Übertragung der Disziplinargewalt über die Beamten der Irrenabteilung an den Direktor. Das Personal müßte dem Arzt unterstellt sein, da dieser sonst nicht genügend Autorität besitzt. Noch bedenklicher ist das Recht der Strafanstaltsleitung, im Sicherheitsinteresse auf der Isolierung Kranker zu bestehen. Ich weiß, daß in Hohenasperg die Persönlichkeit des Direktors einen Konflikt ausschließt, aber es ist doch wohl unangebracht, zu verschweigen, daß diese Bestimmung den Arzt in eine geradezu unmögliche Zwangslage versetzen kann. Die Isolierung ist gewiß oft nicht zu umgehen, aber abwägen, was bedenklicher ist, die Isolierung oder die nur vermutete Gefahr der Umgebung, kann doch nur der Arzt, der den Kranken kennt.

Baden.

In Baden hat schon seit dem Jahre 1864 im Landesgefängnis in Bruchsal eine Invalidenabteilung für altersschwache und gebrechliche Kranke bestanden, in der auch häufiger geistig defekte Züchtlinge untergebracht wurden. In dieser Abteilung unterstanden die Kranken einer milderen Disziplin und erhielten bessere Verpflegung sowie mehr Bewegungsfreiheit. Eigentlich Geisteskranke wurden in der Regel in den Krankenzimmern der Anstalten oder im Hauptkrankenhause untergebracht. Kranke, bei denen eine während des Strafvollzuges eintretende Geisteskrankheit die Straferstehung ausschloß, wurden aus der Strafhaft entlassen und kamen in die gewöhnlichen Irrenanstalten. Wurde der Gefangene aber für straferstehungsfähig gehalten, so kam er in schweren Fällen in das Hauptkrankenhaus des Landesgefängnisses in Bruchsal, in leichteren verblieb der Kranke in den Strafanstalten; wenn es sein mußte, in deren Krankenzimmern.

Als straferstehungsfähig wurden diejenigen Kranken angesehen, die noch eine Empfindung für die Strafe als ein Übel besaßen und ohne erhebliche Störung der Ordnung und Disziplin in der Anstalt behalten werden konnten. Die Dienst- und Hausordnung der Zentralanstalten des Großherzogtums Baden schreibt übrigens ausdrücklich in § 252 II vor: „Läßt der Geistes- oder körperliche Zustand eines Sträflings im Zusammenhang mit dem Straffalle Begnadigung oder Unterbrechung als angezeigt erscheinen, so ist Antrag beim Ministerium hierauf zu stellen.“ Dadurch ist die Möglichkeit gegeben, in geeigneten Fällen durch einen Gnadenakt die Haft der Kranken zu unterbrechen oder zu beendigen.

Der Mißstand, daß im Hauptkrankenhause körperlich und geistig Kranke zusammen untergebracht waren, veranlaßte die Erbauung einer, zwar innerhalb der Mauern der Strafanstalt, aber räumlich von ihr und vom allgemeinen Krankenhause getrennten Irrenstation beim Landesgefängnis Bruchsal, die am 15. November 1903 eröffnet wurde.

Der Zweck der Abteilung[1]) ist, alle während des Strafvollzuges in den vier badischen Zentralanstalten und in den Kreisgefängnissen geisteskrank gewordenen Strafgefangenen und solche, deren Geisteszustand zweifelhaft erscheint, zur Anstellung eines Beobachtungs- und Heilverfahrens aufzunehmen. Wenn auch die Entscheidung über die Aufnahme im allgemeinen durch das Justizministerium erfolgt, so kann in dringenden Fällen die Aufnahme sofort stattfinden und die Genehmigung nachher eingeholt werden. Untersuchungsgefangene sind von der Aufnahme ausgeschlossen; wie Stengel erklärt, weil der Strafanstaltsadnex eine Einrichtung des Strafvollzuges ist. Selbstverständlich kann noch weniger daran gedacht werden, dort andere bedenkliche Kranke ohne eigentlich kriminelle Betätigung aufzunehmen.

Nach Ablauf der Strafzeit werden alle Kranken entlassen; geheilte in die Freiheit, nichtgeheilte in die zuständige Irrenanstalt. Die Festhaltung der Kranken über das Strafende hinaus ist ausgeschlossen. Bessert sich der Zustand der Kranken vor dem Strafende, so werden die Kranken in die Strafanstalt zurückversetzt. Läßt aber der Zustand der Kranken während der Beobachtung keine Aussicht auf Besserung zu, so wird die Strafe unterbrochen, und die Kranken werden dann in die Irrenanstalten eingewiesen.

---

[1]) Stengel und Hegar, Die Unterbringung geisteskranker Verbrecher. Allgemeine Zeitschrift für Psychiatrie Bd. 66 S. 82.

Die Irrenabteilung besitzt außer fünf Isolierzellen 34 Betten und hat sich bisher als ausreichend groß erwiesen, da der Durchschnittsbestand sich zwischen 25 und 30 bewegte.

Das Gebäude ist einstöckig in Hufeisenform hergestellt, an eine Grenzmauer gegen Westen angelehnt und umfaßt einen Quadratraum von 1262 m.

Es ist im Osten von einem 56 m langen, 18 m breiten Garten umgeben, der mit Ziersträuchern bepflanzt, durch zwei geräumige Gartenhäuschen geschmückt und mit sog. japanischen Rasen angelegt ist.

In beiden Gartenhäuschen ist eine Vorrichtung zu Luftkegelspiel angebracht. Diese und ein Vogelhaus von 2,10 m im Durchmesser und 2,20 m Höhe, mit einheimischen und ausländischen Vögeln bevölkert, sowie ein Zementbassin von 2,40 Durchmesser mit Springbrunnen, dienen den ruhigen Kranken, die den Vorgarten benutzen, zur Zerstreuung.

Für die unruhigen ist der vom Gebäude umschlossene mit Grasplätzen angelegte Garten bestimmt.

Rechts und links vom Gebäude befinden sich durch 2,50 m hohe eiserne Einfriedigungen vom Erholungsgarten abgeschlossene Arbeitsplätze von je 41 m Länge 7,50 m Breite. Sie dienen vorwiegend zur Herrichtung von Brennholz für Anstalt und Private, als einer vom Anstaltsarzte für die von ihm ausgewählten Gefangenen begünstigsten Beschäftigung.

Das Gebäude ist nach allen Seiten durch eine ungewöhnlich hohe Mauer gegen Fluchtversuche geschützt.

Der Verkehr der Abteilung mit der Hauptanstalt vollzieht sich durch ein Tor an der Nordseite der Umfassungsmauer.

Die Höhe der Kellerräume beträgt 3,10 m, die der Räume des Erdgeschosses beträgt 3,65 m.

Die sehr gut belichteten und lüftbaren Räume des Untergeschosses dienen unter anderem als Räume zur Holzbearbeitung während der schlechten Jahreszeit.

Das Obergeschoß ist in vier Abteilungen für Ruhige, Halbruhige, Epileptiker und Unruhige eingeteilt.

Im Vorderbau befinden sich:

Das Zimmer des Arztes, ein Arbeitssaal für Ruhige mit 212 cbm Luftraum und mit Veranda von 22 qm Bodenfläche; ein Speisesaal mit 75, ein Schlafsaal für Ruhige mit 148, ein Schlafsaal (Wachabteilung) mit 150, ein Wärterzimmer, ein Schlafsaal (Halbruhige) mit 107 cbm Luftraum.

Im Südflügel:

Ein Arbeitssaal für Halbruhige mit 112 cbm Luftraum und mit einer gedeckten Veranda von 13,5 qm Bodenfläche, eine Tee- und Spülküche, acht Einzelzimmnr mit je 48 cbm Luftraum.

Im Nordflügel:

Ein Wärterzimmer, rechts und links begrenzt von zwei Schlafsälen für Epileptiker mit je 80, fünf feste Zellen mit je 47 cbm. Luftraum.

An die oben bezeichneten Betriebsräume schließt sich gegen den innern Hof um das ganze Gebäude ein 3,50 m breiter, mit Mettlacher Plättchen belegter Korridor an, der in der Hauptsache zur Bewegung der Kranken bei ungünstigem Wetter dient.

Die Fenster in den Sälen, Arzt-, Wärter- und Einzelzimmer, Gängen und in der Teeküche haben eine Höhe von 1,80 m, eine Breite von 1,20 m. Sie sind so konstruiert, daß sie ganz geöffnet werden können. Das Öffnen und Schließen besorgen die Wärter. Alle Fenster sind mit neun Horizontal- und sieben Vertikaleisenstäben vergittert. Die Fenster der festen Zellen werden mit einer auf dem Korridor verschließbar angebrachten Aufziehvorrichtung von außen durch die Wärter nach Bedürfnis geöffnet und geschlossen.

Die Erwärmung der Arbeits- und Schlafsäle erfolgt vom Korridor aus durch Kasernenöfen, die nach dem Krankenräumen zur Verhütung von Unfällen mit einem ganz glatten, gemauerten Mantel umgeben sind.

Zur Heizung der Einzelzimmer- und Tobzellen dienen ebenfalls gewöhnliche Kasernenöfen, die auf 2,40 m Höhe mit 0,10 m dicken Zementmänteln mit Schlitzen und Schutzgittern umgeben sind, so daß einerseits ausreichende Erwärmung der Räume und andrerseits Schutz gegen Feuers- und Erstickungsgefahren der Insassen erzielt wird.

Ein Baderaum mit zwei Fayencebadewannen und Brause, ein Waschraum mit zwei Reihen Waschtischen von zusammen zehn Waschgelegenheiten und drei Aborte sind rückwärts vom Arbeitssaal vom Korridor zugängig, angebracht. Bade- und Waschräume stehen unter Verschluß des Aufsichtspersonals.

Bade-, Wasch- und Aborträume werden durch eine unmittelbar unter diesen Stationen, im Erdgeschosse eingerichtete, im Zusammenhang mit einer Warmwasser-Bereitung und Verteilungsleitung stehende, Mitteldruckwarmwasserheizung mittels glatter, durch perforierte Bleche geschützter Radiatoren erwärmt.

Diese Anlage gibt auch dem Baderaum, dem Waschraum, dem Arztzimmer, der Spülvorrichtung im Abortvorraum, der Tee- und Spülküche und zwei auf den Korridoren angebrachten Verbrauchshähnen das nötige heiße Wasser ab. Neben den Zapfhähnen für heißes Wasser sind auch solche für kaltes montiert.

Senkgruben sind — wie in der Hauptanstalt — so auch in dieser Abteilung nicht vorhanden. Die Fäkalien werden in einem unmittelbar unter dem Abort montierten länglich-runden Eisenkessel von 1400 l Raum gesammelt, durch einen Ablaßhahn täglich in Tonnen gefüllt, und diese letzteren direkt in die Abfuhrwagen entleert.

Die Innenräume und Gänge sind ausnahmslos mit hellem, abwaschbarem Emailleglasuranstrich versehen.

In der ganzen Abteilung kommt ausschließlich elektrische Beleuchtung zur Anwendung. —

Die Kranken werden so gut es geht, beschäftigt. Außer Dütenkleben und Holzmachen ist nur noch Garten- und Hausarbeit vorgesehen.

Den ärztlichen Dienst versieht ein im Hauptamte angestellter Fachpsychiater, der keine sonstige Praxis treiben darf. —

Im Laufe der ersten fünf Jahre des Bestehens der Abteilung wurden im Ganzen 114 Kranke aufgenommen.

Nach Stengels sorgfältigen Untersuchungen an 91 selbstbaobachteten Fällen sind unter diesen 7,6 % gefährlich durch Neigung zur Flucht, 28,6 % spontan ungefährlich, aber unangenehm, der Verhetzung und Verführung zugänglich, 2,2 % in der Abteilung harmlos, wegen ihrer Verbrecherneigungen in der Freiheit gefährlich, 3,3 % in der Abteilung, voraussichtlich auch in der Freiheit harmlos, aber schwere Verbrecher, und endlich 58,3 % harmlos.

Interessant ist nun die weitere Feststellung, daß sich auch

vom dem relativ kleinen Prozentsatz der als gefährlich angesehenen Kranken nur ein Teil später als wirklich gefährlich erwiesen hat, und daß viele überraschenderweise in den Irrenanstalten unbedenklich gemeinsam mit den anderen Kranken verpflegt werden konnten. Stengel berechnet die Zahl der jährlich aus den Strafanstalten in die Irrenanstalten Baden zu überführenden geisteskranken Verbrecher auf etwa acht bis zehn, so daß bei der Verteilung auf die vier großen Irrenanstalten jede zwei bis drei aufzunehmen hätte, von denen dann noch weiter einige als harmlos wieder zur Entlassung kommen können.

Nach Hegar beträgt die Zahl der in den badischen Anstalten untergebrachten Männer, die mit dem Strafgesetz in Konflikt gekommen sind, 348 = 19,9 %. In dieser Zahl sind ebensowohl diejenigen enthalten, die aus den Strafanstalten kommen (34 %) also die geisteskranken Verbrecher, wie die verbrecherischen Geisteskranken. Unter diesen 348 Männer aber bedürfen nach seiner Auffassung 58 Kranke besonderer Verwahrungsmaßnahmen, aber nur fünf der Isolierung, 21 der Separierung, d. h. der wenigstens Nachts durchgeführten Trennung von anderen Kranken. Auf Grund dieser Erfahrung verwirft Hegar für kleine Staaten die Errichtung von gesonderten Adnexen an Irrenanstalten mit Auswahl der gefährlichsten Kranken. Er zieht die regionäre Verteilung der Kranken auf möglichst viele Anstalten, die Verteilung innerhalb der Anstalten und die Anlage zweckmässiger gesicherter Bauten oder Abteilungen, die in organischen Zusammenhang mit der Irrenanstalt bleiben müssen, vor.

Bis jetzt hat Baden keine Sondermaßregeln innerhalb der Irrenanstalten getroffen. Erst neuerdings hat man solche ins Auge gefaßt und zwar in der im Jahre 1905 neu eröffneten Heil- und Pflegeanstalt bei Wiesloch; diese Anstalt hat von Anfang an stets eine ziemlich erhebliche Zahl krimineller Kranker zugewiesen bekommen, und dadurch die Schwierigkeiten der Verpflegung solcher Kranken sehr gründlich erproben müssen. Da die Ausführung eines von vornherein projektierten gesicherten Hauses[1]) sich verzögerte, sind durch Erhöhung des Gartenhags, durch Verstärkungen

[1]) Jahresbericht der großh. bad. Heil- und Pflegeanstalt bei Wiesloch für die Jahre 1909 und 1910. Karlsruhe, Macklotsche Buchhandlung.

von Fenstern und Türen, sowie Anbringung von Alarmglocken, in einigen Abteilungen wenigstens einige Sicherheitsvorkehrungen getroffen worden. Der 1911 nach den Plänen des Direktors Fischer begonnene Neubau eines gesicherten Hauses für 46 gefährliche und verbrecherische Geisteskranke wird wohl gegen die wesentlichsten Mißständen Abhilfe schaffen.

Das Haus zerfällt in vier vollständig voneinander getrennte Unterabteilungen, je zwei im Erdgeschoß und im Obergeschoß. Das Haupttreppenhaus in der Mitte dient dem allgemeinen Dienst. Das Erdgeschoß ist für die schwierigen Kranken eingerichtet und deshalb stärker gesichert, als das Obergeschoß. Die beiden Unterabteilungen des Erdgeschosses sind für je elf Kranke bestimmt. Sie enthalten je einen Tagsaal und einen Arbeitsraum, je zwei Schlafsäle zu fünf und vier Betten und Bad; außerdem besitzt die eine Abteilung zwei Einzelzimmer und drei Isolierzimmer, die andere ein Isolierzimmer und zwei Einzelzimmer.

Die beiden Abteilungen des Obergeschosses sind wie die unteren disponiert, aber die eine, für dreizehn Kranke bestimmte, enthält nur ein Isolierzimmer und vier Einzelzimmer, die andere (für zwölf Kranke) kein Isolierzimmer und drei Einzelzimmer.

Es stehen also im ganzen fünf Isolierzimmer und neun Einzelzimmer zur Verfügung.

Alle Schlafsäle können ohne weiteres als Wachabteilungen bebenutzt werden. Im Mittelbau befinden sich die Nebenräume.

Nach außen ist das Haus durch einen Vorhof vom Zugangsweg abgetrennt. Außer zwei Gärten besitzt die Abteilung ein eingezäuntes Gemüsegelände zur Beschäftigung der Kranken.

Besonders beachtenswert ist das Prinzip, in dem gesicherten Haus nicht nur schwere Verbrecher, sondern gefährliche Geisteskranke aller Art, insbesondere auch komplottierende und aufhetzende Elemente unterzubringen. Die Trennung in vier Unterabteilungen, die allerdings im Verhältnis zu der kleinen Zahl von 46 Kranken sehr viel Personal erfordert, soll dem Zwecke dienen, durch Scheidung in vier Gruppen die individuelle Behandlung zu erleichtern, und die ungeeigneten Elemente möglichst voneinander fern zu halten.

Hessen.

Im Großherzogtum Hessen sind die kriminellen Geisteskranken vorwiegend der Irrenanstalt in Goddelau (Phillipps-Hospital) zugewiesen worden, so daß sich schließlich in dieser Anstalt eine ungewöhnlich große Zahl krimineller Kranken angehäuft hatte. Nach einem Bericht von Osswald[1]), befanden sich am 15. November 1907 unter 708 kranken Männern 62 vorbestrafte, elf verbrecherische Geisteskranke und 33 geisteskranke Verbrecher, zusammen also 206 = 29,4 %.

Osswald erklärt aber ausdrücklich, daß etwa zweidrittel bis dreiviertel dieser Kranken sich in keiner Weise von unbescholtenen Kranken unterscheiden und der Irrenanstalt keinerlei besondere Schwierigkeiten bereiten. Leider gilt das nicht für den übrigbleibenden Rest dieser Kranken; so konnte es bei dieser starken Überschwemmung einer einzelnen Anstalt mit kriminellen Elementen nicht ausbleiben, daß Schwierigkeiten aller Art sich immer mehr anhäuften, zu denen auch schließlich im Jahre 1906 die Ermordung eines Wärters und Arztes gehörten.

Nicht zum wenigsten lästig war auch die bei den Kriminellen besonders große Neigung zu Entweichungen. Im Jahre 1906 entwichen 29 Männer, darunter 19 kriminelle, im Jahre 1907 24, darunter abermals 19 kriminelle. Nicht gerechnet die zahlreichen vereitelten Fluchtversuche.

Im Mai 1904 berief die Regierung eine Kommission, bestehend aus Psychiatern und aus Strafanstaltsdirektoren unter Leitung des Generalstaatsanwaltes; diese schlug vor ein festes Haus zu erbauen, das außer den eigentlich kriminellen Elementen auch nicht kriminelle, aber gefährliche männliche Geisteskranke aufnehmen solle. Bezüglich der letzten Gruppe waren allerdings die Anschauungen geteilt. Sommer befürwortete, die Ausdrücke irre Verbrecher und verbrecherische Irre zu vermeiden und nur von stark gemeingefährlichen Kranken zu reden.

Die schematische Unterbringung der Kranken nach ihrem Vorleben verbietet sich schon aus Platzmangel, denn die projektierte und inzwischen ausgebaute Abteilung an der neu errichteten

---

[1]) Osswald, Die Fürsorge für gefährliche Geisteskranke. Juristisch-psychiatrische Grenzfragen Bd. VI Heft 7.

Irrenanstalt in Gießen war von vornherein nur für 25 Kranke bestimmt. Daher sollte nur eine Auslese von besonders schwierigen Elementen dort Aufnahme finden. Diese Größe ist aber offenbar auch für die hessischen Verhältnisse ausreichend, denn Osswald berechnet die Zahl derjenigen Kranken, die aus dem großen kriminellen Material in Goddelau zur Überführung in Betracht kämen, auf 18. Unter diesen Kranken sind ebensowohl verbrecherische Geisteskranke, wie geisteskranke Verbrecher, aber aber auch einige wenige unbescholtene, für die gemeinsame Verpflegung mit anderen höchst störende Kranke.

Auch bei der Feststellung der Häufigkeit geistiger Erkrankungen im Strafvollzug ergaben sich für Hessen keine besonders beunruhigenden Zahlen[1]). Im ganzen kamen in sieben Jahren im Zuchthause und Gefängnisse 115 geistige Erkrankungen schwerer Art vor. Aber nur bei 46 mußte auf Grund irrenärztlicher Gutachten der Strafvollzug unterbrochen werden. Diese geringe Zahl macht es überflüssig, besondere Beobachtungsabteilungen an der Strafanstalt zu errichten. Die in Gießen erbaute Abteilung dürfte anderseits durchaus genügen, für die wenigen besonders schwierigen Kranken eine ausbruchsichere und für die Umgebung ungefährliche Unterkunft zu schaffen. Der größte Teil der Kranken aber wird trotz krimineller Vorgeschichte nach wie vor unbedenklich in die anderen Irrenanstalten und zwischen den übrigen Kranken verpflegt werden können. —

Das feste Haus der Irrenanstalt bei Gießen liegt im äußersten Winkel der ganzen Anstalt, von hoher Mauer umgeben; es besteht aus zwei Flügeln, die in stumpfen Winkel aufeinander stoßen. In der Mitte befinden sich die notwendigen Nebenräume, einschließlich des Arbeitszimmers, in den Flügeln die Krankenzimmer. Die Wachabteilung liegt im Erdgeschoß und besteht aus zwei Wachsälen sowie aus einem Dauerbad mit drei Wannen, neben dem natürlich noch ein weiteres Bad, ähnlich wie im Obergeschoß, zu Reinigungsbädern vorhanden ist. Außerdem enthält die Wachabteilung vier Zellen; die Gesamtzahl der Einzelzimmer beträgt siebzehn. Für die nicht isoliert schlafenden Kranken

[1]) Kullmann, Tatsachenmaterial über die Häufigkeit geistiger Störungen in den hessischen Strafanstalten und ihre Behandlung. Juristisch-psychiatrische Grundfragen Bd. VI S. 52.

sind zwei Schlafsäle vorhanden. Da die neue Anstalt zwar vollendet, aber noch nicht belegt ist, so läßt sich über die Brauchbarkeit einstweilen noch nicht viel sagen.

Mir schien in Anbetracht der geringen Belegungsmöglichkeit (mit 25 Kranken) die Verteilung der Kranken auf vier Abteilungen nicht recht zweckmäßig, und ich habe auch Bedenken gegen die Übersichtlichkeit des ganzen Baues.

Neben diesem festen Hause wird auch in Goddalau noch für eine bessere Unterbringung der unsozialen Kranken gesorgt werden. Die Erweiterungsbauten der Anstalten sollen sich durchaus nicht von dem Typus einer sonstigen Irrenabteilung entfernen, nur soll durch geschickte Lage der Einzelzimmer eine möglichst sorgsame Überwachung ermöglicht und durch gut gearbeitete Abschlüsse die Sicherheit gegen Entweichungen vergrößert werden.

Hamburg.

Die Notwendigkeit, Vorsorge gegen das allzu leichte Entweichen gefährlicher Kranken zu treffen, machte sich, wie in allen stark bevölkerten Kulturstätten, auch in Hamburg dringend geltend. Deshalb wurden der ursprünglich nur als Irrenkolonie gedachten, aber dann zur selbständigen Irrenanstalt ausgebauten Anstalt Langenhorn bei Hamburg zwei gesicherte Häuser angegliedert. Über deren Errichtung orientiert am besten die Beschreibung des Leiters Dr. Neuberger[1]).

„Eine von den übrigen Krankenhäusern abweichende Bauart zeigt das für die Behandlung und Bewahrung der gemeingefährlichen, zu verbrecherischen Handlungen neigenden Kranken bestimmte gesicherte Haus. Hier sind 55 Kranke in einem Hause untergebracht, das sich aus zwei Flügelbauten zusammensetzt, die durch einen Mittelbau in Verbindung gebracht sind. Dieser umfaßt die für die Betriebszwecke des Hauses dienenden Räumlichkeiten und ermöglicht leicht die Verschiebung des Wärterpersonals von dem einen nach dem anderen Gebäudeflügel. Der linke, nicht überbaute Flügel ist von 25 intensiv überwachungsbedürftigen Geisteskranken bewohnt, während im rechten Gebäudeflügel

[1]) Deutsche Heil- und Pflegeanstalten für Psychischkranke. Halle a. S. Karl Marhold, 1910, S. 136.

30 weniger unsichere Patienten untergebracht sind, deren Schlafräume im Obergeschoß liegen. Das Haus, dessen Fenster vergittert, dessen Erholungsgärten durch 4—5 m hohe Mauern umgrenzt sind, unterscheidet sich in seinen Einrichtungen wesentlich von den anderen Krankenhäusern. Weil im Betrieb dieses Hauses die sichere Bewahrung fast gleichwertig neben der eigentlichen Behandlung zur Geltung kommt, sind hier, abgesehen von den vergitterten Fenstern und den ummauerten Gärten, die Schlafzimmer klein gehalten. Sie umfassen vielfach nur drei bis vier Betten. Die Zahl der Einzelzimmer — im ganzen 14 — ist relativ groß. Für das Wartepersonal sind neun Schlaf- bzw. Erholungszimmer reserviert. Außerdem sind in diesem Haus sechs von den Wohnräumen getrennt liegende Arbeitszimmer eingerichtet.

Das Gebäude, das seit November 1905 bezogen ist und dem in den ersten drei Jahren des Betriebes 132 geisteskranke Männer mit bedenklichem Leben zugeführt wurden, hat sich in seinen Einrichtungen bewährt. Trotz der großen Zahl von öfter vorbestraften und zu Gewalttätigkeiten neigenden Kranken, die in dem neuen Hause Bewahrung fanden, waren bis jetzt ernstere Vorfälle nicht zu verzeichnen. Die zweckmäßige Anordnung der Räume des Hauses, in dem möglichst jeder gefängnismäßige Eindruck ausgeschaltet wurde, die freundliche Ausstattung der Zimmer und Gärten, die reichliche Beschäftigungsgelegenheit, die hier geboten werden kann, üben unverkennbar einen günstigen Einfluß auf die teilweise schwer zu behandelnden Kranken aus.

Die Sicherheitsvorrichtungen genügten den gestellten Anforderungen. In Anbetracht der großen Zahl der Kranken, die als gemeingefährliche Geistesgestörte andauernd der Anstalt Langenhorn zugewiesen werden, ferner weil bei der starken Zunahme der Bevölkerung Hamburgs die Zahl dieser Kranken sich noch steigern wird, wurde bei Feststellung des Bauprogrammes für die letzte Erweiterung der Langenhorner Anstalt beschlossen, ein zweites gesichertes Haus, in ganz ähnlicher Ausführung wie das vorhandene, zu bauen. Es werden hier in kurzer Zeit für die gemeingefährlichen Geisteskranken 110 Betten zur Verfügung stehen, die sich auf vier Flügelbauten, auf vier getrennte Abteilungen verteilen.

Da, wie die Erfahrung lehrte, die Beschäftigung der geistesgestörten Bewohner des gesicherten Hauses ein vorzügliches Behandlungsmittel bildet, das geeignet ist, beruhigend auf die Kranken einzuwirken, über trübe Vorstellungen hinwegzuhelfen und neues Selbstvertrauen zu geben, wurde beschlossen, für die beiden gesicherten Häuser neben den in jedem Haus vorhandenen sechs Arbeitsräumen noch ein besonderes Beschäftigungshaus mit elf Arbeitszimmern zu errichten. Es können demnächst für die 110 Pfleglinge der beiden Gebäude 23 von den Wohnzimmern getrennt liegende Arbeitszimmer bereitgestellt werden, in denen die mannigfaltigste Arbeitsgelegenheit geboten werden kann. Auch in den gesicherten Häusern ist dann eine individualisierende Betätigung der Kranken möglich."

Bemerkenswert ist für die Langenhorner Anlage die reichliche Gelegenheit zu Arbeit und Erholung. Neben Arbeits- und Gemüsegärten stehen für jedes der Häuser nach der Fertigstellung des zweiten je zwei große Erholungsgärten zur Verfügung. Besonders interessant verspricht der Versuch mit dem besonderen Beschäftigungshause zu werden. Das mehrfach betonte Prinzip möglichster Individualisierung wird dadurch in einer Weise erleichtert, daß wohl die Erfolge nicht ausbleiben können.

Hamburg besitzt außerdem im Gefängnis II eine Beobachtungsabteilung für 20 der Geisteskrankheit verdächtigen Gefangene.

Zur ärztlichen Versorgung der beiden großen in Fuhlsbüttel liegenden Gefängnisse und der auf dem gleichen Terrain befindlichen Korrektionsanstalt mit zusammen 2820 Plätzen sind drei Ärzte angestellt. Nur der Oberarzt ist pensionsberechtigt; er darf ebenso wie die beiden Hilfsärzte freie Praxis ausüben. In Anbetracht der in Gefängnissen notwendigen Untersuchungen jedes neu aufgenommenen Gefangenen ist die Zahl der Ärzte nicht ausreichend. Bestehen doch allein zwei große Männerkrankenhäuser mit zusammen 186 Betten, ein Frauenkrankenhaus mit 30 Betten und dazu die Irrenabteilung mit 20 Betten. Wenn auch diese Krankenabteilungen nicht voll belegt sind, so stellt doch der Gesamtdienst in den Anstalten so viel Anforderungen an die Ärzte, daß die psychiatrisch wünschenswerte Auslese der psychisch Defekten in den drei großen Anstalten darunter leiden muß. Mindestens zwei Ärzte müßten hauptamtlich angestellt und beide psychiatrisch gründlich vorgebildet sein.

Bremen.

Der Staat Bremen hat in dem für 490 Kranke eingerichteten St. Jürgenasyl für Geistes- und Nervenkranke in Ellen ein für 35—40 Patienten eingerichtetes Bewahrungshaus abseits von den übrigen Krankenpavillons erbaut. Aufgenommen werden nicht nur kriminelle, sondern auch andere schwierige Patienten. Im Erdgeschoß liegen drei Tageräume, ein Wachsaal mit einem Nebenzimmer für zehn Kranke und drei Einzelzimmer. Im Obergeschoß zwei Schlafräume und acht Einzelzimmer. Durch die streng durchführbare Trennung der Kranken in drei ganz voneinander unabhängigen Tageräumen ist der Betrieb erheblich erleichtert.

Im Gegensatz zu den meisten Bewahrungshäusern hat man in Bremen kein Bedenken gehabt, die Überwachung der Kranken in der Wachabteilung durch im Saale befindliche Pfleger ausüben zu lassen, statt wie sonst vielfach von außen durch ein Gitter hindurch.

Die Pflegerzahl ist verhältnismäßig klein. Sie beträgt einschließlich der zwei Nachtwachen und des Pförtners zehn bis elf. Eine besondere Funktionszulage beziehen die Pfleger des Verwahrungshauses nicht.

Als Beschäftigung ist Roßhaarzupfen, Wäschelegen, Schreibarbeiten, Weberei vorgesehen; gelegentlich wurden die Kranken auch zum Auslesen von Bohnen, zum Putzen von Gemüse und ähnlichen Arbeiten herangezogen, soweit dazu keine Instrumente notwendig sind.

Elsaß-Lothringen.

In Elsaß-Lothringen hat bisher keinerlei Einrichtung für kriminelle Kranke bestanden, doch hat sich auch dort die Schwierigkeit gezeigt, mit manchen Kranken fertig zu werden. Infolgedessen wurde auch im Reichsland der Erbauung eines Bewahrungshauses an der Bezirksirrenpflegeanstalt Hördt nähergetreten. Die Abteilung ist erst im Bau begriffen, auf 40 Plätze berechnet, aber so angelegt, daß sie ohne Schwierigkeit um zwölf Betten erweitert werden kann. Die Aufnahmebedingungen sind bis jetzt noch nicht festgestellt. Der

Direktor der Anstalt Stephansfeld, Dr. Ransohoff[1]), hofft, die Behörde werde darauf eingehen, daß alle kriminellen Kranken erst den zuständigen Irrenanstalten überwiesen werden sollten, und daß erst von diesen aus nach eingehender Beobachtung der Antrag auf Überführung in das Verwahrungshaus gestellt werden müßte. Ransohoff ist persönlich gegen die Zuweisung auch nicht krimineller, aber besonders gefährlicher Kranker in die Abteilung.

Das Verwahrungshaus ist dem leitenden Arzt der Pflegeanstalt Hördt unterstellt. Nach der Beschreibung wird das Erdgeschoß und das erste Stockwerk zur Unterbringung der Kranken dienen, das Personal ist im Dachgeschoß untergebracht. Jedes Stockwerk enthält zwei, durch einen neutralen Mittelbau getrennte Abteilungen mit neun bis zwölf Betten, worunter jeweils drei bis vier Einzelzimmer. Der Eingang in die Anstalt erfolgt durch das Pförtnerzimmer. Von hier gelangt man links durch das Bad in die Wachstation mit zwei kleinen Wachsälen, welche von einem auf dem Korridor stationierten Wärter übersehen werden können. Die Einzelzimmer dieser Station sind besonders fest gebaut; in zweien derselben ist vor dem Fenster noch ein massives Gitter errichtet, in zwei anderen sind die Wände ganz glatt gehalten und ohne Vorsprünge, um Selbstmordsüchtigen die Möglichkeit zur Selbstbeschädigung zu nehmen.

Durch eine zweite Tür des Pförtnerzimmers gelangt man in den Mittelbau und von hier aus auf die anderen Stationen. Im Mittelbau befinden sich noch Arztzimmer, Spülküche, und im Obergeschoß ein größeres Bad.

Die Abteilung rechts vom Eingang enthält einen Saal für körperlich Erkrankte und ein kleines Arbeitszimmer.

Die beiden Abteilungen im ersten Stock haben getrennte Aufenthalts- und Arbeitssäle. In der einen sind zwei Zellen mit besonderen Vorrichtungen für lärmende Elemente bestimmt.

Tagsüber sind sämtliche Abteilungen unter sich getrennt. Die Kranken werden auch nach Abteilungen getrennt in den Hof geführt. Nachts stehen die Verbindungstüren offen. In der einen

---

[1]) Ransohoff, Beilage zur Zeitschrift für Medizinalbeamte 1910, S. 57.

Station ist auch nachts eine Wache stationiert; die zweite Wache soll patrouillieren und durch die in sämtlichen Türen angebrachten Fenster die Säle und Einzelzimmer beobachten. Außerdem schläft auf jeder Abteilung noch ein Pfleger in einem besonderen Zimmer, die übrigen im Dachgeschoß.

Der Hof ist von einer $5\,^1/_2$ m hohen Mauer umgeben. Die Gesamtkosten der Anlage werden 200000 M überschreiten.

III. Kapitel.

Die übrigen europäischen Staaten mit Ausschluß von Deutschland.

Belgien.

Besondere gesetzliche Bestimmungen darüber, was mit den gemäß Art. 71 freigesprochenen Geisteskranken zu geschehen habe, sind im belgischen Strafgesetzbuch vom Jahre 1867 nicht vorgesehen.

Schon seit langen Jahren haben sich in Belgien einzelne Gelehrte sowohl wie ganze Körperschaften mit dem Problem der Versorgung gemeingefährlicher Kranker befaßt, ohne daß diese Erörterungen zu praktischen Folgen geführt hätten, bis Le Jeune, der belgische Justizminister, im Jahre 1890 gleichzeitig mit der Einbringung eines Gesetzentwurfes über die „Gefängnisasyle" eine ärztliche Überwachung der Gefängnisse einrichtete. Die Bedeutung dieser Maßregel rechtfertigt wohl die ausführliche Wiedergabe der Bestimmungen [1]):

§ 1. Stellung und Pflichten der Irrenärzte.

Art. 417. Die ärztliche Feststellung des geistigen Zustandes der Gefangenen wird Irrenärzten anvertraut, die durch den Justizminister ernannt werden.

Art. 418. Der irrenärztliche Dienst der Strafanstalten wird in Bezirke eingeteilt, deren Zahl und Ausdehnung der Justizminister bestimmt, und in denen je ein Irrenarzt Dienst tut.

Art. 419. Der Irrenarzt muß auf Benachrichtigung des Direktors eines der Gefängnisse seines Bezirks gemäß Art. 426 oder auf Ersuchen der Zentral-

1) Entnommen dem „Reglement général des Prisons". Bruxelles 1905 S. 101.

verwaltung ohne Aufschub zur Untersuchung des bezeichneten Gefangenen schreiten und dem Justizminister darüber berichten.

Wenn er der Meinung ist, daß der Gefangene geisteskrank ist, so daß er nicht ohne Gefährdung seines Geisteszustandes oder der inneren Disziplin der Anstalt im Gefängnis zurückgehalten werden kann, stellt der Arzt dem Gefängnisdirektor das von dem Gesetz für diesen Fall vorgeschriebene Zeugnis aus, es sei denn, er wäre als Arzt an der Anstalt tätig, der der Geisteskranke eingeliefert werden soll; in diesem Falle muß er Sorge tragen, die Ausstellung dieses Gutachtens durch einen praktischen Arzt des Ortes zu veranlassen.

Art. 420. In jedem Gefängnis ist für den Irrendienst eine Liste nach dem von der Zentralverwaltung angenommenen Muster zu führen.

Der Irrenarzt muß nach jeder Visite das Ergebnis seiner Untersuchungen möglichst vollständig eintragen. Er muß eventuell die notwendigen Spezialverordnungen betreffs der Sicherheit, der Lebensweise und der notwendigen Behandlung des Kranken eintragen.

Art. 421. Der Irrenarzt regelt alles, was die Behandlung der seiner Beobachtung unterstellten Gefangenen betrifft. Die Ärzte für den alltäglichen Dienst unterstützen die Irrenärzte, wenn diese nicht in der Anstalt wohnen, indem sie die Durchführung der vorgeschriebenen Behandlung überwachen und indem sie den Gefangenen die Sorgfalt zuwenden, die ihr psychischer Zustand erfordert; dies alles unbeschadet ihres in den Artikeln 426 und 430 der gegenwärtigen Verordnungen vorgesehenen Eingreifens.

Art. 422. Die Irrenärzte können von den Gefängnisakten eines jeden ihnen zur Beobachtung unterstellten Gefangenen Kenntnis nehmen; das Gefängnispersonal übermittelt ihnen, soweit es eben diese Gefangenen betrifft, alles in Erfahrung Gebrachte und alle Schriftstücke, die zur Durchführung ihrer Aufgabe für notwendig erachtet werden, und die im Artikel 432 angeführt werden. Die Irrenärzte können auf ihr Verlangen von der Zentralverwaltung die Strafakten des ihrer Beobachtung unterstellten Gefangenen erhalten.

Art. 423. Die Irrenärzte dürfen Dritten keine Abschrift des Gutachtens überlassen, das sie kraft ihres Berufes an den Justizminister abgeben.

Art. 424. Sie können nur mit Genehmigung der Zentralverwaltung die Berichte und Schriftstücke, von denen sie kraft ihres Berufes Kenntnis bekommen oder die sie in Verwahrung haben, für wissenschaftliche Arbeiten verwerten.

Art. 425. Die Irrenärzte sind in ihren Funktionen dem Minister untergeordnet, an den sie ihre Berichte direkt senden. Sie brauchen dem Generalinspektor des Gesundheitsamtes nicht das im Art. 412 vorgesehene Gutachten zu unterbreiten.

§ 2. Maßnahmen betreffend die der Geisteskrankheit verdächtigen oder geisteskrank gewordenen Gefangenen.

Art. 426, Wenn das Benehmen eines Kranken Anomalien aufweist, die an seiner geistigen Gesundheit Zweifel erwecken, wenn er Selbstmord versucht hat, oder wenn er wiederholte Anfälle von Delirium tremens oder Epilepsie gehabt hat, muß der Gefängnisdirektor sofort den Irrenarzt seines Bezirkes durch einen Brief, der die von der Zentralverwaltung bestimmten Mitteilungen enthält, davon benachrichtigen. Der Direktor übermittelt diesen Bericht unabhängig, ob er selbst die Symptome der geistigen Erkrankung konstatiert hat, oder ob sie ihm von dem Gefängnisarzt oder durch das sonstige Personal mitgeteilt worden sind. Aber er braucht die Zuhilfenahme des Irrenarztes nicht von der Meinung des Gefängnisarztes oder von der Untersuchung abhängig zu machen, die der Gefängnisarzt an den verdächtigen Gefangenen vornehmen will.

Art. 427. Die vorhergehenden Verordnungen finden keine Anwendung auf Untersuchungsgefangene und Angeklagte. Wenn ein Gefangener dieser Kategorie offenbare Zeichen geistiger Störung zeigt, wenn er einen Selbstmordversuch gemacht oder Anfälle von Delirium tremens oder Epilepsie gehabt hat, so muß ohne Aufschub das Gericht davon benachrichtigt werden, das die notwendigen Maßnahmen trifft.

Dagegen sind die Untersuchungsgefangenen und Angeklagten im Augenblick der Kassation betreffs dieses Punktes den Verurteilten gleichzustellen, und gegebenenfalls hat man sich an den Irrenarzt zu wenden.

Art. 428. Die Verfügungen, die den Gegenstand des gegenwärtigen Abschnittes bilden, finden auch Anwendung auf die Individuen, die wegen Bettelns und Landstreichens der Verwaltung überwiesen und vorübergehend in den Gefängnissen interniert sind.

Wenn diese Individuen auf Grund eines Haftbefehls interniert sind, werden eintretendenfalls die im Abschnitt I des vorhergehenden Artikels bezeichneten Regeln angewandt.

Art. 429. Die Gefangenen, deren Geisteszustand verdächtig ist, dürfen nicht in Straf- oder Dunkelzellen untergebracht werden; die Anwendung von Duschen, sei es als Strafmittel, sei es, um sich von dem tatsächlichen Vorhandensein der geistigen Störung zu überzeugen, ist verboten.

Art. 430. Ist der Fall dringend, so sendet der Gefängnisdirektor an den Irrenarzt seines Bezirks, und im Falle dieser verhindert ist, der Reihe nach einem andern Irrenarzte, indem er bei dem nächstwohnenden beginnt, ein Telegramm mit bezahlter Rückantwort in der von der Zentralverwaltung vorgeschriebenen Form.

Bis zur Ankunft des Irrenarztes muß der Gefängnisarzt dem Kranken die Pflege zuteil werden lassen, die sein psychischer Zustand erfordert, und für den Fall, daß kein Irrenarzt dem Rufe des Direktors Folge leisten kann, stellt er, wenn das nötig ist, das Zeugnis für die Verlegung des Verurteilten aus.

Art. 431. Der Gefängnisdirektor muß dem Irrenarzt von der Entlassung eines jeden Gefangenen, der dem Irrenarzt unterstellt ist, Mitteilung machen.

Art. 432. Für jeden dem Irrenarzt unterstellten Gefangenen, der nicht zurechnungsfähig ist, muß der Gefängnisdirektor der örtlichen Behörde einen Fragebogen entsprechend der vorgeschriebenen Formel ausstellen, der sich auf die Vorgeschichte des Gefangenen und seiner Familie mit Rücksicht auf seinen Geisteszustand bezieht.

Er händigt dem Irrenarzt eine Kopie der auf diesem Wege erhaltenen Erkundungen ein und vorkommendenfalls einen Auszug aus der Führungsliste. Diese Schriftstücke bleiben in den Händen des Irrenarztes.

Art. 433. Im Falle einer sicher festgestellten geistigen Erkrankung übermittelt der Gefängnisdirektor das vom Gesetz verlangte Zertifikat der Überweisung dem zuständigen Verwaltungsbeamten, der die sofortige Verlegung des Gefangenen in ein zu seiner Aufnahme bestimmtes Asyl veranlaßt.

Art. 434. Welcher Kategorie der geisteskranke Gefangene auch angehören mag, in jedem Falle der geistigen Erkrankung muß ein Protokoll nach dem von der Zentralverwaltung bestimmten Muster aufgesetzt werden, das der Zentralverwaltung durch die Vermittlung der Verwaltungskommission mit einer Kopie des vom Arzte ausgestellten Gutachtens eingehändigt werden muß.

Art. 435. Wenn ein Gefangener als geisteskrank erkannt und einer Irrenanstalt überwiesen wird, muß der Gefängnisdirektor durch Vermittlung des Bürgermeisters des Ortes die Familie sofort davon benachrichtigen.

Wenn es sich um einen Ausländer handelt, dessen Familie nicht im Lande wohnt, übermittelt er die Benachrichtigung von der Überweisung der Polizeiverwaltung; er muß alles, was er über den Wohnsitz der Familie des überwiesenen Gefangenen im Auslande erfahren hat, beifügen.

Art. 436. Der Gefängnisdirektor hat dem Direktor der Irrenanstalt einen Auszug aus den Gefängnisakten, die sich auf die Gefangenen beziehen, auszuhändigen mit dem Ersuchen um Verlegung in die Irrenanstalt.

Art. 437. Der geisteskranke Gefangene wird von einem oder zwei Wärtern der Irrenanstalt bis zur Irrenanstalt begleitet; die geisteskranke Gefangene durch eine Wärterin des Gefängnisses, der im Bedarfsfalle ein Wärter beigegeben wird.

Der Gefängnisdirektor muß mindestens 24 Stunden vorher den Vorsteher der Eisenbahnstation von dem Transport eines geisteskranken Verbrechers benachrichtigen, damit dieser Beamte ein besonderes Abteil für den Geisteskranken und die begleitenden Personen reservieren und bis zur Zeit der Abfahrt einen Raum zur Verfügung stellen kann, dessen Zutritt dem Publikum untersagt ist.

Die Verordnungen in Absatz I dieses Artikels finden in gleicher Weise Anwendung bei der Zurückverlegung eines geisteskranken Gefangenen nach seiner Heilung.

Art. 438. Die Gefangenen, die einer Irrenanstalt überwiesen werden, werden, wenn irgend möglich, mit ihren eigenen Kleidern und nicht in Anstaltskleidung eingekleidet.

Art. 439. Im Falle einer Einweisung eines Gefangenen wird der Irrenanstalt, wenn es sich um einen verurteilten Verbrecher handelt, nur das verfügbare verdiente Geld geschickt; das verfügbare verdiente Geld und der bei seinem Eintritt ins Gefängnis oder während seiner Gefangenschaft niedergelegte

Betrag, wenn es sich um einen Korrektionsgefangenen handelt; der zurückgehaltene Betrag bleibt in der Strafanstalt und wird der betreffenden Irrenanstalt erst wenige Tage vor Ablauf der Strafe des Verurteilten zugestellt.

Art. 440. Die Gefängnisdirektoren reichen zugunsten der Verurteilten, die unheilbar geisteskrank sind, ein Gnadengesuch ein.

Art. 441. Der Gefängnisdirektor muß dem Leiter der Irrenanstalt von jeder Änderung in der Rechtslage des überwiesenen Gefangenen Kenntnis geben.

Das Ergebnis der regelmäßigen irrenärztlichen Kontrolle war, daß die Zahl der als geisteskrank erkannten Gefangenen sofort auf das Doppelte hinaufschnellte. Leider war dem Minister Le Jeune kein gleich guter Erfolg wie mit der Einrichtung der irrenärztlichen Beaufsichtigung mit dem von ihm eingebrachten Gesetzentwurf zur Errichtung von Sonderanstalten für die Unterbringung und Behandlung der sogenannten verbrecherischen und der gefährlichen Geisteskranken, der Trunksüchtigen und der schwerkranken Strafgefangenen beschieden.

Art. I. Auf Kosten des Staates werden unter der Bezeichnung „Staatliche Sonderanstalten" Asyle errichtet, die ausschließlich zur Unterbringung und Behandlung von Geisteskranken und Trinkern, sowie solcher Kranker, die durch dieses Gesetz besonders bezeichnet werden, bestimmt sind.

Art. II. Die zu Zuchthaus, Gefängnis oder Korrektionshaus Verurteilten, die von einer geistigen Erkrankung befallen werden, sind in einem staatlichen Sonderasyl unterzubringen. Die Überführung geschieht auf Ersuchen des Gerichts, das die Verurteilung ausgesprochen hat. Die Unterbringung in diesem Sonderasyl wird auf die Strafzeit angerechnet.

Art. III. Wenn die Beratungskammer es für nötig hält, festzustellen, ob der Angeklagte, der freigesprochen ist, an einer geistigen Erkrankung oder an chronischem Alkoholismus leidet, kann sie nach der Freisprechung den Angeschuldigten vor die Beratungskammer des Gerichts erster Instanz der gleichen Stadt zurückweisen und anordnen, daß er vorläufig in einem Sonderasyl untergebracht wird.

Die Beratungskammer hat auf dieses Ersuchen sofort die nötigen Erhebungen zu machen. Wenn sie der Ansicht ist, daß der freigesprochene Geisteskranke nicht in Freiheit gesetzt werden kann, so ordnet sie an, daß er in dem Sonderasyl oder in einem gewöhnlichen Asyl untergebracht wird. In dem Sonderasyl wird der Geisteskranke untergebracht, wenn er Neigung zu Mord, zu Sittlichkeitsverbrechen, zu Brandstiftung zeigt, oder die Verderbtheit seiner Sitten oder seiner bedenklichen Gewohnheiten ihn für die anderen Kranken gefährlich macht. Wenn die Beratungskammer urteilt, daß der Freigesprochene an chronischer Trunksucht leidet, ordnet sie seine Unterbringung in dem Sonderasyl an.

Art. IV. Wenn ein Täter, der eine als Verbrechen oder Vergehen qualifizierte Tat begangen hat, wegen seines geistigen Zustandes als unzurechnungsfähig erkannt wird, kann die Beratungskammer des Gerichts oder des Appellationsgerichts im Falle der Einstellung des Verfahrens oder der Freisprechung und der Untersuchungsrichter an Stelle der Einstellung des Verfahrens je nach den Umständen anordnen, daß der Kranke in einem Sonderasyl untergebracht wird. Die Unterbringung in einem Sonderasyl findet statt, wenn der Kranke Neigung zu Mord, Sittlichkeitsverbrechen, Brandstiftung zeigt.

Art. V. Wenn die Unterbringung in einem Sonderasyl gemäß Art. III und IV dieses Gesetzes deshalb stattfindet, weil der Geisteskranke Neigung zu Mord, Sittlichkeitsverbrechen oder Brandstiftung zeigt, so muß es in dem Wortlaut der Anordnungen erwähnt werden.

Art. VI. Jeder Geisteskranke, bei dem die ärztliche Untersuchung Neigung zu Mord, Sittlichkeitsverbrechen oder zur Brandstiftung feststellt, wird von der Anstalt, in die er gemäß Art. 7 des Gesetzes vom 25. Januar 1874 untergebracht ist, in das Sonderasyl überführt.

Das ärztliche Zeugnis, das gemäß Art. 8 des Gesetzes vom 25. Januar 1874 beigebracht werden muß, soll in Zukunft eine Erklärung enthalten, durch das der Unterzeichnete bestätigt, daß er bei dem Geisteskranken Neigung zum Mord, zu Sittlichkeitsverbrechen oder Brandstiftung festgestellt hat, oder daß er keinen Anlaß gefunden hat für die Annahme, der Kranke könne unter der Herrschaft einer dieser Neigungen stehen.

Im Falle einer Bejahung der Frage nach solchen Neigungen kommt der Kranke in eine Beobachtungsabteilung, in der er 14 Tage zu bleiben hat.

Wenn der Arzt der Anstalt, in der ein Kranker untergebracht ist, bei dem Kranken Neigung zu Mord, Sittlichkeitsverbrechen oder Brandstiftung feststellt, hat er in einem begründeten Bericht dem Direktor der Anstalt davon Nachricht zu geben und die Absendung der Nachricht in dem durch Art. 22 des Gesetzes vom 25. Januar 1874 vorgeschriebenen Verzeichnis anzumerken. Der Direktor übersendet den Bericht sofort dem Justizminister, der, wenn es erforderlich ist, die Überführung in ein Sonderasyl anordnet.

Verstöße gegen Bestimmungen des vorstehenden Artikels, die durch die Leiter, die Direktoren oder verantwortlichen Vorstände der Irrenanstalten begangen werden, werden mit Gefängnis bis zu einem Jahre und Geldstrafen bis zu 3000 Frs. oder mit einer dieser beiden Strafen bestraft.

Art. VII. Die Individuen, deren Unterbringung in einem Sonderasyl wegen ihrer Neigung zu Mord, Sittlichkeitsverbrechen oder Brandstiftung angeordnet ist, können nur in Freiheit gesetzt werden auf Grund der Entscheidungen des Aufsichts- und Überwachungskomitees unter Berücksichtigung der Bestimmungen im Falle des Art. 13 des Gesetzes vom 25. Januar 1894.

Diese Erklärung ist unwirksam, wenn sie nicht feststellt, daß die Heilung als eine endgültige zu betrachten sei.

Wenn das Aufsichts- und Überwachungskomitee sein Einverständnis mit der Entlassung erklärt, hat der Direktor des Asyls dem Staatsanwalt des

Gerichts der ersten Instanz des Bezirks Nachricht zu geben, außerdem, wenn es sich um eine Unterbringung gemäß Art. III und IV dieses Gesetzes handelt, dem Oberstaatsanwalt des Appellationsgerichts, in dessen Bezirk der Prozeß stattfand.

Der durch § 2 des Art. 13 des Gesetzes vom 25. Januar 1874 vorgeschriebene Aufschub beginnt mit dem Datum der Absendung und dauert 14 Tage. Nachricht von der Entscheidung des Aufsichts- und Überwachungskomitees wird gemäß § 10 desselben Artikels den dort bezeichneten Personen und Behörden gegeben.

Art. VIII. Diejenigen Personen, deren Unterbringung in einem Sonderasyl gemäß Art. II dieses Gesetzes stattgefunden hat und deren Strafe beendet ist, sowie diejenigen, deren Unterbringung gemäß Art. III und IV dieses Gesetzes aus anderen Gründen als wegen der Neigung zu Mord, Sittlichkeitsverbrechen oder Brandstiftung angeordnet ist, dürfen nicht eher in Freiheit gesetzt werden gemäß der Bestimmungen, die im Art. 13 des Gesetzes vom 25. Januar 1874 gegeben sind, als bis der Arzt der Anstalt in der Erklärung der Heilung bescheinigt, daß er zu keiner Zeit bei dem Kranken Neigung zu Mord, Sittlichkeitsverbrechen und Brandstiftung festgestellt hat. Bei Mangel dieser Bescheinigung können sie nur in Freiheit gelassen werden unter Erfüllung der durch Art. VII dieses Gesetzes bestimmten Formen.

Art. IX. Wenn ein Geisteskranker, der gemäß Art. II dieses Gesetzes in dem Sonderasyl untergebracht ist, seine Strafe zu Ende verbüßt hat, wird die Überführung in ein gewöhnliches Asyl durch den Justizminister gestattet auf Grund eines Berichts des Anstaltsarztes, durch den festgestellt wird, daß er zu keiner Zeit bei diesem Kranken Neigung zu Mord, Sittlichkeitsverbrechen oder Brandstiftung, noch sonst gefährliche Neigungen und verdorbene Sitten festgestellt hat, die ihn für andere Kranke gefährlich machen.

(Die weiteren Bestimmungen beziehen sich auf Trinker und Trunksüchtige.)

Der Gesetzentwurf geht von dem einzig richtigen Gedanken aus, daß nicht jede Vorstrafe eine Unterbringung in einem Sonderasyl notwendig macht, sondern nur der Zustand des Kranken. Und dabei werden insbesondere die Tendenzen zu Angriffen auf andere in den Vordergrund gestellt. Der Gesetzentwurf fand bei der Kammer keinen Anklang und wurde abgelehnt; es kann wohl nicht zweifelhaft sein, daß die klaren und zielbewußten Bestimmungen eine sehr brauchbare Unterlage für die Schaffung eines derartigen Gesetzes hätten sein können.

In Belgien werden diejenigen wegen Unzurechnungsfähigkeit freigesprochenen Geisteskranken, die „als gefährlich für die öffentliche Sicherheit zu betrachten sind“, auf Ersuchen des Gerichts von der Verwaltung in die beiden Irrenanstalten Mons und Tournay eingewiesen. Mons, eine Irrenanstalt für Frauen, besitzt keine besonderen Abteilungen; wie mir der leitende Arzt Dr. Clerfayt mitteilte, befinden sich unter einem Bestande von ungefähr 600 geisteskranken Frauen 57 vorbestrafte oder infolge von Unzurechnungsfähigkeit freigesprochene, meist wegen Mordes oder Mordversuchs, wegen Diebstahls oder Brandstiftung. Die Kranken sind zwischen den anderen verteilt; es handelt sich hauptsächlich um degenerierte, haltlose oder mehr oder weniger schwachsinnige Personen. Einige sind unsozial und bedürfen häufiger der Isolierung, sei es, weil sie nicht ohne fortwährende Streitereien zwischen den anderen Kranken leben können, sei es, weil sie schlecht auf ihre Umgebung einwirken. Dr. Clerfayt meint aber, daß kaum zehn wirkliche Schwierigkeiten machen, diese meist durch Neigung zum Entfliehen. Da aber diese Kranken wie alle anderen an den Vergnügungen und Veranstaltungen des Asyls teilnehmen und genau wie die übrigen behandelt werden, so ist die Versuchung, zu entweichen, gering.

Die Anstalt in Tournai hat nach dem Berichte des Direktors Dr. Cuylits einen Bestand von etwa 900 Kranken, unter denen sich 300 befinden, die mit dem Gesetze in Konflikt gekommen sind; davon 160 verurteilte, 140 außer Verfolgung gesetzte oder freigesprochene. Die für die verbrecherischen Geisteskranken bestimmte Abteilung zerfällt in drei Unterabteilungen: die Sicherungsabteilung für 30 Kranke mit nur drei Einzelzimmern, eine Beobachtungsabteilung für die neu eingewiesenen Kriminellen mit 75 Betten und die Abteilung für Gebesserte mit 90 Betten. Der Rest der Kriminellen verteilt sich auf die übrigen Abteilungen, doch befinden sich in der Abteilung für erregte Kranke nur wenige unbescholtene, meist sind es sehr gefährliche, verbrecherische Epileptiker. Die Zahl der Pfleger beträgt im allgemeinen 1 : 10, nur in der Spezialabteilung für die Kriminellen kommt ein Pfleger auf sechs Kranke.

Zurzeit wird ein für gefährliche geisteskranke Verbrecher bestimmter Pavillon mit ungefähr 50 Plätzen in nächster Nähe der Irrenanstalt erbaut.

In Belgien besteht eine große Neigung zur Forderung von Sonderanstalten für gefährliche Geisteskranke. So endete der Bericht de Boecks, Otlets und Goddyns auf dem dritten internationalen Kongreß für Kriminalanthropologie in Brüssel[1]) mit der Forderung staatlicher Spezialasyle; Goddyn wünschte allerdings in diese Spezialasyle nur solche gefährliche Geisteskranke einzuweisen — denn auch diese sollten dort Aufnahme finden —, die Neigung zu Mord, Brandstiftung und Sittlichkeitsverbrechen zeigen. In der Diskussion meinte Otlet die Frage, ob sich für ein kleines Land die Schaffung von eigenen Anstalten für geisteskranke Verbrecher lohne, bejahen zu müssen. Den Beweis ersieht er in der Steigerung der Fälle von nachgewiesener Geistesstörung durch die Einrichtung der fachmännischen Aufsicht in den Strafanstalten. Ich kann darin keinen Beweis ersehen. Ich bezweifle nicht die Tatsache, daß sehr viel mehr Kranke in den Gefängnissen sich befinden, als bisher festgestellt worden ist. Aber ich bezweifle, ob es nötig ist, alle diese Kranken in einem prison-asile oder auch nur in einem asile spéciale de l'état unterzubringen. Der Prozentsatz schwieriger Kranken ist in Tournai allerdings sehr hoch. Aber ein nicht geringer Teil ehemals Krimineller befindet sich zwischen den anderen Kranken ohne Schädigung für diese oder den Charakter der Irrenanstalt als einer Heil- und Pflegeanstalt für Geisteskranke; und wenn die Kranken mit gefährlichen Neigungen auf alle belgischen Anstalten verteilt wären, würde meines Erachtens keine Schwierigkeit bestehen, sie mit den überall vorhandenen erregten oder sonstwie bedenklichen Patienten auf einer der überall vorhandenen geschlossenen Abteilungen unterzubringen.

Bulgarien.

Das bulgarische Strafgesetzbuch vom 2. Februar 1890 ordnet im Art. 41 an:

Eine Handlung wird zur Schuld nicht zugerechnet, wenn sie von einer Person begangen ist, die zu jener Zeit ihr Wesen und ihre Bedeutung zu erkennen, oder wegen Hemmung in der Ausbildung, Verwirrung der Geisteskräfte oder Bewußtlosigkeit ihr Tun zu beherrschen nicht imstande war.

In solchen Fällen stellt das Gericht, wenn es dies als unumgänglich erachtet, entweder eine solche Person unter verantwortliche Aufsicht ihrer Verwandten oder derer, die für sie zu sorgen wünschen sollten, oder versorgt sie in einer Anstalt bis zur Genesung.

---

[1]) Actes du troisième congrès international d'anthropologie criminelle. Bruxelles 1893, p. 127 et 195.

Durch diese Bestimmung hat der Richter freie Hand in allen Fällen, in denen es ihm notwendig erscheint, die geeigneten Anordnungen zu treffen. Im Gegensatz zu anderen Gesetzen wird auch der Fall gesetzlich berücksichtigt, daß die Schutzaufsicht der Verwandten oder sonst geeigneter Personen genügt.

Sondereinrichtungen bestehen sonst nicht.

Dänemark.

Das Strafgesetzbuch für das Königreich Dänemark bestimmt im § 38:

Straflos sind jene Handlungen, die von wahnsinnigen Personen begangen worden sind oder von solchen, deren Verstand entweder so mangelhaft entwickelt oder so geschwächt und gestört ist, daß man nicht annehmen kann, daß sie sich der Strafbarkeit der Tat bewußt sind, oder von solchen, denen im Augenblicke der Tat das Bewußtsein fehlte.

In solchen Fällen kann im Urteil bestimmt werden, daß gegen den Täter Sicherheitsmaßregeln getroffen werden müssen, die jedoch durch die Obrigkeit wieder aufgehoben werden können, wenn sie nach eingeholtem ärztlichen Ausspruch nicht mehr notwendig sind.

Das dänische Gesetz ermächtigt also den Richter, Sicherheitsmaßregeln zu treffen gegen freigesprochene Geisteskranke; deren weiteres Schicksal aber liegt in den Händen der Verwaltungsbehörden. Die Aufhebung der Sicherheitsmaßregeln hängt nach dem Gesetz wohl im wesentlichen von dem ärztlichen Gutachten ab, doch ist dieses nicht entscheidend, da die Verwaltungsbehörde die getroffene Anordnung wieder aufheben kann, aber nicht aufheben muß, wenn sie nach ärztlichem Ausspruch überflüssig erscheinen.

Besondere Anstalten und Einrichtungen besitzt Dänemark nicht mit Ausnahme des Versuches, 40 antisoziale schwachsinnige Männer auf einer zur Anstalt Brejning gehörigen Insel Livjö im Limfjord unterzubringen [1]). Die Insel soll nur solchen Kranken zum Aufenthalt dienen (natürlich unter genauer ärztlicher Kontrolle und mit besonders gewähltem Aufsichtspersonal), deren Trieb zum Verbrechen und zum Vagabundieren so stark ist, daß sie in dem Rahmen gewöhnlicher Anstalten sich nicht einordnen lassen. Anderseits sind besonders gefährliche Kranke ebenfalls ausgeschlossen.

---

[1]) Keller, Was bezweckt eine Inselanstalt für antisoziale geistesschwache Männer. Monatsschr. f. Kriminalpsychologie IX, 1.

Die Idee ist ebenso originell wie vielversprechend, doch liegen noch keine Erfahrungen darüber vor, wie sich der Versuch bewährt hat.

Frankreich.

Im Jahre 1828 tauchte zuerst in Frankreich die Idee auf, besondere Maßnahmen für verbrecherische Geisteskranke zu treffen, und bereits 1846 schlug Brierre de Boismont besondere Asyle für vagabundierende oder verbrecherische Geisteskranke vor. Auch in den weiteren Jahren ruhte die Diskussion über diese Frage nicht, und zahreiche Sitzungen der Société médico-psychologique sind in den Jahren 1868 und 1869 ausschließlich diesen Erörterungen gewidmet worden. Nicht wenige Irrenärzte, darunter ganz besonders Dagonet, verwarfen aufs entschiedenste die Idee einer Sonderstellung der verbrecherischen Kranken. J. Falret glaubte, als einziges Zugeständnis könne man für kleinere Irrenabteilungen an einzelnen Zentralanstalten eintreten für die seltenen Ausnahmefälle, in denen die Kranken besonders gefährlich seien, oder die Handlungen, die sie begangen hätten, ungewöhnliches Aufsehen erregt hätten. Nicht aber sei es zweckmäßig, Sonderanstalten für die sogenannten geisteskranken Verbrecher zu bauen.

Auch in den weiteren Verhandlungen der gleichen Gesellschaft, die in den Jahren 1881 und 1882 stattfanden, traten namhafte Autoren, wie z. B. Christian, auf, die alle Kranken unterschiedlos in gewöhnlichen Irrenanstalten untergebracht wissen wollten. Die folgenden Jahre haben in Frankreich keine völlige Einigung gebracht. So konnte noch im Jahre 1903 Keraval[1]) feststellen, daß von 32 befragten Irrenanstaltsleitern 13 besondere Maßregeln für ihre geisteskranken Verbrecher verlangten, während 18 von vornherein keinen Unterschied zwischen den Gruppen der geisteskranken Verbrecher und der verbrecherischen Geisteskranken machen zu können glaubten. Bemerkenswert ist zweifellos, daß nicht wenige dieser 13 in ihren Antworten keinen strengen Unterschied zwischen den Kranken der ersten Gruppe und sonstigen gefährlichen und schwierigen Geisteskranken machen und die gleichen Maßregeln dementsprechend auch für andere gefährliche

---

[1]) Keraval, Des Mesures à prendre à l'égard des Aliénés criminels. Pau, 1904.

und bedenkliche Elemente ohne strafrechtliche Vorgeschichte verlangen.

Auf Grund seiner sehr sorgfältigen Untersuchungen, die im weitesten Maße auch die Literatur anderer Länder benutzen, kommt Keraval zu dem Schluß, daß eine besondere Irrenanstalt für die verbrecherischen Geisteskranken nicht notwendig sei. Die Anstalt Gaillon sollte einer bestimmten Anzahl von Ärzten zum Zwecke eingehender Studien zur Verfügung gestellt werden. Wenn sich dabei ergeben sollte, daß wirklich geisteskranke Verbrecher vorkämen, so sei eine Anstalt wie Gaillon durchaus angebracht; im übrigen aber sei es viel besser, für eine bessere Ausgestaltung der bestehenden Irrenanstalten zu sorgen.

Sérieux[1]) ist anderer Ansicht: Der Staat sollte eine Zentralanstalt oder besser vier Abteilungen, angebaut an Strafanstalten, die in nächster Nähe einer Universitätsstadt lägen, für diejenigen Kranken errichten, die im Laufe der Strafverbüßung geisteskrank würden. Ferner wären drei Bewahrungsasyle zu erbauen für gefährliche Geisteskranke. In diese sollten auch diejenigen Gefangenen überführt werden, die nach Ablauf ihrer Strafzeit noch immer als gefährlich betrachtet werden müssen.

Hand in Hand mit dieser lebhaften Beschäftigung der Ärzte mit der schwierigen Frage sind auch eine Reihe von Gesetzentwürfen zur Diskussion gestellt worden, ohne daß bisher einer dieser Entwürfe angenommen worden wäre. Von diesen Entwürfen ist vielleicht der wichtigste der von Dubief aus dem Jahre 1898 und der sich daran anlehnende von Cruppi vom Jahre 1901. Die Sorgfalt, mit der die Bestimmungen ausgearbeitet sind, verdient wohl eine ausführliche Wiedergabe:

Artikel 37. Vor die Beratungskammer, die nach Anhörung der Staatsanwaltschaft für die Unterbringung in einer Irrenanstalt oder einer Sicherungsabteilung Sorge tragen wird, wenn der Zustand geeignet ist, die öffentliche Sicherheit, Sittlichkeit oder Ruhe oder die eigene Sicherheit oder die Heilung des Kranken zu gefährden, wird verwiesen:

1. jeder Angeschuldigte, der infolge seines Zustandes als unzurechnungsfähig außer Verfolgung gesetzt worden ist,

2. jeder von dem Polizeigericht als unzurechnungsfähig freigesprochene Angeklagte,

---

[1]) Sérieux, L'Assistance des aliénés en France, en Allemagne, en Italie et en Suisse. Paris, 1903.

3. jeder vom Kriegsgericht für unzurechnungsfähig erklärte und freigesprochene Angeklagte,

4. jeder Angeklagte, der von den Geschworenen für unzurechnungsfähig erklärt worden ist.

Das Gericht ist gebunden durch das Urteil oder den Erlaß, der die Freisprechung oder die Nichtverfolgung ausspricht, oder durch das Urteil des Geschworenengerichts, das die Unzurechnungsfähigkeit erklärt. Das Gericht hat vor der Verhandlung eine neue Untersuchung anzuordnen, die kontradiktorisch sein muß. Die Entscheidung, durch welche ein für unzurechnungsfähig erklärter Angeschuldigter oder Angeklagter an die Beratungskammer verwiesen wird, hindert seine Freilassung und gibt das Recht, ihn bis zur Entscheidung des Gerichts in eine der in Art. 39 vorgesehenen Anstalten unterzubringen.

Art. 38. Bei jedem strafrechtlichen Fall unterrichtet der Präsident nach Stellung der Fragen die Geschworenen, bei Gefahr der Nichtigkeit des Urteils, daß, wenn die Majorität der Geschworenen annimmt, daß der Angeklagte oder einer der Angeklagten unzurechnungsfähig ist, sie die Erklärung in folgendem Wortlaut abzugeben haben: Mit Stimmenmehrheit, der Angeklagte ist unzurechnungsfähig.

Art. 39. Der Staat hat ein oder mehrere Asyle oder Sicherungsabteilungen für die sog. verbrecherischen Geisteskranken beider Geschlechter zu erbauen oder einzurichten. In diesen werden auf Veranlassung des Ministeriums des Innern die Geisteskranken, deren Unterbringung durch das Gericht gemäß Art. 37 angeordnet worden ist, untergebracht und festgehalten.

Art. 40. In diesen Asylen können ebenfalls auf Anordnung des Ministeriums des Innern untergebracht werden: 1. Geisteskranke, die während ihres Aufenthaltes in einer Irrenanstalt eine Tat begangen haben, die einem Verbrechen oder einem Vergehen gegen die Person entspricht. 2. Verurteilte, die als geisteskrank erkannt sind (Art. 36), wenn nach Beendigung ihrer Strafe der Minister des Innern es für gefährlich hält, sie in Freiheit zu setzen oder in die zuständige öffentliche Irrenanstalt zu bringen. Die Geisteskranken, von denen hier die Rede ist, sind unmittelbar an den Gerichtshof zu verweisen, der gemäß den Vorschriften des Art. 37 über die Zurückhaltung in der Kriminalirrenabteilung zu entscheiden hat.

Art. 41. Wenn die Entlassung eines gemäß der Art. 36, 37 und 40 untergebrachten Geisteskranken verlangt wird, hat der behandelnde Arzt eine Erklärung abzugeben, ob der Betreffende geheilt ist oder nicht; im Falle der Heilung, ob ein Rückfall derart zu erwarten ist, daß dadurch die Sicherheit, die Sittlichkeit, die öffentliche Ordnung oder seine eigene Sicherheit gefährdet ist. Das Ersuchen um Entlassung und das Gutachten müssen dem Gerichte vorgelegt werden, das als Beratungskammer unter Wahrung der Vorschriften des Art. 37 beschließt. Wenn eine Entlassung nicht bewilligt wird, so kann die Beratungskammer entscheiden, daß eine neue Untersuchung erst nach einem bestimmten Termin stattfinden soll, der aber nicht länger wie ein Jahr sein darf. Die Erlaubnis zur Entlassung ist zurückziehbar und wird nur bedingungsweise ausgesprochen. Sie ist abhängig von den Ueberwachungsmaßregeln, die durch das Gericht nach den Umständen jedes Falles besonders gestellt werden. Wenn die Bedingungen nicht erfüllt sind, oder ein Rückfall einzutreten droht, so muß sofort die Wiedereinweisung in das Asyl erfolgen gemäß den Anordnungen der Art. 15, 28 u. 37 des Irrengesetzes.

Schon im Jahre 1868 beschäftigte sich auch die Gefängnisverwaltung mit dem Plane, eine Abteilung zu errichten, um diejenigen Gefangenen, die geisteskrank geworden seien, sowie die nicht geisteskranken Epileptiker unterzubringen. Bei denjenigen, deren Strafdauer unter einem Jahr beträgt, war die Überführung in ein gewöhnliches Asyl in Aussicht genommen. Im Jahre 1869 wurde mit den Vorbereitungen zur Errichtung einer Abteilung in dem Zentralgefängnis zu Gaillon begonnen, aber erst 1876 konnte die Abteilung eröffnet werden.

Sie besteht aus vier verschiedenen Unterabteilungen, deren jede ein Speisezimmer, einen Arbeitssaal, zwei Schlafräume und die nötigen Gärten besitzt. Eine dieser Abteilungen ist für nicht geisteskranke Epileptiker bestimmt. Außerdem stehen noch 15 Zellen zur Verfügung. Die Leitung des Asyls, das seit dem Jahre 1902 den Namen „Spezialasyl für geisteskranke und epileptische Verurteilte“ führt, untersteht dem Direktor des Gefängnisses. Falls der Kranke nach Ablauf seiner Strafe noch nicht geheilt ist, wird er entweder in die Freiheit entlassen oder seiner Familie oder Wohltätigkeitsinstituten, die für ihn sorgen wollen, übergeben, oder in das Asyl des Departements überführt, wo er seinen Unterstützungswohnsitz hat.

Von der Eröffnung an bis zum Jahre 1895, also in rund 19 Jahren, sind im ganzen 681 Verurteilte dort untergebracht worden, davon 483 Geisteskranke und 198 Epileptische. Sérieux berichtet nach Colin folgendes: „Vor der Organisation der Arbeit waren Streitigkeiten, Zänkereien, Kämpfe und Revolten an der Tagesordnung. Man muß sich dabei erinnern, daß es sich tatsächlich um sehr gefährliche Menschen handelt. Und so gab es denn auch einen sogenannten Disziplinarsaal, den wir aber unterdrückten und durch einen Arbeitsraum ersetzt haben. Da verschiedene Einwände erhoben worden sind und auch jetzt noch gegen die Idee, Geisteskranke, und besonders verbrecherische, arbeiten zu lassen, geltend gemacht werden, so ist es notwendig, diese sofort zu widerlegen. Der erste Einwand ist die Gefahr, in die Hände der gefährlichen Kranken Werkzeuge zu legen, aus denen sie sich Waffen verfertigen können. Obgleich das bei Kranken, die man genau kennt und die von der Außenwelt getrennt sind, kaum ernstlich zu fürchten ist, muß zugegeben werden, daß diese Bedenken für das große Publikum bestehen. Deshalb sind die meisten der Arbeiten, die in Gaillon ausgeführt werden (Stuhlflechten, Nähen, Matratzenarbeiten u. dgl.), so eingerichtet, daß sie kein gefährliches Material für die Kranken liefern. Arbeiten nicht außerdem in den gewöhnlichen Irrenanstalten sehr gefährliche Kranke auch in der Schlosserei, der Küche usw.? Nun haben wir es allerdings mit verbrecherischen Kranken zu tun, die insofern gefährlicher sind, als sie sich leichter zusammentun und komplottieren. Aber deshalb ist es eben notwendig, die Kranken in möglichst kleine Gruppen einzuteilen . . . . Die erste Bedingung ist, die Kranken zu trennen und auszuwählen. Das ist gleichzeitig das beste Mittel, um sie genau kennen zu lernen und am besten zu behandeln."

Der augenblickliche Leiter, Leroy[1]), würde eine Erweiterung des Asyls auf 300 Kranke am liebsten sehen und stellt sich dann vor, daß in dieser großen, einheitlich ärztlich geleiteten Anstalt die verurteilten Verbrecher in der Strafabteilung, die übrigen gefährlichen Kranken in der Sicherungsabteilung, deren Disziplin eine weniger strenge, deren Speiseordnung eine bessere sein müßte, unterzubringen seien.

Nach allem, was aus der Literatur hervorgeht, scheint in Frankreich die Neigung dahin zu gehen, Sicherungsanstalten einzurichten; zuletzt hat noch am 29. April 1907 die Société médico-psychologique sich dafür ausgesprochen, auch folgende Gruppe von Kranken in die Sicherungsanstalten einzuweisen: „Geisteskranke, welche, ohne Handlungen begangen zu haben, die Verbrechen oder Vergehen gegen die Person darstellen, wegen ihrer Neigung zu Gewalttätigkeiten durch ein begründetes, ärztliches Gutachten für besonders gefährlich erklärt worden sind."

Um die Schwierigkeit, die man in Frankreich offenbar sehr

---

[1]) Nach Keraval S. 107.

viel stärker als bei uns empfunden hat, richtig zu beurteilen, verdient aber eins noch Erwägung, nämlich, daß das französische Irrenwesen hinter dem deutschen zweiffellos zurückgeblieben ist. Ich berufe mich als Zeugen dafür auf Sérieux[1]), der, nachdem er das Irrenwesen von Deutschland, der Schweiz und Italien im offiziellen Auftrage studiert hat, mit folgenden Worten seine Auseinandersetzungen schließt: „Eine bewundernswerte Tatkraft tritt uns auf allen Gebieten der Hilfstätigkeit für die Geisteskranken in Deutschland, der Schweiz und Italien entgegen. Dieser wunderbare Eifer, der sich während der letzten dreißig Jahre geltend gemacht hat, muß jeden Besucher in Staunen setzen. Die französischen Ideen über die Einrichtung der Organisation der Einzelabteilungen, über den klinischen Unterricht, über die Kolonisierung, die englische Lehre des no-restraint, das schottische Prinzip der Offnen-Tür-Behandlung, alle diese Fortschritte haben sich schnell in Deutschland eingebürgert. Sie sind dort methodisch angewandt und systematisiert worden und haben so diesem Lande den Vorrang gegeben, den wir so lange besessen haben."

Ohne mit dem Verfasser streiten zu wollen, ob wirklich Frankreich die Idee der Kolonisierung zuerst ernstlich durchgeführt hat — die Idee ist allerdings, wie in der Einleitung erwähnt, zuerst in Frankreich aufgetaucht — und ob der klinische Unterricht zuerst in Frankreich eingeführt worden ist, gewiß ist, daß Sérieux mit seiner Gesamtauffassung recht hat. Kein Land hat, besonders im Anfang und um die Mitte des vorigen Jahrhunderts, eine so große Zahl hervorragender Psychiater aufzuweisen gehabt als Frankreich. Heute aber ist Frankreich nicht auf der Höhe moderner Irrenfürsorge. Diese Feststellung ist nötig, um nicht ohne weiteres die in Frankreich gemachten Erfahrungen auch für uns in Deutschland als maßgebend zu betrachten. Und Keraval, gewiß ein sorgfältiger Beobachter, hat nicht ohne Grund seine eigenen Erfahrungen dahin zusammengefaßt, daß er keinerlei Bedürfnis nach irgendwelchen medizinisch-administrativen Maßnahmen empfunden hat.

---

[1]) A. a. O. S. 972. Der Bericht stammt aus dem Jahre 1903. Inzwischen ist die Irrenfürsorge in Deutschland nicht etwa in ein Stadium langsamerer Entwicklung getreten, vielmehr hat sich allenthalben ein überaus lebhaftes Bestreben gezeigt, die modernen Prinzipien der Krankenbehandlung immer uneingeschränkter durchzuführen.

Neben Gaillon besitzen auch die Irrenanstalten Bicêtre und Villejuif Sicherungsabteilungen, in denen neben kriminellen auch sonst gefährliche Kranke Aufnahme finden.

Griechenland.

Griechenland besitzt weder gesetzliche Bestimmungen noch sonstige Einrichtungen für die Unterbringung gefährlicher Kranker.

Großbritannien und Irland.

England.

Die wiederholten Attentate auf den König Georg II. von England gaben, nachdem der letzte Attentäter Hadfield wegen Geisteskrankheit freigesprochen worden war, in England den Anlaß, eine Schutzgesetzgebung gegen die Angriffe Geisteskranker zu entwerfen. Am 28. Juli 1800 erhielt die insane offenders bill die königliche Genehmigung. In ihr heißt es:

„In all den Fällen, wo eine Person des Verrats, des Mordes und Hochverrats schuldig ist, hat das Gericht, wenn bewiesen ist, daß die Person im Augenblick der Tat geisteskrank gewesen und wenn sie freigesprochen ist, zu erklären, daß diese Freisprechung wegen der geistigen Erkrankung erfolgt sei; als Folge dieses Urteils hat der Gerichtshof anzuordnen, daß diese Person unter sorgfältige Überwachung gestellt wird an einem Orte und in einer Weise, die das Gericht für gut halten wird, solange es dem Könige gefällt (till Her Majesty's pleasure shall be known). Dieselben Maßnahmen finden auf alle Personen statt, die irgendeines Verbrechens angeklagt und, sei es im Moment der Anklage oder im Laufe des Prozesses, als geisteskrank erkannt sind."

Infolge eines Streites um die Kosten[1]) blieb das Gesetz auf dem Papier, bis endlich im Jahre 1816 ein besonderes Gebäude als Anhang an die Irrenanstalt Bedlam für 60 Kranke, die dort auf Staatskosten verpflegt werden sollten, errichtet wurde. Einige Jahre später wurde die Zahl verdoppelt und 1849 auch an dem Asyl Fisherton-House eine weitere Anstalt errichtet. In den fünfziger Jahren wurde die Bewegung zur Schaffung staatlicher Sonderasyle lebhafter und schließlich im Jahre 1860 die

[1]) Ich folge in dieser Darstellung den Ausführungen von Sérieux, L'assistance des aliénés en France, en Allemagne, en Italie et en Suisse. Paris 1903. Imprimerie municipale, p. 86.

Gründung eines eigenen Asyls für verbrecherische Geisteskranke beschlossen. Drei Jahre später wurde das Broadmoor criminale lunatic asylum zu Crowthorne (Berkshire) errichtet.

Die gesetzlichen Bestimmungen für die Aufnahme sind durch die criminal lunatic act vom Jahre 1884 endgültig geregelt. Nach ihr ist die Sachlage nunmehr folgende:

Im Falle das Gericht einen Verbrecher für unzurechnungsfähig erklärt, hat der Gerichtshof anzuordnen, daß der Angeklagte als verbrecherischer Geisteskranker during his majestys pleasure in einer geeigneten Anstalt untergebracht wird. Ebenso werden diejenigen Kranken, die während der Strafverbüßung in den Strafanstalten erkranken, auf Veranlassung des Staatssekretärs in eine Irrenanstalt überwiesen.

Der größte Teil der in den Strafanstalten erkrankenden Gefangenen (insane convicts) wird zur Beobachtung und Heilung in eine Abteilung der Strafanstalt Milbank zur Heilung überwiesen; tritt keine Heilung ein, so werden sie entweder nach der Irrenabteilung des Invalidengefängnisses Woking oder nach Broadmoor gebracht. Besser haben es die in den kleinen Gefängnissen (local prisons) Erkrankenden; sie werden durchweg in die gewöhnlichen Irrenanstalten überwiesen.

Es lassen sich nach dem Gesetz zwei Gruppen von Kranken unterscheiden, deren Unterscheidung voneinander praktisch von großer Bedeutung ist.

1. Die verbrecherischen Geisteskranken: a) diejenigen, die zur Zeit der Begehung der strafbaren Handlung geisteskrank waren und auf Grund der Geisteskrankheit freigesprochen wurden, oder die als guilty but insane (schuldig, aber geisteskrank) befunden wurden;

b) die vor oder während der Hauptverhandlung als geisteskrank erkannt wurden;

c) die, während sie schon als geisteskrank erkannt waren (z. B. auch innerhalb einer Anstalt), schwere Verbrechen begehen.

2. Die Geisteskranken, die während der Strafverbüßung erkranken oder als geisteskrank erkannt worden sind.

Für die Unterbringungsart ist diese Gruppierung belanglos. Die verbrecherischen Geisteskranken werden nicht, wie in Italien, von den geisteskranken Verbrechern getrennt. Um so ernster aber ist die Unterscheidung, sobald die Entlassung eines Kranken in Frage kommt. Die der zweiten Gruppe angehörenden Kranken, die geisteskranken Verbrecher, werden, falls sie gesund werden, wieder in den Strafvollzug zurückverbracht. Die in Broadmoor verlebte Zeit wird in vollem Umfange auf die Strafzeit angerechnet; läuft die Strafzeit während des Irrenanstaltsaufenthaltes ab, ohne daß die Krankheit geheilt ist, so bleibt der geisteskranke Verbrecher nicht in Broadmoor; er wird vielmehr in eine gewöhnliche Irrenanstalt überführt und kann von dort, wenn es deren Leiter für angebracht hält, jederzeit ohne weiteres entlassen werden. Allerdings trifft der Art. 6 der criminal lunatic bill sehr verständige Anordnungen:

„Wenn ein verbrecherischer Geisteskranker, der in einer Irrenanstalt oder sonstwo untergebracht ist, in die Freiheit entlassen werden soll, weil seine Strafe zu Ende oder weil ihm die Strafe erlassen ist, und der Direktor der Irrenanstalt der Ansicht ist, daß der Kranke nicht geheilt ist, so muß er die notwendigen Maßnahmen treffen, um den Kranken unter die Überwachung seiner Angehörigen oder Freunde zu stellen oder in einer Irrenanstalt unterzubringen.“

Diese Vorschrift bezieht sich aber nicht auf Fälle, deren Strafe zu Ende war, bevor sie in die Irrenanstalt gebracht worden sind. Über deren Entlassung verfügt der Anstaltsleiter ohne jede Einschränkung.

Ganz anders und, wie ohne weiteres zu erkennen ist, sehr viel schwieriger gestaltet sich die Entlassung der verbrecherischen Geisteskranken, vielleicht mit Ausnahme der Gruppe b. Hält der Direktor von Broadmoor diese für geheilt, so werden sie in die Untersuchungshaft zurückgeschickt, um endgültig abgeurteilt zu werden. Die anderen aber bleiben tatsächlich zum nicht unerheblichen Teile, „solange es dem Könige gefällt“, in der Anstalt. Die Entlassung dieser Art Kranken stößt auf die größten Schwierigkeiten, insofern, als der Staatssekretär des Innern seine Zustimmung zu der Entlassung geben muß, und diese ist, wie mir in Broadmoor von dem Arzte mitgeteilt wurde, in der Regel sehr schwer zu erreichen, so daß sehr häufig Genesene lange Zeit auf ihre Entlassung warten müssen.

Wir sehen also in England die sehr merkwürdige Erscheinung,

daß die Aussichten, wieder in die Freiheit zu gelangen, für einen Verbrecher, der geisteskrank wird, größer ist, als für einen Kranken, der in der Krankheit selbst eine Straftat begeht.

Seit der Eröffnung der Kriminalirrenanstalt in Broadmoor im Jahre 1863 bis zum 31. Dezember 1905 sind im ganzen 2679 Kranke aufgenommen worden, und zwar 2042 Männer, 637 Frauen. Außerdem wurden noch 121 Kranke mehrfach aufgenommen, so daß die Gesamtzahl der Aufnahmen genau 2800 Kranke betrug. Von diesen wurden 171 Männer (151 Frauen) nach erreichter Besserung wieder entlassen, 104 (23) nach der Genesung in das Gefängnis zurückgeschickt, 724 (162) in andere Irrenanstalten oder auch in Privatpflege überwiesen, und 545 sind gestorben. Es ist also nur ein recht kleiner Prozentsatz von Kranken nach der Genesung in die Freiheit entlassen worden. Dagegen ist der Prozentsatz der Kranken, die gestorben sind, außerordentlich hoch, und zwar fallen weitaus die meisten Todesfälle auf die Tuberkulose.

Sehr interessant ist die Feststellung, welche Verbrechen hauptsächlich dazu geführt haben, die Kranken in dem Kriminalasyl unterzubringen. Die weitaus größte Bedeutung spielen Mord, Mordversuch und Totschlag. 55 % der sämtlichen in Broadmoor Aufgenommenen gehören dieser Verbrechergruppe an. Nur 17 % entfallen auf Diebstahl; die übrigen Delikte sind größtenteils nur mit geringen Zahlen vertreten. 20 Kranke sind wegen versuchten Selbstmordes untergebracht. Den Nichtengländer verletzt diese eigentümliche Art der Unterbringung aufs äußerste. Sie ist eine Folge der englischen Gesetzgebung, die den Selbstmordversuch als kriminelle Handlung ahndet. Daß nur 20 solcher Kranken in Broadmoor Aufnahme fanden, beweist aber — bei der Alltäglichkeit des aus psychopathologischen Gründen versuchten Selbstmordes —, daß die Unterbringung gerade dieser Art Kranker in einem Kriminalasyl wohl auch in England selbst wenig Sympathien genießt.

Sehr interessant ist der Vergleich der Aufnahmen mit dem Bestande am 31. Dezember 1905. Von den an diesem Tage in Broadmoor untergebrachten 759 Kranken waren 642 = 83 % wegen Mord und Totschlag dort eingeliefert; von den 197 Frauen entfallen auf alle anderen Arten des Verbrechens im Bestande nur zwölf. Begreiflicherweise wird die Entlassung leichter bei Kranken versucht, die ein harmloses Delikt begangen haben, als bei den wegen schwerer Verbrechen untergebrachten; so ist es auch erklärlich, warum bei den Aufnahmen und vor allem bei der Zurückhaltung die schweren Angriffe auf das Leben anderer weitaus im Vordergrunde stehen; allmählich wird wohl Mord und Totschlag das einzige wichtige Verbrechen sein, das zu dauernder Internierung in der Kriminalirrenanstalt Anlaß gibt.

Überraschenderweise aber scheint man bei den Sittlichkeitsverbrechern viel weniger ängstlich mit der Entlassung zu sein, obgleich vielleicht gerade bei dieser Art Kranker die Wiederholung des Verbrechens mehr zu fürchten ist als bei Mördern. Sind doch gerade unter den geisteskranken Mördern sehr viele, bei denen nach der Art der Erkrankung ein Wiederholen des Verbrechens mehr als unwahrscheinlich ist, während die Rückfallsneigung bei Sittlichkeitsverbrechen sehr groß ist, und zumal dann, wenn es sich, um Geisteskranke handelt, die Wahrscheinlichkeit eines neuen Verbrechens gleicher Art stets zu befürchten ist.

Die Statistik allein würde schon genügen, um zu beweisen, daß die Gesichtspunkte der Auswahl, die zu Aufnahmen und Entlassungen in Broadmoor führen, nicht die richtigen sind. Denn es kann nicht genug betont werden, daß die sorgfältige Bewahrung harmloser Kranker, selbst wenn sie im Beginn der Erkrankung einmal ein ernstes Delikt begangen haben, unter einem Aufgebot riesiger Kosten zwecklos ist, während der einzig richtige Gesichtspunkt, der der Gemeingefährlichkeit, wie die kleine Zahl der Sittlichkeitsverbrecher lehrt, außer acht gelassen wird.

Von den Kranken gehört nur ein ganz kleiner Teil (62) der Gruppe der Kranken an, die während der Abbüßung von Strafe als geisteskrank erkannt worden sind, während der weitaus größte Teil im Laufe der Voruntersuchung als geisteskrank erkannt oder bei der Verhandlung wegen Geisteskrankheit freigesprochen worden ist. Auch von den Zugängen des Jahres 1905 sind nur vier als geisteskranke Verbrecher bezeichnet. Diese Tatsache verdient besondere Beachtung. Unter den Gründen, die immer wieder für die Schaffung ähnlicher Anstalten wie Broadmoor vorgebracht werden, ist der wichtigste, daß man dem unschuldigen — sit venia verbo — Geisteskranken das Zusammenleben mit alten Gewohnheitsverbrechern nicht zumuten dürfe. Angenommen selbst, daß unter diesen kein schon früher erkrankter, aber nicht erkannter Fall von Psychose wäre, so ist doch nicht zu verkennen, daß Broadmoor im wesentlichen von solchen Kranken bevölkert ist, bei denen die Begehung einer strafbaren Handlung in die Zeit deutlicher Geisteskrankheit fällt, also ein Symptom der Erkrankung, nicht ein Beweis krimineller Neigungen ist. Für diese Kranke aber wird man vom Standpunkte des Arztes aus wohl kaum eine Sonderbehandlung wegen der Straftaten als zulässig betrachten dürfen.

Der Gesichtspunkt der Gefährlichkeit aber hat wiederum mit der kriminellen Handlung nur insofern etwas zu tun, als sie einen Hinweis auf die Notwendigkeit von Sicherungsmaßregeln geben kann, aber nicht geben muß. Praktisch also hat man in England sich wohl mehr nach dem Bestehen der Gemeingefährlichkeit gerichtet, ein wichtiger Fingerzeig für das, was auch in Deutschland wünschenswert ist. Denn es ist doch wohl mehr als unwahrscheinlich, daß nur vier ehemalige Verbrecher im Laufe eines Jahres während der Strafverbüßung als kranke befunden worden sind.

Die Männer- und Frauenabteilung sind völlig voneinander getrennt. Die einzelnen Gebäude sind meist zwei-, z. T. auch dreistöckig und durch verdeckte Gänge miteinander verbunden. Der Typus der Häuser ist der des Korridorbaues mit Einzelzimmern, Schlaf-, Wach- und Unterhaltungsräumen. Die Einzelzimmer sind außerordentlich solide gebaut, wie überhaupt die Sicherungsmaßregeln einen hohen Grad von Vollkommenheit erreicht haben. Im ganzen stehen 80 Einzelzellen auf der Männerabteilung zur Verfügung. Neben der Tür jedes Einzelzimmers befindet sich ein schmaler Schlitz in der Wand, der eine gute Übersicht über die ganze Zelle erlaubt.

Jede einzelne Isolierung muß mit Begründung in ein besonderes Buch eingetragen werden und unterliegt der Kontrolle der Aufsichtsbehörden; wie die Berichte erkennen lassen, werden nur sehr selten Kranke auf mehr als Stunden isoliert. Sonstige Zwangsmaßregeln gibt es nicht. Zu schwierigen Transporten in andere Anstalten wird gelegentlich die Zwangsjacke angewendet, doch als seltene Ausnahme; innerhalb der Anstalt aber wird von der Zwangsjacke kein Gebrauch gemacht und ebensowenig von feuchten oder trockenen Einwicklungen, eine Form, in der sich unter dem Anschein einer therapeutischen Maßregel — ein gewisser beruhigender Effekt kann den Einpackungen allerdings nicht abgesprochen werden — die Zwangsjacke hier und da wieder einzuschmuggeln versucht.

Die Isolierung wird von dem Schlafen in einem nicht als Zelle konstruierten Einzelzimmer mit Recht unterschieden. Mehr als die Hälfte aller Kranken schläft allein. In jedem Block ist eine eigene Nachtwache.

Die Inneneinrichtung ist sehr einfach und etwas zu schmucklos. Die Beleuchtung geschieht mittels Gas. In den Aufenthaltsräumen brennt überall ein offenes Flämmchen zum Anzünden der beliebten kleinen Pfeifen. Jeder Kranke bekommt wöchentlich eine Unze Tabak, eine Vergünstigung, die aber bei besonders schwierigem Verhalten wieder entzogen werden kann. Als weitere Vergünstigung wird den Kranken ein verschließbarer Schrank zur Verfügung gestellt. Der Kranke verwahrt den Schlüssel selbst, muß den Schrank aber auf Verlangen öffnen.

Die hygienischen Einrichtungen sind tadellos. Die Klosetts sind mit Wasserspülung versehen und durchweg in besonderen Anbauten untergebracht.

Das Personal ist sehr reichlich. An der Spitze steht ein ärztlicher Direktor, der neben freier Wohnung mit Garten das für unsere deutschen Verhältnisse unerhört hohe Anfangsgehalt von 20 000 M bekommt, das in fünf Jahren bis 24 000 M steigt. Das Gehalt des Oberarztes steigt von 8000 auf 10 000 M bei freier Dienstwohnung. Die beiden Assistenten beziehen neben freier Wohnung, Beleuchtung, Heizung und Bedienung Gehälter von 4—5000 M.

Außer einem Oberpfleger und acht Stationspflegern sind 46 Pfleger und 56 Hilfspfleger angestellt; letztere mit einem Anfangsgehalt von 1000 resp. 800 M bei freier Verpflegung. Eine Reihe von Verheirateten wohnen in kleinen Dienstwohnungen außerhalb des Asyls. Auf der Frauenseite wird der Dienst von einer Oberpflegerin, zwei Abteilungspflegerinnen und 40 Pflegerinnen versehen.

Die Kranken werden so gut als möglich beschäftigt, und zwar in der verschiedensten Weise. Eine verhältnismäßig sehr kleine

Zahl mit Gartenarbeiten. Sehr beliebt ist als Vergünstigung für Kranke, die sich besonders bewährt haben, die Zuweisung eines kleinen (innerhalb der hohen Mauern gelegenen) Gärtchens zur beliebigen Verwertung. In dem Jahresbericht wird behauptet, daß zusammen 44 % der Männer und 70 % der Frauen nützlich beschäftigt würden, und wenn man weiter diejenigen hinzufüge, die mit Lesen und Schreiben sich beschäftigten, die Zahl der unbeschäftigten Patienten sehr klein sei; ich muß gestehen, daß ich bei meinem Besuche einen weniger erfreulichen Eindruck bekommen habe. Überall saßen zahlreiche Kranke unbeschäftigt herum, und mir schien der Geist tödlicher Langeweile über dem Hause zu lagern.

Es werden regelmäßig während der Winterzeit alle vierzehn Tage Unterhaltungsabende für die Kranken veranstaltet. Im Jahre 1905 haben sich 78 Kranke bei dem Kricketspiel beteiligt, während die Zahl der im Garten tätigen Kranken sich nur auf 36 belief. Allerdings sind die zur Verfügung stehenden Gartenterrains unzureichend für die überaus große Menge von Kranken, die beschäftigt sein müssen.

Die Kost ist gut, reichlich und sehr abwechslungsreich. Bedenklich ist, daß als regelmäßiger Bestand der Nahrung täglich bei den Männern dreiviertel Pint Bier (ungefähr zweifünftel Liter), bei den Frauen ein halb Pint Bier wiederkehrt. Daß man die Notwendigkeit der Beseitigung aller alkoholischen Getränke in einer solchen Anstalt offenbar wenig richtig beurteilt, geht daraus hervor, daß für die Patienten im Jahre 16365 fünf Gallonen Bier (etwa 74000 l!) verbraucht worden sind. Dazu kommen noch vierzehn Gallonen Wein und zwölfdreiviertel Gallonen Branntwein, Wisky und Genever.

Nicht als ob ich die geringe Menge des täglichen Alkoholgenusses für so überaus verderblich halten möchte, abgesehen natürlich bei Epileptikern. Aber der Kranke muß doch aus diesem Zusatz zu seiner Nahrung die Vorstellung bekommen, daß der Alkohol ein unentbehrliches Nahrungsmittel sei. In der Freiheit aber wird es bei vielen nicht mehr bei der kleinen Menge bleiben, und dann gesellt sich zu der Defektheilung bald wieder die Gefahr des Alkoholismus oder die der Berauschtheit. So mag mancher schneller wieder gefährlich werden, als wenn er in der Anstalt zur Abstinenz erzogen worden wäre.

Der Gesamteindruck, den Broadmoor auf mich gemacht hat, war der eines düsteren Zuchthauses, das sich nur dadurch vom Zuchthause unterscheidet, daß die Kranken nicht regelmäßig beschäftigt werden. Ich habe während meiner Tätigkeit im Gefängnisdienst sehr häufig Gelegenheit gehabt, zu beobachten, wie die Gefangenen unter erzwungener Untätigkeit aufs ernsteste gelitten haben. Sehr häufig haben Gefangene, denen ich wegen einer körperlichen Erkrankung für kürzere oder längere Zeit das Arbeiten untersagen mußte, mich händeringend gebeten, sie wieder als gesund zu bezeichnen, da sie das unbeschäftigte Herumsitzen nicht vertragen könnten. Gewiß werden die Geisteskranken deswegen nicht so sehr darunter leiden, weil sie sich unterhalten, nach Belieben herumgehen und sich mit harmlosen Spielen die Zeit vertreiben können. Dafür aber dehnen sich ihre Tage auch in Broadmoor ins Unendliche, ins Ungewisse aus, und auf mich hat gerade dieses stumpfe Herumhocken der Kranken einen außerordentlich beklemmenden Eindruck gemacht. Dazu kommt noch, daß die Sicherheitsmaßregeln gegen Entweichungen noch weit sorgfältigere sind als sonst in Zuchthäusern, so daß auch tatsächlich Entweichungen in den langen Jahren so gut wie nie vorgekommen sind, während bei uns in Deutscland es einer nicht ganz geringen Zahl von Zuchthaus- und Gefängnisgefangenen glückt, alljährlich zu entfliehen. Diese Sicherung bedingt aber derartig hohe Mauern, so feste Verschlüsse, schwere Eisengitter, daß der Kranke diesem beklemmenden Eindruck kaum irgendwo entgehen kann. Nur daß von manchen Räumen aus infolge der hohen Lage der Anstalt der Blick über die Mauern weg auf ein freundliches Landschaftsbild geht, versöhnt mit der Düsterheit der ganzen Anstalt.

Schottland.

Establishment for state and criminal lunatics at Perth.

Das schottische Kriminalasyl stellt eine Abteilung des Gefängnisses in Perth dar, auf dessen Terrain es gebaut ist. Die Abteilung ist aber völlig unabhängig von der Gefängnisverwaltung, die kein Recht hat, sich um den Betrieb des Kriminalasyls zu kümmern.

In Schottland werden in der Regel die gefährlichen Kranken in den gewöhnlichen Irrenanstalten gelassen, wenn der

Sheriff von Fall zu Fall diese Art der Unterbringung als „an arrangement to his satisfaction“ erklärt. Dieses Verfahren ist sehr beliebt[1]), da es unnütze Schwierigkeiten beseitigt. „Die geistige Erkrankung von Personen, gegen die das Verfahren wegen ‚gefährlicher Geisteskrankheit‘ eingeleitet wird, unterscheidet sich der Regel nach nicht von der solcher Kranken, die auf dem gewöhnlichen Wege in die Irrenanstalten eingewiesen werden.“ Dank dieser verständigen Auffassung des „general board of comissioners in lunacy for Scotland“ wurden im Laufe der Jahre 1896—1905 nur 72 Kranke als „dangerous lunatics“ bezeichnet und damit deren Entlassung von der Zustimmung der Staatsanwaltschaft abhängig gemacht. Der Bericht schließt: „Wir haben keinen Grund zur Annahme, daß die vorgeschriebenen Maßregeln gegen gefährliche Geisteskranke nicht ausreichen, um die Öffentlichkeit so weit als möglich zu schützen.“

Unter den 44 zur Zeit meines Besuches (4. Sept. 1906) untergebrachten Kranken waren fast alle während der Voruntersuchung oder der Verhandlung als krank befunden. Die wenigen aus dem Strafvollzuge in die Abteilung überführten Kranken werden, falls sie noch nicht geheilt sind, auch nach Strafende noch in dem Kriminalasyl zurückbehalten.

Damit steht Schottland im Gegensatz zu England und Irland, wo die Kranken nach Strafende in die gewöhnlichen Irrenanstalten überführt werden.

In unmittelbarer räumlicher Nachbarschaft sind neben den geisteskranken Verbrechern auch die Gewohnheitstrinker untergebracht, die allerdings mit den kriminellen Kranken nicht in Berührung kommen.

Das Recht der Unterbringung von Trunksüchtigen in eine derartige Anstalt ist durch das Trunkschutzgesetz geregelt. Nach diesem kann ein Gewohnheitstrinker bis zu drei Jahren in einem staatlichen (state inebriate reformatory) oder in einem autorisierten Trinkerasyl (certified inebriate reformatory) untergebracht werden. Es genügt dazu, daß der Gerichtshof zu der Überzeugung gekommen ist, ein mit Gefängnis oder Zuchthaus

[1]) Forty-eighth annual report of the General Board of commissioners in lunacy for Scotland. Glasgow 1906.

bedrohtes Vergehen oder Verbrechen sei unter dem Einfluß der Trunkenheit begangen worden, oder die Trunkenheit habe zu dem Zustandekommen beigetragen.

In den Trinkerasylen stehen die Kranken unter sehr sorgfältiger Aufsicht und unter recht strengen Bestimmungen, die es sogar ermöglichen, bei Disziplinarvergehen bis zu sieben Tagen Haft zu verhängen; diese Haftstrafen werden auf die Unterbringungsdauer nicht angerechnet.

Die Zahl der geisteskranken Frauen betrug nur fünf; außerdem waren noch 19 trunksüchtige Frauen in einer getrennten Abteilung, meist solche, die in den gewöhnlichen Trinkerheilstätten nicht zu halten waren.

Die Abteilungen sind, dem Gesamtcharakter des Hauses als Adnex an einem Strafgefängnis entsprechend, fest gebaut und äußerlich unfreundlich, die unruhige Abteilung räumlich von den anderen getrennt. Die innere Einrichtung dagegen macht einen umso freundlicheren Eindruck insofern, als nach Möglichkeit die Räume wohnlich gehalten sind, wo es angängig ist, mit allen Mitteln. Im Eßraume z. B. lag ein, wenn auch natürlich nicht allzu wertvoller Teppich, auf den Tischen Tischtücher, an den Wänden waren überall Bilder, vielfach Blumentöpfe. In der Abteilung für trunksüchtige Männer befindet sich sogar ein Billard, in dem Aufenthaltsraume einige Sessel und gepolsterte Bänke und überall offene Lampen zum Anstecken der Pfeifen.

Im ganzen stehen nur drei Einzelzimmer zur Verfügung, von denen ein möglichst sparsamer Gebrauch gemacht wird. Die Stunden, in denen die Kranken isoliert werden, müssen in ein eigenes Buch eingetragen werden. In einer weiteren Zelle sind sowohl der Boden als die Wände mit Matratzen gepolstert. Derartige Polsterzellen sind in Deutschland allgemein als unbrauchbar verpönt. Soweit Kranke sich zu schädigen bestrebt sind, bedürfen sie einer sorgfältigen Überwachung, da sie auch in einer Polsterzelle sich schwer zu verletzen imstande sind. Derartige Zellen tragen den Geruch gelegentlicher unvermeidlicher Verunreinigungen dauernd an sich; so auch in Perth. Ein Grund mehr, sich gegen diese Einrichtung auszusprechen.

Rund um die ganze Anstalt herum laufen große Gärten, zum Teil bestimmt für die Beschäftigung der Kranken. Wie vielfach in englischen Irrenanstalten, sind die Gärten durch Gräben, die mittels reichlichen Strauchwerks verdeckt sind, von der Mauer getrennt. Dadurch wird erreicht, daß die Mauern völlig verdeckt werden und durch ihre tiefe Lage auch dem freien Ausblick auf die Umgebung kein Hindernis mehr sind. Beim Hinaustreten aus dem Kriminalasyl überschaut der Kranke große Gemüsegärten — das Feld seiner Tätigkeit —, dahinter Buschwerk und Bäume und in der Ferne der weiten, leicht hügeligen Ebene die Berge des schottischen Hochlandes. Die wundervolle Aussicht läßt dem Kranken, von denen mancher nie die Freiheit wiedersieht, wenigstens einen Schimmer von Schönheit und Freude, deren gute Wirkung nicht dadurch beeinträchtigt wird, daß dem Patienten hohe Gefängnismauern die Wirklichkeit jeden Augenblick nachdrücklichst zum Bewußtsein wingen. — Nicht unerwähnt darf schließlich bleiben, daß einzelne Kranke, die sich besonders bewähren, sogar die Erlaubnis erhalten, in Begleitung von Wärtern außerhalb der Anstalt spazieren zu gehen.

Das Personal, 8 Pfleger, bezieht ein Gehalt von 1200 bis 1600 Mark, der Oberpfleger 1600 bis 1800 Mark. Der Arzt ist im Hauptamte angestellt und darf keine Praxis betreiben. Neben ihm wirkt ein ebenfalls im Hauptamte tätiger zweiter Arzt, der außerdem die Stellung des Gefängnisarztes am Hauptgefängnis zu versehen hat.

Der Arzt ist in dem Kriminalasyl ganz selbständig.

Die Kranken werden tunlichst beschäftigt; größtenteils mit Arbeiten im Hause und in den Gemüsegärten; mehrere auch als Schlosser, Schuhmacher, Anstreicher.

Der Eindruck, den Perth machte, war trotz der nahen Nachbarschaft des Gefängnisses kein ungünstiger. Nicht zum wenigsten liegt das in der erwähnten Möglichkeit ungehinderten Ausblicks ins Freie und in die Ferne.

Irland.

Das Dundrum criminal lunatic asylum liegt etwa eine Stunde von Dublin entfernt. Die Anstalt ist über fünfzig Jahre alt, baulich außerordentlich verwahrlost, ohne genügende Ventilation und daher in keiner Weise den hygienischen Anforderungen eines auch nur annähernd brauchbaren, modernen

Asyls entsprechend. Es darf bei dieser scharfen Kritik allerdings nicht außer acht gelassen werden, daß Irland ein sehr armes Land und infolgedessen nicht in der Lage ist, für entsprechende Veränderungen und Umbauten zu sorgen.

Die Gesamtzahl der Kranken in der Anstalt beträgt durchschnittlich etwa 130—140 Männer und etwa 20 Frauen. Unter den Kranken überwiegen wie in Perth und Broadmoor bei weitem diejenigen, die während der Voruntersuchung oder in der Verhandlung wegen Geisteskrankheit freigesprochen sind. Noch nicht der fünfte Teil der Insassen war untergebracht, weil während der Strafverbüßung die Geisteskrankheit ausgebrochen war. Nach dem Bericht des Jahres 1904[1]) waren unter den 132 Männern nur 23 = 17,4 % im Gefängnis erkrankt, unter den Zugängen des gleichen Jahres 25 %. Auch von Dundrum aus werden diese Kranken nach Verbüßung ihrer Strafe in andere Anstalten überführt. Die anderen bleiben. Dieses System führt dazu, daß sich mehr und mehr die schweren Fälle in Dundrum absetzen, so daß ein großer Teil der Männer (53 %) und der größte Teil der Frauen (65 %) wegen Mordes oder Totschlages dort untergebracht ist. Auch in Dundrum befinden sich drei Fälle versuchten Selbstmordes. Es wirkt auf uns wie eine Karikatur, wenn wir arme Wesen, die im Zustande geistiger Störung sich das Leben zu nehmen versucht haben, deshalb unter Mördern und Totschlägern untergebracht sehen.

Für die Männer stehen 70 Einzelzimmer zur Verfügung, während 70 weitere Kranke gemeinsam schlafen müssen. Nach der Aussage des Arztes ziehen $^{9}/_{10}$ aller Kranken das Alleinschlafen vor. Die Kranken werden nach Möglichkeit beschäftigt. Beinahe die Hälfte aller Kranken arbeitet in Garten und Feld, ein Teil in der Küche, ein Teil im Hause. Daneben werden alle möglichen Handwerke ausgeübt. Die Frauen arbeiten größtenteils in der Waschküche. Nur wenige Kranke verweigern dauernd die Arbeit, manche sind auch ihres körperlichen und psychischen Zustandes wegen nicht in der Lage, zu arbeiten.

Im Gegensatz zu den sonst veralteten und außerordentlich trostlosen Einrichtungen steht die Tatsache, daß zur Unter-

[1]) The fifty-forth report of the inspectors of lunatics (Ireland) 1905. Dublin.

haltung der Kranken ein Billard, bei den Frauen ein Klavier zur Verfügung steht. In dem großen und prächtig angelegten Garten befindet sich ein großer Kricketplatz. Charakteristisch für die Verhältnisse des Inselreichs ist die Tatsache, daß das Pflegepersonal mit den Kranken zusammen eine sorgfältig ausgebildete Kricketmannschaft stellt, und daß diese Mannschaft nicht selten Gelegenheit hat, gegen Kricketklubs des Landes zu spielen, die zu diesem Zweck ihre Wettkämpfe auf dem Terrain der Anstalt ausführen!

Die Tische der Kranken sind mit Tischtüchern gedeckt, die Kranken bedienen sich der Messer und Gabel. Allerdings besitzen die Gabeln nur ganz kurze Spitzen und auch die Messer nur ein ganz kleines und nicht besonders scharfes Ende. Den Kranken ist das Rauchen gestattet. Die einzige Disziplinarstrafe — wenn man das überhaupt so nennen will —, die gelegentlich gegen besonders schwierige Kranke und solche angewendet wird, die sich ohne nennenswerten Grund zu arbeitern weigern, besteht in der Entziehung des Tabaks und gelegentlicher besonderer Beilagen zum Essen.

An der Spitze stehen zwei Ärzte, die mit einem Gehalt von 12 000 und 6000 M eintreten; der Oberarzt hat dabei noch Haus und Garten zur freien Verfügung, der Assistenzarzt freie Station. Das Personal ist reichlich, die Zahl der Pfleger beträgt einschließlich des Oberpflegers 27. Die Gehälter sind ausreichend hoch, die angestellten Pfleger beziehen bei völlig freier Station bis zu 1000 M im Jahre, die Abteilungspfleger noch mehr. Das weibliche Personal besteht aus einer Oberpflegerin, drei Abteilungspflegerinnen und neun anderen Pflegerinnen; die Pflegerinnen werden weit schlechter bezahlt, ihr Höchstgehalt beträgt 560 M. Die meisten männlichen Pfleger sind verheiratet und wohnen außerhalb des Hauptbaus. Es besteht aber keine Alarmvorrichtung, die es ermöglicht, sie in Notfällen sofort aus ihrer Wohnung herbeizurufen.

Der leitende Arzt bedauerte außerordentlich, daß die Art der Aufnahme dazu führen muß, abgesehen von einigen wenigen Fällen, immer mehr schwierige Elemente anzuhäufen. Er hielt es für unbedingt notwendig, im Interesse einer zweckmäßigen Leitung weit mehr harmlose Kranke unter die gefährlichen zu mischen.

Die Tatsache, daß eine so große Zahl von Kranken mit Feldarbeit beschäftigt werden kann, beweist die Mühe, die man sich dort mit den Kranken gibt. Ich glaube, daß nach allem, was ich von dem leitenden Arzte hörte, auch in Dundrum eine nicht geringe Zahl solcher Kranker untergebracht ist, die ohne Schwierigkeiten in einer anderen Irrenanstalt bleiben oder sogar in die Freiheit entlassen werden könnten. Auch er klagte, wie der Arzt in Broadmoor, über die Not, die er gelegentlich habe, die Entlassung von erheblich gebesserten Kranken durchzusetzen.

An unliebsamen Vorfällen, wie Meutereien, hat es nicht gefehlt. Im allgemeinen aber haben sich die Mißstände nicht erheblich größer gezeigt als die, die auch sonst einem weit überfüllten Irrenhause vorkommen können. Immerhin glaubte der Arzt, noch viel leichter mit seinen Kranken fertig werden zu können, wenn das Krankenmaterial etwas gemischter und die Beschäftigungsmöglichkeiten etwas mannigfaltiger wären.

Zwei Beobachtungen, die mich etwas verblüfft haben, muß ich aber noch anführen. Die eine war die, daß in einem Hofe fast hinter jedem Kranken ein Pfleger herging, als ob jeden Augenblick eine Gewalttat zu erwarten wäre, obgleich doch gerade das der Arzt als selten bezeichnet hatte. Und ferner, daß die Kranken in Kleidern herumliefen, deren Tuch rechts und links verschiedenfarbig war. Der Grund, daß die Kranken bei etwaigen Entweichungen leichter erkannt würden, schien mir doch nicht ausreichend, um diese mittelalterliche Einrichtung, die für die Erregbarkeit der Kranken sicher nicht belanglos ist, zu rechtfertigen.

Nur England und Irland haben also eigentlich selbständige Kriminalasyle, während Perth trotz der Unabhängigkeit der Kriminalabteilung doch als ein Adnex an einem Gefängnis betrachtet werden muß. Dabei behält gerade diese Anstalt die während des Strafvollzuges Erkrankten nach dem Ablauf der Strafzeit, die anderen Anstalten geben sie ab. Wie ich schon hervorhob, ist die Aussicht, wieder ins bürgerliche Leben zurückzukehren, für die ehemaligen Verbrecher größer als für den gleich bei Begehung einer Straftat als krank Erkannten, so daß es für den Kranken besser ist, wenn seine Erkrankung während der Voruntersuchung und Verhandlung nicht erkannt wird.

Broadmoor wird mit besonderer Entschiedenheit immer als Beispiel angeführt, wenn für die Schaffung besonderer Kriminalasyle Stimmung gemacht werden soll. Abgesehen davon, daß es wirklich nicht gerade als nachahmenswerte Einrichtung wirkt, halte ich es für wichtig, noch einmal auf die Zusammensetzung des Krankenbestandes dort wie in Dundrum hinzuweisen. Alle Verteidiger besonderer Anstalten betonen immer wieder die Notwendigkeit, alte Verbrecher von den anderen Kranken zu trennen. Teils aus dem vorher erwähnten Grunde, teils weil diese Elemente zu gefährlich, zu schwierig, zu sehr im Ausbrechen geübt seien. Was aber lehren uns die Statistiken von Broadmoor und Dundrum? Daß die alten Verbrecher in beiden Anstalten nur einen kleinen Prozentsatz ausmachen, daß sie nur vorübergehende Gäste des Kriminalasyls sind und später, doch offenbar ohne allzu große Schwierigkeiten — denn die alljährlich erscheinenden, sehr ausführlichen amtlichen Berichte der englischen Anstalten bringen keinerlei Klagen darüber — mit den harmlosen Kranken gemeinsam verpflegt werden können. Dafür sitzen in Broadmoor, dieser kostspieligen und unerfreulichen Anstalt, zahlreiche Kranke, die unbedenklich in der Freiheit, mindestens aber ohne Bedenken in einfachen Irrenanstalten leben könnten.

Außerdem ist weder Broadmoor noch Dundrum, erst recht nicht Perth imstande, alle Kranken des Landes aufzunehmen, die nach dem Gesetz hingebracht werden müßten. Es findet also doch eine Auslese statt, die — da sie nicht gesetzlich geregelt ist — in Willkür ausarten muß. So fehlen die verbrecherischen Geisteskranken aus gebildeten Kreisen fast ganz, werden also offenbar in anderen Anstalten untergebracht. Wer also durch Zufall in die Kriminalirrenanstalt gerät, ist unendlich viel schlechter daran als der in einer gewöhnlichen Irrenanstalt Untergebrachte, zumal bei dem hohen Stande der englischen Irrenfürsorge. Und das gilt nicht nur für die Zeit der Unterbringung, sondern auch für die Aussicht auf Entlassung.

Ich gestehe offen, die Besuche in Broadmoor und Dundrum sowie das Studium der jährlichen Berichte haben mich endgültig davon überzeugt, daß die Errichtung eigener Kriminalirrenanstalten verfehlt ist. Verfehlt auch dann, wenn die gesetzlichen Bestimmungen etwas moderner wären. Es wird sich nicht vermeiden lassen, sobald man eine so große Zahl von gefährlichen Kranken wie in Broadmoor (fast 800) zusammen in einer Anstalt unterbringt, daß die Einrichtungen mehr und mehr den Charakter des Zuchthauses bekommen. Es wird ebenso unvermeidlich sein, daß die Entlassungsmöglichkeit, für die doch der Arzt letzten Endes die Verantwortung zu tragen hat, immer seltener ins Auge gefaßt wird, und dadurch Kranke überflüssigerweise zurückgehalten werden. Denn bei der Art und Einrichtung der Anstalt kann nicht so leicht wie in anderen Irrenanstalten der Versuch gemacht werden, ob der Kranke ein größeres Maß der Bewegungsfreiheit verträgt. Es wird sich nicht umgehen lassen, zahllose Kranke, deren Vorgeschichte eigentlich die Unterbringung in einer Kriminalanstalt bedingen würde, aus Platznot schließlich in anderen Anstalten unterzubringen; kurz, eine Ungleichartigkeit der Behandlung wird zustande kommen, die nicht von der Persönlichkeit, sondern von Zufälligkeiten abhängt und damit eines Rechtsstaates unwürdig ist.

Holland.

Das niederländische Strafgesetzbuch (Wetboek van Strafrecht 1. Sept. 1886) bestimmt im Art. 37:

Nicht strafbar ist derjenige, der eine Handlung begeht, die ihm wegen mangelhafter Entwicklung oder krankhafter Störung seiner Geistestätigkeit nicht zugerechnet werden kann.

Wird ihm eine Straftat wegen mangelhafter Entwicklung oder krankhafter Störung seiner Geistestätigkeit nicht zugerechnet, so kann der Richter bestimmen, daß er in einer Irrenanstalt untergebracht wird während einer Beobachtungszeit, die die Zeitdauer eines Jahres nicht überschreiten darf.

Dem Richter steht also in Holland das Recht zu, über die Versorgung des Kranken zu bestimmen, aber dieses Recht hat eine zeitliche Begrenzung. Damit ist natürlich nicht gesagt, daß der Kranke nach Ablauf des Jahres oder der vom Richter etwa noch kürzer bemessenen Zeit wieder in die Freiheit entlassen werden muß; vielmehr wird der Kranke, falls nach dieser Zeit dem Arzte noch Bedenken gegen seine Entlassung kommen, aus ärztlichen Gründen weiter in der Irrenanstalt zurückgehalten. Diese Art der Lösung scheint mir keine ganz glückliche. Sie ist besser als die einfache Übergabe des Kranken an die Verwaltungsbehörde; aber dem Richter wird dadurch doch nicht der ausreichende Einfluß gestattet, dessen er bedarf, um auch seinerseits die Verantwortung für die Freisprechung und die weiteren Maßnahmen mit übernehmen zu können.

Die Schwierigkeiten in der Versorgung geisteskranker Verbrecher haben auch in Holland schon lange die Aufmerksamkeit aller beteiligten Kreise wachgerufen. Diesem lebhaften Interesse ist es zu verdanken, daß die Frage besonders gründlich von allen Seiten beleuchtet worden ist. Am 31. Juli 1902 wurde eine aus Ärzten, Juristen und Abgeordneten bestehende staatliche Kommission ernannt mit dem Auftrage, zu untersuchen, wie Gefangene, die krank befunden worden, und weiter solche, die durch den Strafrichter in eine Irrenanstalt eingewiesen worden sind, am besten untergebracht werden könnten. Nach Abschluß der Untersuchung sollten der Regierung Vorschläge zur Besserung der Verhältnisse gemacht werden.

Der Kommissionsbericht[1]), der auch die gefährlichen Geisteskranken berücksichtigte, nicht aber die Frauen wegen ihrer geringen Zahl, ist ein Muster von Gründlichkeit. Er enthält nicht nur wertvolles statistisches Material, bespricht nicht nur die Einrichtungen und Gesetze anderer Staaten, sondern verwertet auch die gleichzeitig von der Nederlandsche Maatschappij tot bevordering der Geneeskunst und von der Nederlandsche Vereenigung voor Psychiatrie en Neurologie angestellten Untersuchungen sowie die literarische Fehde hervorragender holländischer Ärzte und Juristen.

Die Schlußfolgerungen, die als die Anschauung der Majorität der Kommission gelten dürfen, sind (gekürzt) folgende:

In allen Gefängnissen und ähnlichen Anstalten soll die Beobachtung und Behandlung der Gefangenen nur einem Arzt anvertraut werden, der über die erforderliche Zeit und ausreichende Kenntnisse der gerichtlichen Psychiatrie verfügt; er muß entweder in einer Irrenanstalt tätig gewesen sein oder ein Zeugnis über einen besonderen Kursus der forensischen Psychiatrie vorlegen können.

Die staatlichen Irreninspektoren, deren Zahl (bisher zwei)

---

[1]) Rapport van de Staatskomissie, ingesteld bij Koninklijk Besluit van 31. Juli 1902. No. 30.

erhöht werden müßte, sollen das Recht haben, jederzeit alle Gefangenen zu untersuchen; Untersuchungsgefangene aber nur bei ganz bestimmtem Verdacht auf Erkrankung. Wegen der großen Schwierigkeit der Untersuchung von Untersuchungsgefangenen, deren Geisteszustand zweifelhaft ist, wird die Errichtung einer Beobachtungsstation von dreißig Plätzen in Utrecht als wünschenswert bezeichnet. Diese Abteilung soll gleichzeitig dem Unterricht der Studenten in der forensischen Psychiatrie dienen. Auch bereits Verurteilte können dort aufgenommen werden, wenn ihre Begutachtung durch einen Professor der Psychiatrie als notwendig erscheint.

Im allgemeinen soll die Beobachtung von Verurteilten in dem Strafgefängnisse vor sich gehen. Zu diesem Zwecke und zur Behandlung akuter Zustände werden Adnexe an Strafgefängnissen in Vorschlag gebracht. 2—3 solcher, für je 30 Kranke eingerichtete und möglichst so gelegene Adnexe, daß sie leicht von den Professoren und Staatsinspektoren für Psychiatrie erreicht werden können, erscheinen ausreichend.

Chronisch Kranke und alle solche, deren Aufenthalt im Adnex bedenklich ist, sollen auf Anordnung des Gerichts in eine Irrenanstalt überführt werden. Das Gericht entscheidet auch, ob die in der Irrenanstalt verbrachte Zeit ganz oder teilweise auf den Strafvollzug angerechnet werden soll.

Für die Unterbringung von geisteskranken Verurteilten, die gefährlich sind oder zum Entweichen neigen, werden besondere Abteilungen im Anschluß an die Irrenanstalten empfohlen. Vorläufig erscheinen drei solcher Adnexe mit je 20 Patienten ausreichend. Das Gericht hat zu entscheiden, ob ein geisteskranker Verbrecher in einer der Anstalten untergebracht werden soll, an der eine Sonderabteilung besteht; dagegen hat der Arzt zu bestimmen, ob der Kranke in diese Abteilung aufgenommen werden soll.

Das Gericht, in dessen Bereich die Irrenanstalt liegt, verfügt über die Entlassung; es kann die Entlassung von einer Schutzaufsicht abhängig machen.

Auch die Zwangserziehungsanstalten (tuchtscholen) sollen psychiatrisch besser beaufsichtigt werden; 1. dadurch, daß geeignete Ärzte angestellt werden; 2. durch die Lage der Erziehungsanstalten, die für einen Professor der Psychiatrie leicht erreichbar sein müssen, und 3. durch die Erbauung eines Adnexes an eine Anstalt zur Beobachtung Zweifelhafter und Behandlung von Erkrankungsfällen

Die Personen, die durch den Strafrichter für unzurechnungsfähig erklärt werden, lassen sich in zwei Gruppen scheiden, je nachdem die Unterbringung im Interesse der Öffentlichkeit erfolgt oder in dem des Kranken. Bei der ersten Gruppe erfolgt die Entlassung innerhalb der vom Gericht bestimmten Zeit durch den Strafrichter und das Bezirksgericht, in dessen Bereich die Anstalt liegt, nach dieser Zeit das Bezirksgericht allein. Bei der zweiten Gruppe bleiben die Bestimmungen des § 37 StGB. in Kraft.

Kranke, die infolge der Art ihrer Erkrankung ihrer Umgebung gefährlich sind, können ebenfalls in der Sonderabteilung für gefährliche Kranke verpflegt werden. Beurlaubung und Entlassung dürfen nur dann von dem Urteil des Gerichts abhängig gemacht werden, wenn der Arzt die Aufsichtsmaßregeln der richterlichen Autorität zu unterstellen für notwendig hält.

Solange nicht an jeder Irrenanstalt eine besondere Abteilung für gefährliche Kranke besteht, soll die Überführung eines gefährlichen Kranken in eine Anstalt, an der sich ein Adnex befindet, zulässig sein, indessen soll tunlichst jede Anstalt ihre eigenen Kranken zu behalten suchen.

Die Frage, ob an Stelle der vorgeschlagenen Adnexe ein Zentralasyl für geisteskranke Verbrecher und verbrecherische Geisteskranke geschaffen werden solle, ist reiflich erwogen worden. Obschon ein solches Asyl Vorteile besitzt, sind die damit verbundenen Nachteile so groß (belangrijk), daß die Errichtung für Holland nicht wünschenswert ist.

Die gesellschaftliche Ordnung wird nicht allein durch Geisteskranke, sondern oft auch durch Personen gefährdet, die psychische Abweichungen aufweisen und deshalb unter psychiatrischer Aufsicht stehen müßten, aber nicht in Irrenanstalten Aufnahme finden können, weil sie nicht eigentlich geisteskrank sind. Für solche Personen, deren Zahl nicht gering ist, müssen besondere Maßregeln getroffen werden, wie Unterbringung in einer Anstalt für Epileptiker oder Trinker, oder in einer besonderen Anstalt, die den Charakter des Arbeitshauses tragen, aber unter strenger psychiatrischer Aufsicht stehen müßte. —

Die Schlußfolgerungen der Studienkommission verdienen ernsteste Beachtung. Sie gehen von der Tatsache einer absolut unzureichenden psychiatrischen Aufsicht in den Gefängnissen aus. Aber sie lehnen auch den Gedanken ab, die weiteren Maßnahmen von etwas anderem abhängig zu machen, als von der Gefährlichkeit des Kranken. Daß für Holland zwei bis drei Beobachtungsstationen mit je 30 Plätzen an Gefängnissen und je drei Adnexe an Irrenanstalten mit je 20 Plätzen für ausreichend erachtet werden, kann denen zur Warnung dienen, die ohne so eingehende Studien, wie sie in Holland stattgefunden haben, nach einem Zentralasyl verlangen.

Diejenigen Kranken, die entweder im Gefängnis erkrankt oder wegen Unzurechnungsfähigkeit freigesprochen worden sind, werden in der Regel der Irrenanstalt M e d e m b l i k zugewiesen. Am 1. Januar 1903 befanden sich dort 146 aus den Strafanstalten und 39 nach der Freisprechung aufgenommene Kranke; die Zugänge des Jahres 1903 betragen 45 Männer der ersten und 23 der zweiten Gruppe. Trotz dieser großen Zahl sind keine so großen Mißstände hervorgetreten, daß der Direktor von M e d e m b l i k auf die Anfrage der Studienkommission hätte antworten können, er empfinde das Bedürfnis, einen Teil dieser Kranken in andere Anstalten zu überführen. Etwa die Hälfte der in dem Bericht als gefährlich bezeichneten Kranken waren in M e d e m b l i k untergebracht.

Nach einem Ministerialerlaß vom Jahre 1885 wird die in der Irrenanstalt verbrachte Zeit als Strafverbüßung berechnet.

Italien.

Schon im Jahre 1872 beschäftigte sich die i t a l i e n i s c h e R e g i e r u n g mit der Schwierigkeit, die geisteskranken Verbrecher richtig unterzubringen, und kam auf Grund einer Konferenz der hervorragendsten Irrenärzte zu dem Schlusse, geisteskranke Verbrecher von den übrigen Kranken zu trennen. Infolge dieses Beschlusses wurde dann im Jahre 1876 in A v e r s a bei N e a p e l die erste Kriminalirrenabteilung eröffnet, der später zwei weitere, im Jahre 1886 in M o n t e l u p o und 1897 in R e g g i o E m i l i a, folgten. Eine vierte wird voraussichtlich 1912 in B a r c e l o n a

Pozzo di Gotto (in der Nähe von Messina) bezugsfertig werden.

Das italienische Strafgesetzbuch vom 30. Juni 1889 legt im Gegensatz zu den meisten anderen Gesetzen dem Richter die Verpflichtung auf, im Falle einer Freisprechung wegen Unzurechnungsfähigkeit, „wenn er die Freilassung des freigesprochenen Angeschuldigten für gefährlich erachtet", ihn an die zuständige Behörde zur Vornahme weiterer gesetzlicher Schritte zu überweisen.

Die Ausführungsbestimmungen für das Strafgesetzbuch (Disposizione per l'attuazione del codice penale) erläutern diese Vorschrift dahin:

„Art. 13. Im Falle der Anwendung des § 46 verfügt der Gerichtshof mittels motivierten Beschlusses die Überweisung des freigesprochenen Angeklagten an die Sicherheitsbehörde. Diese bringt ihn provisorisch in einer Irrenanstalt so lange unter, bis die im folgenden vorgesehene Entscheidung getroffen ist. In anderen Fällen erläßt das Gericht die gleiche Anordnung in demselben Urteil, durch das der Angeklagte freigesprochen wird. In jedem Falle erfolgt die Verfügung von Amts wegen, und niemand hat das Recht, sie zu beantragen.

Art. 14. Der Präsident des Zivilgerichts, in dessen Bezirk der Beschluß ergangen ist, ordnet auf Ersuchen der Staatsanwaltschaft und nach Einholung der nötigen Aufklärung die endgültige Aufnahme oder die Entlassung des freigesprochenen Angeklagten oder Angeschuldigten und gemäß Art. 13 provisorisch in eine Anstalt Aufgenommenen an. Wenn die Gründe, die zur endgültigen Aufnahme geführt haben, aufhören, liegt es dem Präsidenten ob, von Amts wegen oder auf Antrag der Partei den Widerruf anzuordnen. Der Präsident kann außerdem jederzeit anordnen, daß der in der Irrenanstalt Aufgenommene demjenigen überwiesen wird, der die Pflege und Obhut übernehmen will und die erforderliche Gewähr leistet."

Alle näheren Ausführungen finden sich — und das ist vielleicht für die italienische Auffassung, wie sie war und größtenteils zurzeit ist, charakteristisch — nicht in den allgemeinen Bestimmungen über die Irrenanstalten, sondern in dem Regulativ für die Gefängnisse und Besserungsanstalten. In diesem beziehen sich folgende Paragraphen auf die Kriminalirrenanstalten, die sog. Manicomî giudiziarî[1]):

Art. 469. Für diejenigen Verurteilten, die eine Strafe von mehr als einem Jahre verbüßen müssen und geisteskrank werden, sind besondere Ge-

[1]) Anfosso: La legislazione italiana sui manicomî e sugli alienati. Torino, 1905, S. 101.

bäude oder Kriminalirrenabteilungen bestimmt, in denen zu gleicher Zeit für Verbüßung der Strafe (repressione) und Heilung gesorgt werden soll. Um die Versetzung in eine Kriminalirrenabteilung zu veranlassen, ist ein Spezialbericht des Arztes der Strafanstalt, in der sich der Verurteilte befindet, notwendig; das Ministerium kann im Notfall das Gutachten eines oder mehrerer Irrenärzte zu Rate ziehen.

Art. 470. Diejenigen Geisteskranken, die eine Strafe von weniger als einem Jahre verbüßen müssen und geisteskrank werden, aber nicht gemeingefährlich sind, Paralytiker und an vorübergehenden geistigen Störungen Erkrankte können in den gewöhnlichen Strafanstalten bleiben, wenn diese nicht der Mittel zur Behandlung entbehren, und wenn der Disziplin kein Schaden daraus erwächst. Im anderen Falle können sie in die Kriminalirrenabteilungen oder auch in die Provinzialirrenanstalten auf Kosten der Verwaltung eingeliefert werden.

Art. 471. Angeklagte und Beschuldigte, die gemäß Art. 46 des StrGB. freigesprochen wurden, und deren endgültige Unterbringung in einer Irrenanstalt der Präsident der Zivilkammer gemäß Art. 14 der Königlichen Verordnung vom 1. Dezember 1889 (Nr. 6509, Serie 3a) für notwendig hält, werden auf Anordnung des Ministeriums des Innern und auf Vorschlag der Polizeibehörden in einer Kriminalirrenanstalt oder auf besonderen Abteilungen untergebracht.

Art. 472. In die gleichen, in den vorhergehenden Artikeln erwähnten besonderen Abteilungen können auf Anordnung des Ministeriums des Innern auch diejenigen Angeklagten eingewiesen werden, welche im Sinne des Art. 13 der Königlichen Verordnung vom 1. Dezember 1889 (Nr. 6509, Seria 3a) zur Beobachtung ihres Geisteszustandes vorläufig in einer Irrenanstalt untergebracht werden sollen.

Art. 473. Auf besonderes Verlangen der Gerichtsbehörden können auch Untersuchungsgefangene zur Beobachtung eingewiesen werden. Die Aufnahme erfolgt auf Anordnung des Ministeriums des Innern.

Art. 474. Die Behandlung der in den Kriminalirrenabteilungen Aufgenommenen wird einem Irrenarzte anvertraut, der den Titel eines ärztlichen Leiters führt. Die Verwaltung ist einem Verwaltungsdirektor[1]) anvertraut, wie in den gewöhnlichen Strafanstalten.

Art. 475. Der Direktor der Kriminalirrenanstalt hat dem Präsidenten des Zivilgerichts, das die Aufnahme verfügt hat, nach drei Monaten einen Bericht über den Gesundheitszustand der Angeschuldigten, von denen im Art. 471 die Rede ist, zu erstatten. Ein gleicher Bericht ist monatlich der Gerichtsbehörde einzusenden, wenn es sich um Angeklagte und Beschuldigte, auf die sich die Art. 472 und 473 beziehen, handelt; unabhängig davon muß ein Bericht stets erstattet werden, sobald der Arzt glaubt, daß ein Aufgenommener vollständig geheilt ist. Dem Bericht des Direktors muß immer eine Erklärung des ärztlichen Direktors beigefügt sein.

---

[1]) Inzwischen ist diese Stellung als unzweckmäßig beseitigt worden; der ärztliche Direktor ist gleichzeitig Verwaltungsdirektor.

Art. 476. Die Gerichtsbehörde, die die Aufnahme verfügt hat, hat stets das Recht, die gemäß der Art. 471, 472 und 473 Aufgenommenen auch von anderen Ärzten untersuchen zu lassen.

Art. 477. Zur Freilassung der Verurteilten, von denen in Art. 469 die Rede ist, sind die Bestimmungen des Art. 433 anzuwenden unter Berücksichtigung der für Geisteskranke notwendigen, vorgeschriebenen Vorsichtsmaßregeln. Für die Freilassung von Untersuchungsgefangenen, die in den Art. 471—473 näher bezeichnet sind, genügt ein Befehl der Gerichtsbehörde, die die Aufnahme verfügt hat.

Art. 478. Der Arzt hat im Falle des Todes eines in der Kriminalirrenanstalt Untergebrachten die Sektion zu machen, außer im Falle, daß die Leiche an eine Universität abgegeben wird; er hat der Direktion zur weiteren Übersendung an den Minister den Sektionsbericht und seine sonstigen Befunde mitzuteilen.

Art. 479. Was Kost, Disziplin und Arbeitsbetrieb betrifft, sowie das Verhältnis zwischen dem Verwalter und dem ärztlichen Direktor, so werden dafür seitens des Ministeriums besondere Bestimmungen erlassen werden.

Art. 480. Am Ende jedes Finanzjahres hat der leitende Arzt der Direktion für das Ministerium einen Bericht über seinen gesamten Dienst, seine Ergebnisse und was sonst in den Beobachtungen wichtig ist, mitzuteilen.

Die italienischen Kriminalirrenabteilungen sind Anstalten, deren wesentlichster Zweck — man geht wohl nicht zu weit, wenn man sagt, fast ihr einziger — die Sicherung ist. Wie sehr dieser Gedanke vorherrscht, geht allein schon aus der Tatsache hervor, daß bisher die Anstalten der Gefängnisdirektion unterstanden und in allen Äußerlichkeiten auch dem Gefängnisregime durchaus ähnlich sind. Das hat niemand klarer ausgesprochen wie Saporito[1]): „Vom Irrenhaus hat es (das manicomio criminale von Aversa) nur den Namen. Und der Name klingt ironisch gegenüber dem totalen Gefängnisregime." Allerdings ist es inzwischen ganz erheblich besser geworden. Die Mißstände haben dazu geführt, daß eine Kommission, bestehend aus den Professoren Virgilio und Tamburini[2]), ein Regulativ ausgearbeitet hat, das die Zustimmung der Generaldirektion der Gefängnisse gefunden hat. Laut diesem sollen in Zukunft die manicomî giudiziarî (auch der Name criminali fängt an verpönt zu werden)[3]) folgende Abteilungen auf-

---

[1]) Zitiert bei Näcke: Die Unterbringung geisteskranker Verbrecher. Karl Marhold, Halle a. S. 1902, S. 29.

[2]) Rivista sperimentale di freniatria. Bd. XXVIII, S. 43.

[3]) Saporito, Criminali alienati ed alienati criminali. Aversa 1907. S. 14.

weisen: eine Beobachtungs-, eine Überwachungsabteilung, eine Abteilung für ruhige und eine für körperlich Kranke. Ferner sollen nach wie vor getrennt bleiben die giudicabili, die prosciolti und die condannati (s. unten). Der technische, sanitäre, disziplinare und administrative Dienst liegt ganz in den Händen des ärztlichen Direktors, der in seiner Stellung, seinen Bezügen und den Pensionsverhältnissen den Gefängnisdirektoren gleichgestellt ist. Die innere Dienst wird durch Krankenwärter ausgeführt. Die Gefängniswärter haben nur den äußeren Sicherheitsdienst zu versehen. Die Verpflegung aller Kranken wird gleichgestaltet wie die in den anderen Irrenanstalten.

Den Nachsatz der Kommission zu diesen Vorschlägen kann man wohl durchaus unterschreiben, daß mit der Einführung dieser Neuerungen Verhältnisse beseitigt würden, die jetzt der italienischen Nation zur Schande gereichten. Und doch möchte ich glauben, daß dieser Fortschritt, der tatsächlich seit dem 1. Juli 1908 erreicht ist, noch lange nicht allen Anforderungen genügen dürfte. Wohl gilt das für die Einführung einer einheitlichen Verwaltung, die sich in den Händen der Ärzte in allen Irrenanstalten schon seit langen Jahren durchaus bewährt hat. Dagegen ist es mir völlig rätselhaft geblieben, aus welchem Grunde die Kranken voneinander getrennt sind, je nachdem sie freigesprochen (prosciolti), noch unter Anklage stehen (giudicabili) oder Strafgefangene (condannati) sind. Für die Kranken selbst hat diese Trennung insofern eine große Bedeutung, als der Staat sich in den letzten Jahren geweigert hat, die Kosten für die Angeklagten und auch für die Verurteilten nach Ablauf der Strafe zu bezahlen, mit dem Erfolge, daß die Provinzen sich entschlossen haben, diese Kranken aus den Kriminalirrenanstalten in ihre eigenen zurückzunehmen, wo die Kosten etwas geringer sind [1]).

---

[1]) Gegen dieses Verfahren wehren sich die italienischen Irrenärzte mit guten Gründen. Der gefährlichste Verbrecher, dessen Erkrankung erst in der Strafhaft ausgebrochen ist, wird nach Strafende in die öffentlichen Anstalten verbracht, der harmloseste Kranke, der wegen Unzurechnungsfähigkeit freigesprochen worden ist, muß im Kriminalasyl verbleiben (Riva, Gli alienati criminali pericolosi. Riv. sperimentale die freniatria XXXIV S. 963). Ähnliche Verhältnisse also wie in England und Irland.

Diejenigen Kranken, deren Strafprozeß wegen ihrer Erkrankung nicht zum Abschluß gekommen ist, und die zur Beobachtung ihres Geisteszustandes in die Anstalt kommen, befinden sich jahrelang dort. Mir wurden Kranke gezeigt, deren Strafprozesse seit zwanzig Jahren in der Schwebe sind! Und das nicht etwa als Ausnahmen. Einige Jahre dauert es fast bei jedem Falle. Das kommt daher, weil der Nachweis einer bestehenden Geistesstörung bei einem Angeschuldigten in Italien in den meisten Fällen dazu führt, das Verfahren zu unterbrechen und nicht etwa den Angeschuldigten wegen seiner Unzurechnungsfähigkeit freizusprechen. Derartige Kranke bleiben dann Untersuchungsgefangene, zuweilen ihr ganzes Leben lang. Warum man aber diese Kranken von den anderen fernhalten muß, ist völlig unverständlich.

In unseren deutschen Anstalten hat man nie Schwierigkeiten dadurch erlebt, daß man Untersuchungsgefangene zur Beobachtung in gewöhnliche Irrenanstalten einwies. Gilt das schon nicht für die Leute, deren Erkrankung fragwürdig ist und erst festgestellt werden soll, so doch erst recht für diejenigen, die genau so krank sind wie die anderen, und bei denen nur aus irgendwelchen Gründen das Gerichtsverfahren nicht zum Abschluß gekommen ist.

Einen vernünftigen Grund für die merkwürdige Trennung, die zu einer Zersplitterung des Aufsichtspersonals und zu einer überflüssigen Vermehrung der notwendigen Räume führt, konnte mir niemand angeben. Wollte man den gemachten Forderungen des Regulativs in vollstem Umfang Folge geben, so müßte man in jeder Kriminalirrenanstalt im ganzen zwölf Abteilungen errichten. Es wäre wohl besser, statt dessen etwas besser für Bäder und Aufenthaltsräume zu sorgen, als, der Vorschrift entsprechend, die paar zufällig auch körperlich Kranken unter Umständen an drei verschiedenen Stellen verpflegen zu müssen.

Die Trennung der Wärter in Krankenpfleger und sog. Sorveglianti ist wohl auch kaum gut zu heißen, selbst wenn das Überwachungspersonal nicht mehr aus ehemaligen Gefängniswärtern herausgesucht würde. Ein kluger Krankenwärter lernt seine Kranken sehr bald kennen und kann, wenn auch nicht mit absoluter, doch mit leidlicher Sicherheit beurteilen, ob seitens des Kranken Angriffe, Erregungszustände, Selbstmord od. dgl. zu befürchten sind. Aber auch ein schlechter Pfleger ist immer noch besser als ein Überwachungsbeamter, der sich gar nicht um die Eigenart der Kranken zu kümmern hat, und dem, selbst wenn er das wollte, die Unterweisung und Übung darin fehlt. Die Gegenwart solcher Personen kann sogar geradezu erregend auf die Kranken wirken, und diesen Erregungen steht der unausgebildete Überwachungsbeamte viel ratloser gegenüber als ein Pfleger. Mit der rein mechanischen Aufsicht ist dem Kranken und der Anstalt nicht gedient. Man sollte deshalb diese Trennung der Funktionen ruhig fallen lassen und den ganzen Dienst unter einem einheitlichen Gesichtspunkte, dem der Krankenpflege, anordnen. Die Zahl der zur Verfügung stehenden Pfleger ist besonders dann durchaus ausreichend, wenn die Abteilungen nur von dem psychischen Zustande der Kranken, nicht von deren Beziehungen zu dem Gerichte abhängig gemacht werden. Es dürfte dann wohl kaum Schwierigkeiten machen, auch die Sicherheit der ganzen Anstalt und der Kranken zu gewährleisten.

Daß endlich die gleiche Kost wie in den Irrenanstalten verabreicht werden muß, war eine alte Forderung der Ärzte. Bisher war es so, daß die Kranken morgens 600 g Brot geliefert erhielten, mit dem sie den ganzen Tag auskommen mußten. Außerdem gab es nur mittags eine Suppe mit Gemüse, nur Sonntags einmal Fleisch. Allerdings hatten die Ärzte das Recht, außerdem noch Milch und Krankenkost in den verschiedensten Abstufungen zu verabreichen. Daß bei der Kost das Fleisch eine so geringe Rolle spielt, wird nur denjenigen wundern, der nicht weiß, wie gering überhaupt der Fleischkonsum der italienischen Bevölkerung ist. Mancher der Kranken, besonders in Süditalien, dürfte in der Freiheit nicht so häufig Fleisch essen wie in der Kriminalirrenanstalt. Andererseits darf aber nicht vergessen werden, daß wir es mit Kranken zu tun haben; und daß zur Wiederherstellung der Gesundheit eine derartige knappe Kost unzulänglich ist, bedarf wohl kaum der Begründung.

Noch ein anderer Vorteil kommt den Kranken jetzt gegenüber den alten Einrichtungen zugute. Während früher der Kranke, genau wie im Gefängnis, nur alle drei Monate einen Brief schreiben und empfangen durfte, nur alle drei Monate einmal seine Angehörigen wiedersehen konnte, liegt von jetzt ab die Bestimmung über die Korrespondenz wie über die Besuche nur in den Händen des Arztes. So nähern sich allmählich die Anstalten etwas mehr den Irrenanstalten. Ganz werden sie es wohl nie tun.

Wenn ich die italienischen Verhältnisse recht beurteile, so weichen in mancher Beziehung wohl auch die Auffassungen der Italiener von den unsrigen erheblich ab. Saporito[1]) führt aus, daß neuerdings außer den prosciolti, die in die gewöhnlichen Irrenanstalten überführt werden, auch die condannati nach Ablauf der Strafzeit, falls sie dann noch krank sind, in die gewöhnlichen Irrenanstalten kommen. Überraschenderweise sagt er von ihnen folgendes: „Es handelt sich um Subjekte, die, soweit sie nicht abnorm, aus dem Gleichgewicht gekommen, unmoralisch und verdorben (anomali, squilibrati, immorali, pervertiti) sind — für diese sind die gewöhnlichen Irrenanstalten völlig kontraindiziert — in den gewöhnlichen Irrenanstalten unter Bedingungen kommen, die sie leichter erträglich machen.“ Das ist nach unseren deutschen Erfahrungen in dieser Allgemeinheit nicht richtig. Zweifellos die gefährlichsten und schwierigsten Elemente aller mit den Gesetzen in Konflikt gekommenen Geisteskranken finden wir unter den alten Verbrechern, die aus der Strafhaft in die Irrenanstalt kommen. Begreiflich wird die Auffassung Saporitos, wenn man den Hauptwert auf den Zwischensatz legt. Er schließt: „Wenn das auch praktisch gesetzlich nicht durchführbar ist, aus den gewöhnlichen Irrenanstalten alle mit verbrecherischen Instinkten versehenen Kranken auszuscheiden.“ Und es wird vielleicht noch klarer, wenn wir in einer anderen Arbeit von Saporito[2]) lesen, daß er diese Krankenhäuser in ihrer idealen Ausbildung zu einem istituto di sicurezza sociale machen will. Für ihn ist das manicomio criminale eine Entwicklungsform des Gefängnisses, wie das manicomio civile eine Entwicklungsstufe des gewöhnlichen Krankenhauses ist.

Mit dieser Ansicht scheint Saporito nicht allein zu stehen. Auch Tamburini[3]) spricht ganz offen von einer dauernden

---

[1]) Saporito: Manicomio di Aversa in rapporto alla legge ed ai progressi della tecnica manicomiale. Mali e remedii. Giannini & Figli, Napoli 1907, S. 16.

[2]) Criminali alienati ed alienati criminali, Aversa, 1907, S. 4.

[3]) La difesa sociale degli alienati criminali. Rivista sperimentale di freniatria. Bd. XXXIV. S. 274.

Verurteilung zu Kriminalirrenanstalt (condanna perpetua al manicomio criminale). Und zwar schließt sich seine Erörterung an einen Fall, in dem er die Geschworenen besonders lobt, weil sie trotz der Angriffe des Staatsanwalts gegen die Psychiater dem Angeklagten, einem Mörder, mildernde Umstände zugebilligt hatten. Tamburini hielt den Mörder nicht für geisteskrank, sondern nur für vermindert zurechnungsfähig. Die gegen den Mann erkannte Strafe von 30 Jahren scheint mir der Sachlage wenig gerecht zu werden. Eine Kritik des Urteils erübrigt sich.

Aber mir scheint gerade dieser Fall wenig geeignet zu sein, um dadurch die Notwendigkeit einer Kriminalirrenanstalt mit dauernder Verwahrung zu beweisen. Einstweilen wenigstens sind die Kriminalirrenanstalten doch als Anstalten für Geisteskranke aufzufassen. Ich bin durchaus der Ansicht und habe diese literarisch stets und mit aller Entschiedenheit vertreten, daß gemeingefährliche Individuen — auch die nicht geisteskranken — unter allen Umständen aus der Gesellschaft ausgeschieden werden müssen, und gehe soweit Hand in Hand mit Tamburini. Aber man wird versuchen müssen, sich in der Art der Ausscheidung an die Persönlichkeit des Individuums anzupassen, und es scheint mir doch ein höchst gefährlicher Schritt zu sein, nach und nach aus den Kriminalirrenanstalten Sicherheitsasyle zu machen, in denen nun jeder gefährliche Verbrecher untergebracht werden kann, auch wenn er nicht geisteskrank ist. Wir sollen und müssen daran festhalten, daß diese Anstalten ausschließlich für Kranke, und zwar möglichst für deren Heilung und Besserung, erst wenn diese unmöglich ist, der Bewahrung von Geisteskranken dienen müssen. Auch der Ausdruck condanna zeigt eine Auffassung, die ich für verfehlt halte. Wir dürfen doch nicht zugeben, daß jemand zur Unterbringung in ein Krankenhaus „verurteilt“ wird.

Wenn ich den Eindruck, den die Kriminalirrenanstalten Italiens auf mich gemacht haben, vor deren Beschreibung in wenigen Worten zusammenfassen soll, so muß ich gestehen, daß sie mir einen Charakter zu tragen scheinen, der der Tatsache, daß es sich um Kranke handelt, entschieden nicht ausreichend gerecht wird. Ich will dabei davon absehen, was etwa seit meinen Besuchen durch die Ausscheidung aus der Gefängnisverwaltung anders geworden ist. Der prinzipielle Fehler liegt meines Erachtens in der ungenügenden Beschäftigungsmöglichkeit. Vielleicht hat deshalb Aversa, das in seinen Baulichkeiten hinter den beiden anderen Anstalten weit zurücksteht, keinen so schlimmen Eindruck gemacht wie Reggio Emilia, weil ein großer Teil der Kranken in Aversa zur Zeit meines Besuches mit Umbauarbeiten beschäftigt war. Ist es aber nicht eine unverantwortliche Vergeudung von Menschenkraft, wenn ruhige Kranke aus lauter Langeweile, um sich zu beschäftigen, jahrelang Steinchen für die Anfertigung von primitiven Schmucksachen, und zwar ohne jedes Instrument, schleifen und dergleichen Dinge treiben?

Die langsame Vernichtung der geistigen Regsamkeit in den Zuchthäusern ist eine zu bekannte Tatsache, als daß sie nicht zur Warnung dienen müßten. Und dabei handelt es sich im Zuchthaus doch in der großen Mehrzahl um geistig gesunde, hier aber um geistig kranke Menschen; und vor allem werden die Zuchthäusler angespannt beschäftigt, wenn auch in unvermeidlich eintöniger, meist allzu mechanischer Arbeit. Wirkt schon diese Monotonie im Verein mit der geringen geistigen Anregung und Abwechslung so gefährlich auf Gesunde, um wieviel bedenklicher ist die Beschäftigungslosigkeit für die Kranken. Sie werden, wenn man sie jahrelang zum blöden Nichtstun verdammt, geradezu künstlich noch stumpfer gemacht, und die Heilungsaussicht wird erheblich vermindert.

Ich darf bei der Kritik der Anstalten auch nicht unterlassen, auf den Mißbrauch der Zwangsmittel hinzuweisen. Allerdings sind die Italiener in dieser Beziehung noch nicht so weit, wie wir in Deutschland sind. Ich behaupte, daß keine öffentliche Anstalt in Deutschland sich noch im Besitze einer Zwangsjacke befindet, außer etwa in einem Museum, in dem der junge eintretende Arzt lernen kann, was früher den Kranken zugemutet worden ist. In Italien aber sieht man noch vielfach in den öffentlichen Irrenanstalten Zwangsmitteln aller Art in dauerndem Gebrauch, um nicht geradezu Mißbrauch zu sagen. Die Notwendigkeit, mit Zwangsmaßregeln vorzugehen, ist an und für sich in den Kriminalirrenanstalten dadurch noch geringer als in anderen Anstalten, daß es sich fast ausschließlich um chronische Fälle handelt, bei denen die schwersten Erregungen bereits abgeklungen sind. Wozu also noch dieses längst als überflüssig, ja geradezu als schädlich erkannte Zwangsmittel? Der Mißbrauch der Zwangsmittel und das Fehlen von zweckmäßigen und möglichst mannigfaltigen Beschäftigungen sind Mängel, die zu beseitigen sind, ebenso wie manches baulich allmählich verändert werden wird. Aber der Geist, der über den Kriminalirrenanstalten schwebt, die Annähernng an die Idee des Gefängnisses, wird schwer daraus zu entfernen sein. Sérieux[1]) sagt mit Recht: „Es ist unmöglich, dem Manicomio criminale den Gefängnischarakter zu nehmen.“

Aversa.

Die älteste Kriminalirrenanstalt in Italien ist die von Aversa. Sie liegt etwa eine Stunde von Neapel entfernt, in einem kleinen, schmutzigen Orte, in dem übrigens außerdem, etwa zehn Minuten von der Kriminalirrenanstalt entfernt, eine Provinzialirrenanstalt besteht. Die Anstalt selbst befindet sich mitten in dem Orte und macht schon von außen einen höchst unfreundlichen Eindruck. Dieser Eindruck wird noch verstärkt, wenn man in die sehr kleinen Höfe hineinkommt, und vor allen Dingen, wenn man in die großen Aufenthaltsräume hineintritt. Ein Teil dieser Aufenthaltsräume hat nur ein einziges Fenster, das die Merkwürdigkeit aufweist, vom Boden bis beinah unter die ziemlich hohe Decke zu reichen. Von den Höfen aus gesehen geben die ungewöhnlich starken Gitter dieser Fenster, zumal wenn sie, wie bei meinem Besuch, geöffnet und daher von unten nicht zu sehen sind, den Räumen ganz genau das Aussehen eines Bärenzwingers.

Zehn Betten sind für Untersuchungsgefangene bestimmt, eine Trennung, auf deren Unsinnigkeit ich schon oben hingewiesen habe.

Am Tage meines Besuches, am 1. April 1908, befanden sich im ganzen 132 Kranke in der Anstalt, deren Belegungsmöglichkeit bis auf 200 erhöht werden soll. Die Kranken verteilen sich auf 30 Untersuchungsgefangene (giudicabili) und 102 Verurteilte.

Die Fenster sind meist so eingerichtet, daß das Mittelfenster um seine Achse bewegt werden kann. Das ganze Haus enthält nur

---

[1]) Sérieux: Les asiles d'aliénés criminels d'Italie. L'Assistance des aliénés en France, en Allemagne, en Italie et en Suisse. Imprimerie municipale. Paris, 1903, S. 162.

sechzehn Zellen, die merkwürdigerweise nicht etwa als Isolierungs- und erfreulicherweise nicht als Zwangsmittel benutzt werden, sondern als besondere Vergünstigung denjenigen Kranken zum Schlafen zur Verfügung gestellt werden, die sich durch fleißiges Arbeiten besonders verdient gemacht haben.

Ich fand einen großen Teil der Kranken mit Bauarbeiten beschäftigt. Für diese Umbauten sind neuerdings 150000 Lire bewilligt worden. Wie notwendig das war, geht vielleicht am besten daraus hervor, daß gerade in den Tagen meines Besuches zwei Badewannen, aus Zement gemauert, fertiggestellt wurden, während bis dahin trotz des 32jährigen Bestehens eine Badeeinrichtung überhaupt nicht vorhanden gewesen war! Das ist unglaublich, aber vielleicht kennzeichnend für den Mangel an Verständnis, mit dem die Kranken bis jetzt behandelt worden sind. Nicht berechtigt dagegen ist es, eine Rückständigkeit darin zu finden, daß die sämtlichen Aborte aus einem Loch im Boden bestehen. So wenig praktisch und hygienisch diese Einrichtung ist, so muß man sich daran erinnern, daß die ganze Bevölkerung Süditaliens keine besseren Aborte kennt. Man hätte aber doch den Versuch machen sollen, die Fortschritte der Hygiene etwas mehr zur Anwendung zu bringen, was in diesem Falle ohne große Kosten möglich gewesen wäre. Die Kranken sind, da es sich durchweg um besonnene Menschen handelt, wohl unschwer daran zu gewöhnen.

Die baulichen Neuerungen werden ausschließlich von den Kranken ausgeführt. Um die Bedeutung dieser Tatsache ganz zu würdigen, ist es erforderlich, zu berücksichtigen, daß fast alle Kranke, die ich dort mit Spitzhacke und Mauerkelle eifrig beschäftigt fand, schwere Verbrecher, zum großen Teile Gewalttätigkeitsverbrecher sind, nicht wenige zu lebenslänglichem Zuchthaus begnadigte Mörder, und daß die Aufsicht wohl kaum so ausreichend durchgeführt werden kann, um mit voller Sicherheit zu verhindern, daß nicht auch einmal ein Kranker, der nicht mitarbeiten soll, eines der gefährlichen Werkzeuge in die Hände bekommt; ein Beweis, daß die Gefährlichkeit der Kranken nicht am Maßstabe ihrer Straftaten bemessen werden darf.

Die Spazierhöfe sind unzulänglich, wenn auch freundlich, Heizungsvorrichtungen existieren im ganzen Hause nicht. Wie mir der leitende Arzt mitteilte, besteht auch nur an wenigen Tagen des Winters das Bedürfnis nach einer Heizung.

Weder die Krankenräume, die viel zu stark belegt sind und zum Teil nur in höchst unzulänglicher Weise gelüftet werden können, außerdem auch teilweise zu dunkel sind, noch die Wirtschaftsräume entsprechen auch nur im entferntesten den Anforderungen, die wir in Deutschland an die Sauberkeit zu machen gewöhnt sind. Die Betten bestehen aus Strohsäcken, die vielfach sehr defekt waren. Ich glaube nicht zu weit zu gehen, wenn ich behaupte, daß bei uns in Deutschland auch das älteste und am schlimmsten verwahrloste Zuchthaus weit freundlicher, sauberer und hygienisch einwandfreier ist als die ganzen Räume in Aversa. Auch der Luftraum, der für die einzelnen Kranken vorhanden war, ist unbedingt als bei weitem unzureichend zu bezeichnen.

Einen höchst erfreulichen Eindruck dagegen machte im Gegensatz zu dem, wie ich offen sagen muß, geradezu erschütternden Eindruck der ganze Geist, der in der Anstalt herrscht. Der Direktor, Dr. Saporito, hat die Energie besessen, so lange mit aller Entschiedenheit auf der Durchführung der unbedingt notwendigsten baulichen Veränderungen zu bestehen, bis ihm die verhältnismäßig hohe Summe von 150000 Lire bewilligt worden ist. Er hat ferner den Mut gehabt, diese Arbeiten den Kranken anzuvertrauen und die Verantwortung für etwaige unerfreuliche Ereignisse zu übernehmen. Auch die Art, wie das Personal mit den Kranken, die Kranken mit dem Arzte sprechen, hat einen denkbar günstigen Eindruck auf mich gemacht.

In der äußeren Stellung ist der ärztliche Leiter (ein administrativer ist nicht mehr vorhanden) den Direktoren der Gefängnisse gleichgestellt. Er ist nur der Gefängnisverwaltung verantwortlich und mit Pensionsberechtigung angestellt.

Das Personal besteht aus Irrenwärtern, wenn sie auch der Gefängnisverwaltung unterstellt sind; das Gehalt ist fast doppelt so hoch wie das in Irrenanstalten, allerdings noch niedrig genug. Die „sorveglianti infermieri“ erhalten im ersten Probedienstjahr 750, dann 1000 Fr., aber ohne freie Station. Nach fünfjähriger Anstellung erhält der Pfleger die Erlaubnis, zu heiraten. Im ganzen sind 50 Wärter, einschließlich eines Oberaufsehers und vier Abteilungsoberpflegern, angestellt; von den Pflegern hat die Hälfte Tagesdienst, die Hälfte Nachtdienst.

Eine eigentliche Überwachungsabteilung besteht nicht. Zufälligerweise las ich auf der Fahrt nach Aversa in der Zeitung, daß gerade zwei Tage vorher ein stark selbstmordsüchtiger Melancholiker, der in Aversa zur Beobachtung untergebracht war, es fertig gebracht hatte, obgleich er auf dem Zwangsbette festgeschnallt war, sich loszumachen und zu erhängen, übrigens das einzige unliebsame Ereignis innerhalb der letzten zwei Jahre. Dr. Saporito bestätigte mir den bedauerlichen Vorfall. Die kurze Zeit, die der wachhabende Aufseher benutzt hatte, um nach einem anderen Kranken zu sehen, der im gleichen Flügel untergebracht war, hatte dem Kranken genügt, sich loszureißen und zu erhängen, ein Beweis, wie wenig Schutz die Fesselung der Kranken gewährt, und eine ernste Mahnung an alle diejenigen, die sich immer noch nicht von dem Gedanken losreißen können, daß ein mechanischer Zwang zuverlässiger sei als die sorgsame Aufsicht. Der Aufseher würde sich gewiß nicht von dem Kranken entfernt haben, wenn er nicht angenommen hätte, der festgebundene Kranke könne sich nicht freimachen.

Eine kleine, aber recht gut ausgesuchte Bibliothek und ein im Verhältnis zu allem übrigen geradezu glänzend ausgestattetes psychologisches Laboratorium, das es ermöglicht, alle, auch die kompliziertesten Untersuchungen vorzunehmen, beweisen, daß der leitende Arzt sich nicht damit zu begnügen beabsichtigt, die Kranken einzusperren, sondern sie beobachten und, wie seine Publikationen lehren, für die Wissenschaft nutzbar machen will und kann.

Montelupo.

Manicomio giudiziario dell' Ambrogiana.

Die zweite italienische Kriminalirrenanstalt befindet sich in Montelupo, einem kleinen Bergstädtchen, eine Stunde Eisenbahnfahrt von Florenz entfernt. Das Hauptgebäude, die Villa Ambrogiana, war früher eine Residenz der Großherzöge von Toscana. Dementsprechend sind die Verwaltungsräume ebenso wie das Hauptgebäude und ein zweiter Bau außerordentlich weitläufig, hoch und luftig, ein erfreulicher Gegensatz zu der dumpfen Enge in Aversa.

Am Tage meines Besuches, am 15. April 1908, befanden sich in der Anstalt 365 Kranke, davon 28 guidicabili, 12 prosciolti und 325 condannati. 73 Wärter, davon 43 Krankenpfleger und 30 zur Überwachung bestimmt, haben den Aufsichts- und Pflegedienst. Die Kranken sind zum größeren Teil in Sälen untergebracht, die je vier, sechs und fünfzehn Betten enthalten.

Alle Schlafräume führen auf große Korridore. Hinter der geschlossenen und mit einer Durchsichtsöffnung versehenen Türe befinden sich große, starke Gitter, so daß die Türen geöffnet werden können, ohne daß dem Kranken Gelegenheit gegeben ist, die Säle zu verlassen. In einem besonderen Gebäude befinden sich 52 Zellen, 48 weitere in den verschiedenen anderen Gebäuden verteilt. Diejenigen Zellengefangenen, die zur Beobachtung dort sind, dürfen nicht mit den anderen in Berührung kommen. Sie werden deshalb auch einzeln spazieren geführt. An ihrer Zelle befindet sich ein Plakat, mit der Aufschrift: Passagio isolato. Die Zellen weisen eine Merkwürdigkeit insofern auf, als die Türe bis zu einer Spaltbreite von etwa zwanzig Zentimeter geöffnet werden kann, dann aber durch einen schweren massiven, eisernen Riegel festgehalten wird. In der Regel spielt sich der ärztliche Besuch sowohl wie die ganze Behandlung des Kranken durch diesen Spalt hindurch ab.

Für uns Deutsche überraschend wirkt die Selbstverständlichkeit, mit der einige Kranke gezeigt wurden, die nicht nur in der Zwangsjacke waren, sondern in dieser auf dem Bette festgeschnallt gehalten wurden. Es handelt sich dabei nicht etwa um eine Strafmaßregel, sondern um eine Sicherheitsmaßregel. Die Gleichgültigkeit, Ruhe und Besonnenheit gerade dieser Kranken schien mir doch darzutun, daß man mit dieser Maßregel sehr freigebig ist. Es mag schwierig sein, bei dem Fehlen von Überwachungsabteilungen und Dauerbädern mit erregten Kranken unter den dortigen Verhältnissen fertig zu werden, aber es muß doch wohl auch ohne diese Fesselungen gehen. Ich erinnere nur daran, daß ich in Aversa, obgleich es an Isolierzimmern fehlt, und die Bevölkerung Süditaliens an Erregbarkeit sicher die von Mittelitalien übertrifft, nicht einen Kranken in der Zwangsjacke fand.

Ein nicht unerheblicher Teil der Kranken wird beschäftigt,

und zwar sowohl in der Küche und Waschküche, als mit Schreiner-, Schneider- und Schlosserarbeiten, mit Hilfeleistungen im Hause selbst und vor allem mit der Bepflanzung und Pflege eines großen, innerhalb der Mauern gelegenen Terrains, auf dem Wein und Gemüse gezüchtet wird. Jeder Arbeiter erhält je nach Leistung 25 bis 30 Ct. pro Tag und kann aus der Kantine Zigarren, Früchte, Eier und dgl. kaufen. Jeden Morgen macht ein Kranker die Runde und läßt sich von jedem, der zu diesen Extraausgaben berechtigt ist, die Wünsche sagen, die dem Direktor unterbreitet und, nach erfolgter Genehmigung, von dem Kranken eingekauft und verteilt werden.

Leider stehen dem Direktor Dr. Cordeluppi nicht ausreichend Arbeitsgelegenheiten zur Verfügung. So fand ich Kranke, um die endlose Langeweile zu vertreiben, in ihren Zellen damit beschäftigt, Arbeiten zu machen, die eine geradezu beispiellose Geduld erfordern. Ein Kranker hatte beispielsweise ein kleines Armband hergestellt, indem er Steine viereckig abschliff, und zwar durch Reiben auf Ziegelsteinen, da ihm kein Schleifstein zur Verfügung stand. Die Steine waren vollständig gleichmäßig abgeschliffen. Ein anderer beschäftigte sich damit, aus Roßhaaren äußerst zierliche und geschmackvolle Uhrketten herzustellen. Er schenkte mir eines dieser Kunstwerke, zu dessen Herstellung er lange Monate gebraucht hatte, und war äußerst dankbar, als ich ihm dafür, mit Zustimmung des Arztes, etwas Geld für den Ankauf von Tabak hinterließ. Die Haupttätigkeit der nicht beschäftigten Kranken ist die Anfertigung von Zeichnungen und plastischen Darstellungen, auf die ich noch zurückkommen werde.

Die Baderäume sind höchst dürftig. Im ganzen stehen nur zwei Bäder zur Verfügung; eine Douche befindet sich außerdem noch im ärztlichen Untersuchungszimmer.

Drei Säle, davon einer für Tuberkulöse, zwei andere für Alte und Gebrechliche stellen eine Art Lazarett dar.

Der Direktor der so isoliert auf dem Lande liegenden Anstalt befindet sich, wie er mir selbst klagte, in der bedauerlichen Lage, auf seinen ihm zustehenden Urlaub von einem Monat sehr häufig verzichten zu müssen, weil er keinen Vertreter hat, und die Stelle des zweiten Arztes zurzeit nicht besetzt ist. Was das bedeuten will, wird nur dem verständlich, der einen Einblick in die Eintönigkeit des selten wechselnden Materials der Kranken hat. Da der Arzt ebenso wie die übrigen an den Kriminalanstalten tätigen Ärzte keine Privatpraxis treiben darf, in dem kleinen Ort jede Anregung, außerdem durch den Mangel an Vertretung so gut wie jede Möglichkeit fehlt, sich auch nur auf Stunden zu entfernen, kann der Posten des leitenden Arztes nicht gerade als beneidenswert angesehen werden.

Mit großer Liebe und Sorgfalt hat Dr. Cordeluppi eine interessante Sammlung angelegt. Sie enthält einen medizinischen Teil, hauptsächlich aus Schädeln bestehend, und einen kriminalpsychologischen, der sich größtenteils aus den oben erwähnten Arbeiten der Gefangenen zusammensetzt. Es ist nicht uninteressant, daß die meisten malerischen und plastischen Darstellungen obscöne Gegenstände und Vorgänge darstellen. Die Kranken entwickeln dabei eine unglaubliche Phantasie, die es zuweilen bedauern läßt, daß sie solche Wege geht und sich in so unfruchtbarer Weise betätigt. Das Geschick mancher dieser Künstler ist wirklich bewundernswert.

Einzelheiten wiederzugeben, geht wohl nicht gut an. Ich will nur erwähnen, daß ein „monumento di volutta“ seinem Namen alle Ehre macht.

Reggio Emilia.

Die Kriminalirrenanstalt von Reggio Emilia ist am 5. April 1897 eröffnet worden, und zwar in einem ehemaligen Gefängnis. Sie liegt mitten in der kleinen Provinzstadt Reggio Emilia, in der sich, etwa zehn Minuten außerhalb der Stadt, die große und für italienische Verhältnisse baulich musterhafte, auch durch den wissenschaftlichen Betrieb und durch seine Laboratorien weitbekannte Irrenanstalt von Reggio Emilia befindet. Leider scheinen zwischen den beiden Anstalten keinerlei Beziehungen zu bestehen. Die beiden an der Kriminalabteilung tätigen Ärzte verlieren dadurch wohl mehr, als die der Anstalt. Ich konnte mich des Eindrucks nicht erwehren, daß die stumpfe Resignation der Kranken auch das Interesse der Ärzte schließlich erstickt hätte. Wenigstens kann ich mir sonst das völlige Fehlen jedes Zusammenhanges mit der Provinzanstalt nicht erklären, und ebensowenig, daß von irgendwelchen Sammlungen oder Einrichtungen zu wissenschaftlichen Untersuchungen nichts zu sehen war. Die Anstalt besitzt weder ein Laboratorium noch eine Bibliothek!

Die Anstalt war am Tage meines Besuches, am 21. April 1908, mit 161 Kranken, davon 17 guidicabili, 14 prosciolti und 130 condanati belegt.

Im ganzen sind 32 Krankenpfleger und Wärter angestellt, von denen nachts in den drei Abteilungen je zwei Wärter die Runde machen. Außerdem wird sie nachts von Militär überwacht. Die Kranken sind zum Teil in gemeinsamen Schlafräumen, zum Teil in Zellen untergebracht. Auch hier befindet sich an den Zellen in ähnlicher Weise, wie es für Montelupo geschildert worden ist, eine Vorrichtung zur spaltweisen Öffnung der Türe. Die Schlafräume und die Zellen, deren es im ganzen 52 gibt, sind ausreichend groß und luftig.

Die Trennung zwischen den verschiedenen Arten der Untergebrachten, je nach dem Stande des Strafprozesses, ist auch hier nur äußerlich gewahrt. Wie wenig dabei erreicht wird, konnte ich in der Zeit, in der ich auf den Arzt wartete, sehr hübsch beobachten. Eine große Abteilung — ich schätze die Zahl der Kranken auf wenigstens 40—50 — befand sich in einem großen, luftigen, aber ganz schmucklosen Hofe; die meisten unterhielten sich in lebhafter Weise mit den Kranken der oberen Etage, ohne daß die Wärter, was wohl allerdings auch vergeblich gewesen wäre, das zu verhindern versucht hätten. Die Kranken machten einen verwahrlosten, körperlich und geistig recht verkommenen Eindruck. In Reggio Emilia fehlt es an jeder Arbeitsmöglichkeit. Keine Gärten, keine Äcker, aber auch keine Werkstätten. Der Mangel an Beschäftigung prägt sich in der Haltung der Kranken deutlich aus, die einen weit blöderen und stumpferen Eindruck machten als in Montelupo und Aversa.

Zur Erweiterung der Anstalt werden augenblicklich vier neue Pavillons gebaut, alle nach demselben Schema: ein durchgehender Korridor, an den sich nach beiden Seiten Zellen anschließen; im ganzen werden dadurch 80 neue Plätze gewonnen werden. In diesen neuen Zellen befindet sich ein von außen zu reinigendes Kloset und elektrisches Licht. Jeder Bau hat einen kleinen Hof für sich. Es wäre aber wohl mehr im Interesse der Kranken, vor allem für ausreichende Arbeitsgelegenheit zu sorgen. Denn so notwendig gute hygienische Einrichtungen sind, wichtiger noch ist die Vorsorge für den Krankheitszustand selbst, und für diesen scheint auch bei den Neubauten nicht das Geringste vorgesehen worden zu sein. —

Neuerdings hat man auch in den gewöhnlichen Irrenanstalten der Notwendigkeit Rechnung getragen, für besonders gefährliche Kranke Vorsorge zu treffen. Diese Notwendigkeit wird sich bald überall herausstellen, wenn, wie S. 146 erwähnt, die Provinzen in wachsender Zahl die gefährlichen Verbrecher nach Strafende in die eigenen Anstalten überführen.

In der nach völligem Ausbau für 740 Kranke bestimmten neuerrichteten Provinzialirrenstalt in Aquila ist eine kleine Sicherungsabteilung (reparto di sicurezza) dadurch gewonnen worden, daß im Erdgeschoß des Pavillons für erregte Kranke ein kleiner Teil völlig abgetrennt worden ist. Er besteht aus drei Zellen und zwei etwas größeren Zimmern und ist für fünf Kranke eingerichtet. Es sollen nur solche Kranke dort untergebracht werden, die starke und dauernde kriminelle Neigungen zeigen. Die gleiche Einrichtung findet sich auch auf der Frauenabteilung. Der leitende Gesichtspunkt ist also der, nur besonders gefährliche Kranke von den andern abzusondern.

Norwegen.

Auch in Norwegen hat sich die Notwendigkeit herausgestellt, dem Gerichte Einfluß auf die Gestaltung des Schicksals solcher Kranker zu gewähren, die wegen Unzurechnungsfähigkeit freigesprochen werden müssen. Der § 39 des allgemeinen bürgerlichen Strafgesetzbuchs vom 22. Mai 1902 bestimmt:

„Wenn das Gericht annimmt, daß ein Angeklagter, der freigesprochen [1] .... wird, wegen Unzurechnungsfähigkeit [1] .... für die Rechtssicherheit gefährlich ist, so kann es beschließen, daß ihm nach näherer Bestimmung der Obrigkeit ein bestimmter Aufenthalt anzuweisen oder zu verbieten ist, oder daß er, soweit dazu nach den vom Könige oder einer von ihm ermächtigten Person erlassenen allgemeinen Vorschriften Anlaß vorliegt, in ein Irrenasyl, eine Heil- oder Pflegeanstalt .... zu verbringen ist. Die getroffene Maßregel ist von dem zuständigen Ministerium (Regierungs-

[1]) Ich habe die Bestimmungen, soweit sie die vermindert Zurechnungsfähigen betreffen, hier beiseite gelassen.

departement) wieder aufzuheben, wenn sie nach eingeholtem ärztlichen Gutachten nicht länger notwendig erscheint.

In Schwurgerichtssachen hat das Gericht, bevor es einen solchen Beschluß faßt, den Geschworenen die Frage vorzulegen, ob der Angeklagte wegen Unzurechnungsfähigkeit . . . für die Rechtssicherheit gefährlich ist. Nur eine dem Angeklagten günstige Antwort ist für das Gericht bindend."

Das Gericht hat demnach das Recht, für die Unterbringung in einer Irrenanstalt zu sorgen, muß aber von diesem Rechte nicht in jedem Falle Gebrauch machen. Es wird also nicht wegen jedes harmlosen Vorfalles ein Kranker für längere Zeit einer Irrenanstalt zugewiesen. Doch hat das Gericht da, wo es notwendig ist, einen nicht unerheblichen Einfluß auf das Schicksal der Freigesprochenen.

Interessant ist, daß das Gericht nicht an das Urteil der Geschworenen gebunden ist. Dadurch soll offenbar eine Gegenmaßregel dagegen getroffen werden, daß sich die Geschworenen zu sehr von dem Volksinstinkt leiten lassen. Ein Beispiel wird klarmachen, was ich meine. Angenommen ein an Gehirnerweichung leidender Kranker begeht im Beginne seiner Erkrankung eine Brandstiftung. Bis es zur Verhandlung kommt, ist der Kranke soweit verblödet, daß die Geschworenen ihn freisprechen müssen. Eine Unterbringung des Kranken in einer Irrenanstalt ist aber vielleicht in diesem Stadium deshalb nicht mehr erforderlich, weil der Fortschritt der Krankheit den Kranken völlig harmlos gemacht hat, so daß häusliche Aufsicht genügt. Es ist nun durchaus möglich, ich will nicht sagen, wahrscheinlich, daß sich die Geschworenen bei der Beurteilung der Sicherungsmaßregeln zu sehr durch das bestimmen lassen, was der Kranke durch seine Brandlegung angerichtet hat. In dem Fall soll das Gericht das Recht haben, sich dem Urteile der Geschworenen nicht anzuschließen und selbständig zu entscheiden.

Die Wiederaufhebung der Internierung erfolgt durch das Ministerium, hängt also wohl im wesentlichen von der Verwaltungsbehörde ab, nicht vom Gericht.

Schon vor der Schaffung des neuen bürgerlichen Strafgesetzbuchs war in Norwegen am 13. April 1898 ein eigenes Gesetz (Lov om criminal asylet) erlassen worden, durch das der Betrieb eines Kriminalasyls geordnet werden sollte. Während aber alle anderen Staaten in reichlichstem Maße gesetzliche Anordnungen über die Unterbringung gefährlicher Kranker in besonderen Asylen erlassen haben, ohne solche zu besitzen oder auch nur Miene zu machen, solche zu schaffen, hat Norwegen dieses Gesetz nach Schaffung eines eigenen Kriminalasyls, das schon 1895 eingerichtet worden war, erlassen.

Das Gesetz über den Betrieb der Kriminalasyls enthält folgende Bestimmungen:

1. Aufgenommen werden a) männliche Strafgefangene, die für geisteskrank erklärt sind, wenn andere Anstalten keinen Platz für sie haben oder besondere verbrecherische Neigungen vorhanden sind. b) Geisteskranke, die verbrecherische Handlungen verübt haben und derartig moralisch entartet oder so gemeingefährlich sind, daß sie für die Behandlung in einer gewöhnlichen Irrenanstalt ungeeignet sind.

2. Zur Aufnahme ist in jedem einzelnen Falle die Zustimmung des Justizministers nötig.

3. Handelt es sich um Überführung eines Sträflings ins Asyl, so richtet der Direktor der Strafanstalt eine Eingabe an das Justizministerium, in der Strafakten, ärztliches Zeugnis, eine kurz gefaßte[1]) Krankengeschichte und die anderen notwendigen Angaben mitgeschickt werden.

4. Das Gesuch um Aufnahme anderer Kranker wird an den Direktor des Kriminal-Asyls gerichtet. Eine nach dem vorgeschriebenen Schema abgefaßte Krankengeschichte und Bescheinigung der Zahlungsverpflichtung muß beigelegt werden. Der Direktor unterbreitet unter Hinzufügen seiner persönlichen Ansicht die Papiere dem Justizminister.

5. (Betrifft die Zahlungsverpflichtung.)

6. Entsteht die Frage, ob ein Aufgenommener zu entlassen ist, so wird die Angelegenheit dem Justizminister unterbreitet, nachdem der Direktor des Asyls und das Kontroll-Komitee sich dazu erklärt haben.[2])

7. Die Polizeibehörde am Heimatsort und am künftigen Aufenthaltsort des Kranken müssen rechtzeitig von der Entlassung unterrichtet werden ebenso die Redaktion der Polizeizeitung. Alle bekommen das Signalement des Kranken und, falls es sich um Sträflinge handelt, ein Verzeichnis der Verbrechen und Strafen des zu Entlassenden.

---

[1]) Zu dieser Vorschrift machte mir Dr. Evensen, der Leiter des Kriminalasyls, die charakteristische Bemerkung: Warum die Krankengeschichte über Sträflinge gerade kurzgefaßt sein soll, scheint ganz dunkel.

[2]) Für jede Irrenanstalt besteht ein Kontrollkomitee, für gewöhnlich aus vier Mitgliedern bestehend, darunter wenigstens ein Arzt und eine Frau. Das Kontrollkomitee des Kriminalasyls zählt nur drei Mitglieder und besteht zur Zeit aus dem Stadtarzte, einem zweiten Arzte und dem Direktor des Gefängnisses in Trondhjem.

Die norwegische Kriminal-Irrenanstalt liegt mitten in der Stadt Trondhjem, nur wenige Schritte entfernt von der öffentlichen Irrenanstalt. Der Direktor Dr. Evensen steht an der Spitze beider Anstalten, eine Maßregel, die deshalb wohl zweckmäßig ist, weil die Kleinheit beider Anstalten, besonders aber die des Kriminal-Asyls — die Irrenanstalt hat 100, das Kriminalasyl 36 Plätze —, keine ausreichende Beschäftigung für je einen eigenen Anstaltsarzt gewähren würde. Bedauerlich ist aber, daß das Fehlen jeglicher Assistenz den Arzt mehr als zuläßig an den Ort fesselt. Während der Urlaubszeit wird meistens ein anderer Arzt dorthin gesandt, aber nicht immer, sodaß unter Umständen die Vertretung durch einen nicht psychiatrisch durchgebildeten Arzt geschieht. Es muß bei der Beurteilung der norwegischen Verhältnisse vor allem ins Auge gefaßt werden, daß die Zahl der Kranken sehr gering ist. Bei der Eröffnung im Jahre 1895 waren 15 Plätze vorhanden, 1900 wurde die Anstalt soweit erweitert, daß sie 36 Kranke (nur Männer) aufnehmen kann. Im Jahre 1901 wurden neun, in den weiteren Jahren je drei Kranke aufgenommen. Bei meinem Besuche am 5. August 1907 fand ich die Anstalt mit 29 Männern belegt.

Das Kriminalasyl war ursprünglich eine Strafanstalt, allerdings kleinsten Formates und ist durch geringe bauliche Veränderungen dem neuen Zweck angepaßt worden. Es besteht aus zwei Gebäuden, dem Vorderhaus, in dem sich Verwaltungs- und Wohnräume für das Personal, die Küche und die Wäscherei befinden, und dem Irrenbau. Zwischen beiden erstreckt sich ein kleiner Hof, der einzige freie Raum, der zur Verfügung steht. In dem Haupthause befinden sich zwei Schlafsäle, zwei Aufenthaltsräume und vierzehn Zellen, die allerdings nicht gerade den modernen Ansprüchen an Hygiene ausreichend entsprechen. Einige sind so eingerichtet, daß durch ein großes, innerhalb der Zelle gelegenes und der Tür zugewendetes Gitter ein Raum abgetrennt ist, der dem Pfleger das Betreten der Zelle gestattet, ohne daß er mit dem Kranken in Berührung kommt. Die Zellen liegen hoch über dem Boden, was den Zellen ein unfreundliches Aussehen gibt. Sonst ist alles zwar recht primitiv eingerichtet, aber, soweit möglich, freundlich gehalten.

Im Dachgeschoß ist ein Werkstattraum eingerichtet.

Im ganzen sind zehn Wärter angestellt, die, besonders gut bezahlt, ein ausgesuchtes Material darstellen. In den zwölf Jahren des Bestehens haben sich die unangenehmen Ereignisse auf eine Entweichung und einen Versuch eines Kranken, einen Wärter niederzuschlagen, beschränkt. Die Kranken werden, so gut es geht, mit Hausarbeiten u. dgl. beschäftigt, einige flechten Matten, zeichnen, zupfen Werg u. dgl. Sie bekommen für den Tag 15 Öre und haben das Recht, sich dafür alles mögliche, Briefpapier, Zeitungen, Kautabak, zu kaufen, natürlich unter Kontrolle des Arztes. Unter den nicht selten begehrten Gegenständen befindet sich auch — ein Beweis, daß selbst in dieser trostlosen Einförmigkeit und Abgeschlossenheit vom Leben die Eitelkeit nicht schwindet — Bartwichse. Auch das Halten von Zeitungen ist gestattet; einige Kranke schicken das verdiente Geld regelmäßig zur Unterstützung an ihre Angehörigen.

Die Kranken schienen, soweit ich das beurteilen konnte, nicht ungern in der Anstalt zu sein. Trotz der unerfreulichen Räume betrachten sie das Recht, ein Isolierzimmer bewohnen zu dürfen, als eine Wohltat, um die sich, sobald ein Einzelzimmer frei wird, fast alle zu bewerben pflegen.

Merkwürdig ist, daß in Trondhjem trotz der Bezeichnung „Kriminalasyl" auch solche gefährliche Kranke Aufnahme finden, die keine eigentliche kriminelle Vergangenheit im Sinne des Gesetzes haben, wenn der Charakter ihrer Krankheit sie als besonders gefährlich erscheinen läßt.

Die Entlassung Gebesserter hat bisher keine Schwierigkeiten gemacht, wie ja schon aus der Tatsache hervorgeht, daß die vorhandenen Plätze nicht voll belegt sind.

Die Anstalt selbst hat nicht das Recht, Angeschuldigte, deren Geisteszustand der Beobachtung bedarf, aufzunehmen; damit wird dem Arzte ein Material entzogen, daß naturgemäß in hohem Grade interessanter ist, wie die alten, abgelaufenen Fälle, die jetzt die Anstalt füllen. Es muß allerdings dabei berücksichtigt werden, daß die Überführung der Kranken nach Trondhjem nur zum Zwecke der Beobachtung bei den enormen Entfernungen im Lande auf große Schwierigkeiten stoßen würde. Vielleicht trägt auch dieser Umstand dazu bei, daß nicht alle Kranke, die am zweckmäßigsten in dem Kriminalasyl untergebracht wären, dort sind, und daß umgekehrt mancher Kranke in Trondhjem bleibt, bei dem unter andern Umständen vielleicht der Versuch gemacht würde, ihn in einer gewöhnlichen Irrenanstalt unterzubringen.

Ein Bedürfnis nach Vergrößerung des Kriminalasyls besteht nicht.

Österreich.

Das veraltete österreichische Strafgesetz hat keinerlei besondere Maßregeln für die vom Gericht wegen Geisteskrankheit Freigesprochenen vorgesehen. Erst im Jahre 1902 ist durch eine Justizministerialverfügung vom 6. August die Möglichkeit geschaffen worden, gefährliche Kranke zu versorgen. Nach dieser Verordnung

„obliegt (in Fällen, in denen ein Strafverfahren gegen einen Geisteskranken durch Einstellung oder Freispruch beendet worden ist) die Anordnung der Abgabe in eine Irrenanstalt infolge Gemeingefährlichkeit oder aus anderen Gründen nicht den Strafgerichten, sondern den Verwaltungsbehörden. Es ist daher in solchen Fällen mit der zuständigen Verwaltungsbehörde (Gemeinde, Magistrat usw.) unter Anschluß einer Abschrift des Gutachtens das Einvernehmen zu pflegen und die Überstellung des Geisteskranken an diese Behörde zu veranlassen. Gleichzeitig ist jedoch auch die zuständige Kuratelsbehörde unter Anschluß der Akten oder, im Falle diese nicht entbehrt werden können, einer Abschrift des Gutachtens zu verständigen."

An dieser Bestimmung ist sehr erfreulich, daß man der zuständigen Behörde obligatorisch das Gutachten sendet; nicht nur, wie bei uns, eine kurze und meist unzulängliche Benachrichtigung.

Die den Irrenanstalten amtlich überwiesenen gemeingefährlichen Kranken können aus dieser nach den Statuten der meisten Landesirrenanstalten nur nach eingeholter Zustimmung der einweisenden Behörden entlassen werden. Doch scheint auch nach den Ausführungen Tilkowskys[1]) die Kürze der Statuten durchweg nicht gerade geeignet, die Interessen der Kranken und der öffentlichen Sicherheit richtig gegeneinander abwägen zu können.

Das Verfahren wird durch den Vorentwurf zu einem österreichischen Strafgesetzbuch vom September 1909 nun in ganz andere Bahnen gelenkt. Der Vorentwurf enthält genaue Vorschriften, die in dem Entwurfe die Überschrift „Sicherungsmittel" tragen. Die §§ 36 und 37 lauten:

---

[1]) Tilkowsky: Entlassung Geisteskranker aus der Irrenanstalt. Handbuch der ärztlichen Sachverständigentätigkeit VIII, 482.

§ 36. „Ein Geisteskranker oder Trunksüchtiger, der eine strenger als mit sechs Monaten Freiheitsstrafe bedrohte Tat begangen hat und wegen Zurechnungsfähigkeit zur Zeit der Tat nicht verfolgt oder nicht verurteilt werden kann, wird an eine staatliche Anstalt für verbrecherische Irre abgegeben, wenn er wegen seines kranken Geisteszustandes und mit Rücksicht auf seinen Lebenswandel und die Eigenart seiner Tat als besonders gefährlich für die Sittlichkeit oder für die Sicherheit der Person oder des Vermögens (gemeingefährlich) anzusehen ist.

Der Kranke bleibt in der Anstalt, solange seine Gemeingefährlichkeit dauert. Die Entlassung kann endgültig oder auf Widerruf erfolgen."

§ 37. „Der zu Freiheitsstrafe verurteilte Täter eines Verbrechens oder eines mit einer sechs Monate übersteigenden Freiheitsstrafe bedrohten Vergehens, dessen Fähigkeit, das Unrecht seiner Tat einzusehen, oder seinen Willen dieser Einsicht gemäß zu bestimmen, zur Zeit der Tat infolge eines andauernden krankhaften Zustandes wesentlich vermindert war, kann nach dem Vollzuge der Strafe weiterhin verwahrt werden, wenn er wegen seines Zustandes und mit Rücksicht auf seinen Lebenswandel und die Eigenart seiner Tat als gemeingefährlich anzusehen ist.

Das Gericht spricht die Zulässigkeit der Verwahrung im Urteil aus und ordnet sodann auf Grund der Ergebnisse des Strafvollzugs an, daß der Sträfling[1]) in einer besonderen staatlichen Anstalt oder in einer besonderen Abteilung der in § 36 bezeichneten Anstalt zu verwahren sei, wenn seine Gemeingefährlichkeit nicht behoben ist.

Die Entlassung kann endgültig oder auf Widerruf erfolgen."

Im Gegensatz zu dem früheren Erlaß ist also an die Stelle der Entscheidung der Verwaltungsbehörden das Gericht getreten, und zwar wird, wie noch weiter auszuführen sein wird die Überweisung des Kranken durch ein besonderes Verfahren geregelt, daß auch auf die Schwierigkeit, wann der Kranke wieder entlassen werden kann, gebührend Rücksicht nimmt.

Im Falle der Gemeingefährlichkeit sieht der Entwurf eine verschiedenartige Behandlung der Geisteskranken und der vermindert Zurechnungsfähigen vor. Bei den ersteren die Abgabe an eine Anstalt für verbrecherische Irre, bei den letzteren die Unterbringung in einer besonderen Anstalt. Soweit könnte man durchaus einverstanden sein. Bedenklich aber ist es, daß an die Stelle der besonderen Anstalt auch eine besondere Abteilung der für verbrecherische Geisteskranke bestimmten An-

[1]) In der 1912 erschienenen „Zusammenstellung der Änderungen, welche die Regierungsvorlagen zur Reform des Strafrechtes gegenüber den im Jahre 1909 veröffentlichten Entwürfen aufweisen", ist das Wort „Sträfling" durch den Ausdruck „Verurteilte" ersetzt.

stalt treten kann. Das wird zu recht großen Schwierigkeiten führen. Denn die Anstalten für gemeingefährliche Irre können nur Krankenhäuser sein, wenn auch vielleicht dem Sicherungszweck besonders gut angepaßte. Bei den geistig Minderwertigen — so bezeichnet sie die Begründung zum Vorentwurf — aber handelt es sich nach dem Wortlaut des § 37 um „Sträflinge" [1]), und die endgültige Einweisung erfolgt „auf Grund des Ergebnisses des Strafvollzuges". In der Begründung heißt es nun zwar: „Die Zwecke der Verwahrung können auch in den Anstalten für verbrecherische Irre erreicht werden" [2]). Gewiß. Aber man muß dann auch klar darüber sein, daß damit diese Anstalten aufhören, Krankenanstalten zu sein und reine Sicherungsanstalten werden. Nach der Begründung ging der Vorschlag, zum Vollzuge der Verwahrung besondere staatliche Irrenanstalten zu errichten, von dem „in England bestehenden System" aus. Aber gerade dieses System gestattet nicht, Kranke und „Sträflinge" zusammen in der gleichen Anstalt unterzubringen. Hier liegt eine mißverständliche Auffassung des englischen Systems vor. Dieses Zusammenwerfen zweier Gruppen von Personen, deren Unterbringung nach ganz verschiedenen rechtlichen und praktischen Gesichtspunkten erfolgen soll, wird den ganzen Charakter solcher Bewahrungsanstalten verschieben und gefährden.

Allerdings stehen ja die geistig Minderwertigen den Geisteskranken vielfach recht nahe, und die psychopathische Grundlage, die zur Verwahrung der ersten Gruppe führt, bedarf gewiß einer besonderen Art der Unterbringung. Die Unterbringung erfolgt indessen doch nur wegen der Gemeingefährlichkeit, wenn auch deren Hauptquelle in der „psychopathischen Konstitution", aber innerhalb der Grenzen strafrechtlicher Verantwortlichkeit zu suchen ist. Schließlich beruht doch auch die Gefährlichkeit eines Gewohnheitsverbrechers in seiner psychischen Konstitution, und es wird oft unmöglich sein, in Abrede zu stellen, daß nicht auch diese zu einem ganz erheblichen Teil mit psychopathischen Zügen durchsetzt ist.

Finden wir aber, daß wir berechtigt, ja verpflichtet sind, uns

---

[1]) Siehe Anmerkung 1 S. 166.

[2]) Erläuternde Bemerkungen zum Vorentwurf. Wien 1910. 76 S.

durch Sicherungsmaßregeln gegen die Gefährlichkeit der vermindert Zurechnungsfähigen — unabhängig von ihrer strafgesetzlichen Verantwortlichkeit — zu sichern, so ist es nur eine logische Folge dieser Auffassung, unsere Schutzmaßregeln auch gegen die Gemeingefährlichkeit der Gewohnheitsverbrecher überhaupt zu treffen. Wir nähern uns damit dem auch schon in andern Gesetzen bestehenden System der Sicherungshaft. Zielbewußter als der deutsche Vorentwurf hat der österreichische nicht nur diesen Schritt getan, sondern auch ganz logisch die gesetzlichen Bestimmungen über die Sicherungsmaßnahmen gegen gemeingefährliche Kranke, vermindert Zurechnungsfähige und Gewohnheitsverbrecher in einem gemeinsamen Abschnitte als „Sicherungsmittel" miteinander verbunden.

Wir Psychiater werden das sicherlich nicht bedauern. Nur müssen wir wünschen und verlangen, daß, wenn man die drei Gruppen der verbrecherischen Geisteskranken, der vermindert Zurechnungsfähigen und der Gewohnheitsverbrecher trennt, auch die gegen sie zu verhängenden Maßregeln scharf geschieden werden. Die gemeingefährlichen Verbrecher hat der Staat zu versorgen und wird dazu vorerst nur die vorhandenen Strafanstalten benützen können. Für die verbrecherischen Geisteskranken sind die Irrenanstalten da; und wenn man sie von den andern Kranken trennen will, so sind eigene Anstalten zu errichten. In Österreich neigt man dazu, neben den noch zu schaffenden eigenen Kriminalirrenanstalten [1]) auch noch psychiatrische Adnexe an Strafanstalten zu verlangen.[2])

Soweit diese zur Beobachtung und Ausscheidung dienen sollen, kann man dieser Forderung zustimmen; auch für die Behandlung vorübergehender Zustände können sie als sehr zweckdienlich betrachtet werden. Für die chronisch Kranken aber verlangt das

---

[1]) Erst vor kurzem (6. X. 1911) hat der österreichische Irrenärztetag im Anschluß an einen Vortrag Dejacos (Psychiatrisch-neurologische Wochenschrift 1911, S. 358) sich dahin ausgesprochen: „Der psychiatrische Verband spricht sich dafür aus, daß ein bestimmter Teil der kriminellen Geisterkranken aus den Landesirrenanstalten ausgeschieden werde, und gibt dem Wunsche Ausdruck, daß der praktische Weg ehestens betreten werden möge und zwar durch Schaffung eigener, entsprechend ausgestatteter staatlicher Irrenanstalten."

[2]) von Sölder, in Handbuch der ärztlichen Sachverständigentätigkeit. VIII, 160.

Gesetz eigene Anstalten. Es geht indessen doch nicht an, in diese nun auch vermindert Zurechnungsfähige zu bringen, also Personen, die bestraft werden und die Strafe erst abbüßen müssen. So müßten auch für diese besondere Anstalten geschaffen werden.

Der österreichische Entwurf stellt die im Vorverfahren oder in der Verhandlung als krank Erkannten, ähnlich wie das in England und zum Teil in Italien geschieht, schlechter, als die im Strafvollzug Erkrankten. Denn diese — und gerade unter ihnen sind oft die schwierigeren Fälle — fallen nicht unter die neue Gesetzgebung und müssen also nach wie vor in die gewöhnlichen Irrenanstalten verbracht werden, während die sogenannten verbrecherischen Geisteskranken im allgemeinen wohl in die Kriminalirrenanstalten einzuweisen sind. Doch wird sich die Verschiedenheit der Behandlung dieser beiden Gruppen und eine den Bedürfnissen besser angepaßte Scheidung — nicht nach dem Strafstadium, sondern nach ihrer Eigenart — leicht ändern lassen.

Verfehlt scheint mir auch in dem Entwurf, daß die Voraussetzung der Unterbringung eines gemeingefährlichen Irren die Begehung einer mit mehr als sechsmonatiger Freiheitsstrafe bedrohten Tat ist. Wenn es sich also um ein im äußerlichen Erfolg vielleicht harmloses, aber ungemein belästigendes Delikt (z. B. Exhibitionieren) handelt, so kann die Verwahrung nicht erfolgen. Auch die Begründung[1]) hat diese Schwierigkeit erkannt. Es heißt dort:

„Zwar kann die Möglichkeit nicht ausgeschlossen werden, daß der gemeingefährliche Zustand einer geisteskranken Person festgestellt werden kann, obwohl sie nur einen relativ geringfügigen Angriff auf ein Rechtsgut ausgeführt hat, und daß das Bedürfnis der Sicherung nur durch Verwahrung befriedigt werden kann."

Wenn aber dann weiter auf eine zukünftige Irrengesetzgebung als Ausgang aus der Schwierigkeit hingewiesen und den Verwaltungsbehörden die Versorgung solcher Kranken überlassen wird, so scheint mir das doch eine große Lücke. Denn der Kranke, der sich heute vielleicht noch harmlose Vergehen zu Schulden kommen

---

[1]) S. 73.

läßt, kann morgen bereits eine schwere Straftat begehen. Weshalb soll denn der Richter nicht berechtigt sein, rechtzeitig seine Verwahrung zu veranlassen? Hat man zu den Verwaltungsbehörden nicht das Vertrauen gehabt, daß sie die notwendigen Schritte tun, sobald etwas Ernstliches geschehen ist — und das darf wohl aus der Übertragung der Entscheidung von den Verwaltungsbehörden auf die Gerichte geschlossen werden — so muß man ihnen logischerweise auch die Verfügung abnehmen, wenn die begangenen Straftaten zwar harmlos, ernste aber zu erwarten sind. Darin ist der deutsche Vorentwurf meines Erachtens folgerichtiger vorgegangen.

Umständlich, aber recht gelungen, sind die hier in Frage kommenden Bestimmungen in dem „Entwurf eines Gesetzes, womit die Strafprozeßordnung abgeändert werden soll". Sie enthalten ganz eingehende Vorschriften, sowohl über das Verfahren bei Anordnung der Verwahrung und der Entlassung (§§ 500—522), wie über die Anstalten für verbrecherische Irre (§§ 583—598). Mit Rücksicht auf die Sorgsamkeit des Verfahrens, das in vieler Beziehung wohl als vorbildlich für andere Staaten empfohlen werden kann, mögen die Bestimmungen hier trotz ihres Umfanges Platz finden:

§ 500. Legt der Staatsanwalt die Anzeige wegen Zurechnungsunfähigkeit des Täters zurück, ohne daß Vorerhebungen oder eine Voruntersuchung stattgefunden haben, so ist er berechtigt, durch den Untersuchungsrichter, die Bezirksgerichte oder die Sicherheitsbehörden Erhebungen zu dem Zwecke führen zu lassen, um die nötigen Anhaltspunkte dafür zu gewinnen, ob ein Antrag auf Verwahrung des Täters wegen Gemeingefährlichkeit zu stellen sei.

§ 501. Beantragt der Staatsanwalt die Einstellung des Strafverfahrens wegen Zurechnungsunfähigkeit des Täters, und erachtet er die Voraussetzungen für dessen Verwahrung gegeben, so hat er zugleich bei dem Gericht den Antrag auf Verwahrung zu stellen.

Wird das Strafverfahren ohne Antrag des Staatsanwalts eingestellt, so kann er bei dem Gericht binnen einer Frist von drei Tagen nach Mitteilung der Einstellung den Antrag auf Verwahrung stellen oder zunächst weitere Erhebungen über die Voraussetzungen der Verwahrung einleiten.

§ 502. Für die Erhebungen über die Voraussetzungen der Verwahrung gelten die Vorschriften, die sich auf die Vorerhebungen wegen eines Verbrechens oder Vergehens beziehen.

Die den Täter betreffenden Bestimmungen sind auf den Kranken anzuwenden.

Der Kranke ist zu vernehmen, es sei denn, daß die Einvernahme überhaupt nicht oder nicht ohne Nachteil für seinen Gesundheitszustand ausführbar ist.

Befindet er sich in einer Heilanstalt oder Pflegeanstalt, so ist er in der Regel in der Anstalt zu vernehmen.

§ 503. Der Staatsanwalt kann die vorläufige Verwahrung des Kranken beantragen, wenn aus triftigen Gründen zu besorgen ist, daß der Kranke sich den Erhebungen durch die Flucht entziehen oder andere Personen gefährden werde. Findet der Untersuchungsrichter oder der Bezirksrichter Bedenken, dem Antrage stattzugeben, so holt er die Entscheidung der Ratskammer ein.

Gegen die Entscheidung steht die Beschwerde nach den §§ 113 und 114 offen.

Der Kranke wird in einer staatlichen Anstalt für verbrecherische Irre oder, wenn dies nicht ausführbar ist, in einer öffentlichen oder privaten Irrenanstalt oder Pflegeanstalt vorläufig verwahrt.

§ 504. Den Antrag auf Verwahrung bringt der Staatsanwalt bei dem Gerichtshof erster Instanz ein, der zu dem Urteil gegen den Täter zuständig wäre.

In den Gründen des Antrags hat er die strafbare Handlung zu benennen, welche die Tat begründen würde, den Strafsatz zu bezeichnen, der auf sie anzuwenden wäre, und die Gründe anzugeben, aus denen sich die Begehung der Tat durch den Kranken, die Zurechnungsunfähigkeit des Täters und seine Gemeingefährlichkeit ergeben.

Außerdem sind die Beweismittel anzugeben, die in der mündlichen Verhandlnng vorgeführt werden sollen.

§ 505. Der Gerichtshof entscheidet in einer Versammlung von zwei Richtern und zwei Schöffen.

Der Tag der mündlichen Verhandlung wird von dem Vorsitzenden bestimmt und dem Staatsanwalt, dem Kranken, sowie dessen gesetzlichem Vertreter und Verteidiger bekannt gegeben. Die Ladung ist dem Kranken und seinem gesetzlichen Vertreter zu eigenen Händen zuzustellen.

Ist ein gesetzlicher Vertreter nicht vorhanden, so sind der Ehegatte und die Eltern von der mündlichen Verhandlung mit dem Bemerken zu verständigen, daß sie erscheinen und Aufklärungen geben können.

Von der Vorladung des Kranken ist abzusehen, wenn sein Erscheinen nicht möglich ist, oder wenn es seinem Gesundheitszustande entschieden abträglich wäre.

Dem Kranken ist ein Verteidiger von Amts wegen zu bestellen, wenn nicht er selbst oder sein gesetzlicher Vertreter einen bestellt hat.

§ 506. Die Öffentlichkeit der mündlichen Verhandlung kann auf Antrag auch ausgeschlossen werden, wenn sie auf den Geisteszustand des Kranken nachteilig wirken würde.

Verliert der Kranke die Verhandlungsfähigkeit, oder würde die Fortsetzung der Verhandlung in seiner Gegenwart seinen Gesundheitszustand bedeutend verschlimmern, so ist von seiner Anwesenheit abzusehen.

Ist seine Vernehmung dringend geboten und der Eintritt der Vernehmungsfähigkeit voraussichtlich bald zu erwarten, so kann die Verhandlung vertagt werden.

§ 507. Wenn das Gericht zu der Überzeugung gelangt, daß der Kranke im Zustande der Zurechnungsunfähigkeit eine strenger als mit sechs Monaten Freiheitsstrafe bedrohte Tat begangen hat und wegen seines Geisteszustandes und mit Rücksicht auf seinen Lebenswandel und die Eigenart seiner Tat gemeingefährlich ist, so spricht es durch Beschluß aus, daß der Kranke in einer staatlichen Anstalt für verbrecherische Irre zu verwahren sei.

Das Gericht weist den Verwahrungsantrag ab, wenn eine der Voraussetzungen fehlt.

§ 508. Wird der Angeklagte, der eine strenger als mit sechs Monaten Freiheitsstrafe bedrohte Tat begangen hat, wegen Zurechnungsunfähigkeit zur Zeit der Tat freigesprochen, so stellt der Staatsanwalt nach Verkündung des Urteils mündlich den Antrag auf Verwahrung, wenn er die Voraussetzungen der Verwahrung für gegeben erachtet.

Im Verfahren vor dem Geschworenengericht kann der Staatsanwalt den Antrag stellen, wenn wenigstens sechs Geschworene die Zusatzfrage auf Zurechnungsunfähigkeit bejaht haben.

§ 509. Der Gerichtshof, der das freisprechende Urteil gefällt hat, entscheidet in wieder eröffneter Verhandlung durch Beschluß; im Verfahren vor dem Geschworenengericht entscheidet der Schwurgerichtshof.

Die Bestimmungen des § 505 letzter Absatz und des § 507 sind anzuwenden.

Die Feststellungen des Urteils oder der Ausspruch der Geschworenen über die Tat und die Zurechnungsunfähigkeit des Täters sind der Entscheidung zugrunde zu legen.

Steht der unverzüglichen Entscheidung die Notwendigkeit der Aufnahme von Beweisen, die nicht zur Stelle sind, oder ein anderes Hindernis entgegen, so ist die Verhandlung auf Antrag oder von Amts wegen zu vertagen.

§ 510. Wird der Angeklagte verurteilt, weil er im Zustande einer die Zurechnung ausschließenden Trunkenheit eine strenger als mit sechs Monaten Freiheitsstrafe bedrohte Tat begangen hat, so stellt der Staatsanwalt nach Verkündung des Urteils mündlich den Antrag auf Verwahrung, wenn er die Voraussetzungen der Verwahrung für gegeben erachtet.

§ 511. Das erkennende Gericht entscheidet in wieder eröffneter Verhandlung durch Beschluß; im Verfahren vor dem Geschworenengericht entscheidet der Schwurgerichtshof.

Gelangt das Gericht zur Überzeugung, daß der Verurteilte wegen seines Hanges zur Trunksucht und mit Rücksicht auf seinen Lebenswandel und die Eigenart seiner Tat gemeingefährlich ist, so spricht es aus, daß er nach Vollzug der Strafe in einer staatlichen Anstalt für verbrecherische Irre zu verwahren sei.

Das Gericht weist den Verwahrungsantrag ab, wenn es die Gemeingefährlichkeit nicht für gegeben erachtet.

Die Bestimmung des letzten Absatzes des § 509 ist anzuwenden.

§ 512. Der Beschluß über den Verwahrungsantrag kann mittels Beschwerde angefochten werden.

Die Beschwerde kann ergriffen werden:

1. wenn das Verfahren, das infolge des Antrages auf Verwahrung stattfand, an einem wesentlichen Mangel leidet;

2. wenn durch den Ausspruch über die Frage, ob die gesetzlichen Voraussetzungen der Verwahrung gegeben sind, ein Gesetz verletzt oder unrichtig angewendet worden ist;

3. wenn das Gericht die Gemeingefährlichkeit unbegründet angenommen oder verneint hat.

§ 513. Die Beschwerde steht dem Staatsanwalt und demjenigen zu, auf dessen Verwahrung erkannt wurde.

Die Beschwerde ist binnen drei Tagen nach Verkündung des Beschlusses bei dem Gericht erster Instanz anzumelden; der Beschwerdeführer hat das Recht, innerhalb acht Tagen nach der Anmeldung und, sofern er vor oder bei der Anmeldung eine Abschrift des Beschlusses verlangt hat, nach der Zustellung eine Ausführung der Gründe seiner Beschwerde bei dem Gericht zu überreichen.

Die Beschwerde hat aufschiebende Wirkung; doch wird bei einer Beschwerde gegen die Abweisung des Verwahrungsantrages die Entlassung des Kranken aus der vorläufigen Verwahrung nur dann aufgeschoben, wenn der Staatsanwalt die Beschwerde sogleich bei Verkündung des Beschlusses anmeldet, und nach den Umständen die Annahme begründet ist, daß der Kranke sich dem Verfahren durch die Flucht entziehen oder andere Personen gefährden werde. Gegen die Entlassung ist kein Rechtsmittel zulässig.

§ 514. Über die Beschwerde entscheidet der Gerichtshof zweiter Instanz, wenn der angefochtene Beschluß von einem Gerichtshof gefaßt, und der Gerichtshof erster Instanz, wenn der Beschluß von einem Bezirksgerichte gefaßt wurde, in nicht öffentlicher Sitzung nach Anhörung des Vertreters der Staatsanwaltschaft.

Ist der Beschluß nach dem Urteile eines Gerichtshofes ergangen, und wird gegen dieses die Nichtigkeitsbeschwerde ergriffen, so steht dem Kassationshofe auch die Entscheidung über die Beschwerde zu; es wäre denn, daß die Nichtigkeitsbeschwerde aus einem der Gründe zurückgewiesen wird, die im § 285a angeführt sind.

§ 515. Das zur Entscheidung berufene Gericht hat sich auf die vom Beschwerdeführer ausdrücklich oder durch deutlichen Hinweis geltend gemachten Beschwerdepunkte zu beschränken.

Findet das Gericht, daß wesentliche Mängel des Verfahrens vorliegen oder daß Tatsachen, die es seiner Entscheidung zugrunde legen müßte, nicht festgestellt sind, so verweist es die Sache an das Gericht erster Instanz zur neuerlichen Verhandlung und Entscheidung. In allen anderen Fällen entscheidet es in der Sache selbst.

§ 516. Die rechtskräftige Entscheidung über den Verwahrungsantrag ist dem Pflegschaftsgerichte mitzuteilen.

§ 517. Die Entlassung aus der Anstalt für verbrecherische Irre erfolgt, sobald nach einer ausreichend langen Beobachtung die Annahme begründet ist, daß der Verwahrte nicht mehr gemeingefährlich sei.

Die Entlassung findet nur auf Grund eines gerichtlichen Beschlusses statt.

Den Antrag auf Entlassung können der Staatsanwalt am Sitze des Gerichtshofes, in dessen Sprengel die Anhaltung stattfindet, der Verwahrte und sein gesetzlicher Vertreter, alle, mit Ausnahme des Staatsanwaltes, jedoch erst nach Ablauf eines Jahres seit dem Beginne der Verwahrung stellen.

§ 518. Der Verwahrte wird auf freien Fuß gesetzt, sofern nicht sein Wohl eine Vorkehrung der Verwaltungsbehörde, insbesondere die Aufnahme in eine öffentliche oder private Heilanstalt erfordert.

Die Entlassung auf freien Fuß ist entweder eine bedingte oder eine endgültige. Der Verwahrte ist bedingt zu entlassen, wenn eine längere Beobachtung seines Verhaltens in der Freiheit zweckmäßig erscheint.

In diesem Falle kann die Entlassung an die Bedingung geknüpft werden, daß der Entlassene durch eine vertrauenswürdige Person überwacht werde. Bei der Entlassung oder später können bestimmte Vorschriften für die Überwachung gegeben werden.

§ 519. Der Gerichtshof, in dessen Sprengel der Verwahrte angehalten wird, entscheidet über den Antrag auf Entlassung in nicht öffentlicher Sitzung nach Anhörung des Staatsanwaltes.

Er läßt den Verwahrten vernehmen und kann auch sonst Erhebungen veranlassen, um die Tatsachen festzustellen, die für die Entscheidung von Bedeutung sind.

Das Gutachten von Sachverständigen kann unterbleiben, wenn ein in jüngster Zeit vor Gericht abgegebenes Gutachten vorliegt, und nach den Ergebnissen der Erhebungen seither eine wesentliche Veränderung in dem Zustande des Verwahrten nicht eingetreten ist; sie unterbleibt, wenn der Staatsanwalt die Entlassung beantragt oder ihr zustimmt.

§ 520. Der Beschluß ist dem Staatsanwalte und dem Verwahrten zuzustellen.

Diesen Personen steht binnen acht Tagen nach Zustellung des Beschlusses die Beschwerde an den Gerichtshof zweiter Instanz mit aufschiebender Wirkung zu.

Einem geisteskranken Verwahrten ist zur Ausführung der Beschwerde ein Verteidiger von Amts wegen zu bestellen, wenn nicht der Verwahrte oder sein gesetzlicher Vertreter einen bestellt hat.

Der Gerichtshof zweiter Instanz entscheidet in nicht öffentlicher Sitzung nach Anhörung des Oberstaatsanwaltes.

§ 521. Wird der Entlassungsantrag des Verwahrten oder seines gesetzlichen Vertreters abgewiesen, so können diese Personen den Antrag erst nach Ablauf von zwei Jahren seit der Rechtskraft des abweisenden Beschlusses erneuern.

Ist die Entlassung nur bedingt erfolgt, so beantragt der Staatsanwalt den Widerruf, wenn sich ergibt, daß der Entlassene noch gemeingefährlich ist, oder die Vorschriften für die Überwachung des Entlassenen nicht beobachtet werden.

Die notwendigen Erhebungen, insbesondere die Vernehmung des Entlassenen veranlaßt der Gerichtshof, welcher die Entlassung bewilligt hat. Er entscheidet über den Widerruf in nicht öffentlicher Sitzung nach Anhörung des Staatsanwaltes. Der Beschluß kann mittels Beschwerde angefochten werden (§ 520); die Beschwerde hat keine aufschiebende Wirkung.

Nach Ablauf von drei Jahren seit der Entlassung ist ein Widerruf unzulässig.

§ 522. Die Entlassung sowie der Widerruf der Entlassung sind dem Pflegschaftsgerichte des Verwahrten mitzuteilen.

---

§ 583. Die Anstalten für verbrecherische Irre dienen dazu, die ihnen vom Gerichte überwiesenen Personen für die Dauer ihrer Gemeingefährlichkeit zu verwahren.

Die Verwahrten sind einer Behandlung zu unterziehen, um ihren krankhaften Zustand zu beheben oder zu bessern.

§ 584. Der Vollzug der Verwahrung wird vom Vorsteher der Anstalt geleitet.

Zum Vorsteher ist ein psychiatrisch gebildeter und klinisch erfahrener Arzt zu bestellen.

Der Vollzug wird vom Oberstaatsanwalte, in dessen Sprengel die Anstalt liegt, und in dessen Vertretung vom Staatsanwalte überwacht. Die oberste Leitung steht dem Justizminister zu.

§ 585. Für jede Anstalt besteht eine ständige Aufsichtskommission.

Sie setzt sich zusammen aus dem Vorsteher des Gerichtshofes, in dessen Sprengel die Anstalt liegt, als Vorsitzendem, zwei Vertrauensmännern und zwei Ersatzmännern, die auf die Dauer von drei Jahren vom Justizminister ernannt werden, und dem Staatsanwalte. Der Kommission ist ein Schriftführer beizuziehen.

Zu Vertrauensmännern können, abgesehen von Angehörigen des Lehrstandes, nur Personen berufen werden, die nicht im Staatsdienst stehen. Die Vertrauensmänner sind vom Vorsteher des Gerichtshofes auf die gewissenhafte Erfüllung ihrer Obliegenheiten zu verpflichten. Die Gebühren, auf die sie Anspruch haben, werden durch Verordnung bestimmt.

§ 586. Die Aufsichtskommission hat mindestens viermal im Jahre die Anstalt in Gegenwart des Vorstehers zu besichtigen. Der Amtsarzt der politischen Behörde erster Instanz ist mindestens zweimal im Jahre beizuziehen.

Die Kommission hat das Ergebnis ihrer Besuche, insbesondere wahrgenommene Gebrechen dem Oberstaatsanwalte mitzuteilen und hierbei ein Gutachten über die Abstellung der Gebrechen abzugeben, sofern diese nicht unmittelbar im Einvernehmen mit dem Staatsanwalte behoben werden können.

§ 587. Die Einrichtung der Anstalten und die Behandlung der Kranken wird durch den Zweck der Anstalt bestimmt; es sind die Maßregeln zulässig, die zur sicheren Verwahrung und zur voraussichtlichen Heilung des Kranken geboten sind.

§ 588. Kranken, die eine ihnen zugewiesene Arbeit regelmäßig verrichten, kann eine angemessene Vergütung gutgeschrieben werden. Die Bestimmung des dritten Absatzes des § 570 ist entsprechend anzuwenden.

Als Zuchtmittel sind nur der Verweis und die Entziehung einer Begünstigung zulässig; doch können Kranke, die sich gewalttätig benehmen, andere aufreizen, zu flüchten versuchen oder die Flucht vorbereiten, den zur Sicherung erforderlichen Beschränkungen ihrer Freiheit unterworfen und insbesondere einzeln angehalten werden; die Maßregeln dürfen jedoch weder der Art noch der Dauer nach über ihren Zweck hinausgehen.

§ 589. Gemeingefährliche Trunksüchtige, die wegen Begehung einer strafbaren Handlung im Zustande der Trunkenheit verurteilt wurden, sind in einer besonderen Abteilung der Anstalt anzuhalten.

Sie werden bei Tag in Gemeinschaft, bei Nacht abgesondert voneinander verwahrt.

Sie können zu einer ihrem Gesundheitszustande und ihren Fähigkeiten entsprechenden und ihrem Fortkommen in der Freiheit dienlichen Arbeit angehalten werden; eine Vergütung für geleistete Arbeit wird nicht gewährt.

Als Zuchtmittel dienen die beim Vollzuge von Kerkerstrafen und Gefängnisstrafen zulässigen § 575.

Niederösterreich.

„Staatliche Anstalten für verbrecherische Irre", von denen der Strafprozeßentwurf spricht, gibt es in ganz Österreich nicht. Es ist sogar mehr als fraglich, ob bis zum Inkrafttreten des Gesetzes derartige Anstalten geschaffen werden. Man müßte sich denn mit der Erwartung trösten, daß dem neuen Vorentwurf nicht sobald schon ein endgültiger Entwurf und erst recht nicht dessen Annahme folgen werden. Wenn es mit dem Inkrafttreten des neuen Gesetzes ebensolange dauern wird, wie es gedauert hat, seit zum ersten Male an die Vorarbeiten dazu herangegangen wurde, so würde allerdings Zeit genug sein, noch zahlreiche Anstalten zu bauen. Bisher fehlt es daran gänzlich, nur Niederösterreich hat für besonders gefährliche Kranke Vorsorge getroffen.

Eine kleine derartige Abteilung, aus vier bis fünf Zellen bestehend, befindet sich in der niederösterreichischen Irrenanstalt zu Ybs. Eine wirklich brauchbare Einrichtung zur sicheren Unterbringung gefährlicher Kranker aber ist erst bei dem Neubau der großen niederösterreichischen Landes-Heil- und Pflegeanstalt „Am Steinhof" bei Wien geschaffen worden. Diese für mehr als 2000

Kranke bestimmte Anstalt enthält auch ein Verwahrungshaus für gewalttätige Kranke. Es liegt von den anderen Abteilungen abgetrennt in der Nähe der Wirtschaftsgebäude und besteht aus einem dreigeschossigen Bau, auf dessen Längsachse in der Mitte ein kurzer Bau stößt, der im wesentlichen Räume für den Arzt, Pflegepersonal, Lagerräume und Wirtschaftsräume enthält. In der Mitte des Erdgeschosses sind zwei große Werkstätten, ein Pfleger- und ein Badezimmer; in den beiden Flügeln je fünf Einzelzimmer. Im ersten Stock ist der Mittelbau dem unteren ganz gleich, ebenfalls mit zwei großen Werkstätten. Den Isolierräumen entspricht je ein Schlafzimmer mit vier Betten. Am Ende des Korridors liegt je ein großes Schlafzimmer für acht Kranke, das vom Korridor und dem Pflegerzimmer aus überwacht werden kann. Im zweiten Stock, der nur in der Mitte ausgebaut ist, befinden sich nur Räume für das Personal.

Eine eigentümliche Einrichtung ist die, daß dem Korridor des Erdgeschosses eine Mauer so vorgelagert ist, daß die im Garten befindlichen Kranken — es stehen im ganzen vier Gärten zur Verfügung — nicht an die Fenster heran können, um jeden Verkehr mit den Kranken einer anderen Abteilung zu verhindern.

Eine weitere Eigentümlichkeit ist die Anordnung des Besuchszimmers. Das Besuchszimmer ist in drei Teile geteilt. In dem vordersten, der nicht von der Abteilung aus betreten werden kann, befindet sich der Besucher, in dem zweiten nimmt der Pfleger Platz und im dritten, durch eine Schranke und Verglasung getrennt, der Kranke. Diese Einrichtung entspricht ungefähr dem, was in vielen Zuchthäusern und Gefängnissen üblich ist. Es soll dadurch verhindert werden, daß den Kranken von den Besuchern Waffen oder Ausbruchsgegenstände zugesteckt werden. Ich halte diese Einrichtung schlechthin für unwürdig. Erwähnt doch sogar einer der letzten Jahresberichte der preußischen Gefängnisverwaltung besonders, daß in einzelnen Anstalten die Trennung der Strafgefangenen von den Angehörigen nicht durchgeführt wurde. Um wieviel mehr sollte jeder Versuch, Kranke schlimmer als Strafgefangene zu behandeln, vom Arzte abgelehnt werden. Angehörige, von denen erwartet werden kann, daß sie dem Kranken Ausbruchsmittel zuschmuggeln wollen, dürften am besten gar nicht zugelassen werden. Kranke aber, bei denen derartige Durchstechereien zu erwarten sind, können auch auf andere Weise als durch diese mechanische Trennung gehindert werden, sich Waffen und Dietriche zu verschaffen. Es würde ja genügen, wenn nach jedem Besuche der Kranke ins Bad geführt und dort gründlich untersucht würde. Es ist aber eine Grausamkeit, und zwar mehr noch für die Angehörigen als für den Kranken selbst, wenn die Frau ihrem Manne, die Mutter ihrem Sohne nicht einmal mehr die Hand drücken darf. Man darf nicht vergessen, daß es sich nicht um einen vorübergehenden Aufenthalt, sondern bei vielen dieser Kranken um dauernde Internierung handelt.

Auch eine zweite Einrichtung, so human sie gedacht ist, scheint mir verfehlt. Jedes Einzelzimmer hat anstelle eines Fensters eine nach außen führende Tür, hinter der sich nach dem Garten zu ein festes Gitter befindet. Dadurch wird es ermöglicht, dem Kranken auch bei schlechtem Wetter durch Öffnen der Türe den Zutritt der Luft und den freien Ausblick in den Garten zu gewähren. Aber wäre das nicht genau ebenso gut durch ein Fenster zu erreichen gewesen? Auch hier wird vielleicht den Kranken das Gitter am Fenster, das natürlich nicht fehlen darf, stören. Aber für unser Empfinden ist die Anbringung eines Gitters am Fenster unerfreulich, wenn auch unvermeidlich. Das Heruntergehen des Gitters aber bis zur Bodenfläche ruft unwillkürlich die Ideenverbindung des Tierkäfigs wach und scheint mir deshalb nicht zweckmäßig. Ich kann mich des Eindruckes nicht erwehren. als ob bei den Überlegungen, die zu den beanstandeten Einrichtungen geführt haben, allzusehr vergessen wurde, daß es sich um Kranke handelt. Ich bin durchaus nicht der Ansicht, daß aus lauter Rücksicht für die Kranken das Leben der Gesunden dauernder Gefährdung ausgesetzt werden dürfte. Aber alle diese in der Anstalt „am Steinhof" getroffenen Maßregeln übertreiben diese Rücksichten und hätten durch einfachere Einrichtungen ersetzt werden können.

Ungarn.

Ungarn hat im § 246 der Strafprozeßordnung vorgesehen, daß die begutachtenden Ärzte in ihrem Gutachten über die Zurechnungsfähigkeit eines Beschuldigten die Pflicht haben, sich auch in der Richtung zu erklären, ob der Zustand des Beschuldigten ein gemeingefährlicher ist. Das Ungarische Strafgesetzbuch beschränkt sich darauf im § 76 auszusprechen:

Eine Handlung darf demjenigen nicht zugerechnet werden, der sie im Zustande der Bewußtlosigkeit begeht, oder dessen Geistestätigkeit so zerstört ist, daß dadurch die Fähigkeit freier Willensbestimmung ausgeschlossen ist.

Ein Recht des Richters, dann auch über die weitere Unterbringung oder Versagung des Freigesprochenen zu verfügen besteht nicht, und damit wird die Wirkung der strafprozessualen Feststellung der Gemeingefährlichkeit aufgehoben.

Dem hier uns entgegentretenden Mangel an strafgesetzlichen Maßregeln ist durch ministerielle Verordnungen abgeholfen worden. Verfügungen des Justizministers vom Jahre 1877 und 1894 ordnen an, daß solche Kranke, die gemäß § 76 für unzurechnungsfähig erklärt worden und freigesprochen oder durch Einstellung des Verfahrens dem Strafverfahren entzogen sind, der Verwaltungsbehörde zu übergeben sind, die sie in die Irrenanstalten einzuweisen hat. Diese Kranken dürfen selbst gegen einen mit Einwilligung der Vormundschaftsbehörde ausgestellten Revers, entsprechend zweier Verfügungen des Ministeriums des Innern vom Jahre 1898 und 1902, nicht entlassen werden [1]). Über das Aufhören der Gemeingefährlichkeit und die Entlassung entscheidet eine besondere Kommission, im Falle der Meinungsverschiedenheit, der Minister des Innern. Ebenso entscheidet eine besondere Kommission über die Entlassung solcher nicht verbrecherischer, aber gemeingefährlicher Geisteskranken, die durch die Verwaltungsbehörde eingeliefert worden sind. Außerdem aber bleiben solche Kranke, die nicht geheilt entlassen werden, unter polizeilicher Aufsicht.

Seit kurzem ist in Budapest als Adnex an das Landesgefängnis eine Landesbeobachtungs- und Irrenheilanstalt für Detinierte und Verurteilte erbaut worden. In dieser finden Aufnahme:

a) die in Untersuchungshaft befindlichen Individuen mit fraglichem Geisteszustand behufs Beobachtung ihres Geisteszustandes,

b) rechtskräftig zu Freiheitsstrafe verurteilte Verbrecher und Zöglinge von Korrektionsanstalten, bei denen Symptome einer

[1]) Moravcsik, Die Schutzmaßregeln der Gesellschaft gegen die Verbrecher. Monatsschrift für Kriminalpsych. u. Strafrechtsreform VIII, 529.

Geistesstörung oder eigene Behandlung erfordernde Erregungszustände auftreten.

Die erste Gruppe von Kranken verbleibt nur für eine Beobachtungszeit von zwei Monaten in der Anstalt. Im Falle sie dann als krank befunden werden, erfolgt ihre Einweisung in eine Irrenanstalt: sind sie gesund, werden sie dem Gerichte zur weiteren Verhandlung wieder übergeben. — Die andere Gruppe bleibt bis zur Heilung dort oder, falls diese nicht eintritt, bis zum Ablaufe der Strafdauer; dann werden die Kranken in eine gewöhnliche Irrenanstalt überführt. Beide Gruppen werden völlig getrennt gehalten.

Die wirtschaftlichen Maßregeln liegen in der Hand des Strafanstaltsdirektors; der ärztliche Leiter ist selbständig und untersteht direkt dem Justizministerium.

Obgleich die Anstalt 140 Kranke aufzunehmen in der Lage ist, sind im allgemeinen nur etwa 100 Pfleglinge dort untergebracht [1]). Ein Beweis, daß sich für kleinere Länder der Bau einer Zentralanstalt nicht lohnt.

Im ganzen sind 21 Pfleger angestellt, eine vielleicht etwas knappe Zahl; doch muß berücksichtigt werden, daß in der Regel die Kranken, zumal die aus der Strafhaft eingelieferten, chronische Fälle sind, die nicht allzuviele Schwierigkeiten machen dürften.

Portugal.

Das portugiesische Strafgesetzbuch vom 16. September 1886 bestimmt in den §§ 42 und 43, daß die strafrechtliche Verantwortlichkeit ausgeschlossen ist bei Geisteskranken, welche keine lichten Zwischenräume haben, bei Geisteskranken, die, obwohl sie zuweilen lichte Zwischenräume haben, doch bei der Begehung der Tat sich in dem Zustande der Umnachtung befanden, sowie bei denjenigen, die im Augenblick der Tat aus irgendeinem von ihrem Willen unabhängigen Grunde vorübergehend des freien Gebrauchs ihrer geistigen Fähigkeiten beraubt waren.

Besondere Bestimmungen über die vermindert Zurechnungsfähigen bestehen nicht. — Trunkenheit bildet stets nur einen Milderungsumstand.

---

[1]) Nolte: Die Unterbringung geisteskranker Verbrecher und wegen Geisteskrankheit Freigesprochener in den außerdeutschen Staaten. Zeitschrift für Medizinalbeamte, Bd. 20. S. 234.

Gesetzliche Vorschriften, durch die die Unterbringung geisteskranker Verbrecher geregelt würde, hat Portugal nicht.

Im Jahre 1889 wurde ein Gesetzentwurf vorgelegt, durch den in Lissabon neben einer großen zum Unterricht bestimmten Klinik von 600 Betten zwei Abteilungen, für Männer und Frauen erbaut werden sollten, zur Aufnahme verbrecherischer Geisteskranker bestimmt, die auf behördliche Anweisung untergebracht würden; ferner Krankenabteilungen an Zentralgefängnissen mit Einrichtungen zur Behandlung Geisteskranker.

Der Art. 5 des Entwurfs lautet:

Die geisteskranken Verbrecher werden in die zu den Zentralstrafanstalten gehörigen Krankenhäuser eingeliefert, dort behandelt und teilweise an das Lissaboner Hospital überwiesen.

§ 1. In die zu den Zentralstrafanstalten gehörigen Krankenhäuser werden überwiesen:

a) die zu Zuchthausstrafen Verurteilten, welche während des Strafvollzuges geisteskrank oder epileptisch erscheinen.

b) Diejenigen, welche wegen Verbrechen angeklagt oder verurteilt sind, auf welche Zuchthausstrafen stehen, wenn eine ärztliche Untersuchung wegen vermuteter Geisteskrankheit angeordnet ist, gleichgültig, ob die Krankheit die Zurechnungsfähigkeit oder die Verhandlungsfähigkeit aufzuheben geeignet ist. Diese Bestimmung gilt jedoch nur dann, wenn die Sachverständigen der Ansicht sind, daß die Untersuchung nicht in einer Irrenanstalt stattfinden kann.

c) Alle diejenigen, welche wegen Verbrechen angeklagt oder verurteilt sind, auf die Zuchthausstrafen stehen, wenn sie während der Voruntersuchung geisteskrank erscheinen.

§ 2. In die zu dem Lissaboner Hospital gehörigen Abteilungen für Geisteskranke werden aufgenommen:

a) Die wegen schwerer Verbrechen Angeklagten, wenn das Strafverfahren eingestellt ist, oder wenn sie wegen ihres Geisteszustandes zurzeit der Begehung strafbarer Handlungen freigesprochen worden sind.

b) Die geisteskranken Verurteilten, auf welche sich Absatz a des vorhergehenden Paragraphen bezieht, wenn man sie wegen gefährlicher Geisteskrankheit nach Ablauf der Strafe nicht in die betreffenden Provinzkrankenhäuser oder zu ihren Familien entlassen kann.

Der Gesetzentwurf ist nicht zum Gesetz geworden; ebensowenig sind Schritte zur Erbauung der im Entwurf erwähnten Adnexe an der Lissaboner Irrenanstalt und an den Gefängnissen getan worden.

Rumänien.

Das rumänische Strafgesetz und das Königreich Rumänien besitzen keine Sondereinrichtungen und Bestimmungen über die geisteskranken Rechtsbrecher.

Rußland.

Das russische Strafgesetzbuch enthält in den §§ 92, 95 — 97 folgende Bestimmungen über die Unzurechnungsfähigen:

Art. 92. Die Gründe, aus welchen das Verübte nicht zugerechnet werden darf, sind: Blödsinn, Wahnsinn und Krankheitsanfälle, welche einen Zustand von Raserei oder gänzlicher Besinnungslosigkeit herbeiführen.

„Art. 95. Verbrechen oder Vergehen, welche durch einen von Geburt an Blödsinnigen oder einen Wahnsinnigen verübt worden, werden diesem nicht zugerechnet, sobald es zweifellos ist, daß der Blödsinnige oder der Wahnsinnige vermöge seines damaligen Zustandes keine Einsicht von der Widergesetzlichkeit und selbst von der Natur seiner Handlung haben konnte. Indessen werden Blödsinnige oder Wahnsinnige, welche eine Tötung verübt oder aber auf das Leben eines anderen oder das eigene einen Angriff gemacht oder eine Brandstiftung versucht haben, ins Irrenhaus gesperrt, selbst in dem Falle, wenn ihre Eltern oder Verwandten wünschen sollten, die Verpflichtung, sie zu beaufsichtigen und bei sich ärztlich behandeln zu lassen, auf sich zu nehmen. Die Art ihrer Einsperrung im Irrenhause und die Fristen für ihre Bewährung daselbst, und ihre Entlassung sind durch besondere betreffende Bestimmungen geregelt.

Art. 96. In Grundlage derselben Bestimmungen werden nicht zugerechnet auch diejenigen Verbrechen und Vergehen, welche von einem Kranken in einem völlig erwiesenen Anfalle von Raserei oder gänzlicher Besinnungslosigkeit begangen werden. Derjenige, welcher in einem solchen Krankheitsanfalle eine Tötung verübt, oder auf das Leben eines anderen oder das eigene einen Angriff gemacht, oder eine Brandstiftung verursacht hat, wird — statt ins Irrenhaus — der Sorge von Eltern, Verwandten oder Kuratoren oder, mit deren Einwilligung, auch von Fremden übergeben, mit Verpflichtung derselben, sorgfältige unausgesetzte Aufsicht über ihn in der Zeit seiner Krankheit und ärztlichen Behandlung zu führen und zugleich alle für andere oder für ihn selbst schlimmen oder gefährlichen Folgen seiner Anfälle von Raserei abzuwenden. Sobald jedoch die Eltern des Kranken oder seine Verwandten, Kuratoren oder die Fremden, welche gewünscht, ihn in ihre Obhut zu nehmen, sich nicht als genugsam zuverlässig erweisen, und man nicht von denselben eine vollkommene Erfüllung der ihnen auferlegten Pflichten erwarten kann, so wird der an Anfällen von Raserei Leidende zu seiner ärztlichen Behandlung und seiner Beaufsichtigung in ein Hospital gegeben, wo er auch bis zur völligen Herstellung gelassen wird.

Art. 97. Die Bestimmungen des vorhergehenden Artikels 96 über Nichtzurechnung der Verbrechen und Vergehen, welche in einem von Raserei oder gänzlicher Besinnungslosigkeit begleiteten Krankheitsanfalle verübt werden, erstrecken sich auch auf diejenigen, welche Verstandeskräfte und Vernunftsgebrauch durch hohes Alter oder Hinfälligkeit verloren haben, und Mondsüchtige (Nachtwandler), welche in den Anfällen ihrer Nervenzerrüttung ohne das erforderliche Bewußtsein handeln. Sie werden der Sorge ihrer nächsten Verwandten oder, mit deren Einwilligung auch Fremden übergeben, oder auch in einer der Anstalten des Kolleginms allgemeiner Fürsorge, zu sorgfältiger Aufsicht über sie, untergebracht."

Diese gesetzlichen Bestimmungen sind meiner Meinung nach recht gekünstelt und unzweckmäßig. Warum auch im Falle einer Genesung die im Art. 95 erwähnten Kranken unter allen Umständen in einer Irrenanstalt untergebracht werden müßten, ist unklar. Ebensowenig ist verständlich, warum die im Art. 97 behandelten Mondsüchtigen weniger energisch angefaßt werden, wie die übrigen Geisteskranken. Denn gerade derartige Kranke (gemeint sind wohl im wesentlichen Epileptiker) bedürfen mehr als irgend eine andere Gruppe geistig Gestörter der allersorgfältigsten Beaufsichtigung und häufiger als andere Kranke der Unterbringung in eine Irrenanstalt.

Eigene Anstalten für geisteskranke Verbrecher sieht also das russische Strafgesetz nicht vor; es scheint, soweit ich in Erfahrung bringen konnte, als ob man von der Erbauung besonderer Anstalten Abstand genommen hat; nur in Petersburg soll im Anschluß an die große Irrenanstalt St. Panteleimon eine Abteilung für geisteskranke Verbrecher existieren, doch war es mir trotz aller Bemühungen nicht möglich, irgend etwas Näheres darüber in Erfahrung zu bringen.

Schweden.

Nach einem jetzt noch geltenden königlichen Erlasse von 1826 „soll das Gericht, falls eine wegen Verbrechens angeklagte oder derselben überführte Person deshalb, weil sie als wahnsinnig befunden wird, nicht zu einer Strafe verurteilt wird, bezüglich ihrer künftigen Unterbringung keine weitere Vorschrift geben, als sie der zuständigen Behörde (womit die Provinzialregierungen gemeint sind) zu übersenden, damit diese sich der Kranken annehme, so daß sie nicht der öffentlichen Sicherheit gefährlich würden."

Nach diesem Erlasse müßten also alle solche Kranke unverzüglich durch die Provinzialverwaltungen in geeigneter Weise versorgt werden. Tatsächlich wurde aber das Verfahren den gefährlichen Geisteskranken gegenüber sehr verschiedenartig gehandhabt. Nach einem Bericht der Staatsrevisoren vom Jahre 1899[1]) wurden in einzelnen Provinzen derartige Geisteskranke im Einzelhaftgefängnis so lange zurückbehalten, bis ein Platz in einer Irrenanstalt frei wurde. In anderen Provinzen dagegen wurden die Kranken ungeachtet ihrer Gemeingefährlichkeit ohne weiteres in die Heimat entlassen.

Auch das schwedische Irrengesetz vom 4. Juli 1901 enthält keine Sondervorschriften für kriminelle Geistesgestörte. Wenn ein Kranker der Verwaltungsbehörde überwiesen wird, so hat diese bei der Direktion der zuständigen Irrenanstalt um Aufnahme des Kranken zu ersuchen. Ist kein Platz in der Irrenanstalt vorhanden, so bestimmt das Zentral-Medizinalamt (Medizinal-Styrelsen) die Anstalt, in der der Kranke untergebracht werden muß.

Bei dem außerordentlichen Platzmangel in den schwedischen Anstalten war es aber häufig unmöglich, den Kranken in irgend einer der Irrenanstalten unterzubringen. So kam es, daß nach einer mir vom Oberarzt Dr. Lauritzen (Wäxjö) gegebenen Auskunft, es keine Seltenheit war, daß Kranke aus Platznot unter Umständen sogar jahrelang in den Gefängnissen verblieben.

Dieser unerträgliche Mißstand, die sich immer wiederholenden Schwierigkeiten, Kranke in den Irrenanstalten unterzubringen, Gewalttätigkeiten, die von freigesprochenen und aus Platzmangel allzufrüh in die Freiheit entlassenen Patienten begangen worden waren, brachten die Diskussion in lebhaften Gang, wie all diesen Übelständen am zweckmässigsten abzuhelfen sei. An dieser Erörterung beteiligten sich die namhaftesten Psychiater, so Gadelius, Nerander, Kinberg, die immer wieder die Schaffung einer besonderen Abteilung verlangten, bis schließlich im Jahre 1904 die Kriminialirrenanstalt in Wäxjö erbaut wurde.

Die Anstalt befindet sich etwa eine halbe Stunde von dem kleinen Landstädtchen Wäxjö in Süd-Schweden entfernt, in

[1]) Alfred Petrén, Geschichte der Kriminalirrenpflege in Schweden. Monatsschrift für Kriminalpsychologie und Strafrechtsreform. VI. 245.

unmittelbarster Nähe der großen Provinzial-Irrenanstalt, die einschließlich der in Familienpflege Untergebrachten ungefähr 400 Kranke aufnimmt, und mit der die Kriminalabteilung, Verwaltung und Küche gemeinsam hat. Im übrigen ist der Leiter der Kriminal-Irrenanstalt in Bezug auf den inneren Dienst vollständig selbständig.

Die Anstalt nimmt auf: 1. Kranke, die gemäß § 5 I und II des Strafgesetzbuches vom Jahre 1864[1]) freigesprochen worden sind, 2. Strafgefangene, die wegen der Schwere ihrer Erkrankung nicht in den Gefängnissen oder den Lazaretten der Strafanstalten behandelt werden können, 3. Strafgefangene, deren Strafzeit abgelaufen ist, die aber wegen ihrer Geisteskrankheit einer besonderen Obhut bedürfen, 4. Beobachtungsfälle.

Allerdings ist bisher von dieser letzten Möglichkeit, Kranke auf ihren Geisteszustand in Wäxjö zu untersuchen, kein Gebrauch gemacht worden. Nach den gesetzlichen Vorschriften wird das erste Gutachten eines der Geisteskrankheit verdächtigen Angeschuldigten in der Regel durch den Gefängnisarzt abgegeben. Lautet das Gutachten dahin, daß der Verbrecher nicht geisteskrank ist, so kann sich der Richter damit begnügen. Im anderen Falle geht der Fall zur Anfertigung eines Obergutachtens an das Medizinalamt in Stockholm. Glaubt das Medizinalamt, das zunächst nur die Akten bekommt, den Fall nicht auf Grund der Akten entscheiden zu können, so beantragt es die Überweisung an eine Irrenanstalt. Der Begutachter übergibt das Gutachten dem Medizinalamt und dieses erst dem Richter. Die Beobachtungsdauer darf zwei Monate nicht übersteigen.

Die Entlassung der Geisteskranken aus der Kriminal-Irrenanstalt in Wäxjö wird nicht anders gehandhabt, wie die der anderen Kranken, die mit dem Gesetze in Konflikt gekommen und in den gewöhnlichen Irrenanstalten untergebracht sind. Der § 51 des Irrengesetzes bestimmt:

---

[1]) StGB. § 5. Eine Handlung, die von einem Geistesschwachen oder einem solchen begangen wird, der infolge Krankheit oder Alterschwäche des Gebrauchs des Verstandes beraubt ist, ist straffrei.

Ist jemand, ohne eigene Schuld, in eine solche Geistesverwirrung geraten, daß er nicht bei Bewußtsein war, so ist auch die Handlung, die er in dem bewußtlosen Zustande begeht, straffrei.

„Ueber die Entlassung eines Kranken, der wegen eines Verbrechens angeklagt, infolge von Geisteskrankheit nicht bestraft werden kann, verfügt die Direktion. Sie ist verpflichtet, falls sie die Entlassung beabsichtigt, diesen Beschluß zur Prüfung dem Zentral-Medizinalamt vorzulegen. Dabei soll gleichzeitig miteingesandt werden eine Abschrift der Krankengeschichte und ein motiviertes Zeugnis des Direktors über den jetzigen Zustand des Kranken.“ In Schweden ist also die Entlassung ausschließlich von einer medizinischen Instanz, nicht von einer Verwaltungsbehörde oder der Auffassung des Gerichts, abhängig.

Die Kriminal-Irrenanstalt in Wäxjö ist Anfang 1906 eröffnet worden. Bis Ende 1907 sind im ganzen 104 Kranke aufgenommen worden, von denen nicht weniger als 95 zu der ersten Gruppe, der wegen Geisteskrankheit Freigesprochenen gehörten. Ein nicht unerheblicher Teil der Kranken ist aus anderen Anstalten nach Wäxjö überführt worden, mit der ausdrücklichen Absicht, als Verdünnungsmaterial zu dienen. Es wurden zu diesem Zwecke hauptsächlich schwachsinnige, nicht gefährliche Kranke ausgewählt. Dr. Lauritzen kennzeichnet die Kranken so: „Das Hauptmaterial ist eine tote Masse, mit der man machen kann, was man will. Nur 10 % sind schwer zu behandelnde gefährliche Verbrecher, dann etwa noch 20 % solche, die bei allem Unfug mitmachen.“ Soweit es möglich ist, werden die Kranken mit Arbeiten beschäftigt. Die Arbeitsgelegenheiten sind noch etwas mangelhaft und bestehen im wesentlichen in Schneiderarbeiten, Matratzenstopfen, Wergzupfen. Einige Kranke sind außerhalb der Anstalt im Freien beschäftigt, wobei sie ganz unbeaufsichtigt sind, einige andere in den Werkstätten der Zentralanstalt. Zu den Arbeiten im Freien werden natürlich nur die gänzlich harmlosen Kranken verwendet. Entweichungen sind kaum vorgekommen.

Am Tage meines Besuches, am 25. Juli 1907, betrug der Bestand an Kranken 80; von diesen waren 14 mit Gartenarbeiten, 15 mit Hausarbeiten beschäftigt.

Im Ganzen bestehen fünf Abteilungen, in zwei Geschossen verteilt. Eine Wachabteilung ist für die Beobachtung frisch aufgenommener Kranker, eine weitere für unruhige Kranke bestimmt. Die unruhigsten und störendsten Elemente (16 Kranke) sind in einer dritten Isolierabteilung untergebracht. Die beiden andern

Abteilungen sind Nachts ohne besondere Überwachung. Die Fenster sind nicht vergittert, aber durch sorgfältig gearbeitete Verschlüsse gesichert.

Zur Erholung dienen zwei Promenadehöfe, die mit Holzbretterwänden von 3 m Höhe umgeben sind. Rundum läuft ein Staketenzaun von $2^1/_2$ m Höhe.

Die Kost ist reichlich und gut, durchaus der Krankenkost der anderen Irrenanstalten entsprechend; Alkohol ist völlig ausgeschlossen. Auf allen Abteilungen wird das Essen in Porzellantellern aufgetragen, und ebenso bedienen sich die Kranken, soweit sie auf der ruhigen Abteilung untergebracht sind, beim Essen des Messers und der Gabel.

Die innere Einrichtung war in einigen Beziehungen primitiv. So überraschten mich die zweifellos hygienisch nicht ganz einwandfreien Holzbadewannen; der Gegensatz zu den Fayencewaschgeschirren machte die Verwendung von Holz zu den Badewannen noch auffälliger. Auch die Dorfmullklosetts mit Tonnenabfuhr sind nicht sonderlich hygienisch und hätten wohl, da überall Wasserleitung gelegt ist, vermieden werden können. Die hölzernen Betten der unruhigen Abteilung sind, da auch der Boden des Bettes aus Holz besteht, sehr hart und dürften weder den Ansprüchen des Arztes entsprechen noch aus Sicherheitsgründen notwendig sein.

Erfreulich wirken die geschmackvollen, in schwedischer Holzarbeit verfertigten Möbel und die Anbringung einfacher Vorhänge, die den Räumen etwas Anheimelndes geben.

Das Pflegepersonal (30 Wärter, 1 Oberwärter) ist mit freier Verpflegung und Wäsche angestellt; der Oberaufseher hat ein Anfangsgehalt von 900 Kronen, die Pfleger von 600 Kronen. Das Gehalt steigt nach zwei, fünf und zehn Jahren um 10, 20 und 40 % des Anfangsgehalts. Vor der Anstellung muß der Pfleger ein Jahr lang Elevendienst tun bei etwas geringerem Gehalt wie später. Jeder Wärter hat Anspruch auf fünfzehn Tage Urlaub.

Die lebhafte Diskussion über die Zweckmässigkeit eines eigenen Kriminalasyles hat mit der Errichtung der Anstalt in Wäxjö nicht nur nicht aufgehört, sondern ist gerade dadurch in ein neues Stadium gekommen. Der Leiter der Anstalt, Dr. Lauritzen, erklärte geradezu auf Grund seiner Erfahrungen, daß Spezialanstalten oder Abteilungen für Kriminalpatienten einzurichten unnötig sei. Im Anschluß an seinen Vortrag nahm der psychiatrische Verein Schwedens 1908 folgende Resolution an:

1. „Für die Unterbringung sog. Kriminalpatienten (d. h. geisteskranker Untersuchungs- oder Strafgefangenen sowie wegen Verbrechens unter Anklage gestellter Personen, die wegen Geisteskrankheit nicht haben zu einer Strafe verurteilt werden können) hat außer in den Fällen, wo Pflege in der Irrenabteilung einer Strafanstalt stattfindet, die öffentliche Irrenpflege zu sorgen. Für diese Patienten als solche sind besondere Anstalten oder Abteilungen nicht einzurichten. Für die Pflege besonders gefährlicher Geisteskranker, ob sie wegen Verbrechens gerichtlich belangt worden sind oder nicht, ist die Errichtung kleinerer, sog. fester Abteilungen an größeren Irrenanstalten wünschenswert.

2. Die Zeit, während welcher ein geisteskranker Sträfling in einer öffentlichen Anstalt außerhalb des Gefängnisses gepflegt wird, ist von der Strafzeit abzurechnen.

3. Die jetzt geltende Bestimmung, daß zur Aufnahme einer für unzurechnungsfähig erklärten Person in eine Irrenanstalt ein ärztliches Zeugnis erforderlich ist, ist aufzuheben.

4. Im übrigen ist eine allgemeine Revision der Bestimmungen bezüglich der Behandlung von Kriminalpatienten, besonders mit Rücksicht auf die Sicherheit des Gemeinwesens, erwünscht."

Diese Resolution gab den Anstoß zu einem Antrag der Medizinalverwaltung an die Regierung, es solle bei der im Bau befindlichen, für 800 Kranke berechneten Irrenanstalt zu Säter ein fest gebauter, mit Zellen und Isolierräumen versehener Pavillon von 30 Plätzen errichtet werden, „in welchem besonders gefährlichen Geisteskranken zweckentsprechende Pflege und sichere Verwahrung zu teil werden könnte". Es wurde in der Begründung besonders darauf hingewiesen, daß ein derartiger Pavillon viel fester erbaut werden müsse, als die Abteilung in Waxjö sei, und daß eine Zahl von 30 Plätzen nach den dort gemachten, wenig günstigen Erfahrungen als die höchst zulässige erachtet werden müsse.

Dieser Pavillon ist dann in Übereinstimmung mit dem Vorschlage der Medizinalverwaltung vom Reichstag 1909 genehmigt worden. Die Frage dagegen, ob für Strafgefange, die während der Strafhaft erkranken, Irrenabteilungen an den Strafanstalten errichtet werden sollen oder nicht, ist noch unentschieden. Die Wünsche der Psychiater Kinberg und Petrén scheinen bei der Gefängnisverwaltung auf Widerstand zu stoßen. Immerhin ist durch das allgemeine Interesse der Irrenärzte die Frage in so lebhaftem Flusse, daß für Schweden eine befriedigende Lösung wohl in absehbarer Zeit zu erwarten ist.

Schweiz.

Die Buntscheckigkeit der kantonalen Strafgesetzbücher in der Schweiz steht bisher einer einheitlichen Regelung der Frage, inwieweit gesetzlich für die Unterbringung gefährlicher Kranker zu sorgen ist, hindernd im Wege. Einzelne Kantone haben überhaupt keinerlei Bestimmungen für den Fall einer Freisprechung wegen Unzurechnungsfähigkeit getroffen; in einigen (Schwyz, Tessin und Freiburg) hat das Gericht, in anderen (Baselstadt, Bern, Genf, Luzern, Neuenburg) die Verwaltungsbehörde, in Obwalden haben beide Instanzen das Recht der Verfügung über das weitere Schicksal dieser Kranken.

Diesen unhaltbaren Zuständen wird hoffentlich in nicht gar zu langer Zeit das neue einheitliche, für die ganze Schweiz geltende Strafgesetz, das schon seit Jahren Gegenstand eifriger Tätigkeit ist, ein Ende machen. Der Artikel 17 des schweizerischen Strafgesetzentwurfs ist aus gemeinsamer Beratung der Schweizer Kriminalisten und Irrenärzte hervorgegangen. Er lautet:

„Erfordert die öffentliche Sicherheit die Verwahrung eines Unzurechnungsfähigen in einer Heil- oder Pflegeanstalt, so ordnet sie das Gericht an. Ebenso verfügt das Gericht die Entlassung aus der Anstalt, wenn der Grund der Verwahrung weggefallen ist.

Erfordert der Zustand eines Unzurechnungsfähigen seine Behandlung in einer Heil- oder Pflegeanstalt, so überweist das Gericht den Kranken der Verwaltungsbehörde zur Aufnahme in eine solche Anstalt."

Dieser Gesetzesvorschlag ist sehr bemerkenswert. Er trennt die Unterbringung von Kranken nach den Gesichtspunkten der für den Kranken oder für die öffentliche Sicherheit wünschenswerten oder notwendigen Bedürfnisse. In seinem zweiten Abschnitt bestimmt ausschließlich die Art der Erkrankung und die daraus sich ergebende Behandlungsbedürftigkeit des Kranken die Maßregeln der Behörde. Das Gericht benutzt die ihm aus der Verhandlung gewonnene Kenntnis von der Erkrankung nur dazu, die Verwaltungsbehörde auf die zum Heile und im Interesse des Kranken notwendigen Schritte aufmerksam zu machen. Daraus geht hervor, daß man gewünscht hat, nicht schematisch jeden wegen Unzurechnungsfähigkeit Freigesprochenen ohne weiteres für längere Zeit unschädlich zu machen.

Für diejenigen, bei denen das Gericht im Interesse der öffentlichen Sicherheit ein energisches Einschreiten für erforderlich hält, sorgt der erste Abschnitt des Artikels 17. Und auch darin ist dieser Gesetzesvorschlag bemerkenswert, daß das Gericht nicht nur über die Einweisung, sondern auch über die Entlassung des Kranken die Verfügung hat.

Die Gruppe der wegen Unzurechnungsfähigkeit Freigesprochenen bildet natürlich nur einen beschränkten Teil derjenigen, vor denen die Öffentlichkeit geschützt werden muß. Über die in der Schweiz herrschenden Verhältnisse finden wir ein sehr brauchbares Material in einer Arbeit von Edouard Borel[1]). Der Verfasser hat auf die Frage, ob in den Asylen verbrecherische Geisteskranke oder geisteskranke Verbrecher wären, von 25 Schweizer Anstalten Antworten bekommen; fünf hatten überhaupt keine solche Kranken. Die Durchschnittszahl im Ganzen betrug bei 7697 untergebrachten Geisteskranken 8 %. Von 15 Antworten auf die Frage, ob die Anstaltsleiter mit der jetzigen Art der Unterbringung zufrieden seien, oder ob Änderungen erwünscht wären, haben sich 10 mit dem jetzigen Verfahren zufrieden erklärt, darunter 2, die überhaupt keine derartigen Kranken haben. 3 andere halten die jetzige Einrichtung für ausreichend, würden aber doch die Schaffung eines besonderen Asyles nicht ungern sehen. Nur zwei erklären sich ohne Einschränkung für ein Spezialasyl.

Eine genaue Feststellung, wieviel Kranke für dieses Spezialasyl sich eignen würden, war deshalb nicht möglich, weil die meisten keine Zahlen gaben. Sechs Direktoren von Anstalten mit einer Gesamtzahl von 2227 Kranken, glaubten 21 geisteskranke Verbrecher, darunter 5 Frauen, für ein Spezialasyl geeignet. Wollte man annehmen, daß auch in den anderen Anstalten die Prozent-

---

[1]) Edouard Borel: Du placement des aliénés criminels en Suisse. Thèse de Genève, 1904.

zahl nicht höher wäre, so würden in der ganzen Schweiz ungefähr 60—65 Kranke einer Sonderbehandlung zu unterwerfen sein. Allerdings muß dazu noch eine kleine Zahl gerechnet werden, die in den Anstalten von Genf und Neuchâtel untergebracht waren.

Sämtliche Direktoren waren aber übereinstimmend der Ansicht, daß unter ihren Kranken sich noch ein bemerkenswerter Prozentsatz solcher Personen befände, die im höchsten Grade gefährlich und unangenehm wären, obgleich sie nie in Konflikt mit den Strafgesetzen gekommen wären.

Überblickt man das gesamte Material, so wird man kaum allzu eifrig die Schaffung eines Sonderasyls für die Schweiz befürworten können, obgleich Borel dafür eintritt. Angenommen zu dem Prozentsatz besonders schwieriger krimineller Geisteskranker von 0,9 % käme noch ein ebenso hochgegriffener von gefährlichen Kranken, so würde doch die Anstalt nur eine recht beschränkte Anzahl beherbergen müssen; und es dürfe wohl möglich sein, ohne besondere Unzuträglichkeiten mit dieser kleinen Zahl, die sich auf eine ganze Anzahl kantonaler Anstalten verteilen, in den gewöhnlichen Heil- und Pflegeanstalten der Schweiz fertig zu werden. Jedenfalls bestätigt diese Arbeit, daß der Verein Schweizer Irrenärzte nach Hafter[1]) es mit Recht für sehr unwahrscheinlich erklären mußte, es werde je ein Kanton in die Lage kommen, eine Anstalt für kriminelle Kranke zu gründen.

Der gleiche Verein schlägt dann weiter vor, den Artikel 46 des Strafgesetzbuches so zu fassen: „Der Bund kann allein oder gemeinsam mit den Kantonen die Errichtung und den Betrieb einer oder mehrerer Anstalten zur Verwahrung von Geisteskranken oder vermindert Zurechnungsfähigen oder unheilbaren Trinkern, welche eine mit Strafe bedrohte Tat begangen haben, in die Hand nehmen. In diese Anstalt können auch vermindert Zurechnungsfähige oder unheilbare Trinker, welche die öffentliche Sicherheit dauernd gefährden, dauernd aufgenommen werden."

Vorerst ist in dieser Richtung nichts geschehen, und es ist sehr fraglich, ob in absehbarer Zeit irgend etwas geschehen wird. Die kleine Zahl der unterzubringenden Kranken macht die Schaffung

---

[1]) Hafter: Bibliographische und kritische Materialien zum Vorentwurf eines schweizerischen Strafgesetzbuchs. Schweizer Zeitschrift für Strafrecht, Bd. 21, S. 340.

eines Spezialasyles nicht zu einer überaus dringenden Maßregel. Höchstens könnte man an ein großes Bewahrungshaus, einer der großen Anstalten angegliedert, denken, das dann aber selbstverständlich nicht nur dem einzelnen Kanton, in dem es sich befindet, sondern dem ganzen Bundesstaate zu dienen hätte. Wünschenswert wäre in dem Falle wohl die Angliederung an eine Universität, damit das interessante Studienmaterial wenigstens dem Unterrichte und der Ausbildung der Ärzte dienstbar gemacht werden könnte.

Serbien.

Das serbische Strafgesetzbuch enthält keine bemerkenswerten Bestimmungen über Unzurechnungsfähige und deren Versorgung.

Dagegen sind im Vorentwurf zu einem Strafgesetzbuch für das Königreich Serbien vom Jahre 1910 folgende Bestimmungen enthalten:

§ 49. Nicht strafbar ist, wer zur Zeit der Begehung der Tat infolge von Geistesstörung, Bewußtlosigkeit oder zurückgebliebener geistiger Entwicklung nicht fähig war, das Wesen und die Bedeutung seiner Tat einzusehen.

§ 41. Wenn das Gericht es im Interesse der öffentlichen Sicherheit für erforderlich erachtet, einen Unzurechnungsfähigen in einer Heil- oder Aufsichtsanstalt unterzubringen, so soll das Gericht dies anordnen.

Die Unterbringung in einer Heil- oder Aufsichtsanstalt soll das Gericht auch dann anordnen, wenn es dies als im Interesse der Gesundheit der Unzurechnungsfähigen nötig erachtet.

Gleichfalls bestimmt das Gericht die Entlassuug aus der Anstalt, wenn es nach ärztlicher Untersuchung eine weitere Behandlung oder Beaufsichtigung für nicht erforderlich erachtet.

Ähnlich wie der Schweizer Vorentwurf nimmt also auch der serbische ebensowohl Rücksicht auf den Fall, daß die öffentliche Rechtssicherheit, als auf den, daß das Interesse des Kranken Sondermaßregeln erforderlich macht.

Spanien.

Der § 8 des spanischen Strafgesetzbuches vom 17. Juli 1870 lautet:

„Art. 8. Kein Verbrechen begeht und folglich der strafrechtlichen Verantwortlichkeit enthoben ist:

1. der Schwachsinnige oder Geisteskranke, vorausgesetzt, daß er seine Straftat nicht in einem freien Zwischenraume von Vernunft beging.

Wenn der Schwachsinnige oder Geisteskranke eine strafbare Handlung beging, die das Gesetz als eine schwere bezeichnet, so beschließt das Gericht die Einschliessung in ein für Kranke dieser Art bestimmtes Krankenhaus, aus dem er nicht entlassen werden kann ohne vorherige Autorisation desselben Gerichts.

Bei weniger schweren Verbrechen überweist das Gericht, je nach den Umständen der Tat, den Schwachsinnigen oder Geisteskranken einem Hause der erwähnten Art oder gibt ihn seiner Familie zurück, wenn diese hinreichende Sicherheit für die Überwachung bietet."

Danach kann also das Gericht einen Kranken in eine Kriminal-Irrenanstalt einweisen, und das Gericht hat auch die Verfügung, wann er daraus entlassen werden soll. Auch das kann nur gebilligt werden, daß das Gericht berechtigt ist, den Kranken seinen Angehörigen zu überweisen, falls dadurch genügende Sicherheit geboten ist. Unzweckmäßig ist wohl, daß die Bestimmungen teilweise abhängig gemacht werden von der Schwere der durch die Kranken verübten Delikte.

Das Gesetz spricht von Kriminalabteilungen, als wenn solche bereits bestünden. 16 Jahre nach der Schaffung des Strafgesetzbuches wurde ein Asyl für geisteskranke Verbrecher projektiert. Dabei ist es aber geblieben; bis heute ist noch kein Schritt geschehen, der es ermöglichen würde, die gesetzliche Vorschrift nunmehr auch in Wirklichkeit umzusetzen.

Türkei.

Das türkische Strafgesetzbuch hat keine besonderen Bestimmungen über die Unterbringung der wegen Unzurechnungsfähigkeit gemäß Art. 41 Freigesprochenen getroffen.

Auch die Novelle vom 4. April 1911 bringt bei aller sonstiger Tendenz zur Modernisierung des türkischen Strafgesetzbuches keine Ergänzung der Vorschriften.

IV. Kapitel.

Allgemeine Fragen der Unterbringung gefährlicher Kranker.

Die menschliche Gesellschaft hat ein Recht auf Schutz gegen die Angriffe gefährlicher Menschen. Und dieses Recht kann nicht dadurch beeinträchtigt werden, daß der Angreifer wegen seiner bestehenden Krankheit vor allem unser Mitleid und unsere ärztliche Fürsorge verlangt.

Unter allen Umständen muß ein Weg gefunden werden, der es erlaubt, die Gesellschaft vor den Angriffen gefährlicher Kranker zu bewahren. Daß dieser Weg nicht über die persönliche Eigenart des Angreifers hinweggehen darf und sich nach Möglichkeit ihr anpassen muß, ist selbstverständlich, ebenso selbstverständlich wie die Forderung, nach Möglichkeit den Interessen der Kranken und der öffentlichen Rechtssicherheit gerecht zu werden.

Die Aufgabe des Gesellschaftsschutzes verlangt die Erörterung dreier Fragen:

I. gegen wen muß die Gesellschaft geschützt werden?

II. wie kann das geschehen?

III. wie kann dafür gesorgt werden, daß neben den Interessen der Öffentlichkeit auch die Interessen der Kranken hinlänglich gewahrt bleiben?

A. Die Bedenken gegen eine gemeinsame Verpflegung vorbestrafter und nicht vorbestrafter Kranker.

Um feststellen zu können, gegen wen sich die Schutzmaßregeln der Gesellschaft richten sollen, muß vor allem erörtert werden, aus welchen Gründen man für die sogenannten geisteskranken Verbrecher überhaupt Sondermaßnahmen verlangt.

Der erste der stets wiederkehrenden Gründe liegt in dem Anstoß, den unbescholtene Kranke und deren Angehörige an dem Zusammensein mit vorbestraften Menschen nehmen sollen. Es soll, so wird behauptet, deren Gefühl verletzen, mit ehemaligen Zuchthäuslern und Gefängnisgefangenen, Arbeitshäuslern und Dirnen Bett an Bett liegen, Stuhl an Stuhl sitzen, dieselbe Luft atmen zu müssen.

Angenommen, diese Klage wäre berechtigt, so würden wir uns doch nicht verhehlen können, daß eine Abänderung dieses Zustandes schlechterdings unmöglich ist. Wenn aber, wie später noch bewiesen werden soll, durchweg die Zahl der Kranken, die bereits mit der Strafanstalt Bekanntschaft gemacht oder kriminelle Handlungen begangen haben, 20 % und mehr aller Insassen der Irrenanstalten beträgt, wie will man es dann ermöglichen, sie von den nicht Vorbestraften zu trennen? Man müßte dann schon von vornherein jeden Vorbestraften in eine eigene Anstalt bringen wollen, und dann müßte also jede vierte und fünfte Anstalt, in einzelnen Gegenden jede zweite und dritte Anstalt nur für Vorbestrafte errichtet werden. Und weiter. Wo will man die Grenze ziehen? Will man zu diesen auch alle diejenigen Personen rechnen, die nur geringe Strafen erlitten haben, oder deren Vergehungen völlig harmlose Kleinigkeiten waren? Bei welcher Höhe der Strafe, bei welcher Art der Straftat, will man die Grenze ziehen? Weiter, wie will man sich denjenigen gegenüber verhalten, deren Strafverfolgung trotz gefährlicher Handlungen wegen Unzurechnungsfähigkeit nicht möglich war, die also nicht als vorbestraft zu betrachten sind? Und wie denen gegenüber, die innerhalb der Irrenanstalten sich als höchst gefährlich erweisen, schwere Angriffe auf die Umgebung machen und doch nicht einmal dem Staatsanwalt angezeigt werden, weil eben die geistige Erkrankung von vornherein feststeht. Wollte man auch diese alle noch zu der besprochenen Gruppe hinzurechnen, so würde man kaum zu einem anderen Schluß kommen können, als daß eine fast ebenso große Zahl der Anstalten für die Vorbestraften oder während irgend einer Zeit der Erkrankung gefährlich Gewesenen zu erbauen wäre wie für die gänzlich harmlosen Kranken.

Man muß sich auch noch weiterhin klar werden, daß mit noch größerem Recht — denn dort handelt es sich nur um völlig besonnene und in ihrem Denken und Fühlen auf dem Standpunkte jedes Gesunden stehende, geistig gesunde Menschen — auch alle anderen Krankenhäuser eine sorgfältige Scheidung der Kranken nach Vorbestrafung verlangen würden. Aber weder seitens chirurgischer noch innerer Kliniken ist jemals die gleiche Klage laut geworden, und nie beschweren sich die Angehörigen etwa eines Mannes mit gebrochenem Bein darüber, daß sein Bettnachbar früher im Zuchthause gewesen ist; vorausgesetzt natürlich, daß dieser sich nicht durch irgendwelche unangenehmen Eigenschaften unliebsam bemerkbar macht. Und dann liegt die Störung eben nicht in der Vorbestrafung, sondern in seinem Benehmen.

Heilbronner[1]) hat, wie bereits erwähnt, darauf aufmerksam gemacht, daß noch von keiner Anstalt Widerspruch gegen die Einweisung solcher Personen erhoben worden ist, die gemäß § 81 StrPO. zur Beobachtung ihres Geisteszustandes eingewiesen werden. Im Gegenteil, die meisten Anstalten freuen sich dieses interessanten Materials. Von einer Ablehnung, weil sie befürchten, daß irgend einer der anderen Kranken am Zusammensein mit diesen Kranken Anstoß nehmen würde, habe auch ich nie etwas gehört. Und doch muß bei den Untersuchungsgefangenen das Pflegepersonal, schon um die Entweichung zu verhindern, dann aber auch um den Arzt bei seinen Beobachtungen unterstützen zu können, von der Tatsache, daß es sich um einen Verbrecher handelt, in Kenntnis gesetzt werden. Bei den anderen Kranken aber weiß oft der Arzt kaum, ob sie vorbestraft sind, und die Umgebung erfährt vielfach gar nichts von der Vorgeschichte.

Aber ich habe auch so gut wie niemals etwas davon erfahren, daß die Kranken oder deren Angehörige sich tatsächlich über das Zusammentreffen mit kriminellen Elementen beklagt hätten. Man würde den Klagen ja auch leicht mit dem Hinweise darauf

---

[1]) Heilbronner: Die Versorgung der geisteskranken Verbrecher. Monatsschrift für Kriminalpsychologie und Strafrechtsreform. 1. Jahrgang, S. 269.

begegnen können, daß es sich um kranke Menschen handle, und ich bin sicher, soweit die unbescholtenen Kranken besonnen sind, würden sie dieses Argument durchaus verstehen, und erst recht deren Angehörige.

Zu der gleichen Überzeugung sind auch andere gekommen. Moeli[1]) hat schon vor Jahren die Meinung der Angehörigen oder des großen Publikums über die Zusammenbringung bestrafter und unbestrafter Irrer „von geringer Bedeutung" bei den Berliner Verhältnissen erklärt. Naecke[2]) spricht sich so aus: „Alle Welt beschwert sich über die Zumutung, Unbescholtene mit Verbrechern zusammensperren zu wollen, und überbietet sich, der letzteren Untugenden und den direkten und moralischen Schaden, den sie der Anstalt bringen, in drastischen Farben zu schildern. Wenige denken freilich daran, das zu beweisen." Bleuler[3]) meint, daß sich nur diejenigen Kranken beschwert hätten, die Grund zum Querulieren suchen, und bei diesen könne man wohl mit Sicherheit darauf rechnen, daß sie, wenn dieser Grund versagen würde, einen ähnlichen anderen finden würden. Und Bleuler fügt hinzu: „Niemals haben sich die Angehörigen eines Kranken deshalb beklagt." Auch Heilbronner hat nie Klagen erfahren. Mönkemöller[4]) endlich hat geradezu ausgesprochen: „Daß sich aber Verwandte darüber beschwert hätten, ihre Angehörigen müßten mit Verbrechern zusammen hausen, das habe ich in meiner ganzen psychiatrischen Vergangenheit nur in Büchern gelesen."

Mit Fug und Recht hebt Rüdin[5]) als wichtigsten Punkt in dieser Frage hervor, kein verständiger Irrenarzt werde, außer durch Platzmangel dazu gezwungen, einen Kranken zu einem andern legen, wenn er wisse oder nach Lage der Dinge vermuten müsse, daß der eine oder der andere durch den Verkehr oder Kontakt mit diesem oder jenem unangenehm berührt, verletzt

[1]) Moeli. Über irre Verbrechen. Berlin 1888. S. 152.

[2]) Naecke, Adnexe oder Zentralanstalten für geisteskranke Verbrecher. Psych. Neurol. Wochenschrift 1904. S. 515.

[3]) Bleuler. Psychiatrische Wochenschrift, III. S. 81.

[4]) Mönkemöller: Ueber die Unterbringung gemeingefährlicher Geisteskranker. Deutsche medizinische Wochenschrift, 1908, Nr. 19.

[5]) Kundt und Rüdin. Über die zweckmäßigste Unterbringung der irren Verbrecher und verbrecherischen Irren in Bayern. Zeitschrift für die gesamte Neurologie und Psychiatrie. Bd. II. S. 301.

oder beunruhigt werde. Dieses Prinzip verlangt also ebensowohl die Berücksichtigung der Eigenart der Krankheit wie der persönlichen Eigenschaften des Kranken, soweit sie störend werden können. Störend aber wird die kriminelle Vergangenheit doch höchstens dann, wenn sie sich in bestimmten Eigentümlichkeiten (Hetzen, Ausbruchsversuchen, gemeinen Redeweisen usw.) kundgibt. Dann muß allerdings ein solcher Kranker aus der Nähe der Kranken entfernt werden, deren Empfindsamkeit darunter leiden könnte; aber nicht wegen der Vorstrafliste, sondern wegen seiner unangenehmen Eigenschaften.

Die ganze Beweiskraft dieses Arguments gegen die Unterbringung verbrecherischer Elemente in den gewöhnlichen Irrenanstalten fällt also in sich zusammen, sobald geprüft wird, ob tatsächlich das Beisammensein mit solchen Kranken unangenehm empfunden werde. Sehr viel ernster sind die Bedenken, die darin bestehen, daß infolge der Anwesenheit vorbestrafter Kranker die Irrenanstalten mehr und mehr den Charakter der Heilanstalt verlieren und zu Bewahrungshäusern, ja geradezu zu einer Abart der Gefängnisse herabsinken könnten; in der Art der Behandlung, in den Vorsichtsmaßregeln gegen eine Entweichung, in der Freiheit des Arztes, über die Entlassung der Kranken selbständig zu verfügen, träten durch die Vermischung mit kriminellen Kranken so große Änderungen ein, daß der Charakter der Irrenanstalten ein völlig anderer werde.

Ich will der Erörterung der Frage eins vorausschicken. In den Augen weiter Kreise, insbesondere auch vieler Richter, stehen die Irrenärzte in dem Verdacht, ihre größte Freude darin zu finden, Verbrecher den Händen der Justiz zu entreißen und ihnen lieber eine Freistätte in den Irrenanstalten einzuräumen. Ein Blick in die psychiatrische Literatur würde genügen, um dieses Zerrbild zu zerstören, denn in Wirklichkeit wehren sich die Irrenanstalten aller Orten und aller Länder aufs Entschiedenste gegen die Überschwemmung mit kriminellen Elementen. Mit der Begründung, daß manche dieser Kranken sehr unangenehme Insassen der Irrenanstalten sind. Sie zeigen eine höchst unerfreuliche Neigung, sich zu gemeinsamem Handeln zusammenzuschließen; alle Unzufriedenheit der einzelnen Abteilung kristallisiert sich um einen solchen Menschen herum; mit größter Sorgfalt wird jeder kleinste Verstoß des Pflegepersonals vermerkt, jede schlecht zubereitete Speise zum Ausgangspunkt allgemeinen Hetzens und großer Beschwerden. Die vermeintlich berechtigten Ansprüche, die Klagen und Verleumdungen werden nicht nur mit scharfen Worten und Beschimpfungen geltend gemacht, es kommt auch gelegentlich zu Zerstörungen des Anstaltsinventars, zu brutalen Angriffen, ja zu Revolten. Dazu kommt endlich noch, daß solche Kranke, deren Bestreben, wie auch das mancher anderer Kranken auf die baldige Erlangung der Freiheit gerichtet ist, sich durch List, und wenn es nicht geht durch Gewalt ihre Freiheit zu erzwingen suchen.

Daß es nicht angenehm ist, solche Kranke in größerer Zahl in einer Anstalt zu haben, ist selbstverständlich. Aber bei näherer Betrachtung verliert diese Erscheinung doch viel von ihrem Schrecken. Die Zahl solcher Kranker ist tatsächlich gering, und sie wird noch geringer werden, wenn man die Geisteskranken möglichst frühzeitig aus dem Strafvollzuge entfernt. Wird ihre Erkrankung während der Strafverbüßung nicht rechtzeitig erkannt, werden gegen die Erscheinungen der Krankheit, die für Ungezogenheit, Unverschämtheit oder Simulation gehalten werden, Disziplinarstrafen auf Disziplinarstrafen verhängt, so wird der Kranke immer gereizter und betritt schließlich als ein Kunstprodukt die Irrenanstalt, in die er bei rechtzeitiger Erkennung als harmloser, gutmütiger, arbeitsamer Kranker hätte eingeliefert werden können. Zweifellos werden wir aber vorerst mit derartigen Fällen noch vielfach zu rechnen haben und uns so mit einzelnen dieser unbequemen Menschen abfinden müssen.

Es fragt sich nur, in welcher Weise das am besten geschehen kann. Sicher ist das eine, daß je mehr solcher Menschen zusammenkommen, umso schwieriger die Aufgabe wird, sie zufrieden zu stellen. Was dem gefällt, daran stößt sich der andere, und die Erregung wächst nicht nur mit der Zahl solcher unzufriedenen und reizbaren Kranken, sondern weit mehr, als der einfachen Summation der Klagen entspricht. Betrachtet man aber diese Kranken näher, so wird man bald erkennen, daß es durchaus nicht die Vorbestraften sind, die als Hauptstörenfriede gelten müssen, daß vielmehr die gleich unzufriedenen Nörgler sich unter den anderen Kranken befinden. Sehr viele akute Psychosen machen dem Arzte durch ihre sinnlose Erregung, durch Angstzustände, durch Neigung zum Zerstören oder zu Selbstmord ernste Sorgen. Aber gerade darin suchen wir unsern Stolz, durch die modernen Behandlungsmethoden ohne jede Anwendung von Zwang die Beruhigung herbeizuführen. Kein Arzt wird sich über die Mühe beschweren, die ihm diese Fälle machen.

Ganz anders die chronischen, die abgelaufenen Fälle. Das Ergebnis einer genaueren klinischen Beobachtung wird immer darauf hinauslaufen, daß die Schwierigkeiten, die uns solche Kranke machen, wenig mit der kriminellen Vergangenheit, um so mehr aber mit der Eigenart der Erkrankung zu tun haben. Immer wieder sind es die Epileptiker, die Hysterischen, selbstverständlich nicht alle, sondern diejenigen mit vorwiegend degenerativen Zügen, die erregbar Schwachsinnigen, die uns am meisten Mühe und Last machen. Nur ganz vereinzelt, ganz selten findet sich auch bei anderweitigen Psychosen diese Neigung zum Hetzen und Querulieren. Sind wir aber einmal zu der Überzeugung gekommen, daß es auch nach dieser Richtung hin nicht so sehr auf die Vorstrafen des Kranken ankommt, als auf die Form seiner Psychose, so bleibt uns auch nichts weiter übrig, als den Kranken nach seiner Krankheit und nicht nach seinen Vorstrafen zu beurteilen und zu behandeln. Der Weg, wie das geschehen kann, wird später noch zu besprechen sein. An dieser Stelle genügt es festzustellen; Die Tatsache, daß unter den Kriminellen eine Anzahl schwierig zu behandelnder Kranker sich befindet, verliert dadurch ihren Wert, daß wir die lästigen Eigenschaften in der Hauptsache nicht als abhängig von der verbrecherischen Neigung, sondern als die Folge der Erkrankung anzusehen haben.

Ein weiterer Grund, der zuweilen vorgebracht wird, um die Forderung eigener Anstalten zu begründen, ist der, daß man mit den kriminellen Kranken nicht ohne eine straffe Disziplin auskommen könne, während sonst im Anstaltsbetriebe Disziplinarmaßregeln als überflüssig betrachtet werden müßten. Damit käme ein Ton in die Anstalt, der den anderen Kranken schädlich sei. Ich kann auch diesem Argument keine Beweiskraft zuerkennen. Es handelt sich um Kranke, und es widerspricht allen unseren

Grundsätzen, auch den Grundsätzen unserer Strafrechtspflege nebenbei, gegen Kranke mit Disziplinarmaßregeln vorzugehen, Sind sie denn tatsächlich notwendig? Ich glaube nicht. Und ich berufe mich zum Beweise dafür auf die Erfahrungen hervorragender Strafanstaltsbeamten, die auch in Gefängnis- und Strafanstalten die Disziplinarstrafen, soweit möglich, abgeschafft haben und trotzdem nicht etwa eine Verschlechterung, sondern eine Verbesserung der Disziplin erzielt haben. Ich berufe mich weiter auf die Erfahrungen, die besonders in englischen Fürsorge- und Zwangserziehungsanstalten gemacht worden sind, in denen sich immer seltener die Notwendigkeit herausgestellt hat, Disziplinarmaßregeln anzuwenden. Siefert[1]), mein Nachfolger an der Halleschen Beobachtungsabteilung hat gegenüber den Angriffen auf die sentimentale Humanität der Ärzte — leider stammt der Angriff von Günther, einem Arzte — sich kurz und bündig so ausgesprochen: „Ich behandle meine Kranken nur ‚gütig und nachgiebig', nur als Kranke, habe eine Ausartung in ‚zügellose Begehrlichkeit und Frechheit' nie kennen gelernt und Erfolge erzielt, von denen wohl das eine gesagt werden kann, daß sie mit der Methode von Günther nicht möglich gewesen wären." Was aber in Anstalten möglich ist, die der Erziehung oder Pflege schwer lenkbarer Menschen gewidmet sind, was in Anstalten, die nur Verbrecher enthalten, und deren Anlehnung an die Strafanstalt nicht ohne große Bedenken für die Art der Behandlung ist, erreicht werden kann, das sollte doch erst recht in Irrenanstalten glücken können. Man wird allerdings auf die strengste Ordnung sehen müssen, aber mehr bei dem Pflegepersonal, in der Verköstigung, in der gleichmäßigen Handhabung der Vorschriften, als bei den Kranken; damit wird ein großer Teil der Ursachen der Schwierigkeiten beiseite geräumt.

Weit mehr, als durch den Versuch, etwaige Ausschreitungen durch Strafen zu ahnden, wird man erreichen durch Ausbildung eines Vergünstigungssystems, das durch Gewährung von Speisezulagen, von Tabak u. dgl. die Kranken zur Tätigkeit und zu gleichmäßigem Betragen aneifert, gleichzeitig aber auch die

---

[1]) Siefert, Über die Geistesstörungen der Strafhaft. Halle a. S. 1907. S. 219.

Kranken durch die Beschäftigung von vielem Unfug anhält. Beispiele für diese Wirkung habe ich in den Berichten über die Anstalten mehrfach angeführt.

Der letzte Grund gegen die gemeinsame Verpflegung krimineller und nicht krimineller Geisteskranken ist die Entweichungsgefahr. Wie ich in der Einleitung auseinandergesetzt habe, hat die Umgestaltung unseres Irrenwesens dazu geführt, in immer weiterem Umfange unsere Irrenanstalten in Bau und Einrichtung den gewöhnlichen Krankenhäusern zu nähern. Immer mehr fallen die Mauern, immer mehr die Gitter, und damit liegt theoretisch die Gefahr außerordentlich nahe, daß die Kranken jede Gelegenheit zur Entweichung benutzen.

Ist aber nun in Wirklichkeit diese Entweichungsgefahr wirklich so groß, als zu erwarten scheint? In dem früher erwähnten Jahresberichte der städtischen Irrenanstalten Berlins wird von Herzberge berichtet — die beiden anderen Anstalten haben darüber nichts gesagt —, daß 45 Männer im Laufe des einen Jahres entwichen sind. Aber es wird ausdrücklich hinzugefügt, daß bei weitem der größte Teil in den offenen Häusern und in den Landhäusern sich befand. Schon darin liegt ein Beweis, daß es sich um Kranke handelt, die so harmlos sind, daß ihrer Entfernung aus der Anstaltspflege kein Bedenken entgegensteht. Und ein weiterer Beweis dafür liegt darin, daß von den 45 Kranken 15 von selbst zurückkehrten, daß nur sechs der Entwichenen von seiten der Polizei wieder in die Anstalt zurückverbracht wurden, die übrigen vierundzwanzig aber unbedenklich als entlassen betrachtet werden konnten. Dabei ist gerade Berlin für Entweichungen besonders verlockend, weil es den Geflohenen verhältnismäßig leicht wird, im Gewühle der Großstadt unterzutauchen und den Nachforschungen zu entgehen, vor allem aber auch deshalb, weil die bedenklichen Elemente der Großstadt mehr als sonstwo den Versuch machen werden, ihren in der Irrenanstalt eingesperrten Genossen bei der Flucht beizustehen.

Allerdings hat Moeli, der jetzige Leiter von Herzberge, früher mit den geisteskranken Verbrechern schlechtere Erfahrungen gemacht, Er mußte feststellen, daß Entweichungsversuche sowohl wie Ausbrüche bei den kriminellen Kranken zahlreicher waren, als bei den nicht kriminellen. Er führte aber damals gleich an, daß der Grund in der starken Anhäufung dieser Elemente ohne die nötigen Einrichtungen, in der Eigenart der Rekrutierung dieser Kranken aus vorwiegend besonnenen und noch jugendlichen Personen, in der Nähe von Berlin und dem schnellen Wechsel des Krankenbestandes zu suchen sei. Jetzt, nachdem Herzberge die notwendigen Sicherungsmaßregeln getroffen, sind die Verhältnisse, wie die oben angeführten Zahlen zeigen, offensichtlich bessere geworden.

Auch Scheven[1]) erwähnt die größere Häufigkeit der Entweichungsversuche bei geisteskranken Verbrechern, aber er fügt weiter hinzu, daß die bisherigen Erfahrungen (in Gelsheim, Mecklenburg) dafür sprechen, „daß bei einem genügend zahlreichen Wartepersonal auch in einer fast gitterlosen Anstalt mit Offentürsystem, wie der unsrigen, die Zahl der Entweichungen keinesfalls eine größere ist, als in geschlossenen, mit ausgedehnten Sicherungsvorkehrungen versehenen Anstalten".

Ich kann schließlich noch aus eigener Erfahrung hinzufügen, daß wir hier in der psychiatrischen Klinik in Köln mit den vorbestraften Kranken keinerlei Schwierigkeiten gehabt haben. Allerdings ist die Klinik Durchgangsstation, so daß die meisten Kranken nur wenige Tage und recht selten wenige Wochen bei uns bleiben. Dafür aber ist der Prozentsatz der Vorbestraften durchweg recht hoch. Nicht selten sind mehr als die Hälfte aller neuaufgenommenen männlichen Patienten 3. Klasse als vorbestraft zu bezeichnen oder sind unmittelbar nach ihrer Freisprechung wegen Unzurechnungsfähigkeit zur Einlieferung gekommen. Abgesehen von einer, für besonders schwierige und bedenkliche Fälle eingerichteten leidlich ausbruchssicheren Zelle, die aber nur ausnahmsweise benutzt wird, befindet sich in dem ganzen Hause keine Zelle, kein Gitter; auch die Außengärten sind nur durch einen dünnen niedrigen Drahtzaun von dem anstoßenden Park des ganzen Krankenhauses getrennt. Und doch haben wir keine nennenswerten Unannehmlichkeiten mit unseren geisteskranken Verbrechern gehabt, und die Zahl der Entweichungen ist überhaupt nicht erwähnenswert, jedenfalls nicht größer, als in der alten städtischen Anstalt, in der alle Fenster vergittert waren.

---

[1]) Archiv für Kriminalanthropologie, Bd. 4, S. 269.

Die günstigen Erfahrungen sind insofern bedeutsam, als sie lehren, daß man sich die Entweichungsgefahr nicht allzu schlimm vorstellen darf. Man wird allerdings wohl bei Kranken, die entweichen wollen, dann größere Schwierigkeiten mit der Zurückhaltung haben, wenn diese Kranken aus Verbrecherkreisen stammen, und zumal dann, wenn sie durch Übung im Einbrechen auch eine besondere Befähigung zum Ausbrechen besitzen. Je besonnener derartige Kranke sind, umso schwieriger wird es, sie an der Flucht zu verhindern. Und bei solchen Kranken kann es dann tatsächlich zu einem Konflikte zwischen ärztlichen und sozialen Pflichten kommen. Um einen solchen Kranken am Entweichen zu verhindern, wird man ihm mehr Beschränkungen der Bewegungsfreiheit auferlegen müssen, als bei ausschließlicher Berücksichtigung seines psychischen Zustandes notwendig wäre. Glücklicherweise sind diese Fälle äußerst selten: sie stellen so große Ausnahmen vor, daß sie gewiß nicht als ausreichender Gegengrund gegen die gemeinsame Verpflegung Unbescholtener und Vorbestrafter angeführt werden dürfen.

Ein letzter Grund, der auch zuweilen zur Verteidigung der Forderung nach Spezialanstalten angeführt wird, ist der, daß die gefährlichen Kranken nicht wie die anderen ohne weiteres entlassen werden können, sobald der Arzt das für richtig hält, sondern daß durch gesetzliche oder Verwaltungsverfügungen die Beurlaubung von bestimmten Behörden (Gericht, Verwaltung, Medizinalabteilung) abhängig gemacht werde. Das trifft durchaus zu, und ich stehe nicht an, schon hier zu erklären, daß ich diese Erschwerung der Entlassung für überaus wertvoll halte, wenn auch nur unter der im Kapitel V zu besprechenden Voraussetzungen.

Nun führt tatsächlich die Verweigerung der Entlassung bei fast jedem Kranken, der auf seine Entlassung drängt, leicht zu Schwierigkeiten. Aber es ist nur zu begreiflich, daß die durch das Abschlagen des Verlangens entstehende Reizbarkeit und Erregung um so größer wird, je weniger der Kranke die Notwendigkeit seiner Internierung einsieht. Können wir diese ärztlich begründen, wird er sich — wenn auch nicht immer und nicht leicht — fügen. Sind wir aber gezungen, ihm klar zu machen, daß die kriminelle Gefährdung der Hauptgrund der Zurückhaltung ist, so gerät der Arzt in die schiefe Situation des Gefängniswärters. So wenigstens faßt gelegentlich der Kranke die Sachlage auf. Und doch ist das — von ganz verschwindend seltenen Fällen abgesehen — falsch. Denn der eigentliche Grund, der zur Internierung Anlaß gibt, ist doch stets *nur* die *psychische Beschaffenheit* des Kranken, zu der neben der Erkrankung selbst seine kriminelle Neigung gehört. Diese aber als einen Gegensatz zur Psychose zu betrachten, als etwas, was sich restlos von einander trennen läßt, dürfte wohl niemand versuchen wollen. Gerade darum lohnt es sich wirklich nicht, gegen eine gemeinsame Verpflegung die wenigen Fälle ins Feld zu führen, bei denen vielleicht die verbrecherischen Tendenzen so stark in den Vordergrund treten, daß nur ihretwegen, und weil der Kranke infolge seiner Psychose strafrechtlich nicht verantwortlich gemacht werden kann, der Kranke nicht entlassen werden darf.

Das Recht des *Einspruchs* bei der Entlassung mag dem Anstaltsleiter lästig sein, aber es ist wirklich kein ausreichender Anlaß zur Forderung von Sonderanstalten. Um so weniger, als ja eigentlich fast alle Psychiater sich darin einig sind, daß die verbrecherischen Geisteskranken in die gewöhnlichen Irrenanstalten gehören: diese überwiegen aber an Zahl allenthalben sehr erheblich die geisteskranken Verbrecher. Außerdem aber verlangt gerade bei der ersten Gruppe die öffentliche Meinung so gut wie die gesetzlichen Bestimmungen, daß die Entlassung nicht ohne Zustimmung der Behörde stattfinden darf.

Fassen wir also alle diese Gegengründe gegen die gemeinsame Verpflegung verbrecherischer Kranken zusammen, so ergibt sich, daß sie *nicht stichhaltig genug* sind, um diese *prinzipielle* Forderung der Trennung ausreichend zu begründen. Es bleibt von allen Gründen nur die Tatsache übrig, daß tatsächlich für gewisse Fälle *Vorsichtsmaßregeln* gegen die Entweichung getroffen werden müssen, und daß die *Anhäufung* bedenklicher Elemente zu einer Steigerung der im Charakter oder der Krankheit liegenden Schwierigkeiten führen kann.

Den Ausschlag für die Entscheidung gibt aber wohl die Unmöglichkeit, *alle* Kranke, die mit dem Gesetz in Konflikt gekommen sind, einer Sonderbehandlung zu unterwerfen.

B. Die Zahl der geisteskranken Verbrecher.

Die Gefährdung der öffentlichen Rechtssicherheit durch Kranke — denn nur von diesen ist hier die Rede — hängt im wesentlichen von der Art der Erkrankung, weit weniger von dem vor dem Ausbruch der Geistesstörung vorhanden gewesenen Charakter des Kranken ab. Die Gründe für diese Auffassung will ich hier nochmals kurz zusammenfassen: Mancher schwere Verbrecher verliert im Augenblicke seiner psychischen Erkrankung seine kriminellen Neigungen und wird völlig harmlos. Das mag dem Laien überraschend klingen, entspricht aber durchaus unserer alltäglichen Erfahrung. Ein nicht geringer Teil der chronischen und unheilbaren Psychosen vernichtet die ursprüngliche Persönlichkeit des Kranken soweit, daß auch nicht einmal ein dürftiges Abbild des früheren Menschen übrig bleibt. Besonders bedeutsam ist für unsere Betrachtungen, daß die Lähmung der eigenen Initiative, die Abstumpfung der Affekterregbarkeit, die zunehmende Gleichgültigkeit gerade die gefährlichsten antisozialen Neigungen völlig aufheben können.

Andrerseits zeigt sich unter dem Einfluß einer Psychose mancher früher ethisch Hochstehende von einer Haltlosigkeit gegenüber Versuchungen aller Art, die ihn zu einem gefährlichen Menschen machen können. Ich erinnere hier nur an die Sittlichkeitsverbrechen mancher Greise. Solche Erfahrungen belehren uns, daß die Vorstrafliste in den meisten Fällen geistiger Erkrankung völlig bedeutungslos ist und den Wert als Gradmesser sozialer Gefährlichkeit einbüßt, soweit wenigstens, als aus Zahl und Art früherer Vergehungen oder aus dem Fehlen jedes Konfliktes mit der öffentlichen Rechtssicherheit ein Hinweis auf das zukünftige Leben des Kranken daraus abgeleitet werden soll.

Ebenso trügerisch ist die Verwertung der Rechtslage. Ich habe in der Einleitung auseinandergesetzt, daß die Beurteilung, ob ein Kranker als verbrecherischer Geisteskranker oder als geisteskranker Verbrecher zu bezeichnen ist, oder gar, ob er einfach nur als Kranker zu gelten hat, mehr als angenommen wird, von der Zufälligkeit abhängt, ob rechtzeitig Vorsorge gegen die Erscheinungen seiner Krankheit getroffen, oder in welchem Stadium des Strafverfahrens seine Krankheit erkannt worden ist. Ganz große Gruppen, und gewiß nicht die unbedenklichsten, würden bei der einseitigen Berücksichtigung der Rechtslage völlig aus dem Rahmen unserer Erörterung ausscheiden, und eine klaffende Lücke in der sozialen Fürsorge bald zum Entsetzen aller Beteiligen zum Vorschein kommen. Das hier nochmals kurz zusammenzufassen, hielt ich deshalb für notwendig, weil ich in meinen weiteren Ausführungen von der Voraussetzung ausgehe, daß wir uns weder um den geisteskranken Verbrecher noch um den verbrecherischen Geisteskranken zu kümmern haben, sondern nur um den gefährlichen Geisteskranken.

Die Bedeutung dieses völlig veränderten Gesichtspunktes tritt am klarsten hervor, sobald man die Folgerungen aus der Verwertung der kriminellen Vergangenheit rückhaltlos zu ziehen versucht. Würden wir versuchen, die kriminellen Kranken von den Nichtkriminellen prinzipiell zu trennen, so wäre die überraschende Folge die, daß wir auf je 3—4 Irrenanstalten eine Kriminalirrenanstalt gleicher Größe bauen müßten. Denn ein außerordentlich großer Teil unserer Kranken ist vorbestraft.

Das zahlenmäßig zu belegen, ist allerdings nicht leicht. Ich habe öfter versucht, mir aus großen Irrenanstalten Material darüber zu verschaffen, wie viele der dort untergebrachten Kranken früher mit dem Strafgesetz in Konflikt gekommen sind. Das Ergebnis war aber durchweg gering. In einer älteren Anstalt ist es so gut wie unmöglich, das nachträglich festzustellen. Wie mir ein erfahrener Kollege schrieb, stieß er bei dem Versuche einer solchen Feststellung sofort auf die Schwierigkeit, daß bei den meisten der alten Insassen die Vergangenheit völlig vergessen war und erst durch außerordentlich schwierige Nachforschungen hätte festgestellt werden können. Bei einem solchen Versuch erfuhr er z. B., daß ein Kranker vor Jahren eine schwere Straftat in unzurechnungsfähigem Zustande begangen hatte, der, durchaus mit Recht, als völlig harmlos galt und seit Jahren einer der fleißigsten und zuverlässigsten Feldarbeiter innerhalb der Irrenanstalt gegewesen war.

Diese Erfahrung dürfte sich wohl überall wiederholen und einen sicheren Einblick in die Zahl der Vorbestraften verbieten. Es sei denn, man würde von jedem Kranken einen amtlichen Strafregisterauszug erheben, und auch dann würden immer noch diejenigen der Zählung entgehen, die, wegen Unzurechnungsfähigkeit freigesprochen, nicht in die Vorstraflisten aufgenommen sind, oder deren bedenkliche Handlungen überhaupt nicht Gegenstand der Strafverfolgung geworden sind. Diese aber bei der zur Erörterung stehenden Frage zu vernachlässigen, geht schon allein deshalb nicht an, weil sich gerade mit diesen im Anschluß an Aufsehen erregende Fälle die öffentliche Erörterung besonders zu befassen pflegt, und weil sich tatsächlich gerade unter diesen Kranken die gefährlichsten Elemente finden.

Die durch Auszählung gewonnenen Zahlen werden infolge der erwähnten Fehlerquellen im allgemeinen noch hinter der Wirklichkeit zurückbleiben. Immerhin aber geben sie uns einen Anhaltspunkt darüber, wie weit sich unter den Kranken der Irrenanstalten solche befinden, die bereits mit den Gesetzen in Konflikt gekommen sind, und weiterhin, ob diese Zahl gleichbedeutend ist mit der Zahl derer, die einer Sonderbehandlung bedürfen.

Schon vor Jahren habe ich dieser Frage nachzugehen versucht[1]) und zu diesem Zwecke in der Heidelberger psychiatrischen Klinik Stichproben angestellt. Unter 54 am 18. November 1899 in der Klinik untergebrachten männlichen Kranken der 3. Klasse waren 23 = 43 % mit dem Strafgesetz in Konflikt gekommen; 15 waren vorbestraft, zum Teil wegen recht schwerer Verbrechen, 8 auf Grund des § 51 StGB. entweder nicht bestraft oder von vornherein nicht angeklagt worden. Außer diesen 23 hatten noch weitere 16 kleinere Vergehen, Bedrohungen u. dgl. begangen. Wenn ich von diesen letzteren absehe, waren also 43 % der Kranken kriminell geworden oder gewesen. Ich kann diese Feststellung noch ergänzen insofern, als ich den Tagesbestand noch an zwei weiteren Tagen des Jahres 1897 und 1898 festgestellt habe und dabei 37 %, das andere Mal sogar 57 % solcher Kranker fand.

Der Prozentsatz ist sicher höher, wie im allgemeinen in anderen Anstalten. Das ist dadurch begründet, daß Heidelberg sowohl für das große Arbeitshaus in Kislau wie für das Landesgefängnis und Zuchthaus in Bruchsal die zuständige An-

---

[1]) Über gefährliche Geisteskranke. Allgem. Zeitschrift für Psychologie. Bd. 57 S. 138.

stalt war. Aber gerade der hohe Prozentsatz hat es uns auch ermöglicht, uns davon zu überzeugen, wie wenig Schwierigkeiten im allgemeinen diese Kranken für den geregelten Betrieb unserer Klinik machten. Um das, soweit angängig, zahlenmäßig belegen zu können, habe ich mir während eines Zeitraumes von $8^1/_2$ Jahren von allen denjenigen kranken Männern, die in ihrer geistigen Störung eine Straftat begangen hatten oder deren Vorgeschichte Vorstrafen aufwiesen, eine Zählkarte angelegt. Unter den Straftaten der 279 Kranken, die ich so zusammenbringen konnte, fehlte kaum eins der ernstesten Verbrechen. Mord der Ehefrau, der Kinder, Muttermord, Brandstiftung, Sittlichkeitsverbrechen aller Art, Betrug, Diebstahl, Hochstapelei und Unterschlagung, kurz alle Verbrechen waren mit mehr oder weniger schweren Fällen vertreten. Auch Landstreicher, von denen nicht weniger als 45 ein oder mehrere Male in Arbeitshäusern gewesen waren. Von 33 war uns die amtlich festgestellte, übrigens vielfach hinter den Tatsachen zurückbleibende Vorstrafliste bekannt. Der niedrigst Bestrafte hatte 9, der höchst Bestrafte 108 Vorstrafen; durchschnittlich kamen auf den Kopf 32.

Ich habe nun den Versuch gemacht, die Kranken nach ihrer Gefährlichkeit in drei Gruppen zu teilen, wobei ich mir sehr wohl bewußt war, daß diese Einteilung nur ein ungefähres Ergebnis haben konnte. Um mich aber selbst nicht zu täuschen, habe ich in allen Fällen, wo die Zuweisung zu einer Gruppe fraglich erscheinen konnte, den Kranken in die ernstere Gruppe verwiesen.

Von den 279 Kranken waren 252 völlig harmlos. Darunter nicht wenige, deren Straftaten zu den bedenklichsten gehörten. Ein Paralytiker beispielsweise, der im Beginn seiner Gehirnerweichung seine drei Kinder ermordet hatte, hatte infolge der schnell fortschreitenden Verblödung jede Aktivität verloren, so daß ich berechtigt war, ihn ganz unbedenklich als harmlos zu bezeichnen.

Eine nennenswerte Erschwerung des Dienstes, sei es durch die Gefahr einer Entweichung, sei es durch brutale Angriffe auf die Umgebung, war nach der Lage des Falles bei 14 Kranken zu gewärtigen; eine geringere Gefahr im gleichen Sinne boten noch weitere 13. Also alles in allem erwiesen sich 27 Kranke als schwierig, und unter diesen ungefähr die Hälfte als besonders schwierig. In der weniger bedenklichen Gruppe befand sich nicht ein einziger Kranker, bei dem die kriminelle Laufbahn vor die ersten Spuren der Erkrankung zurückgegangen wäre, der also nach dem üblichen Schema als geisteskranker Verbrecher zu bezeichnen gewesen wäre. In der gefährlichsten Gruppe nur 4; unter diesen 4 waren 2 Hysterische, deren völlige Unzurechnungsfähigkeit vielleicht sogar von manchen verneint werden würde, und deren Bedenklichkeit für den Anstaltsbetrieb sich in nichts von der anderer schwer entarteter Hysterischer unterschied. Ein weiterer, der mit zu den unbequemsten Kranken gehörte, die mir je vorgekommen sind, hat nie ein ernsteres Verbrechen begangen, und noch ein anderer ist später, da er sich selbst als Simulanten bezeichnete, zu einer längeren Zuchthausstrafe verurteilt worden. Der Zufall, der mir ihn vor kurzem wieder in den Weg gebracht hat, hat mir gezeigt, daß diese Selbstbezichtigung der Simulation falsch war, aber auch, daß er inzwischen trotz weiter bestehender Psychose mehrere Jahre lang ohne Konflikte mit dem Gesetz in der Freiheit hat leben können.

Das Gesamtergebnis dieser Untersuchung scheint mir für die Frage der Unterbringung der geisteskranken Verbrecher sehr bedeutsam. Wollte man sich abhängig machen von der Vergangenheit, so würde ein ganz außerordentlich großer Prozentsatz der Kranken besondere Maßregeln nötig haben. Stellt man aber den Gesichtspunkt der Gefährlichkeit in den Vordergrund, so schwindet das Bedürfnis nach besonderen Anstalten mehr und mehr, und es bleiben schließlich nur einige wenige Kranke übrig, deren Persönlichkeit dem einfach geregelten Anstaltsbetriebe Schwierigkeiten macht. Und unter diesen wiederum überwiegen diejenigen, deren Bedenklichkeit nicht das geringste mit der verbrecherischen Laufbahn zu tun hat und nur in der Art ihrer Psychose wurzelt, sowie diejenigen, die erst als Kranke und durch ihre Krankheit mit den Gesetzen in Konflikt gekommen sind. Im Gegensatz dazu finden sich zahlreiche Kranke mit langen und ernsten Vorstrafen, die äußerst angenehme Insassen der Anstalt sind und nie zu irgend welchen Schwierigkeiten Anlaß geben. Ich darf z. B. darauf hinweisen, daß die meisten der Landstreicher unermüdlich arbeiteten, und daß unter den sämtlichen 45 Landstreichern nur ein einziger durch seine Fähigkeit und Neigung zum Ausbrechen störend wurde.

Zu ganz ähnlichen Zahlen kam später Hegar auf Grund des gleichen Materials, der Aufnahmen in der Heidelberger Klinik. 1906 waren unter 327 männlichen Aufnahmen 32 % mit den Strafgesetzen in Konflikt gekommen.

Annähernd ebenso hohe Ziffern, zum Teil durch die Aufnahmeverhältnisse bedingt, finden sich in der badischen Heil- und Pflegeanstalt bei Wiesloch. Nach dem Jahresbericht für 1909 und 1910 befanden sich am 31. Dez. 1910 unter 571 männlichen Kranken 163 = 28,5 % Kriminelle; unter diesen überwiegen die Rückfalls- und Gewohnheitsverbrecher mit 71,8 %. Etwas geringer ist die Zahl der Kriminellen in allen vier großen badischen Pflegeanstalten. Im Juli 1908 befanden sich unter 1774 männlichen Kranken 348 = 19,95 % Bestrafte. Darunter aber waren nicht weniger als 284, also 81 % mehrfach kriminell gewesen, und Hegar bezeichnet ausdrücklich als Gewohnheitsverbrecher 261. In Baden betrug allein die Zahl derer, die aus den Strafanstalten, der Irrenabteilung Bruchsal und dem Arbeitshaus in die Landesanstalten überführt worden waren, im Juli 1908 nicht weniger als 122. Und doch lehnt Hegar[1]) in seinen Schlußfolgerungen die Errichtung eines Spezialpavillons ab, geschweige denn, daß er für die Erbauung eines großen Kriminalasyls einträte. Er erklärt es für eine durchaus falsche Maßnahme, aus einem Aufnahmebezirk von ca. 2 Millionen (Baden) 30—40 der gefährlichsten Elemente zusammenzusuchen und unter möglichst schwierigen Entlassungsbedingungen in einem kostspieligen Bau unterzubringen.

Auch in Frankfurt a. M.[2]) entspricht die Zahl der vorbestraften Männer den Heidelberger Verhältnissen. 1908/1909 waren unter 475 männlichen Erstaufnahmen der Frankfurter Irrenanstalt 221 = 46 % Bestrafte, und genau der gleiche Prozentsatz fand sich unter den 479 Neuaufnahmen des Jahres 1909/10. Im ersten Berichtsjahr waren von diesen 62 = 29 % mehr als fünfmal vorbestraft, im zweiten sogar 75 = 33 %. Die Zahl der ehe-

[1]) Die Unterbringung geisteskrankranker Verbrecher. Zeitschrift für Psychiatrie 66, 138.

[2]) Bericht über die Anstalt für Irre und Epileptische in Frankfurt 1908—1910.

maligen Zuchthäusler betrug in beiden Jahren je 10 %. Die Frankfurter Zahlen geben die Verhältnisse der großen Städte wieder; sie sind insofern besonders bedeutsam, als die Zahlen durch Einziehung der Vorstraflisten auf amtlichem Wege wohl als absolut zuverlässig gelten dürfen.

Sehr interessant sind auch die Berliner Verhältnisse aus den (S. 58) angegebenen Gründen.

In dem Verwaltungsbericht des Magistrats zu Berlin für das Etatsjahr 1908 sind die Zahlen derjenigen in den Berliner Irrenanstalten untergebrachten Kranken mitgeteilt, die vor der Aufnahme ungesetzliche Handlungen begangen hatten. In Dalldorf befanden sich am März 1909 (dem letzten Tage des Berichtsjahres) 2168 Männer und 1553 Frauen. Von diesen fielen unter die Rechtsbrecher 511 Männer = 23,6 % und 70 Frauen = 4,5 %. Unter den kriminellen Männern sind 155 = 30,3 % chronische oder akute Alkoholisten. Ungefähr der gleiche Prozentsatz vorbestrafter Männer, 23,2 %, ergibt sich bei ausschließlicher Berücksichtigung der Neuaufgenommenen des Etatsjahres, nur daß dabei die Zahl der Trinker, 44,5 %, noch größer ist.

In Herzberge ist die Zahl der mit den Strafgesetzen in Konflikt Geratenen nicht nach dem Bestande, sondern nur nach den Aufnahmen des Berichtjahres 1908 berechnet. Sie betrug bei 2278 Männern 866 = 37,6 %, bei 466 Frauen 38 = 8,1 %. Nebenbei wird noch bemerkt, daß bei weiteren 101 Männern Bestrafungen fraglich sind, und daß mehrfach aufgenommene Kranke nur einmal gezählt sind. Also ist der Prozentsatz der Vorbestraften noch größer. Unter den bestraften Männern ist bei 84 Zuchthaus, bei 610 Gefängnis als Hauptstrafe angegeben; die kleineren Vergehen, gegen die Haft oder Geldstrafe erkannt wurden, treten demnach bedeutend in den Hintergrund.

In Buch waren von 597 aufgenommenen Männern 96 = 16,4 %, von 399 Frauen 9 = 4,76 % vorbestraft. Unter den Strafen überwiegen die schwereren ganz gewaltig. Nur bei fünf Männern sind die Vorstrafen auf Haft und Geldstrafe beschränkt, während 26 mal Zuchthausstrafen usw. angegeben waren.

Die Prozentsätze gehen ziemlich weit auseinander. Buch mit 16,4 % (die Frauen können als relativ harmlos außer acht bleiben), steht Herzberge mit 37,6 % gegenüber. Dabei haben die Straftaten keine Berücksichtigung gefunden, die wegen Einstellung des Verfahrens oder durch Freisprechung keine strafrechtliche Sühne gefunden haben. Bezeichnet man die sämtlichen vor der Aufnahme in die Irrenanstalten bereits einmal Vorbestraften als geisteskranke Verbrecher, so trifft diese Bezeichnung auf 1211 Neuaufnahmen des Berichtjahres 1908 zu!

Die Anstalt Dalldorf hat nicht berichtet, wie sich die einzelnen Strafen verteilen. Das ist insofern bedauerlich, als wir dadurch keine genaueren Zahlen dafür angeben können, wie viele der vorbestraft Gewesenen als bedenkliche Verbrecher anzusehen sind. Die beiden Anstalten Herzberge und Buch allein haben in einem Jahre 120 Kranke aufgenommen, die bereits im Zuchthause und weitere 677, die bereits im Gefängnis gewesen waren. Wollte man selbst soweit gehen, als rein äußerlichen Maßstab der Gemeingefährlichkeit die Art der Strafe anzusehen, und alle Gefängnisstrafen noch als Ausdruck recht geringer Bedenklichkeit auffassen, so würden doch im Verlaufe eines einzigen Jahres in den drei städtischen Irrenanstalten Berlins mehr als 150 geisteskranke Verbrecher zur Aufnahme kommen.

Damit ist schon erwiesen, daß es schlechterdings unmöglich ist, jeden ehemaligen Verbrecher, wenn er geisteskrank geworden ist, nun ohne weiteres als besonders gefährlich zu betrachten und seine dauernde Internierung zu verlangen. Sieht man nur diejenigen als geisteskranke Verbrecher an, die im Zuchthaus gewesen sind, so würde Berlin allein in sieben Jahren schon eine Anstalt von 1000 geisteskranken Verbrechern zu füllen imstande sein.

Nähme man aber noch die früher mit Gefängnis Bestraften hinzu, so würde in einem einzigen Jahre bereits eine Riesenanstalt von 1200 Kranken bis zum letzten Platz besetzt sein.

Ganz unberücksichtigt bleibt dabei die große Zahl der verbrecherischen Geisteskranken, die doch zum Teil nach dem früher Gesagten ganz gewiß besonderer Vorsichtsmaßregeln bedürfen. Allerdings würde der Zuzug der Kranken sich bald vermindern, weil schließlich alle ehemaligen Verbrecher, sobald sie einmal geisteskrank geworden wären, dauernd interniert wären. Aber will man ernstlich einen solchen Vorschlag diskutieren? Kann man wirklich einem Gemeinwesen zumuten, mehrere tausend Menschen dauernd zu internieren, ohne daß ein anderer Grund dafür vorliegt, als der, daß sie einmal vor der Aufnahme in die Irrenanstalt mit den Gesetzen in einen ernsteren Konflikt gekommen sind?

Ich schließe aus den Berliner Zahlen noch etwas anderes und wichtigeres. Es wird dadurch unwiderleglich festgestellt, daß auch für die Art der Unterbringung nur der gegenwärtige Zustand, nicht die Vergangenheit, maßgebend ist. Die Berliner Anstalten haben nur wenig gesicherte Pavillons, keine eigene Anstalt für geisteskranke Verbrecher. Und sie kommen im ganzen damit aus.

Ich will damit nicht sagen, daß Berlin von unliebsamen Vorkommnissen verschont geblieben ist. Aber ich glaube nicht, daß es deren sehr viel weniger geben wird, wenn eine eigene Anstalt oder noch mehr feste Häuser gebaut würden; zahllose frühere Verbrecher leben zwischen den anderen Kranken, ohne erhebliche Schwierigkeiten zu machen. Ist doch jeder dritte bis fünfte Kranke in Berlin bereits im Gefängnis gewesen. Also sind besondere Maßnahmen nur dann erforderlich, wenn die Krankheit selbst dazu zwingt, die Schutzmaßregeln gegen Angriffe und Entweichungen zu vermehren. Gewiß wirkt dabei auch gelegentlich der Umstand mit, daß die Verrohung eines jahrelangen Verbrechertums noch in die Krankheit hineinspielt, und daß die Freundschaft mit gefährlichen, hilfsbereiten Elementen der Großstadt oder die eigene Gewandtheit im Ausbrechen die Entweichungsgefahr mehrt. Aber es müssen doch wohl Ausnahmen sein. Die meisten Kranken sind, ob auch ihre Vorstrafliste bedenklich ist, innerhalb der Anstalten, und zum Teil trotz ihrer Krankheit, zum Teil durch sie harmlos.

Die Verhältnisse in großen Pflegeanstalten sind natürlich etwas weniger bedenklich, weil sie ihre Kranken nicht nur aus den Großstädten mit ihrer starken kriminellen Durchseuchung bekommen. Andrerseits sammeln sich naturgemäß in den Pflegeanstalten mehr solche Kranken an, weil man gerade bei ihnen mit der Entlassung besonders vorsichtig zu sein pflegt.

Den Fehler, daß vielleicht bei manchem der Kranken seine kriminelle Vergangenheit in Vergessenheit geraten und daher die Zahlen nicht ganz der Wirklichkeit entsprechen, habe ich bereits erwähnt. Immerhin schien es mir wünschenswert, auch aus einigen großen Heil- und Pflegeanstalten brauchbares Material zu gewinnen. Ich verdanke die Bonner Zahlen der Liebenswürdigkeit des Herrn Prof. Westphal, die Hildesheimer der des Herrn Oberarztes Dr. Mönkemöller.

In Bonn befanden sich am 1. August 1908 unter 405 geisteskranken Insassen 75 Kriminelle = 18,5 %; darunter wurden 28 als in hohem Grade gefährlich bezeichnet.

In Hildesheim betrug die Zahl der Kriminellen bei einem Bestande von 310 Kranken 80 = 25,8 %. Allerdings ist bei dem Bestand nur die Hauptanstalt berücksichtigt; daneben befanden sich 80 durchweg harmlose Kranke in einer zur Anstalt gehörigen Ackerbaukolonie. Werden diese mitgerechnet, so erniedrigt sich der Prozentsatz auf 20,5.

Unter den 80 Kriminellen bezeichnet Mönkemöller 26 als hochgradig gemeingefährlich und glaubt, daß noch bei weiteren 19 die Polizeibehörde vielleicht der Entlassung Schwierigkeiten in den Weg legen würde. Unter den 35 als harmlos Gekennzeichneten befinden sich charakteristischerweise auch mehrere häufig Vorbestrafte; ein Beweis, daß Kriminalität nicht mit dauernder Gemeingefährlichkeit gleichbedeutend ist.

Weitere Zahlen entnehme ich den Jahresberichten einiger Anstalten: von diesen waren in Eberswalde 33,4 %, in Brieg 21 %, in Neustadt 33 %, in den Rheinischen Anstalten 23,5 %, in Eichberg 49 % und in Wuhlgarten (bei Berlin), einer Epileptikeranstalt, sogar 67 % der aufgenommenen Kranken vorher mit dem Strafgesetz in Konflikt gekommen!

Kundt und Rüdin[1]) haben in den sämtlichen bayrischen Anstalten eine Rundfrage veranstaltet, um festzustellen, wie groß die Zahl der Kriminellen wäre. Sie haben dabei vier Gruppen gebildet. 1. Die Kranken, die ohne Aussetzung des Strafvollzuges, als während der Strafzeit geistig erkrankt aus der Strafanstalt in die Irrenanstalt überführt wurden. 2. Diejenigen Kranken, die nach Aussetzung des Strafvollzuges oder nach erfolgter Begnadigung aus der Strafanstalt in die Irrenanstalt versetzt worden waren. 3. Die Kranken mit verbrecherischen Neigungen und kriminellem Vorleben, einerlei, ob die strafbaren Hand-

[1]) Kundt und Rüdin: Über die zweckmäßigste Unterbringung der irren Verbrecher und verbrecherischen Irren in Bayern. Zeitschrift für die gesamte Neurologie und Psychiatrie, Bd. II. S. 275.

lungen in zurechnungsfähigem oder unzurechnungsfähigem Zustand begangen worden waren. 4. Die nach § 81 StPO. zur Beobachtung Eingewiesenen.

Alles in allem beträgt die Zahl 979 Männer und 197 Frauen. Die Gruppe 1 umfaßt 61 Männer und 13 Frauen, eine nicht unbeträchtliche Zahl, wenn man die administrativen Schwierigkeiten bedenkt, die daraus entstehen, daß sowohl die Leiter der Irrenanstalten wie die Strafvollzugsbehörde in gleicher Weise über diese Kranken zu verfügen berechtigt sind.

Die Zahl der Kriminellen aller vier Kategorien schwankt in den 12 bayrischen Anstalten zwischen 9,7 % aller Kranken (Homburg) und 36,0 % (Kutzenberg).

In einer besonderen Rubrik hat Kundt diejenigen aufgezählt, die als ungeeignet zur gemeinsamen Verpflegung zu betrachten waren. Die Gesamtzahl beträgt 367 Männer und 50 Frauen. Bemerkenswert ist, daß darunter 4 Männer und 1 Frau als ungeeignet bezeichnet werden, die zur Beobachtung eingewiesen, aber nicht geisteskrank befunden worden sind! In den einzelnen Anstalten schwanken die Zahlen sehr, sobald man das Verhältnis der Ungeeigneten zu den Geeigneten betrachtet, und ebenso verschieden sind die Verhältniszahlen der Kriminellen überhaupt zu den vielfach Kriminellen, d. h. den schon wiederholt Vorbestraften. Der Vergleich ist deshalb von Bedeutung, weil mit dem Wachsen der Zahl wiederholt Bestrafter auch die Gefahr der Ausbruchsversuche zu wachsen scheint. Es ist nicht ganz verständlich, wie es sich erklärt, daß in einzelnen Anstalten die wiederholt Bestraften bis zu 22 %, in anderen kaum 1 % betragen.

Am wichtigsten ist die Feststellung, wieviel Prozent Ungeeignete die einzelnen bayrischen Kreise aufweisen. Dem niedrigsten Kreise Oberfranken mit 4 % der ganzen Anstaltsbevölkerung steht die Oberpfalz mit 14 % gegenüber; und durchschnittlich berechnet der Verfasser die schwierigen Kranken auf 7—8 %. Der Verfasser glaubt allerdings selbst, daß manche eben deswegen als ungeeignet bezeichnet werden müssen, weil in den Anstalten selbst keine Sondereinrichtungen für solche zu Entweichungen, Ausbrüchen, Komplottierungen, Hetzereien und Angriffen Neigenden getroffen worden sind.

Ziehen wir aus den Zahlen den Schluß, so ersehen wir

wiederum, wie groß die Zahl derer ist, die unter den jetzt bestehenden Verhältnissen als ungeeignet zur gemeinsamen Verpflegung bezeichnet werden müssen, und gleichzeitig, daß sich diese Zahl durchaus nicht mit der der geisteskranken Verbrecher deckt. Denn der weitaus größte Teil der Kranken stammt aus der Gruppe 3, d. h. aus derjenigen Gruppe, die neben den geisteskranken Verbrechern, deren Straftaten in weiterer Vergangenheit liegen, auch die verbrecherischen Geisteskranken enthält.

Rüdin kommt in seiner Erörterung über die Ergebnisse der erwähnten Statistik zu dem Schluß, daß eine große Zentralkriminalanstalt nicht ratsam sei, und statt dessen die Verteilung auf die verschiedenen Anstalten unter Errichtung einiger fester Pavillons als zweckmäßigstes System empfohlen werden müsse. Dieser Ansicht schloß sich nach eingehender Besprechung auch der Verein bayrischer Psychiater in seiner Jahresversammlung am 20. V. 1910 an.

Eine brauchbare Statistik verdanken wir auch der erwähnten holländischen Staatskommission [1]). Sie fand, daß in den sämtlichen holländischen Irrenanstalten im Oktober 1902 etwa 400—500 Kranke waren, die entweder früher zu Gefängnisstrafen verurteilt oder wegen Geisteskrankheit freigesprochen und vom Gericht in die Irrenanstalten eingewiesen worden waren.

Ich habe in der Tabelle 3 (s. S. 218) noch einmal übersichtlich zusammengestellt, wie groß die Prozentzahlen der Vorbestraften in den einzelnen Anstalten sind. Bei der Durchsicht ergibt sich ohne weiteres, daß die Unterbringung aller vorbestrafter Geisteskranker überall ganz undurchführbar ist. Es handelt sich ja nicht um wenige Kranke, sondern um Hunderte, ja Tausende von Kranken, die einer besonderen Versorgung bedürften, wenn man den Gesichtspunkt des Vorlebens als ausschlaggebend betrachten würde.

Zu den gleichen Schlüssen kommen wir, wenn wir die Berichte daraufhin prüfen, wie viele von den Kriminellen — ich mache hier keinen Unterschied zwischen den beiden Gruppen der Vorbestraften und freigesprochenen Geisteskranken — wirklich als gefährlich angesehen werden dürfen. Ich fand unter den

---

[1]) Rapport von de Staatskommissie.

279 Aufnahmen vorbestrafter oder wegen Unzurechnungsfähigkeit außer Verfolgung gesetzter Kranker der Heidelberger Klinik in $8^1/_2$ Jahren nur 27 Kranke mit gefährlichen Neigungen, wenn ich ihnen 13 weniger bedenkliche zurechnete. Das macht kaum 1 % aller der Klinik zugeführten Kranken aus. In der Bonner Klinik wurden 28, in Hildesheim 26, in ganz Hessen 18 Kranke als besonders gefährlich bezeichnet. Hegar glaubte für Baden höchstens auf 30—40 schwierige Patienten rechnen zu müssen. In Hamburg hofft man mit 110 Betten reichlich, in Elsaß mit 40, in der Provinz Hannover mit 60 auskommen zu können.

Tabelle 3.

Ort der Beobachtung	Vorbestrafte d. Bestandes	Vorbestrafte d. Aufnahmen
Badische Heil- u. Pflegeanstalten	19,95 %	—
Wiesloch	28,5 %	—
Frankfurt	46 %	—
Dalldorf	32,6 %	23,2 %
Herzberge	—	37,6 %
Buch	—	16,4 %
Bonner Heil- und Pflegeanstalt	18,5 %	—
Hildesheim	20,5 %	—
Goddelau	29,2 %	—
Eberswalde	—	33,4 %
Brieg	—	21 %
Neustadt	—	33 %
Rheinische Anstalten	—	23,5 %
Eichberg	—	49 %
Wuhlgarten (bei Berlin), Epileptikeranstalt	—	67 %
Eglfing	23,5 %	—
Gabersee	13,6 %	—
Deggendorf	31,4 %	—
Regensburg	20,5 %	—
Bayreuth	11,3 %	—
Kutzenberg	36,0 %	—
Erlangen	20,6 %	—
Ansbach	18,8 %	—
Werneck	17,2 %	—
Kaufbeuren	20,0 %	—
Klingenmünster	28,4 %	—
Homburg	9,7 %	—

Die holländische Studienkommission berechnete die Zahl der gefährlichen Kranken in ganz Holland auf 50. Nach der Schweizer Statistik aus 6 Anstalten waren unter 2227 Kranken nur 21, also nicht einmal 1 % gemeingefährliche Geisteskranke[1]). Lauritzen hielt unter den im schwedischen Kriminalasyl untergebrachten Kranken nur 10 % für schwierig, also nur 9 Kranke überhaupt. Weder in Schweden noch in Norwegen sind die Kriminalasyle voll belegt.

Schließlich verdient auch in Erinnerung gebracht zu werden, daß unter den von den bayrischen Irrenanstaltsdirektoren als besonders schwierige Elemente bezeichneten Personen mehrere waren, die überhaupt nicht geisteskrank waren. Damit stimmen alle Erfahrungen — ich weise nur auf die Berichte über die Irrenabteilung auf dem Hohenasperg und aus Bruchsal hin — überein: die entstehenden Schwierigkeiten sind nicht die Folge krimineller Lebensgewohnheiten, sondern wurzeln in der Art der Krankheit und zeigen sich am häufigsten und ausgeprägtesten gerade bei den Grenzfällen.

Aber auch noch von einer anderen Seite kommen wir zu dem gleichen Schlusse: Heilbronner[2]) berechnet, daß unter den aus den sechs preußischen Beobachtungsabteilungen in die Irrenanstalten überführten 203 geisteskranken Verbrecher des Jahres 1902/03 allerhöchstens 20 % als gefährlich betrachtet werden können. Bei einer Aufnahmeziffer von nur 10000 Kranken, die im gleichen Zeitraum den preußischen Provinzialanstalten zugeführt werden würden, wäre also der Prozentsatz von 0,4 der Beantwortung der Frage unterzulegen, ob für die geisteskranken Verbrecher Sonderanstalten wünschenswert oder notwendig sind. Die Frage stellen, heißt sie verneinen. Heilbronner hat recht, zu behaupten, der Schluß sei nicht zu gewagt, „daß es gelingen wird in jedem Jahre selbst auf die Dauer, 25—30 gefährliche Verbrecher in den Anstalten unterzubringen, vorausgesetzt daß wenigstens alle grösseren Anstalten, soweit sie überhaupt chronisch Kranke beherbergen, mit zur Erfüllung dieser lästigen Verpflichtung herangezogen werden."

---

1) Borel: Du placement des aliénés criminels en Suisse.

2) A. a. O. S. 284.

Was Heilbronner für Preußen, hat Hegar für Baden, die holländische Studienkommission für Holland, Lauritzen für Schweden, Keraval für Frankreich behauptet. Und diese Behauptungen finden eine Bekräftigung in der Tatsache, daß bei jedem Versuche einer sorgsamen Auslese aller wirklich gefährlicher Kranker ohne den unhaltbaren Gesichtspunkt der Vorstrafliste die Zahlen auf ein Minimum hinabsinken. In der Provinz Hannover fanden sich bei fast 3 Millionen Einwohnern nur etwa 50 gefährliche Kranke, in Hessen unter 2 Millionen Einwohnern nur etwa 30, in Holland bei einer Bevölkerung von 5 Millionen nur 60. Ich greife diese wenigen Zahlen heraus, um darzutun, daß wir schon recht weit gehen, wenn wir auf je eine Million Einwohner 20 gefährliche Kranke annehmen.

Mit dieser Schätzung steht auch die Erfahrung im Einklang, die man in den Irrenanstalten der meisten Länder und Anstalten zu machen Gelegenheit hatte. In Deutschland ist ein Platz in einem Bewahrungshause für 48 000 Einwohner in Hessen, für 100000 in der Provinz Brandenburg, für 132 500 in der Rheinprovinz vorhanden. Berlin mit einem Platz für 27 000 und Hamburg für 22 500 Einwohner machen insofern eine berechtigte Ausnahme, als die Verhältnisse der Großstädte nicht mit denen ganzer Länder vergleichbar sind. Nur das Königreich Sachsen mit einem Platz auf 22500 Einwohner zeichnet sich durch die besonders ausgeprägte Neigung zur Absonderung gefährlicher Kranker aus.

Auch im Auslande sind die Verhältnisse nicht wesentlich anders wie bei uns. In Irland steht auf je 32143 Einwohner ein Platz in den Kriminalasylen, in England einer auf 43 421, in Italien einer auf 49401, in Schottland sogar nur einer auf 112 500 zur Verfügung. Wenn man dabei berücksichtigt, daß in England wie Irland viele Kranke unnötiger Weise „during her Majestys pleasure" in den Kriminalasylen verweilen, ferner daß auch in Italien ein großer Teil der Insassen der manicomî criminali ohne jedes Bedenken in den anderen Irrenanstalten untergebracht werden könnte, so ergibt sich, daß es vollständig ausreichend ist, wenn wir im allgemeinen — vielleicht abgesehen von den Großstädten — bei einem Kranken auf je 50 000 Einwohner des Landes annehmen, daß er wegen besonderer Gefährlichkeit auch besonderer Sicherheitsmaßregeln bedarf. Sollte es noch einer weiteren Bestätigung bedürfen, so mag schließlich noch auf die Länder und Provinzen hingewiesen werden, die bisher — und zum Teil ohne jedes Bedürfnis nach Änderung dieses Zustandes — ganz ohne jede besonderen Einrichtungen ausgekommen sind, und auf die charakteristische Erscheinung, daß fast überall die Kriminalasyle und Bewahrungshäuser weniger Kranke aufnehmen, als sie Plätze haben, das Verlangen der Anstalten und Behörden nach gesicherter Unterbringung gefährlicher Kranker offenbar also gar nicht sonderlich groß ist.

Ich möchte der größeren Übersichtlichkeit wegen noch einmal kurz die Gesichtspunkte zusammenfassen die — ohne Berücksichtigung der verschiedenen Möglichkeiten der Versorgung gefährlicher Kranker — dazu führen müssen, dem Verlangen nach Sonderanstalten für geisteskranke Verbrecher entgegen zu treten, und statt dessen nur *Schutzmaßregeln gegen gefährliche Kranke* zu verlangen:

Erstens ergibt eine sorgfältige Erhebung der Vorgeschichte, daß die Scheidung der Kranken nach ihrer Beziehung zur Strafrechtspflege undurchführbar, die Trennung zwischen geisteskranken Verbrechern und verbrecherischen Geisteskranken unmöglich ist.

Zweitens erweisen sich die Gründe, aus denen das Zusammenleben vorbestrafter Kranker mit den andern „unbescholtenen“ Insassen der Irrenanstalten als unerträglich bezeichnet wird, bei genauer Prüfung als wenig stichhaltig.

Drittens ist eine prinzipielle Trennung der vorbestraften Kranken deshalb undurchführbar, weil bei der großen Zahl dieser Personen die Erbauung besonderer Anstalten zu unerschwinglichen Kosten führen würde, die durch kein dringendes Bedürfnis gerechtfertigt wären.

Viertens würde einer großen und überflüssigen Verteuerung und Verschlechterung des Anstaltsbetriebes eine Schutzlosigkeit gegen die Gefähr-

dung der öffentlichen Rechtssicherheit durch gefährliche Kranke gegenüberstehen; denn die Zahl der wirklich bedenklichen Elemente unter den Vorbestraften ist nur sehr gering und sicher nicht nennenswert größer, als unter den Nichtvorbestraften.

Fünftens lehren die bisherigen Erfahrungen, daß auf je 50000 Einwohner eines Landes durchschnittlich höchstens ein einziger Kranker als wirklich gefährlich betrachtet werden darf.

V. Kapitel.

Die Sondermaßregeln für die gefährlichen Geisteskranken.

A. Vorbeugung.

Die Erörterung der Frage, gegen wen die Gesellschaft geschützt werden muß, endete mit der Antwort: gegen die gemeingefährlichen Kranken. Es verschlägt dabei wenig, ob die Gefährdung der öffentlichen Rechtssicherheit sich in einer Weise gezeigt hat, die dem Strafrichter ein Recht zum Einschreiten geben konnte, oder ob sie nur von den Angehörigen oder vom Arzte festgestellt worden ist. Nun bedingt aber doch durchaus nicht jede psychische Erkrankung die Gemeingefährlichkeit. Ein großer Teil unserer Kranken in der Irrenanstalt bleibt dauernd harmlos. Dieselben Kranken aber können im Getriebe des Lebens gefährlich werden. Gereizt durch die unvernünftige Behandlung seitens einer unverständigen Umgebung, unfähig, Versuchungen zu widerstehen, erregt durch Alkoholgenuß, kann derselbe Kranke, der bei rechtzeitiger Internierung durchaus ungefährlich bleibt, wenn er nicht rechtzeitig als krank erkannt und in die geeignete Behandlung gebracht wird, ein nicht gut zu machendes Unheil anrichten. Deshalb muß die erste unserer Forderungen im Interesse des Gesellschaftsschutzes die Erleichterung der Aufnahmen in die Irrenanstalt sein. Die Umwandlung unserer Irrenanstalten in Krankenhäuser hat es allmählich vermocht, das Vorurteil weitester Kreise gegen die Irrenanstalten zu erschüttern, wenn auch leider vielfach noch nicht zu zerstören. Und wer einmal einen Gang durch eine moderne Irrenanstalt gemacht hat, wird fürderhin das

Märchen von der Gummizelle und Zwangsjacke ebenso für abgetan halten, wie das von dem Lebendigbegrabensein der Kranken, von der Unmöglichkeit, mit der Außenwelt in Verbindung zu treten. Mit dieser Erschütterung des Vorurteils gegen die Anstalten schwindet hoffentlich mehr und mehr auch das Vorurteil gegen den Geisteskranken selbst, dem seine Unterbringung jetzt noch oft wie ein Makel anhaftet. Ganz ist dieses Vorurteil noch nicht geschwunden, denn es ist noch nicht viele Jahre her, daß in einem Aufruf einer namhaften Zeitung, der von vielen sehr ernsten Männern der Wissenschaft und des Lebens unterzeichnet war, die Schaffung einer Art Sondergerichts verlangt wurde, das über den der Geisteskrankheit Beschuldigten — dieser Ausdruck wurde tatsächlich gebraucht — zu urteilen hätte.

Diese Idee zeugt von völliger Unkenntnis der Verhältnisse. Der weitaus größte Teil der Erkrankten bedarf der schleunigsten Unterbringung, will man nicht seine Umgebung ernster Gefährdung, den Kranken selbst empfindlicher Schädigung aussetzen. Jede Verzögerung, die von einer Art prozessualen Verfahrens doch unzertrennlich sein würde, vermehrt die Gefahr für die Öffentlichkeit, abgesehen davon, daß auch für den Kranken ein derartiges Verfahren nur Schaden bringen könnte, und auch abgesehen davon, daß durch diese Art des Vorgehens das Vorurteil gegen diese Kranken neue Nahrung gewinnen würde.

Die wenigsten Schwierigkeiten in der Unterbringung der Kranken sind da zu beobachten, wo keinerlei Aufnahmebestimmungen bestehen, wie in den Stadtasylen. Bei einer Umfrage ist mir ausdrücklich von den Leitern der deutschen Stadtasyle versichert worden, daß nie Schwierigkeiten entstanden sind, und auch so gut wie nie Beschwerden über ungerechtfertigte Internierung. Dem wird schon dadurch vorgebeugt, daß die Stadtasyle durchweg auf dem Standpunkte stehen, Kranke, die nicht freiwillig bleiben, nur dann zurückzuhalten, wenn sehr ernste Bedenken der Entlassung im Wege stehen.

Je freiheitlicher das Aufnahmeverfahren gestaltet wird, um so besser für alle. Es ist vorgeschlagen worden, jeden Kranken vor der Aufnahme einer besonderen Kommission vorzuführen. Hierbei sollte, wie sich die Unterzeichner des oben erwähnten Aufrufs vorgestellt hatten, der angeblich Kranke das Recht haben, Beweise für seine geistige Gesundheit, die geprüft werden müssen, vorzubringen und das Recht der Berufung bekommen. Man könnte diesen Vorschlag nicht besser ad absurdum führen, als indem man die Kommission einmal für einige Zeit versuchsweise einführen würde, besonders dann, wenn man diese Kommission gemäß § 832 BGB. zum Ersatz des Schadens verpflichten würde, der durch die Verzögerung der Aufnahme entsteht. Es würden dann schwerlich Leute genug gefunden werden, die der Kommission angehören möchten. Denn wir verlangen ja nicht deshalb die Erleichterung der Aufnahme, weil wir unsere Anstalten füllen möchten, deren größte Not augenblicklich gerade in der Überfüllung liegt, sondern deshalb, weil jeder Tag der Verzögerung für den Kranken und seine Umgebung eine Gefahr bedeutet.

Derselbe Kranke, der innerhalb des Krankenhauses harmlos und gutmütig ist, dessen Erregung bei richtiger Behandlung keinen nennenswerten Grad erreicht, kann in der Freiheit unsägliches Unheil anrichten. Für den Psychiater ist das leider eine alltägliche Erfahrung; aber es ist leicht, auch dem Fernerstehenden einen Einblick in diese traurigen Verhältnisse zu geben. Wer nur die Tageszeitungen daraufhin durchsieht, wird erstaunt sein über die Größe des Elendes, das durch Geisteskranke alltäglich entsteht. Bei weitem der größte Teil der unglücklichen Ereignisse könnte verhindert werden, wenn der Kranke sofort in einer Irrenanstalt Aufnahme finden könnte. Je großzügiger unsere Irrenfürsorge geregelt wird, je mehr das Vorurteil beseitigt wird, daß jemand erst „reif für das Irrenhaus" werden müsse, bevor er in sachverständige Hände kommen darf, um so seltener werden die Schreckenstaten Geisteskranker werden, um so seltener werden wir von verbrecherischen Geisteskranken zu reden haben. Das Interesse der Kranken und das Interesse der Öffentlichkeit werden gleichzeitig am besten gewahrt, wenn die Aufnahme der Kranken in die Irrenanstalten in genau der gleichen Weise gehandhabt wird wie etwa die chirurgischer Kranker in die chirurgische Abteilung eines Krankenhauses.

Auch das darf nicht vergessen werden, daß die Krankheitserscheinungen vielfach infolge der Verzögerung der Aufnahmen durch die Unterbringung in irgendeiner Tobzelle eines kleinen Krankenhauses durch die Zwangsmaßregeln der Umgebung und so gesteigert werden, daß lange Zeit vergeht, bevor die Erregung des Kranken abklingt. Dann gefährdet ein solcher Patient oft noch in der Irrenanstalt monatelang seine Pfleger und die Mitkranken, der bei rechtzeitiger Internierung sich ohne Schwierigkeiten eingelebt hätte und harmlos geblieben wäre. —

Eine weitere unumgänglich notwendige Forderung ist die, daß jeder Fall von psychischer Erkrankung in der Voruntersuchung und im Gefängnis möglichst frühzeitig erkannt werden muß. Es sollte nicht vorkommen dürfen, daß während langdauernder Voruntersuchungen und während der Verhandlung das Vorhandensein einer geistigen Störung der Aufmerksamkeit des Richters entgeht.

Nicht nur um der Gerechtigkeit willen, die es verbietet, einen unzurechnungsfähigen Menschen zu bestrafen. Ich habe zwar zuweilen von Laien, aber auch von Richtern und sogar gelegentlich von Ärzten die Ansicht äußern hören, daß es praktisch gleichgültig sei, ob ein Kranker in einer Irrenanstalt oder in einer Strafanstalt untergebracht sei. Das ist eine äußerst gefährliche Anschauung. Daß jede solche Verurteilung eine schwere Schädigung des so in die Strafanstalten gelangenden Kranken bedeutet, eine Schädigung, die weit über das hinausgeht, was der Richter dem Verbrecher als Strafübel zuerkennen will, ist weniger bedeutsam, als daß eine allgemein anerkannte Grundlage der Strafrechtspflege der ganzen Kulturmenschheit preisgegeben wird. Nur gegen den Zurechnungsfähigen darf die Strenge des Gesetzes Anwendung finden; das Tier, das unmündige Kind und der Kranke müssen von Strafe verschont bleiben. Deshalb ist jede Leichtfertigkeit in dieser Richtung, die der oft schwierigen Entscheidung, ob Krankheit vorliegt oder nicht, aus dem Wege geht, ein Aufgeben einer schon Jahrhunderte alten, ja in die Römerzeit hineinreichenden Kulturerrungenschft, ein Schaden für unser Rechtsempfinden, eine Erschütterung unserer Rechtsgrundsätze. Und deshalb muß gefordert werden, daß jede psychische Erkrankung rechtzeitig erkannt wird.

Die Ausbildung unserer Richter vernachlässigt die psychologischen Kenntnisse fast vollständig und erst recht die psychopathologischen. Wenn auch an den meisten Universitäten

Vorlesungen über Psychopathologie für Juristen gehalten werden, so ist doch deren Besuch durchaus nicht gerade ein allzu eifriger. Das Hören dieser Vorlesungen müßte obligatorisch gemacht werden, ja, es wäre vielleicht sogar angebracht, die Grundlagen der forensischen Psychopathologie zum Gegenstand der Staatsprüfung zu machen. Die Gefahr, daß der Richter sich dann für einen Kenner hält und den Sachverständigen für entbehrlich, ist sehr gering. Denn es ist doch eine alltägliche Erfahrung, daß wirkliches Wissen bescheiden macht und vorsichtig gegenüber dem eigenen Erkennen; sicher besonders auf einem so verantwortungsvollen Gebiete, wie dem der Psychiatrie. Am besten läßt sich mit dem Richter — und dem Arzte — verhandeln, der am meisten versteht und sich der Schwierigkeiten voll bewußt ist. Je größer die Kenntnisse, um so vorsichtiger, um so zurückhaltender das Urteil. Das Hören einer Vorlesung genügt allerdings kaum, um einen ausreichenden Einblick in das Seelenleben psychisch abnormer Menschen zu gewinnen. Diejenigen wenigstens, die ein lebhaftes Interesse für das Strafrecht haben, und die als Untersuchungsrichter oder Staatsanwälte tätig sind oder tätig sein wollen, sollten jede Gelegenheit benutzen, um ihre Kenntnisse in der Psychopathologie zu vertiefen.

Es fehlt nicht an solchen Gelegenheiten. Gefängniskurse, die von den maßgebendsten Fachleuten abgehalten werden, Vorträge, Bücher erleichtern die Erwerbung der notwendigsten Kenntnisse. Aber allen diesen Methoden möchte ich die Demonstrationen und praktischen Übungen vorziehen, bei denen unter Leitung eines Fachmannes der Richter selbst sich ein Urteil zu verschaffen sucht, nicht das Urteil des Fachmannes ohne weiteres übernimmt. Hierzu müßte in viel weiterem Maßstabe Gelegenheit gegeben werden. Ich habe vor Jahren schon einmal mit einem namhaften Strafrechtslehrer den Gedanken erwogen, eine Verbrecherklinik zu halten. In dieser sollte der Strafrechtslehrer die rechtlichen, der Psychiater die psychologischen und psychopathologischen Gesichtspunkte vortragen, und die Hörer sollten insofern beteiligt werden, als sie die Fälle vorher studieren und ihre Ansicht vortragen sollten, die dann in gemeinsamer Diskussion mit den Kursleitern weiter durchgesprochen und erklärt werden sollten. Ich bin überzeugt, daß sich dieser Plan verwirklichen läßt, und daß er außerordentlich fruchtbar wirken würde.

Diese Verbrecherklinik soll nicht etwa dem Zwecke dienen, bei jedem Rechtsbrecher eine geistige Abnormität festzustellen, sondern nur die Fähigkeit des studierenden Juristen schärfen, hinter den scheinbar einfachen Geschehnissen die oft unendlich verwickelten psychologischen Vorgänge zu erkennen und zu analysieren. Zu Streifzügen auf das Gebiet der Psychopathologie wird es dabei Gelegenheit genug geben.

Die Verbrecherklinik ist eine Forderung der Zukunft, die forensisch-psychiatrischen Übungen aber werden jetzt schon an fast allen deutschen Universitäten abgehalten. Hier hat der zukünftige Richter die Möglichkeit, am lebenden Objekt, unter fachmännischer Leitung Kranke zu beobachten, einen Einblick in die Formen der geistigen Erkrankung zu tun, die Schwierigkeiten der Beurteilung diskutieren zu können. Wer selbst je einmal solche Kurse abgehalten hat, der wird mir zustimmen, wenn ich behaupte, daß nichts heilsamer für die Beseitigung aller der üblichen Vorurteile gegen die Wirksamkeit des Psychiaters vor Gericht sein kann als solche Kurse, und mit mir die Freude erlebt haben, der forensischen Psychologie und Psychopathologie warme Freunde gewonnen zu haben.

Auch die nach dem Vorbilde Dresdens in vielen Städten und einigen Ländern, so in Württemberg und Hessen, bestehenden forensisch-psychiatrischen Vereinigungen haben zu einem einheitlicheren Zusammenarbeiten von Juristen und Medizinern geführt. Die stete gegenseitige Anregung hindert die Psychiater vor Einseitigkeit, den Richtern aber schafft sie die Grundlagen zur rechtzeitigen Erkenntnis der Abweichungen von der Norm. Nicht um selbst dann auf eigene Faust Diagnosen zu stellen; es genügt, wenn der Richter merkt oder vermutet, daß eine psychische Erkrankung vorliegt. Die Beurteilung der Art der Erkrankung und deren Bedeutung für die strafrechtliche Verantwortlichkeit und Verhandlungsfähigkeit ist Sache des Arztes. Der Richter wird aber dann leichter imstande sein, nach Anhörung des Sachverständigen sich, wie es ihm das Gesetz vorschreibt, selbst ein Urteil zu bilden, wenn er die Sprache des Arztes zu verstehen gelernt hat.

Mit dem Eintritt des Gefangenen in das Gefängnis mehren sich die Gefahren des Verkennens der beginnenden geistigen Störung. Die Verhältnisse für die Beobachtung sind im Gefängnis so ungünstig wie nur möglich. Auch der Arzt stößt im Gefängnisse allenthalben auf die größten Schwierigkeiten. Er erfährt von den Erscheinungen der geistigen Erkrankung in der Regel erst dann etwas, wenn sie schon sehr ausgeprägt sind. Er sieht die Gefangenen, abgesehen von den vorgeschriebenen, einmal im Monat stattfindenden Besuchen nur dann, wenn sie sich krank melden oder ihm als krank oder krankheitsverdächtig gemeldet werden. Gewiß hat der Arzt das Recht, alle Gefangenen so oft zu besuchen, als er will. Aber da fast ausnahmslos die Gefängnisärzte im Nebenamte tätig sind, so bleibt ihnen gar nicht ausreichend Zeit, um jede beginnende Erkrankung sofort zu erkennen, zumal viele psychisch Erkrankte ängstlich ihre wahnhaften Vorstellungen verbergen und sich nicht so leicht zum Arzt begeben.

Auf die Mitwirkung der Gefängnisangestellten aber ist kaum zu rechnen. Dafür fehlen ihnen meist die Vorkenntnisse, und sie stehen zu sehr unter dem Vorurteil, in dem Gefangenen den verbrecherischen Menschen zu sehen, der stets nur gegen die Gesellschaftsordnung rebelliert und deshalb sich auch der Gefängnisordnung nicht fügen will. Daher die Neigung, auffälligen Erscheinungen erst mit allen Mitteln strenger Disziplin entgegenzutreten, alle ersichtlich abnormen Symptome als Simulation zu betrachten. Ich habe schon wiederholt im Verlaufe dieser Arbeit darauf aufmerksam machen müssen, daß diese Anschauung auf völlig unrichtigen Voraussetzungen beruht.

Es bedarf aber kaum des Nachweises, welche Folgen diese Simulationsriecherei nach sich zieht. Der Arzt erfährt erst dann etwas, wenn die Erkrankung schon sehr vorgeschritten ist, und den Schaden trägt dann der Kranke, der Strafvollzug und nicht zum wenigsten schließlich die öffentliche Irrenfürsorge.

Denn gerade aus diesen verkannten Kranken rekrutiert sich der Stamm stets unzufriedener, nörgelnder, boshafter Kranker, die im verbitterten Kampf gegen jede Anordnung später in den Irrenanstalten so lästig werden. Die Erscheinungen der Erkrankung, die während der Strafverbüßung als Trägheit oder boshafte Widersetzlichkeit gedeutet werden, führen zu andauernden Disziplinierungen; Angriffe der sich verfolgt Glaubenden auf die Beamten zu teilweise recht ernsten Strafen. Alle diese Strafen aber verbittern immer wieder nur von neuem den Kranken und zwingen ihn geradezu in eine Kampfstellung gegen seine Umgebung hinein.

Dem kann nur vorgebeugt werden, wenn jeder Kranke so schnell wie möglich aus dem Strafvollzuge entfernt und einer geeigneten Behandlung zugeführt wird. Fast noch mehr als der Richter muß deshalb der Gefängnisbeamte die Erscheinungen krankhafter Störungen frühzeitig zu erkennen verstehen. Leider stoßen die Ärzte bei diesen Bemühungen auf sehr geringes Verständnis seitens der Gefängnisbeamten. Aber selbst wenn sie dem Arzte volles Vertrauen schenken, fehlt ihnen vielfach jede Fähigkeit, den Arzt in seinen Nachforschungen zu unterstützen und ihn rechtzeitig darauf aufmerksam zu machen, sobald sich irgendwelche auffällige Erscheinungen zeigen.

Auch die Technik des Anstaltsbetriebes, zumal in der Einzelhaft, bringt es mit sich, daß zuweilen der wirkliche Charakter einer psychischen Veränderung lange Zeit unentdeckt bleibt. Der Gefangene ist fast stets allein, die kurzen Besuche der Beamten spielen sich meist so ab, daß ein Einblick in das Innenleben des Gefangenen gar nicht gewonnen werden kann. Die Arbeit ist so einförmig, daß auch trotz der psychischen Erkrankung die Arbeitsleistung nicht unbedingt zu sinken braucht. Man wird nicht einwenden dürfen, daß derartige Kranke unbedenklich im Strafvollzuge deshalb verbleiben können, weil sie keinerlei Anstoß erregen, da die Krankheit weiter fortwuchert und um sich greift, bis ein Stadium erreicht ist, in dem auch der Laie den Zustand nicht mehr verkennen kann.

Nicht in Abrede zu stellen ist, daß auch unter den Strafanstaltsärzten manch einer den Schwierigkeiten der ihm gestellten Aufgabe nicht gewachsen ist. Ich erinnere nur an die erwähnte Bemerkung von Wilmanns, eine Erfahrung, die leider auch anderenorts in reichlichem Maße gemacht worden ist. Auch hier muß der Hebel angesetzt werden, um den Gefängnisärzten zu ermöglichen, ihre Kenntnisse zu erweitern. Gerade für die Ärzte, die ausschließlich im Strafanstaltsdienst tätig sind, wäre es nötig, von Zeit zu Zeit einmal durch einen mehrwöchigen Besuch einer Klinik oder größeren Irrenanstalt mit einem vielseitigeren und anregenderen Material in Berührung zu kommen. Dazu müßte ihnen nicht nur durch Beurlaubung, sondern durch Gewährung von Reisestipendien Gelegenheit gegeben werden. Die geringen dafür aufgewendeten Mittel würden sich reichlich lohnen.

Ich muß an dieser Stelle auch noch eine andere, scheinbar nebensächliche Frage berühren: die, ob es zweckmäßig ist, die Gefängnisärzte im Hauptamt anzustellen und ihnen das Betreiben von Privatpraxis zu untersagen. So ist es vielfach im Auslande, z. B. in Großbritannien und Irland sowie in Italien, bei uns auch auf dem Hohenasperg, in Waldheim und Bruchsal. Es hat gewiß vieles für sich, wenn die Ärzte dadurch in der Lage sind, ihre ganze Kraft in den Dienst ihrer Anstalt zu stellen. Aber es hat auch manches gegen sich. Es bringt die Gefahr der Weltfremdheit mit sich, und vor allem geht den Ärzten allmählich die Erfahrung abhanden, wie sich die leichtesten Formen psychischer Störung abspielen, diejenigen Formen, die in der Sprechstunde des Nervenarztes am häufigsten sind, und deren genaue Kenntnis unerläßlich ist, um schon die ersten Symptome drohender psychischer Erkrankung erkennen zu können. Ich halte es deshalb, soweit es möglich ist, und wo die Abteilungen und Anstalten nicht zu groß sind, für durchaus keinen Fehler, wenn den Ärzten das Betreiben von Privatpraxis gestattet ist. Die ärztliche Versorgung der Strafanstalten und Beobachtungsabteilungen darf natürlich darunter nicht Not leiden.

Um rechtzeitig alle der psychischen Erkrankung Verdächtigen den weiteren Schädigungen durch den Strafvollzug zu entziehen, sind zwei Wege möglich: 1. die regelmäßige Kontrolle durch von der Gefängnisverwaltung unabhängige Fachleute, 2. die Einrichtung von Beobachtungsabteilungen.

Der erste Weg würde selbstverständlich dann überflüssig sein, wenn alle Gefängnisärzte psychiatrisch ausreichend vorgebildet wären, und wenn sie in ihren Bestrebungen seitens des Gefängnispersonals die erforderliche Hilfe fänden. Dann würde das Eingreifen fremder Personen keinen rechten Zweck mehr haben. Belgien und Holland haben den ersten Weg betreten und, wie die Klagen der Berichterstatter beweisen[1]), mit Recht. Es besteht zweifellos innerhalb der Gefängnisverwaltungen viel zu sehr das Bestreben, auch da, wo geistige Störungen als solche erkannt sind, den Strafvollzug fortzusetzen, vorausgesetzt, daß die Organisation der Strafanstalt nicht allzu empfindlich durch die Kranken gestört wird. Auch seitens der Ärzte wird vielfach übersehen, daß der Aufenthalt im Gefängnis für die Besserungsfähigkeit des Kranken im höchsten Grade bedenklich ist. Erscheint der Arzt den Gefängnisbeamten allzu freigebig mit der Bezeichnung eines Gefangenen als psychisch verdächtig, so wird bewußt oder unbewußt die Neigung auftauchen, ihm einzelne Erscheinungen zu verheimlichen.

Alle diese Schwierigkeiten beseitigt das belgische System der regelmäßigen Revision aller Gefängnisse durch einen Fachmann gerade dadurch, daß dieser von der Gefängnisverwaltung völlig unabhängig ist. Und daß ihm alles gemeldet werden muß, wird die Sicherheit der Beurteilung in viel höherem Grade gewährleisten. Auch der Gefängnisarzt wird darin keine mißtrauische Kontrolle seiner Tätigkeit erblicken dürfen, sondern die erfreuliche Ergänzung und eine wertvolle Hilfe bei seinen eigenen Bestrebungen, den Strafvollzug von ungeeigneten Elementen zu befreien. Ich würde es deshalb für wünschenswert halten, wenn auch in Deutschland eine ganz regelmäßige Besichtigung aller Strafanstalten durch Irrenärzte stattfinden würde und halte die Bestimmungen der belgischen Gesetzgebung (S. 106) und die Vorschläge der holländischen Kommission für sehr geeignet, als Grundlage einer solchen Einrichtung zu dienen.

Der zweite Weg ist die Errichtung von Beobachtungsabteilungen. Jeder einer psychischen Erkrankung Verdächtige sollte so schnell wie möglich einer Beobachtungsabteilung zugeführt werden. So schnell wie möglich deshalb, weil er dort im Falle der Erkrankung in fachmännische Behandlung kommt, und weil er dem gewöhnlichen Strafvollzug dadurch entzogen ist, der für den Kranken nur Schaden bringen kann. Wenn diese Abteilungen richtig organisiert sind, so kann es nicht ausbleiben, daß

---

[1]) Rapport van de Staatskommissie S. 31.

sie den Strafvollzug auf die einfachste Weise von all den Elementen entlasten, die nicht in ihn hineinpassen, daß sie die Strafvollzugsfähigkeit verdächtiger Kranker festzustellen und Heilversuche zu machen erlauben.

Ich werde später auf die besonderen Vorzüge und die Schattenseiten der Beobachtungsabteilungen weiter eingehen, und begnüge mich hier, nur zu betonen, daß ich für die bedeutsamste Aufgabe der Beobachtungsabteilung halte, zu verhindern, daß sich die Kranken unter dem Einflusse der Strafhaft und der Disziplinierungen, denen sie bei zu später Ausscheidung unweigerlich ausgesetzt sind, zu den schwierigen Persönlichkeiten entwickeln, die die Hauptschuld an dem Rufe nach Sonderanstalten tragen.

B. Die Unterbringung gefährlicher Kranker.

Für die Unterbringung der gemeingefährlichen Kranken kommen vier Methoden in Betracht:

1. die Errichtung besonderer Zentralanstalten,
2. die Errichtung von Adnexen an Strafanstalten,
3. die Errichtung von Adnexen an Irrenanstalten,
4. die Verteilung aller Kranker auf die zuständigen Heil- und Pflegeanstalten ohne jede Sondereinrichtung.

1. Die Zentralanstalten.

Die älteste Zentralanstalt ist in Irland im Jahre 1850 zu Dundrum errichtet worden. Ihr folgten später mehrere amerikanische und einige europäische. — Zurzeit bestehen Zentralanstalten für irre Verbrecher in England (Broadmoor), in Irland (Dundrum), in Italien (Aversa, Montelupo, Reggio Emilia) und eine in Norwegen (Tronthjem).

Über die Ergebnisse gehen die Ansichten außerordentlich auseinander. Naecke[1]) schließt seine Darstellung der Zentralanstalten mit den Worten: „Auf alle Fälle sehen wir in England und Amerika, daß es nicht am System liegt, wenn die Sache mißrät, wie in Italien, sondern an der Ausführung desselben. Man

[1]) Naecke: Die Unterbringung geisteskranker Verbrecher, Halle a. d. Saale 1902.

kann also den Versuch, Zentralanstalten zu bauen, nicht als gescheitert ansehen."

Ich kann Naecke, der übrigens selbst kein Anhänger der Zentralanstalten ist, nicht beistimmen. Nach meiner persönlichen Überzeugung betrachte ich tatsächlich den Versuch, Zentralanstalten zu errichten, als gescheitert. Ich kann mich dabei nicht auf die amerikanischen, mir unbekannten Verhältnisse einlassen, obgleich von dort die Berichte nicht immer sehr erfreulich klingen. Aber gerade die europäischen Verhältnisse haben mich zur Überzeugung gebracht, daß die Errichtung von Zentralanstalten ein Fehlschlag ist.

Um das zu begründen, müssen wir uns der zwei wichtigsten Gesichtspunkte bewußt sein, die zur Forderung von Sonderanstalten Anlaß geben. Einerseits verlangt die öffentliche Rechtssicherheit Schutz vor den Angriffen gefährlicher Kranker. Anderseits wehren sich die Irrenanstalten gegen die Überschwemmung mit geisteskranken Verbrechern. So erklärte der Deutsche Verein für Psychiatrie noch 1895[1]): „Die Anwesenheit geisteskrank gewordener Verbrecher, namentlich in größerer Zahl in einer Irrenanstalt, verletzt und schädigt die übrigen Kranken empfindlich, erschwert die ‚freie Behandlung' und gefährdet, da die Irrenanstalt gegen Entweichungen solcher Kranken die nötige Sicherheit ohne Verzicht auf den Charakter als Krankenanstalt nicht bieten kann, die öffentliche Sicherheit im hohen Grade."

Ich will hier nicht nochmals darauf eingehen, daß und warum die Scheidung zwischen geisteskranken Verbrechern und verbrecherischen Geisteskranken unhaltbar ist (S. 24), nicht darauf, daß die in dem erwähnten Beschlusse der deutschen Irrenärzte wiedergegebene Anschauung von der großen Gefährdung der modernen Irrenpflege durch geisteskranke Verbrecher mindestens stark übertrieben ist. Gewiß aber tritt das eine aus all den unendlichen Diskussionen hervor, der wesentlichste Grund des Verlangens nach Sondereinrichtungen war das Bedürfnis, unbequeme Elemente aus den Irrenanstalten auszuscheiden.

Wird denn nun aber die Anstalt in Broadmoor, die Näcke geradezu als Musteranstalt bezeichnet und auf die immer

---

[1]) Allg. Zeitschrift für Psychiatrie, Bd. 52 S. 841.

wieder hingewiesen wird, der Aufgabe gerecht, die Irrenanstalten von den geisteskranken Verbrechern zu entlasten? Unter 759 dort untergebrachten Kranken waren im Jahre 1905 nur 62 = 6,7 % geisteskranke Verbrecher, unter den 55 Zugängen des gleichen Jahres nur 4 = 7,3 %. Daraus ergibt sich schon, daß Broadmoor gar nicht dem Typus der Bewahrungsanstalt für geisteskranke Verbrecher entspricht, daß diese vielmehr in stets wachsendem Umfange durch die verbrecherischen Geisteskranken verdrängt werden.

Genau das gleiche beobachten wir in dem Kriminalasyl zu Dundrum, wenn auch dort der Prozentsatz der irren Verbrecher etwas größer ist. 1904 waren dort nur 17,4 % aus dem Strafvollzug in das Asyl überführte Männer, alle übrigen gehören in die Gruppe der infolge geistiger Störungen mit dem Strafgesetz in Konflikt gekommenen Personen. Der Grund für diese allmähliche Verschiebung des Krankenbestandes liegt in den Bestimmungen für Broadmoor und Dundrum. Nach diesen bleiben, wie ich auf S. 122 auseinandergesetzt habe, freigesprochene Kranke dort „solange es dem Könige gefällt“. Ganz anders ist es aber mit den geisteskranken Verbrechern. Sie kehren entweder, falls sie gebessert sind, in den Strafvollzug zurück und werden dann nach Verlauf der Strafe wieder in die Freiheit entlassen, oder, falls sie noch nicht genesen sind, einer Irrenanstalt zugewiesen, aber nicht der Kriminalanstalt, sondern einem gewöhnlichen Landesasyl. Das gleiche findet statt, wenn die Strafzeit während der Dauer des Aufenthaltes in Broadmoor und Dundrum abläuft; auch dann dürfen die Kranken nicht dort bleiben, sondern werden in die zuständigen Heimatsanstalten überführt. So muß sich, da die Strafzeit ja durchweg zeitlich begrenzt ist, der Krankenbestand in wachsendem Maße aus gefährlichen Kranken zusammensetzen, während die geisteskranken Verbrecher immer wieder in die gewöhnlichen Irrenanstalten abgeschoben werden.

Ich will zugeben, daß dieses Verfahren, das unseren Wünschen gerade entgegengesetzt ist, nicht unabänderlich ist, und daß es sehr wohl möglich wäre, ein Zentralasyl nach andern Gesichtspunkten einzurichten. Aber meine Ausführungen zeigen wohl, daß, selbst wenn Broadmoor sonst als Musteranstalt gelten dürfte, die Berufung auf diese Anstalt nicht als Stütze der Forderung nach einem Kriminalasyl für geisteskranke Verbrecher benutzt werden kann. Auf alle Fälle verfehlt Broadmoor vollständig den Zweck, die Irrenanstalten von den gefährlichen geisteskranken Verbrechern zu entlasten. Mit diesen müssen sich die Anstalten abfinden, während sich in Broadmoor die weit weniger bedenklichen Menschen anhäufen.

Aber Broadmoor und in gleicher Weise Dundrum lehren noch etwas anderes und Wichtigeres. Von den in Broadmoor in 42 Jahren aufgenommenen Kranken sind 55 % wegen Mordes, Mordversuch und Totschlags angeklagt, aber wegen ihres Geisteszustandes freigesprochen oder außer Verfolgung gesetzt worden. Die Zahl der gleicher Delikte Beschuldigten im Bestande des Jahres 1905 dagegen betrug 83 %. Der Vergleich dieser Zahlen lehrt, daß die Entlassung der Kranken nicht von ihrer Gefährlichkeit, sondern von der Schwere des Delikts abhängig gemacht wird. Gewiß wird unter den wegen Mordes und Totschlags eingewiesenen Kranken ein großer Teil als gefährlich gelten müssen, aber gewiß nicht alle 642 Personen. Es gibt gerade unter den Kranken, die im Affekt einen Angriff auf ihre Umgebung gemacht haben, sehr viele, die später, wenn sie im weiteren Verlaufe ihrer Psychose stumpf und affektlos geworden sind, völlig harmlos sind. Aber die Entlassung der Kranken hängt nicht von dem Arzte, sondern von dem „home office" ab, und dieses wird, wie stets bei der Beurteilung nach den Akten, besonders zurückhaltend sein, wenn es sich um schwere Delikte handelt. Tatsächlich stößt, wie ich bereits S. 124 erwähnt habe, die Entlassung der „solange es dem Könige gefällt" eingewiesenen verbrecherischen Geisteskranken oft auf die allergrößten Schwierigkeiten; so kommt es, daß in England und in Irland derjenige, dessen Erkrankung nicht schon während der Untersuchungshaft, sondern erst nach seiner Verurteilung entdeckt wird, sehr viel größere Aussichten hat, wieder in die Freiheit zu kommen, als ein Kranker, dessen Verbrechen vielleicht sogar nur in einem einfachen Selbstmordversuch bestanden hat.

Ich habe absichtlich den Selbstmordversuch hier nochmals erwähnt, weil dadurch eine andere Seite des Kriminalasyls beleuchtet wird. In Broadmoor waren 20, in Dundrum 3 Kranke wegen dieses, allerdings nur in England und Irland strafbaren Delikts untergebracht. Ein Melancholischer also, der sich infolge seiner krankhaften Gemütsstimmung das Leben nehmen will, wird in ein Kriminalasyl gebracht, in eine Umgebung, die seine Krankheit nur verschlimmern kann. Von einer Gefährdung der öffentlichen Rechtssicherheit kann aber doch gerade bei diesen Kranken gar keine Rede sein. Jede Überwachungsabteilung bietet größere Gewähr gegen eine Wiederholung der Verzweiflungstat und — bessere Heilungsaussichten.

Ist es nun nicht außerdem eine sinnlose Verschwendung, wenn für solche Kranke kostspielige Bauten und Einrichtungen in Anspruch genommen werden? Und beweist es nicht außerdem, daß die Gesetze durchaus nicht gleichmäßig zur Anwendung kommen? Vom Jahre 1863 — der Eröffnung des Kriminalasyls — bis Ende 1904 also in 42 Jahren, wurden im ganzen 20 Fälle von versuchtem Selbstmord in Broadmoor aufgenommen, also bei weitem weniger, als ich jedes Jahr wegen der gleichen Vorgänge in meiner Klinik allein aus der Stadt Köln aufnehme.

Wenn England auch an Häufigkeit der Selbstmorde nicht unerheblich hinter Deutschland zurückbleibt, so dürfte doch die Zahl der geglückten Selbstmorde — genaue Zahlen stehen mir nicht zur Verfügung — in England im Jahre mindestens 2000 betragen. Erfahrungsgemäß spielen gerade beim Selbstmord psychische Störungen eine bedeutende Rolle. Fand doch Gaupp[1]) innerhalb zweier Jahre unter den 124 Selbstmordkandidaten, die der psychiatrischen Klinik in München zugewiesen wurden, nur eine einzige geistig gesunde Person, aber 44 ausgesprochen Geisteskranke. Da nun die Versuche noch erheblich häufiger sind, so ergibt sich — bei einer Annahme von nur 10 % Geisteskranken — die geradezu grotesk wirkende Erscheinung, daß unter den bei weitem mehr als 10000 Selbstmordkandidaten, bei denen eine geistige Störung vorhanden war, nur 20 das Unglück hatten, staatlicher Fürsorge teilhaftig zu werden!

Das Beispiel der Selbstmörder ist vielleicht das schlagendste;

---

[1]) Gaupp, Über den Selbstmord. München, Gmelin 1910.

aber es ist doch wohl auch nicht zweifelhaft, daß diese Ungleichheit vor dem Gesetze auch auf die anderen Verbrechen Geisteskranker zutrifft. Das mag noch an einem anderen Beispiel erwiesen werden. Unter den Gesamtaufnahmen der ersten 42 Jahre sind nur 40 Kranke, die wegen Angriffe (defilement) auf Kinder und unzüchtiger Handlungen an Frauen in Broadmoor eingeliefert worden, davon 16 aus Gefängnissen und Zuchthäusern. Gerade bei Sittlichkeitsverbrechern ist aber die Zahl der geistig Abnormen besonders groß. Sollte nun wirklich in England jedes zweite Jahr nur ein Fall wegen Geisteskrankheit außer Verfolgung gesetzt werden? Das ist ausgeschlossen. Es bleibt also nur übrig, anzunehmen, daß nur ein verschwindend kleiner Bruchteil der geisteskranken Sittlichkeitsverbrecher nach der Freisprechung in Broadmoor Aufnahme findet.

Naecke[1]) verwirft das Zusammenbringen von irren Verbrechern und verbrecherischen Irren. „Es ist dieses für die verbrecherischen Irren quasi ein Kainszeichen für spätere Zeiten, und man müßte konsequenterweise, was schon vorgeschlagen wurde, auch unbescholtene, aber gewalttätige und demoralisierende Kranke der gewöhnlichen Anstalten ihnen zugesellen, die ja jeden Augenblick ein Verbrechen begehen können.“

Es ist nicht zu verkennen, daß der Makel, den Naecke schon allein von dem Zusammensein unbescholtener, wenn auch gefährlicher Kranken mit ehemaligen Verbrechern in den gewöhnlichen Irrenanstalten befürchtet, sicher erst recht den Kranken des Kriminalasyls anhaftet. Man stelle sich nur die Empfindungen vor, die einen von seiner Melancholie geheilten Menschen verfolgen müssen, wenn er sich des Aufenthalts im Kriminalasyl erinnert und die Scheu seiner Umgebung vor dem so Gebrandmarkten merkt. Man darf dabei nicht außer acht lassen, daß die Maßregel der Internierung in Broadmoor von allen in ihrer Krankheit mit den Strafgesetzen in Konflikt Gekommenen nur einen kleinen Teil trifft. Darin liegt für jeden einzelnen, den dieses Schicksal zufällig trifft, nicht nur eine unverantwortliche Ungerechtigkeit, sondern auch eine unverantwortliche Härte. Vor allem aber geht Naecke von der falschen Voraussetzung

---

[1]) A. a. O.

aus, daß dank dem Bestehen der Anstalt Broadmoor die harmlosen Kranken und die verbrecherischen Geisteskranken von der Berührung mit geisteskranken Verbrechern verschont blieben, während genau das Umgekehrte zutrifft.

Auch noch ein anderes Bedenken kann nicht unerwähnt bleiben, die enormen Kosten aller Kriminalasyle. Dies zahlenmäßig zu belegen, dürfte nicht leicht sein. Immerhin erscheinen mir die irischen Zahlen, die einzigen, die ich finden konnte, beachtenswert. Die Durchschnittsausgabe [1]) auf den Kopf der Insassen der sämtlichen Distriktsanstalten Irlands beträgt im Jahre 23 £ 12 s 10 d, der im Kriminalasyl Untergebrachten 45 £ 9 s 9, also fast das Doppelte. Diese enorme Steigerung der Ausgaben für die Kriminellen ist bedingt durch die außerordentlich große Zahl des notwendigen Personals. Schwerer fällt vielleicht noch ins Gewicht, daß die Anlage eines Kriminalasyls selbst wegen der Kompliziertheit der Baulichkeiten und der Inneneinrichtungen besonders kostspielig ist, wenn der Zweck sicherer Überwachung erreicht werden soll. Das alles wäre durchaus zu billigen, wenn stets nur solche Kranke dort untergebracht würden, die dessen bedürfen. Das ist aber nach meinen Ausführungen eben nicht der Fall, und so kommt zu allen Fehlern Broadmoors noch der der Vergeudung des Nationalvermögens ohne zwingenden Grund.

Wie ich in der Beschreibung Broadmoors und Dundrums näher ausgeführt habe, entspricht aber schließlich auch der ganze Charakter der Kriminalasyle nicht den in der Literatur zuweilen ausgesprochenen Anschauungen. So meint Dannemann [2]): „Durch das gesamte Wesen der öffentlichen Fürsorge in England und Amerika geht ein großer philanthropischer Zug. Das gibt eine Gewähr dafür, daß in diesen Anstalten nach humanen Grundsätzen gehandelt wird.“ Leider kann ich dem für Broadmoor nicht beistimmen. So erfreulich mich in England der humane Zug in der Behandlung der Zwangs- und Fürsorgezöglinge in den Fürsorgeerziehungsanstalten berührt hat, für Broadmoor kann ich das nicht behaupten. Gewiß wird auch dort ohne Zwangs-

[1]) Fifty-forth rapport of the inspectors of lunatics (Ireland) 1905. S. 3 und 47.

[2]) A. a. O S. 30.

mittel behandelt. Aber die riesenhohen Mauern geben der Anstalt den Charakter des Gefängnisses. Unzulängliche Beschäftigung prägt den Anstaltsinsassen einen Zug stumpfsinnigen Hindämmerns ein, das jeder auf Besserung gerichteten Bestrebung im Wege steht. Die ängstliche Scheu vor Angriffen ist mir in Broadmoor wie in Dundrum unendlich viel mehr aufgefallen als je in einer Strafanstalt. In Broadmoor betritt der Arzt einige Abteilungen erst, nachdem er durch ein Klingelsignal die Pfleger auf sein Kommen aufmerksam gemacht hat. In Dundrum ging in einem Hofe hinter fast jedem Kranken ein Wärter. Ich konnte mich eines bedrückenden Eindrucks nicht erwehren, selbst wenn ich die überflüssige zweifarbige Kleidung in Dundrum außer acht lasse.

Das Gesamturteil über Broadmoor und Dundrum lautet also: Die Aufgabe, die Irrenanstalten von irren Verbrechern zu entlasten, bleibt ungelöst. Aber auch die andere Aufgabe, die Rechtssicherheit zu gewährleisten, wird nur zum kleinsten Teil gelöst. Denn da nur ein verschwindend kleiner Teil der gefährlichen Kranken aufgenommen wird — zu den gefährlichsten z. B. gehören doch wohl die Sittlichkeitsverbrecher — und gleichzeitig die geisteskranken Verbrecher nach Ablauf der Strafzeit in die gewöhnlichen Irrenanstalten kommen, von wo sie leichter entweichen können, so bleibt die Gefährdung der öffentlichen Rechtssicherheit bestehen. Dazu kommt schließlich noch, daß die Versorgung der Kranken selbst nicht so sehr vom ärztlichen als vom Verwahrungsstandpunkt aus geschieht, so daß also auch nach dieser Richtung viel zu wünschen bleibt.

Schlimmer sind die Verhältnisse in Italien. Die 3 bisher in Betrieb befindlichen Kriminalasyle sind in erster Reihe und weit ausgeprägter als in England zur Unterbringung der geisteskranken Verbrecher bestimmt. In Aversa kommen auf 132 Kranke 102 Verurteilte, in Montelupo auf 365 : 325 und in Reggio-Emilia auf 161 : 130. Also immerhin ein ganz erhebliches Überwiegen der geisteskranken Verbrecher (85 %).

Aber auch dieses Prinzip wird immer mehr in Frage gestellt durch die Weigerung des Staates, für die condannati nach Ablauf der Strafe die Kosten zu tragen. Da die Verpflegung im Kriminalasyl kostspieliger ist, als in den gewöhnlichen Irrenanstalten, so gehen die Provinzen mehr und mehr dazu über, diese Kranken in eigene Obhut zu nehmen. Auch die giudicabili, die Untersuchungsgefangenen, deren Aburteilung sich wegen geistiger Erkrankung nicht ermöglichen läßt, und die deshalb oft jahrzehntelang als giudicabili gelten, sollen in die Provinzialanstalten überführt werden, weil auch bei ihnen der Staat die Kosten nicht übernehmen will. Sollte dieser Streit um die Kosten keine gute Lösung finden, so würden wir also auch in Italien bald das Schauspiel erleben, daß der verbrecherische Geisteskranke in dem manicomio criminale verbleibt, der geisteskranke Verbrecher aber in den einfachen Irrenanstalten mit ihren unendlich viel besseren äußeren Verhältnissen Aufnahme findet.

Denn daß die italienischen Kriminalanstalten durchaus den Typus des Gefängnisses tragen, und zwar noch dazu eines durchaus nicht modernen Gefängnisses, habe ich bei der Beschreibung der 3 Anstalten hervorgehoben: Die baulichen Einrichtungen sind unzulänglich, und besonders in Aversa von einer erstaunlichen Primitivität. Schlimmer ist der Mangel an Arbeitsgelegenheit. Hunderte von Menschen lungern beschäftigungslos umher. Vielleicht hat Aversa, trotz seiner baulichen Ungeheuerlichkeiten deshalb auf mich einen weniger üblen Eindruck gemacht als Reggio-Emilia, weil in Aversa ein großer Teil der Kranken mit einem Umbau beschäftigt war, während es in Reggio-Emilia völlig an Arbeitsgelegenheit mangelte.

Die Scheidung der Kranken in die Gruppen der Angeklagten, Verurteilten und Freigesprochenen erschwert den Betrieb, hindert aber den Verkehr der — ohne ausreichenden Grund — getrennt zu haltenden Kranken nicht. In Montelupo und Reggio-Emilia fiel mir der übertriebene Gebrauch von Zellen auf, besonders auch dadurch, daß die eigentümliche Art, die Zellen nur einen Spalt weit zu öffnen, dem Verkehr des Personals mit den Kranken den Stempel ängstlicher Scheu aufdrücken muß. In Aversa wird, was durchaus zu billigen, das Recht in einem Einzelzimmer zu schlafen, als Belohnung betrachtet.

Auch der Mißbrauch der Zwangsmaßregeln ist zu beanstanden. Das Beispiel des Kranken, der sich trotz der

Zwangsjacke erhängte[1]), beweist, wie bedenklich es ist, sich auf mechanischen Zwang zu verlassen. Andererseits dürfte gerade das Beispiel Aversas lehren, daß die ängstliche Scheu, den Kranken Arbeitswerkzeuge in die Hände zu geben, durchaus unbegründet ist. Gerade in der Arbeit liegt ein wertvolles Gegenmittel gegen die Verblödung der Kranken. Außerdem könnten durch eine sinnvolle Ausnutzung der Arbeitskraft dieser großen Menschenmasse, die zum Teil aus kräfttgen und arbeitsfähigen, sicher auch zum Teil aus arbeitswilligen Menschen besteht, die großen Kosten der Kriminalasyle verringert und die Einnahmen zu einer Verbesserung der Bauten und der Inneneinrichtungen verwandt werden, denn auch diese lassen überaus viel zu wünschen übrig.

Schließlich verdient auch für Italien hervorgehoben zu werden, daß sich in den Kriminalasylen viele Kranke befinden, die unbedenklich in jeder gewöhnlichen Irrenanstalt leben könnten. Gesetzlich ist die Entlassung solcher Kranken aus dem Kriminalasyl möglich, aber offenbar nicht leicht zu erreichen.

Das Kriminalasyl in Tronthjem genügt den Bedürfnissen Norwegens mit seinen 36 Plätzen vollständig, wie die Tatsache beweist, daß nicht alle zur Verfügung stehenden Plätze besetzt sind. — Das Gericht überweist freigesprochene Kranke je nach Bedürfnis den gewöhnlichen Irrenanstalten oder dem Kriminalasyl. In letzteres sollen nur solche Kranke kommen, die besonders bedenklich sind. Eben derselbe Gesichtspunkt ist für die Unterbringung der geisteskranken Sträflinge maßgebend.

Die baulichen Einrichtungen sind reichlich einfach, aber der Eindruck der Anstalt war trotz mancher Mängel ein guter. Vielleicht deshalb, weil die Kranken nach Möglichkeit beschäftigt werden. Auch das betrachte ich als eine wertvolle Maßregel, daß die arbeitenden Kranken, wie übrigens auch in Montelupo für den Tag 15 Öre bekommen und das verdiente Geld nach Belieben, wenn auch unter Aufsicht des Arztes, verwenden können.

Das norwegische Kriminalasyl bildet eine Verwahrungsanstalt für geisteskranke Verbrecher und verbrecherische Geistes-

---

[1]) S. 155.

kranke, mit Einschluß einzelner gefährlicher Kranker, die keine strafbaren Handlungen verübt haben. Aber Tronthjem kann doch nicht gut als Beweis für die Zweckmäßigkeit der selbständigen Kriminalasyle betrachtet werden. Denn die Anstalt könnte genau so gut oder sogar noch besser wegen der leichteren ärztlichen Versorgung als Adnex einer Irrenanstalt bestehen; und es dürfte wohl noch weiter in Frage kommen, ob nicht die wenigen dort untergebrachten Kranken auch auf die verschiedenen Landesabteilungen verteilt werden könnten, ohne daß dadurch die öffentliche Rechtssicherheit Not leiden müßte.

2. Adnexe an Strafanstalten.

Die Unterbringung gefährlicher Kranker in Strafanstalten tritt uns in drei ganz verschiedenen Formen entgegen. Die erste wird durch die Beobachtungsabteilungen dargestellt, die zweite durch Abteilungen, in denen der Kranke bis zum Strafende verbleibt, die dritte durch Adnexe mit mehr oder weniger ausgeprägter Unabhängigkeit von der Strafanstalt, aus denen die Kranken auch nach Ablauf der Strafe nicht entlassen werden, und die zum Teil sogar Kranke aufnehmen, die mit den Gerichten überhaupt nicht in Konflikt gekommen sind.

a) Beobachtungsabteilungen.

Die einzigen reinen Beobachtungsabteilungen sind die in Hamburg und vor allem die den preußischen Strafanstalten angegliederten Abteilungen in Breslau, Graudenz, Halle, Köln, Moabit und Münster. Sie dienen einerseits der Behandlung kurzdauernder Psychosen, andererseits der Auslese der für den Strafvollzug ungeeigneten Kranken. Im Prinzip bin ich ein begeisterter Anhänger der Idee. Sie ermöglicht, jeden Gefangenen, der irgendwie auffällig ist, sofort und ohne große administrative Schwierigkeiten in eine geeignetere Umgebung zu versetzen. Vielfach handelt es sich bei solchen Menschen nur um eine psychogene, übertrieben starke Reaktion auf wirkliche oder vermeintliche Schädigungen. Die auf empfindlichen Gemütern unheilvoll lastende Absperrung von der Außenwelt, die Eintönigkeit des Lebens, das Schweigegebot, die Knappheit der dem Spazierengehen im Freien vorbehaltenen Zeit, der Mangel an Unterhaltung und Anregung, der leider vielfach herrschende stumpfe Geist der Strafanstalt, unvermeidliche Differenzen mit dem Aufsichtspersonal, quälende Angst um die Zukunft, all das kann zu Symptomen führen, die den Eindruck einer beginnenden Geisteskrankheit machen. Für diese — meiner, von der mancher Kollegen allerdings abweichenden, Ansicht nach allerdings seltenen — Fälle genügt meist die Versetzung in eine psychiatrisch geleitete Krankenabteilung, um bald Beruhigung zu erzielen. Häufiger sind die Fälle, in denen leicht schwachsinnige, epileptisch reizbare und psychopathische Charaktere die starre Disziplin nicht ertragen, zumal dann nicht, wenn die Anstaltsleiter für solche Zustände kein Verständnis haben. Auch für diese Kranke kann ein kurzer Aufenthalt in der Irrenabteilung segensreich wirken. Der ärztliche Einfluß des Psychiaters, verständige Aufklärung, unter Umständen auch eine medikamentöse oder sonstige Behandlung ermöglichen es recht oft, die Kranken soweit herzustellen, daß sie den Rest der Strafe anstandslos verbüßen können.

Die Hauptaufgabe der Irrenbeobachtungsabteilungen ist die Feststellung der Strafvollzugsfähigkeit. Scheitert der Heilungsversuch — und auch bei ausgeprägter geistiger Erkrankung treten die krankhaften Symptome in einer ärztlich geleiteten Abteilung oft überraschend schnell zurück —, so wird der Kranke für strafvollzugsunfähig erklärt und einer Irrenanstalt zugeführt. Zur Beurteilung der Strafvollzugsfähigkeit ist der Arzt einer Beobachtungsabteilung zweifellos besser vorgebildet, als die meisten Ärzte in den gewöhnlichen Irrenanstalten, die doch nicht immer eine richtige Vorstellung haben, welche Wirkung die Strafverbüßung auf einen von einer Psychose halb oder vielleicht sogar ganz Genesenen ausüben kann. Neben den oben angeführten Schädigungen, zu denen bei manchen Kranken noch das Fehlen von Luft und Licht kommt, deren ein krankes Gemüt mehr bedarf als ein gesundes, wirkt als besondere Gefährdung die strenge Wahrung der Hausordnung. Im Interesse der Anstaltsdisziplin ist die Aufrechterhaltung der Ordnung unentbehrlich. Der genesene Kranke wird deshalb mit Disziplinierungen nicht verschont werden können, verträgt sie aber nicht. All das zusammen erklärt es, warum bei vielen Kranken, die ganz unbedenklich in der Irrenanstalt leben oder sogar in die Freiheit zurückkehren könnten, im Strafvollzug sofort die wahnhaften Vorstellungen, die Sinnestäuschungen, die krankhaften Affekte wieder zum Vorschein kommen.

Dieser Gefahr sind sich wohl viele Irrenärzte nicht ausreichend bewußt; sie kennen zu wenig den Strafvollzug selbst. Und so beginnt dann das bekannte traurige Spiel: Der Zustand des Kranken bessert sich in der Irrenanstalt; er wird für strafvollzugsfähig erklärt. Kaum im Gefängnis wieder angelangt, erkrankt er von neuem und wird wieder in die Irrenanstalt zurückverbracht.

Man könnte allerdings wohl die Frage aufwerfen, ob überhaupt diese Rückverbringung ins Gefängnis nach eingetretener Heilung unbedingt nötig ist. Ist der Kranke geheilt, so wird man wohl dem Staate das Recht nicht abstreiten können, die weitere Verbüßung der einmal verhängten Strafe zu verlangen. Aber in den meisten Fällen handelt es sich nicht um geheilte Kranke, sondern nur um ein Zurücktreten der Krankheitserscheinungen, das mit der Heilung nur äußerliche, scheinbare Ähnlichkeit hat.

Das preußische Verfahren, den Strafvollzug mit der Überführung in die Irrenanstalt zu unterbrechen, ist in dieser Richtung äußerst bedenklich. Die Monate, die der Kranke in der Irrenanstalt verbringt, werden nicht als Strafverbüßung angesehen. Ist dann der Kranke soweit gebessert, daß er in die Freiheit entlassen werden könnte, — ich setze voraus, daß das ohne Gefahr für die Öffentlichkeit geschehen kann — so erhebt die Strafvollzugsbehörde den Anspruch, die Strafverbüßung fortzusetzen. Im Gefängnis aber erfolgt dann wieder der Zusammenbruch. Und selbst wenn der Kranke für noch nicht strafverbüßungsfähig erklärt und in die Freiheit entlassen wird, schwebt vor seinen Augen immer und immer wieder das Gespenst der drohenden Einziehung zur Strafverbüßung. Gewiß nicht zum Besten seiner Gesundheit.

Ein Strafübel in dem Sinne, wie es der Strafvollzug ist, wird in der Internierung in einer Irrenanstalt nicht gefunden werden können. Genügt aber dieses Bedenken, um die im Anschluß an die Strafhaft in einer Irrenanstalt verbrachte Zeit anders zu beurteilen, wie die Strafhaft selbst? Ich glaube nicht, denn man darf nicht vergessen, daß es sich dabei um Kranke handelt. Man darf weiter nicht übersehen, daß gerade viele besonnene kriminelle Kranke unter der Zurückhaltung in Irrenanstalten empfindlich leiden, teils aus wahnhaften Motiven, weil sie sich zu Unrecht für krank erklärt glauben, vielfach aber auch, weil sie die Vorstellung quält, kein Ende ihres Irrenanstaltsaufenthaltes absehen zu können, während die Strafhaft mit dem genau berechneten Tag des Strafendes ihnen die Freiheit wiedergibt. Aus all diesen Gründen empfiehlt es sich, die Ausnahmestellung der Geisteskranken aufzugeben, und ihnen, wie den anderen Kranken den Aufenthalt in einem Krankenhause auf die Strafhaft anzurechnen, wie es ja in vielen Ländern, z. B. in Holland üblich ist.

Gegen die Gefahr einer vorzeitigen Rückversetzung in die Strafanstalt, können die Beobachtungsabteilungen gemäß der ihnen in Preußen gegebenen Organisation den Kranken schützen. Bevor ein Kranker, der aus der Beobachtungsstation in eine Irrenanstalt überführt wurde, zur Weiterverbüßung seiner Strafe ins Gefängnis wieder aufgenommen werden darf, muß er stets noch einmal dem Urteil des Leiters der Beobachtungsabteilung unterstellt werden. Der Aufenthalt in dieser aber wird von neuem als Strafverbüßungszeit berechnet. Mancher Kranke kann aber in einer solchen Anstalt ohne Bedenken noch monatelang bleiben, der den Aufenthalt in der Strafanstalt nicht ertragen könnte. Besonders wertvoll erscheint dabei die Möglichkeit, einen solchen Kranken nach eingetretener Besserung nicht in die Strafanstalt, aus der er kommt, zurück zu liefern, sondern ihn in der zu lassen, der die Beobachtungsabteilung angegliedert ist. Dann kann der Psychiater der Station ihn besser im Auge behalten und ihn bei jeder, auch der leisesten Verschlimmerung sofort wieder in die Krankenabteilung zurückversetzen. So gelingt es zuweilen, Kranke bis zum Strafende im Strafvollzug zu behalten.

Der enge Zusammenhang mit der Strafanstalt ermöglicht ein leichtes Hin- und Hertransportieren, eine versuchsweise Zurückversetzung in den Strafvollzug ohne langwierige Verhandlungen. Das ist ein großer Vorzug der Beobachtungsabteilungen, die den Strafanstalten angegliedert sind. Dagegen möchte ich den oft gehörten Einwand nicht gelten lassen, daß die Angliederung einer solchen Beobachtungsabteilung an eine Irrenanstalt statt an eine Strafanstalt geradezu zur Vortäuschung geistiger Störung Anlaß geben müsse. Es liegt ja vielfach für den Unerfahrenen nahe, anzunehmen, daß sich ein Strafgefangener leicht eine Zeit weniger strenge Disziplin, besserer Verpflegung, größerer Freiheit, ja vielleicht sogar die Möglichkeit zu Entweichungen verschaffen könnte, wenn er durch Vortäuschung von Geisteskrankheit seine Überführung in eine Irrenanstalt durchsetzen könnte. Die Erfahrung zeigt, daß diese Befürchtung unrichtig ist. Das Gleiche müßte doch in Preußen, wo keine Beobachtungsabteilungen für Frauen bestehen, und die Frauen sofort in die Irrenanstalten kommen, seitens der kranken gefangenen Frauen erwartet werden müssen, das Gleiche in Ländern und Staaten, die jeden erkrankten Gefangenen ohne weiteres in die Irrenanstalt überführen. Von alledem ist aber wenig zu beobachten. Das sicherste Mittel gegen solche Versuche ist die Sachkenntnis der Ärzte. An ihr scheitert der Versuch der Simulation; sie verhindert gleich von vornherein schon die Neigung der Gefangenen, Geisteskrankheit vorzutäuschen.

Als die Hauptaufgabe der Irrenbeobachtungsabteilung betrachte ich die Ausscheidung der während des Strafvollzugs erkrankten Patienten, bevor aus ihnen die Kunstprodukte geworden sind, die in den Irrenanstalten so sehr gefürchtet werden. Wie sich diese Zustände entwickeln schildert Baer[1]) mit folgenden Worten: „Traurig, nahezu entsetzlich, ist das Los dieser unglücklichen in den Gefangenen- und Strafanstalten. Freilich werden die Gefangenen, welche von einer akuten Psychose, von einer tobsüchtigen Exaltation, von einer schweren, melancholischen Depression befallen werden, in das Anstaltslazarett gebracht; aber auch hier fehlt es an den notwendigen Einrichtungen und vor allem an dem Wartepersonal, das mit Kranken dieser Art umzugehen weiß. Auch hier sind diese Kranken den vielen Unbilden von seiten ihrer Mitgefangenen und nicht minder von Seiten ihrer Wärter

[1]) Baer, Die Hygiene des Gefängniswesens. Jena. Gustav Fischer 1897. S. 155.

ausgesetzt. Und wie lange sind diese Kranken schon vorher gehetzt, gemißhandelt, diszipliniert und bestraft, bevor ihr Zustand den Charakter der Akuität angenommen? Wird doch allen diesen Gefangenen, wenn sie widerspenstig, undisziplinierbar werden, selbst wenn sie Sinnestäuschungen, Wahnvorstellungen verraten, von dem niederen und höheren Beamtenpersonal das größte Mißtrauen entgegengebracht und ihnen, den Simulanten, mit allen Mitteln der Hauszucht lange Zeit entgegengetreten. Krasse Unkenntnis und eingewurzelte Voreingenommenheit wird dem Kranken und dem Arzte in den meisten Strafanstalten entgegen gebracht; viele Fälle chronischen Irrsinns bleiben letzterem und nicht immer ohne Vorsatz verheimlicht. Und die vielen Vernachlässigungen und Mißhandlungen, welche dem Kranken widerfahren, bringen es dahin, daß die in den Strafanstalten geisteskrank gewordenen Sträflinge in den allermeisten Fällen einen besonderen Grad von Bosheit und Roheit zeigen. Dies ist die Frucht der unseligen Behandlung, die vielen dieser Kranken durch Jahre hindurch zuteil wird."

Hier wirken die Beobachtungsabteilungen besonders segensreich. Schon allein die Tatsache, daß die Beamten bei den Strafanstalten mit der Möglichkeit rechnen müssen, durch den Arzt der Irrenbeobachtungsabteilung ihr Vorgehen gegen einen widerspenstigen, die Arbeit verweigernden Menschen kritisiert zu sehen, wird manchen veranlassen, sich die Veränderungen im Charakter des Strafgefangenen etwas näher daraufhin zu betrachten, ob nicht am Ende eine geistige Erkrankung dahinter steckt; und weiterhin wird, wenn immer wieder die sogenannten Simulanten sich schließlich doch als Kranke erweisen auch dieses vielfach so fest eingewurzelte Vorurteil ins Wanken geraten. Der Vorteil dieser veränderten Stellungsnahme kommt in gleicher Weise dem Kranken, dem Strafvollzug und der Irrenpflege zu gute. Dem Kranken, weil er so schnell als möglich einer ungeeigneten Umgebung entzogen und in ein für seine Behandlung passenderes Milieu versetzt wird. Dem Strafvollzug, weil er von diesen bedenklichen, die Gesamtdisziplin schädigenden Elementen entlastet wird, deren Anwesenheit auch auf das Personal, das mit ihnen nicht fertig werden kann, einen üblen Einfluß hat. Der Irrenfürsorge, weil ihr bei rechtzeitiger Überweisung mancher

Kranke als harmlos zugeführt wird, der bei länger dauernder Belassung im Strafvollzug zu einem hetzenden, rohen, dauernd gereizten Menschen werden kann.

Diesen großen Vorzügen der Irrenbeobachtungsabteilungen stehen aber manche recht ernste Bedenken gegenüber. Ich habe schon früher (S. 42) darauf hingewiesen, wie wenig im allgemeinen die Aufgaben dieser Beobachtungsabteilungen seitens der Gefängnisverwaltungen und Gefängnisärzte begriffen werden. Sonst könnte es nicht möglich sein, daß ich in einem einzigen mittelgroßen Gefängnis im Laufe eines Jahres fast soviel Geisteskranke fand, die in die Beobachtungsabteilung aufgenommen werden mußten, wie innerhalb des gleichen Zeitraumes aus den sämtlichen Strafanstalten und Gefängnissen von zweieinhalb großen Provinzen in meine Abteilung eingeliefert wurden. Ich habe auch schon erwähnt, daß die Zentralverwaltung die Ansicht von dem Werte einer möglichst frühzeitigen Auslese der Kranken teilt (S. 44). Es müßte ein stärkerer Zwang zur Benutzung der Abteilungen bestehen.

Aber auch nach anderer Richtung hin sind die Beobachtungsabteilungen nicht richtig organisiert. Ich kann das nicht besser kennzeichnen als durch die Worte, in denen Siefert[1]) seine Erfahrungen zusammenfaßt:

„Die Irrenabteilungen an Strafanstalten sind zum Teil als in mancher Beziehung wertvoll zu bezeichnen, für weibliche Geisteskranke sogar noch zu wünschen, grundsätzlich aber nur als Übergangsform, und ihre endliche Einbeziehung in die allgemeinen Irrenanstalten als wissenschaftliches und humanes Postulat zu betrachten.

Der schwerste Organisationsfehler der Irrenabteilungen in ihrer heutigen Form ist die Verquickung von strafanstaltlicher Beobachtungsstation und Heilanstalt, ist die unvereinbare Vereinigung von ärztlichen und strafbeamtlichen Anschauungen, ist der Aufbau auf einer wandelbaren und täglich gefährdeten persönlichen Harmonie ihrer Leiter, deren Störung den ganzen Organismus in die größten Gefahren bringen kann, ist der falsche Glaube,

---

[1]) Siefert, Über die Geistesstörungen der Strafhaft. Halle a. S., Marhold 1907, S. 231.

daß man ihre Sicherheit erhöht, wenn man ihr den Stempel des Strafhauses gewaltsam aufdrückt und das Aufsichtspersonal lehrt, in dem Kranken nicht den Kranken, sondern den Verbrecher zu erblicken. Beobachtungsabteilungen sind nicht notwendig, da mit Simulation kaum je zu rechnen ist; eine Sicherheitskontrolle ist für die Psychiatrie, die in ihren Anstalten tausende dem Strafvollzug über den Kopf gewachsenen Verbrechern sichern muß, überflüssig und einengend; nur als in rein ärztlichen Formen gedachte und geleitete Heilanstalten sind die Abteilungen daseinskräftig, wahrhaft existenzberechtigt und auch bei primitiven äußern Mitteln erfolgreich in ihrem Wirken. Als Gefangene behandelt, lassen sich die erkrankten Gewohnheitsverbrecher im Rahmen der Irrenabteilung ohne ständige Gefahr und ohne massenhafte widerwärtige Anwendung der Tobzellen nicht halten; als Kranke behandelt, wird man fast spielend mit ihnen fertig und schafft fast ohne jeden Zwang Disziplin, Ruhe, Arbeitsamkeit und, soweit es möglich, Genesung."

Dieses aufrichtige Bekenntnis Sieferts muß den Zentralbehörden zu denken geben, ob es nicht an der Zeit wäre, alle die Schwierigkeiten zu beseitigen, indem man die Anstalten selbständig macht. Es ist schlechterdings nicht einzusehen, warum man dem Arzt die Leitung, auch die administrative, nicht übertragen sollte. Allein die Tatsache schon, daß die Beamten nicht der Disziplinargewalt des Arztes, sondern der des Direktors unterstehen, führt zu den allergrößten Mißhelligkeiten. Das Personal wird bei allen Meinungsverschiedenheiten zwischen Arzt und Gefängnisdirektor nur allzusehr geneigt sein, sich den Wünschen des letzteren anzupassen, von dem sein Fortkommen abhängt. Die Vorschrift, daß der Pfleger der Beobachtungsabteilung vor seinem Dienstantritt erst im Gefängnisdienst ausgebildet werden muß, ist sehr bedenklich. Er lernt dort nur in jedem Kranken den Verbrecher sehen und wird um so mehr geneigt sein, alle krankhaften Erscheinungen für Ausflüsse der Bosheit und Widerspenstigkeit zu halten, als ganz offiziell an der Auffassung festgehalten wird, daß die Kranken der Beobachtungsabteilung nicht als krank, sondern als krankheitsverdächtig anzusehen seien. Dabei haben doch die Erfahrungen der sämtlichen Anstalten gelehrt, daß nur ein kaum nennenswerter Prozentsatz der zur Beobachtung eingewiesenen Gefangenen tatsächlich als nicht ernstlich krank bezeichnet werden kann.

Auch die Verantwortung für die Sicherheit des Personals und der Kranken kann dem Arzt, der die Eigenart der Kranken am besten beurteilen kann, unbedenklich anvertraut werden. Wir haben es in den gewöhnlichen Irrenanstalten mit zahllosen ebenso schwierigen Kranken zu tun und sind damit stets ganz gut fertig geworden. Ich halte es geradezu für unerträglich, daß der Leiter der Strafanstalt das Recht hat, aus Sicherheitsgründen entgegen dem Rat des Arztes Isolierungen von Kranken anzuordnen. Daß in solchen Fällen die vorgesetzte Verwaltungsbehörde die endgültige Entscheidung trifft, ist kein ausreichender Schutz. Einmal fehlt es ihr an der genauen Kenntnis der Persönlichkeit des Kranken, dann aber hat die Isolierung zum Schaden des Kranken bis zum Eintreffen der Entscheidung schon tagelang gedauert.

Ich stehe auf dem Standpunkt, daß es sogar verfehlt ist, Personen, die den Vorgängen in einer Irrenabteilung doch immer nur mit Laienverständnis gegenüberstehen können, den unbeschränkten Zutritt zu den Abteilungen zu gestatten. Ich weiß von einigen sehr verständigen Strafanstaltsbeamten, die den vorgeschriebenen Rundgang in der Irrenabteilung so selten wie möglich und stets nur in Begleitung des Arztes machen. Dann aber sinkt diese Kontolle zur einfachen mechanischen Erfüllung einer Vorschrift herab und ist zwecklos. Diese Zeitvergeudung könnte man den ohnehin sehr überlasteten Beamten ersparen.

Es wird nicht ausbleiben können, daß die Irrenbeobachtungsabteilungen im Laufe der Zeit selbständig gemacht werden, und es ist wirklich äußerst charakteristisch, daß man sich außerhalb Preußens zum Teil bereits zu dieser Ansicht durchgerungen hat. Ich verweise nur auf das Beispiel von Waldheim, wo nach mehr als 25 jähriger engster Angliederung an die Strafanstalt schließlich die Beobachtungsabteilung zur selbständigen Heil- und Pflegeanstalt gemacht worden ist, und wo den Strafanstaltsbeamten das Betreten der Irrenanstalt nicht einmal in Ausnahmefällen gestattet ist. Das gleiche gilt für Perth.

Ein Fehler der Beobachtungsabteilungen liegt auch in der

unzulänglichen Beschäftigung. Ich habe wiederholt betont, wie unendlich segensreich sich die Arbeit als Ablenkung gegenüber den krankhaften Ideen und als Mittel gegen den Geist der Unzufriedenheit und Aufhetzung erwiesen hat. Daß man mit der Auswahl der Beschäftigungsarten nicht allzu vorsichtig zu sein braucht und die ängstliche Scheu vor Instrumenten ruhig beiseite lassen darf, lehren die Erfahrungen aller Irrenanstalten und auch die vieler Anstalten für geisteskranke Verbrecher.

Alle Schattenseiten der Irrenbeobachtungsabteilungen sind solche, die mit einem Federstrich der Verwaltungsbehörden beseitigt werden könnten. Die Vorteile aber sind so groß, daß man wohl kaum ohne diese Abteilungen auskommen kann, und daß sie überall angestrebt werden sollten, wo sie noch nicht bestehen.

b) Abteilungen, in denen die Kranken bis zum Strafende bleiben.

Die preußischen Beobachtungsabteilungen behalten die Kranken nicht länger, als bis sich herausgestellt hat daß sie nicht strafvollzugsfähig sind, im allgemeinen nur wenige Monate, der Vorschrift nach nicht mehr als sechs. Ausnahmen sind nur zulässig, wenn die Heilung in kürzester Zeit zu erwarten ist, oder wenn der zu verbüßende Strafrest so kurz ist, daß sich die Unterbrechung des Strafvollzugs nicht mehr lohnt. Eine andere Aufgabe erfüllen die Irrenabteilungen an den Strafanstalten auf dem Hohenasperg, in Bruchsal, Gaillon und Budapest. Alle vier Abteilungen dienen in erster Reihe dem Zwecke, jeden einer psychischen Erkrankung Verdächtigen unverzüglich aufnehmen und beobachten zu können, aber sie behalten die Kranken bis zum Strafende. Ganz streng durchgeführt wird indessen diese Zurückhaltung bis zum Strafende nur in Ungarn und in Gaillon. In Baden dagegen kann der Arzt die Unterbrechung des Strafvollzugs beantragen, falls der Kranke unheilbar ist, und in Baden sowohl wie in Württemberg besteht die Möglichkeit, in geeigneten Fällen die Begnadigung des Kranken in Vorschlag zu bringen. Nähern sich dadurch diese Abteilungen auch mehr und mehr den Beobachtungsabteilungen im Sinne der preußischen Vorschriften, so unterscheiden sie sich eben dadurch, daß nicht der Hauptwert auf möglichst schnelle Entfernung der Kranken aus dem Strafvollzug gelegt wird.

Für die vier erwähnten Anstalten gelten dieselben Bedenken, die im vorhergehenden Kapitel besprochen worden sind, nur daß hier noch ein Weiteres hinzukommt, die Ansammlung chronisch Kranker. Bei vielen der den Strafanstaltsadnexen Zugeführten sind die akuten Erscheinungen der Erkrankung bei der Aufnahme längst zurückgetreten oder schwinden bald. Der Dauerzustand, der dann übrig bleibt, entspricht in den meisten Fällen einer Gereiztheit, einem Mißtrauen, wahnhafter Deutung der Umgebung, Verfolgungsideen; oder es handelt sich um die Grenzfälle des Schwachsinns, der epileptischen und hysterischen Reizbarkeit, der krankhaften Eigenbeziehung, mit denen fertig zu werden überall schwierig ist.

Besonders aber muß dies da hervortreten, wo die Verhältnisse so ungünstig sind wie in den Adnexen. Eine der Hauptschattenseiten ist das enge Beisammensein zahlreicher solcher Kranker, die sich gegenseitig immer nur in ihren krankhaften Ideen bestärken können. Befinden sich ein einziger oder mehrere solcher Kranker in einer Umgebung von Menschen, deren Stumpfheit oder Versunkenheit in ihre eigenen Ideen keinen Widerhall für Hetzereien aufkommen läßt, so sind sie verhältnismäßig leicht ruhig zu halten. Je größer also diese Abteilungen sind, und je mehr sie die Trennung der sich gegenseitig aufhetzenden Elemente ermöglichen, um so leichter kann für die nötige Ruhe gesorgt werden. Ich bin deshalb auch durchaus der Ansicht wie Näcke, daß solche Abteilungen groß sein müßten. Je kleiner sie sind, und in kleinen Ländern finden sich nicht ausreichend Kranke, um eine große Station zu füllen, um so mehr muß die Abteilung den Charakter einer Gefängnisabteilung tragen. Es müssen dann die Sicherungsmaßregeln verstärkt, von der Isolierung der Kranken ein ausgiebiger Gebrauch gemacht werden. Die Möglichkeiten, die Kranken zu beschäftigen, sind nur schwer so ausgiebig und so verschiedenartig zu gestalten, daß die meisten Kranken durch eine für sie geeignete Arbeit abgelenkt werden.

In dem Budapester Adnex dürfen auch Untersuchungsgefangene zur Beobachtung ihres Geisteszustandes aufgenommen werden. In den übrigen Anstalten ebenso wie in den preußischen Beobachtungsanstalten nicht. Ich bin nicht wie Stengel der Ansicht, daß das deshalb nicht berechtigt sei, weil die Strafanstaltsadnexe eine Einrichtung des Strafvollzugs seien. Werden doch auch Untersuchungsgefangene, zumal unter kleineren Verhältnissen oft ohne jede äußere Trennung von Strafgefangenen in die gewöhnlichen Gefängnisse eingeliefert. Unsere gesetzlichen Bestimmungen allerdings stehen der Aufnahme von Untersuchungsgefangenen dadurch entgegen, daß sie die Aufnahme zur Beobachtung des Geisteszustandes gemäß § 81 der Strafprozeßordnung nur in öffentlichen Anstalten für zulässig erklären. Ich habe schon an anderer Stelle ausgeführt (S. 41), daß ich persönlich gegen die Beobachtung in solchen Adnexen aus anderen Gründen Bedenken habe, hauptsächlich deshalb, weil die Einrichtungen und das Hilfspersonal in schwierigen Fällen den Ärzten nicht die notwendige Unterstützung gewähren können. Der Ausschluß dieser in der Regel besonders interessanten Fälle hat aber auf der anderen Seite den Nachteil, daß die ohnehin nicht allzu erfreuliche Tätigkeit der Ärzte an den Strafanstaltsadnexen zu einseitig bleibt, wenn sie das interessanteste Material nicht zu sehen bekommen und dadurch mehr als wünschenswert außer Fühlung mit der gerichtsärztlichen Tätigkeit geraten.

Eine Schwierigkeit ist mit den Adnexen verbunden, die den Kranken lange Zeit behalten, die nämlich, daß sich dort die Kranken bei der langen Dauer des Aufenthaltes immer mehr in eine verbitterte und gereizte Stimmung hineinleben, gegen die kein Gegengewicht durch Wechsel der Abteilung und der unmittelbaren Umgebung wie in Irrenanstalten geschaffen werden kann. Dadurch kommt der Neuaufgenommene sofort in einen Kreis verärgerter und aufsässiger Menschen, dessen Ansteckungsgefahr er kaum zu entziehen ist. In Bruchsal und auf dem Hohenasperg kann dieser Schwierigkeit durch Begnadigung abgeholfen werden.

Der Adnex an der Strafanstalt in Gaillon unterscheidet sich von den besprochenen dadurch, daß außer den im Strafvollzug erkrankten Gefangenen auch nicht geisteskranke Epileptiker aus dem Strafvollzuge Aufnahme finden; ferner auch dadurch, daß nur solche Kranke dort aufgenommen werden können, die mehr als ein Jahr Strafe zu verbüßen haben. Da ich Gaillon nicht kenne, kann ich aus eigener Wahrnehmung nichts sagen, doch scheint man auch in Frankreich die Anstalt nicht als besonders empfehlenswert zu beachten. Aus dem S. 120 erwähnten Wunsche des jetzigen ärztlichen Leiters nach Erweiterung und einheitlicher ärztlicher Aufsicht geht wohl hervor, daß die gleichen Bedenken gegen den Zusammenhang mit der Strafanstalt für Gaillon gelten, wie bei den bisher besprochenen Anstalten.

Am deutlichsten aber beweist das die Bemerkung Sérieux'[1]), daß Dr. Colin das Verdienst habe, die Arbeit in der Irrenabteilung organisiert zu haben, „und zwar trotz der Befürchtungen und des Widerstands der Personen, die mit dem Charakter der Geisteskranken nicht vertraut sind. Die Ergebnisse dieser Organisation haben alle Hoffnungen übertroffen. Nicht mit Strenge ist dieser Fortschritt erreicht worden, sondern durch freundliche Worte, durch Ermutigung, durch Belohnung bei besonderen Verdiensten und zuweilen durch Tadel". Wie notwendig die Arbeit war, bezeugt die Schilderung Colins selbst, daß vor der Einrichtung der Arbeit Streitigkeiten, Zänkereien, Schlägereien und selbst Revolten an der Tagesordnung waren. Bei völliger Unabhängigkeit des Arztes hätte er es zweifellos eher ermöglicht, die nötigen Reformen durchzuführen, zu denen auch die Beseitigung eines sogenannten Strafsaals, der durch eine Werkstatt ersetzt wurde, gehörte.

c) Von der Strafanstalt unabhängige Adnexe.

Die für unsere Betrachtungen wichtigste Anstalt ist Waldheim in Sachsen. Wie erwähnt[2]), war die Irrenabteilung ursprünglich zur Beobachtung, Heilung und Verwahrung von erkrankten oder krankheitsverdächtigen Strafgefangenen bestimmt und ein Teil des Krankenhauses der Strafanstalt. Schon 1876 war bereits vorgesehen, daß in der gleichen Anstalt verbrecherische Geisteskranke und besonders bedenkliche Kranke Aufnahme finden sollten. Allmählich mit dem Fortschreiten der Vergrößerung der Anstalt bis auf etwa 200 Betten wurde der Zusammenhang mit dem Zuchthause immer lockerer, und seit sechs Jahren ist die

---

[1]) A. a. O. S. 59.

[2]) S. 83.

Irrenstation. zur selbständigen „Landesanstalt für Geisteskranke" geworden.

Dieser Werdegang zeigt, wie nach und nach die Überzeugung durchdrang, daß die Verbindung von Behandlung und Beobachtung Geisteskranker mit dem Strafvollzug unhaltbare Zustände zur Folge haben mußte. So wäre man vielleicht berechtigt, die nunmehr selbständige Landesanstalt zu den Kriminalasylen zu rechnen. Aber zwei Gründe verbieten das: der räumliche Zusammenhang mit dem Zuchthaus und die Ausdehnung der Aufnahmepflicht auch auf nichtverbrecherische Geisteskranke. Die Beamten der Strafanstalt dürfen die Irrenanstalt nicht einmal ausnahmsweise betreten, ein gewichtiger Beweis dafür, daß die Übertragung der Sicherheitsaufsicht auf die Ärzte kein Bedenken hat. Die räumliche Trennung aber ist nicht durchgeführt. Die Kranken selbst wie ihre besuchenden Angehörigen müssen, um in die Irrenanstalt zu gelangen, das Eingangstor und den Hof der Strafanstalt passieren. Dadurch bleibt an der Irrenabteilung der Makel des Zuchthauses haften; das ist um so bedenklicher, als nicht nur geisteskranke Verbrecher in Waldheim Aufnahme finden, sondern recht viele ganz unbestrafte Kranke.

Wäre die Anstalt ganz unabhängig von der Strafanstalt, so würde die Einweisung in Waldheim schon an und für sich bei dem großen Bestande der aus den Gefängnissen und Zuchthäusern eingelieferten Kranken eine Benachteiligung dieser Kranken bedeuten gegenüber anderen, die in die sonstigen Landesirrenanstalten kommen. Daß es sich hier nicht um bloße Vermutungen handelt, beweist mir das völlige Fehlen von Privatkranken in Waldheim, trotz der dafür vorhandenen besonderen Räume. Ernster wird aber noch die Sachlage durch den erwähnten räumlichen Zusammenhang mit dem Zuchthause. Wer seinen erkrankten Angehörigen besuchen will, muß es doch als einen Schlag ins Gesicht empfinden, wenn er nur durch die Strafanstalt zu dem Kranken gelangen kann. Ich habe von Waldheim die Überzeugung mit fortgenommen, daß wir in dieser Angliederung an eine dem Strafvollzug dienende Anstalt ein Beispiel haben, wie die Unterbringung gefährlicher Kranker nicht geregelt sein dürfte. In der Organisation ist die kleine, bei der Strafanstalt in Bautzen errichtete Abteilung der Anstalt in Waldheim gleich; der Fehler des gemeinsamen Zuganges aber ist geschickt vermieden worden.

Einen ganz ähnlichen Charakter wie Waldheim trägt das schottische Kriminalasyl in Perth. Auch dort verbleiben die Kranken in der Anstalt über das Strafende hinaus. Interessant ist der Gegensatz der schottischen Anstalt zu Dundrum und Broadmoor. Während diese beiden, von jeder Strafanstalt völlig getrennten Kriminalasyle die geisteskranken Verbrecher nach Strafende entlassen müssen, hält Perth diese Kranken fest, obgleich der räumliche Zusammenhang mit dem Gefängnis sich auch baulich bemerkbar macht und in den Augen der Bevölkerung den Kranken der Anstalt ein Makel anhaftet. Gern mag im Gegensatz zu dieser Beanstandung hervorgehoben werden, daß manche Einrichtung (ich erinnere besonders an die versenkten Mauern) von dem Bestreben zeugt, dem Kranken seinen Aufenthalt so erfreulich als möglich zu machen.

Diesen beiden Anstalten schließen sich dann weiter die Bewahrungshäuser in Tapiau und Brauweiler an. Ursprünglich war die Irrenanstalt in Tapiau mit dem dort befindlichen Korrektionshaus organisch in der gleichen Weise verbunden wie die Anstalten auf dem Hohenasperg, Waldheim usw. Nach dem ersten Entwurf des Statuts sollten nur Geisteskranke mit verbrecherischen Neigungen oder verbrecherischem Vorleben, sowie erkrankte Häftlinge der Straf- und Korrektionsanstalten Aufnahme finden. Der energische Protest des Ministeriums gegen dieses unzulässige Unterscheidungsmerkmal von anderen Kranken führte dazu, jede andere Charakterisierung für die aufzunehmenden Kranken als die der Gemeingefährlichkeit und Unheilbarkeit fortzulassen.

Trotz der Erweiterung der Irrenabteilung zu einer selbständigen Irrenanstalt, also genau wie in Waldheim, ist der ärztliche Leiter von der Korrektionsanstalt nicht unabhängig gemacht worden. Aber in einem andern Punkte sind die Verhältnisse genau wie in Waldheim: der Zugang zu der Irrenanstalt geht durch den Hof des Arbeitshauses. Die gleichen Bedenken müssen deshalb auch für Tapiau gelten, daß es unzulässig ist, den Zugang zu Kranken ohne jedes verbrecherische Vorleben durch den Hof einer Korrektionsanstalt nehmen zu müssen. Ich möchte auch die Vorschrift beanstanden, daß nur unheilbare Kranke in Tapiau aufgenommen werden können. Man sollte doch diese Scheidung zwischen heilbaren und unheilbaren Kranken endlich aufgeben, die nur zu unfruchtbaren Auseinandersetzungen führen kann.

Als letzter der hier zu erwähnenden Adnexe ist schließlich Brauweiler zu besprechen. Das Bewahrungshaus in Brauweiler ist zur Aufnahme gemeingefährlicher Geisteskranker sowie der einer Geisteskrankheit verdächtigen Insassen des Provinzialarbeitshauses in Brauweiler bestimmt. Die Anstalt behält die Kranken ohne Rücksicht auf etwaige Vorstrafen; allerdings handelt es sich fast durchweg um Kranke, die bereits mit den Strafanstalten in engste Berührung gekommen sind. Ich kann mich für die Angliederung an die Arbeitsanstalt nicht erwärmen. Da die Rheinprovinz bereits zum gleichen Zwecke der Bewahrung gemeingefährlicher Kranker ein festes Haus in der Provinzialirrenanstalt in Düren besitzt und ein weiteres soeben in Bedburg eröffnet hat, so werden die Kranken in zwei Klassen geschieden, von denen die zufällig nach Brauweiler überführten entschieden in weniger gute Verhältnisse kommen als die in den anderen Anstalten untergebrachten. Letztere befinden sich innerhalb des Rahmens rein irrenärztlich geleiteter Anstalten, können ohne Schwierigkeiten versuchsweise in andere Abteilungen versetzt werden, an Anstaltsfesten und ähnlichen Zerstreuungen teilnehmen; die besuchenden Angehörigen werden nicht durch die Zugehörigkeit der Kranken zum Arbeitshause verletzt. In Brauweiler dagegen hat, wie früher in Waldheim, wie jetzt noch in Tapiau, Bruchsal und Hohenasperg sowie in den preußischen Beobachtungsabteilungen, der Direktor des Arbeitshauses die Verwaltung zu führen und die Anstalt mit dem Arzte gemeinsam zu leiten; vor allem aber steht ihm allein die Disziplinargewalt über die Beamten zu. Ich kann nur auf die schon wiederholt geäußerten Bedenken hinweisen, warum ich das für unzulässig halte.

3. Die Adnexe an Irrenanstalten.

Von allen Adnexen an Irrenanstalten besitzen nur zwei eine gewisse Sonderstellung, Wäxjö in Schweden und das Bewahrungshaus für unsoziale Kranke in Göttingen.

Die Kriminalanstalt in Wäxjö befindet sich in unmittelbarer räumlicher Nähe der Irrenanstalt, mit der sie aber nur die Verwaltung und Küche gemeinsam hat, während der ärztliche Leiter sonst in allem ganz unabhängig ist. Sie bildet also eine Art Übergang zwischen den Anstalten vom Typus Broadmoor und den übrigen Adnexen an Irrenanstalten. Das Kriminalasyl mit seinen etwa 100 Plätzen ist außer zur Beobachtung fraglicher Fälle während der Voruntersuchung zur Aufnahme von freigesprochenen Geisteskranken und geisteskranken Strafgefangenen bestimmt, die auch nach Strafende dort verbleiben. Es überwiegen aber bei weitem die kriminellen Geisteskranken mit 91 %.

Obgleich durch die Überführung harmloser Kranker nach Wäxjö die leichtere Trennung der Erregten und Reizbaren möglich wurde, und obgleich die Anstalt, im Gegensatz zu den meisten Bewahrungshäusern, durchaus freundlich und krankenhausartig ist, hat man sich in Schweden doch nicht mit der Einrichtung befreunden können. Nur 10 % der Kranken wurden von dem Leiter der Abteilung für gefährlich, 20 % für bedenklich wegen der Neigung, sich aufhetzen zu lassen, erklärt. Das genügt nicht, die Forderung nach Sonderasylen zu begründen, zumal es sich dabei ja nicht so sehr um Verbrecher handelt, die erkranken, als um Kranke, die infolge ihrer Krankheit gefährlich werden. So haben in Schweden die Irrenärzte das beachtenswerte Programm aufgestellt, daß für die Pflege besonders gefährlicher Kranker, „ob sie wegen Verbrechens gerichtlich belangt worden sind oder nicht“, die Errichtung kleiner, sog. fester Abteilungen an größeren Irrenanstalten wünschenswert sei. Ein Gesuch, dem der Reichstag durch Genehmigung des Baus eines für 30 Plätze bestimmten Pavillons in Säter entsprochen hat.

Die weitere Frage, ob für die Dauer des Strafvollzugs Adnexe an Gefängnissen erstrebenswert seien, wird in Schweden als unentschieden betrachtet. Die Entwicklung des Problems in Schweden verdient die größte Beachtung. Der große Ernst, mit dem in Schweden alle Fragen studiert werden, die gemeinsame Arbeit und der Austausch der Meinungen der maßgebenden Persönlichkeiten untereinander, die in dem nicht allzu bevölkerten Lande mit seiner hohen Kultur leichter erreichbare Übersichtlichkeit der Verhältnisse, geben den Ansichten der schwedischen

Irrenärzte besonderes Gewicht. Für die kleine Zahl der als gefährlich zu erachtenden Kranken genügen feste Abteilungen an Irrenanstalten. Die Größe einer Anstalt wie Wäxjö gilt als unzweckmäßig. Der Grund zur Einweisung darf nicht in der Rechtslage gesucht werden, sondern nur in der Bedenklichkeit des Kranken.

Die Zusammengehörigkeit des Verwahrungshauses für unsoziale Kranke in Göttingen zur Provinzialanstalt ist ebenfalls lockerer als in den übrigen Anstalten, insofern, als der Leiter des Bewahrungshauses, der zu den Oberärzten des Provinzialirrendienstes gehört, unabhängig ist. Der Direktor der Provinzialirrenanstalt hat die Pflicht zur Kontrolle, die aber nach den Bestimmungen mehr den Charakter kollegialer Beratung haben soll, und das Recht, die Kranken als Material für den klinischen Unterricht zu verwerten. Gerade diese Erlaubnis halte ich für sehr wesentlich. In Preußen hat der Minister des Innern den Leitern der Beobachtungsabteilungen, soweit sie Universitätsdozenten sind, gestattet, die Kranken in ihren Vorlesungen zu demonstrieren. Mißstände haben sich dabei nicht ergeben, wohl aber der Vorteil, dieses für die Ausbildung der Juristen und Gerichtsärzte so schöne Krankenmaterial nutzbar verwerten zu können. Ich habe schon vor Jahren[1]) die Forderung aufgestellt, Kriminalabteilungen stets nur in nächster Nähe von Universitätsstädten zu erbauen, und freue mich, daß diese Forderung mit solchem Nachdruck auch von der holländischen Studienkommission vertreten worden ist.

Eigene Abteilungen, aber als Teile der großen Irrenanstalt gedacht und im engsten Zusammenhang mit ihnen bestehen weiter noch in Bedburg, Bremen, Buch, Dalldorf, Düren, Eickelborn, Gießen, Langenhorn, Neuruppin, Neustadt i. Schl., Nietleben, Obrawalde, Rybuck und Teupitz; angepaßte Abteilungen in Herzberge und Plagwitz, projektiert sind feste Häuser in Hördt und Wiesloch. Im Auslande sind Tournay (Belgien), Bicêtre und Ville-Juif (Frankreich), Medemblick (Holland) und Am Steinhof (Österreich) zu erwähnen.

Alle diese Abteilungen sind verhältnismäßig klein. Nur

---

[1]) Allg. Zeitschr. f. Psych. Bd. 57 S. 142.

Buch, das aber aus vier großen, von einander getrennten Irrenanstalten besteht, hat Platz für etwa 175 geisteskranke Verbrecher, dann folgt Langenhorn mit 110, aber erst nach vollendetem Ausbau, alle anderen sind kleiner, Dalldorf hat 70, Gießen nur 30 Plätze.

Allen diesen Anstalten ist eins gemeinsam, daß man den Standpunkt, diese Abteilungen nur für solche Kranke zu benutzen, die infolge ihres verbrecherischen Vorlebens gemeingefährlich und zur gemeinsamen Verpflegung mit anderen Kranken ungeeignet sind, verlassen hat. Würde man solche Abteilungen nur für geisteskranke Verbrecher errichten, so würde es kaum möglich sein, sie ausreichend zu füllen, wenn man neben der kriminellen Vorgeschichte auch noch die Forderung ernster Störungen des Anstaltsbetriebes hinzunehmen würde. Daß diese Auffassung zutrifft, geht am besten aus der Tatsache hervor, daß eine Anzahl der Bewahrungshäuser nicht voll belegt ist, obgleich nicht nur die besprochene Gruppe von Kranken dort Aufnahme findet, sondern auch alle sonst noch erheblich unsozialen Kranken. Die Entwickelung muß ja auch gerade darauf hindrängen, nur den Gesichtspunkt der Gemeingefährlichkeit in den Vordergrund treten zu lassen, wenn einmal in einer Irrenabteilung eine besondere Station eingerichtet ist.

Die Gründe sind folgende: Ist das Bewahrungshaus nur für geisteskranke Verbrecher bestimmt, so wird nur allzu leicht auch in der Auffassung des Pflegepersonals jeder Insasse dieser Abteilung mehr als Verbrecher wie als Kranker angesehen werden; denn der Pfleger weiß, daß Kranke, die genau so unbequem, genau so schwierig zu beaufsichtigen, und vielleicht sogar noch erheblich bedenklicher für ihre Umgebung sind, auf allen anderen Abteilungen liegen, die Auslese also nur deshalb erfolgte, weil der ihm unterstellte Kranke vorbestraft war. Was der Pfleger aber empfindet und möglicherweise, ohne sich dessen bewußt zu sein, in der Art des Umgangs mit den Kranken hervortreten läßt, das empfindet der Kranke auch, und es wird nur zu sehr neben der schon bestehenden Reizbarkeit noch neuen Anlaß zur Feindseligkeit für seine Umgebung geben. Nicht zum wenigsten kommt dann hinzu, daß sich diese „Zuchthausbrüder“, wenn sie in größerer Zahl und — ich möchte beinahe sagen — amtlich als solche gestempelt, beisammen sind, gegenseitig in Schimpfreden, Unflätigkeiten, Hetzereien zu überbieten versuchen.

So ist es fast überall in den ersten Zeiten zu Demolierungen, ja zu förmlichen, recht gefährlichen Revolten gekommen. Bei einer dieser Demolierungen mußte, wie ich bei der Beschreibung von Düren erwähnt habe, das interessante Experiment gemacht werden, wie sich die Kranken, die notgedrungen während des Umbaues in die anderen Abteilungen der Irrenanstalt verteilt werden mußten, dort benehmen würden; das verblüffende Ergebnis war, daß dieselben Kranken, die vorher so gefährlich erschienen, sich dort plötzlich als ganz harmlos erwiesen. Auch an die Erfahrungen auf dem Hohenasperg möchte ich erinnern. Von den Kranken die auf dem Hohenasperg die gleichen Schwierigkeiten gemacht hatten, wie die andern später dem Strafvollzug wieder Zugeführten, wurden 18 nach Strafende in die Irrenanstalt des Landes eingewiesen; von diesen konnten bald schon 9 als nicht irrenanstaltspflegebedürftig entlassen werden, einer starb. Nur ein einziger der übrig bleibenden erwies sich in den Irrenanstalten als störend.

Damit stimmen die Berichte aus Mons überein, wo sich nur etwa zehn der kriminellen Frauen als störend erwiesen, und auch diese hauptsächlich nur wegen ihrer Neigung zum Entweichen. Ich darf aus eigener Erfahrung wohl noch berichten, daß wiederholt Kranke, die als ganz besonders gefährlich galten, sich in der psychiatrischen Klinik in Köln als fleißige, umgängliche und leicht lenkbare Menschen erwiesen. Ich kenne manchen, der in den Bewahrungshäusern stets im Mittelpunkt aller Reibereien und Widersetzlichkeiten gestanden hat, und der später, ohne nennenswerte Änderung seines Zustandes, versuchsweise entlassen wurde; mit einem Schlage waren alle unangenehmen Eigenschaften verschwunden, nur deshalb, weil die Kranken von dem Tage der Entlassung an die Furcht verloren hatten, immer wieder ihre Vergangenheit mittelbar oder unmittelbar vorgeworfen zu bekommen.

Einen nicht geringen Teil der Reizbarkeit verschuldet auch die dem Kranken unverständliche Erfahrung, daß er in die Kriminalabteilung kommt, ein anderer, mit dem er vielleicht vorher in einer der Beobachtungsabteilungen an einem Gefängnis gewesen war, in die gewöhnlichen Abteilungen. Ist der Adnex nur für Vorbestrafte bestimmt, so wird er nie einsehen, daß er wegen seiner Gemeingefährlichkeit im Adnex ist, und nicht ausschließlich wegen seiner kriminellen Vergangenheit. Wenn er das als Unrecht empfindet, die Folgen hat der Betrieb der Verbrecherabteilung zu spüren. Ganz anders, wenn er hört, daß auch Nichtvorbestrafte mit ihm das Schicksal teilen, in einer Sonderabteilung verpflegt zu werden. Dann wird er verstehen, daß er wegen seiner Neigung zu Angriffen auf die Umgebung, zu entweichen, zu schimpfen und zu zerstören in eine Station versetzt wird, wo man diesen Neigungen besser entgegentreten kann.

Auch deshalb allein wird man die Abteilungen nicht ausschließlich für Verbrecher reservieren dürfen, weil man nur so volle Sicherheit gegen Entweichungen erreichen zu können hofft. Fast überall ist es besonders gewandten Personen geglückt, trotz aller Sicherheitsmaßregeln zu entkommen. Auch sogar aus den Anstalten die, wie Brauweiler, mehr den Charakter des Kriminalasyls tragen und dem Strafvollzuge angegliedert sind, und aus den eigentlichen Kriminalirrenanstalten wie Broadmoor und Dundrum. Aber wir dürfen uns damit trösten, daß es auch von Zeit zu Zeit Gefangenen glückt, aus Gefängnissen und Zuchthäusern zu entkommen, selbst da, wo Militärposten die Anstalten überwachen. Ich will damit natürlich nicht sagen, daß ich die Notwendigkeit in Abrede stelle, bei bestimmten ganz besonders gefährlichen Menschen das Maß der erreichbaren Sicherheit möglichst zu steigern, und bin auch durchaus nicht dagegen, wenn einzelne Kranke nur deshalb am Entweichen gehindert werden, weil ihre kriminellen Neigungen sie zu einer dauernden großen Gefahr für die Öffentlichkeit machen, also auch dann, wenn ihr sonstiger Zustand das nicht erforderlich machen würde, und sogar eine Schädigung des Kranken durch die strenge Absperrung zu befürchten wäre. Dann, in diesen glücklicherweise seltenen Fällen, muß eben das Interesse des Einzelnen hinter dem der Allgemeinheit zurückstehen.

Als letzten, aber meines Erachtens wichtigsten Grund, führe ich schließlich die Notwendigkeit an, gefährliche nichtkriminelle Kranke, die infolge ihres Zustandes nicht ohne Gefährdung der anderen Kranken auf den gewöhnlichen Abteilungen leben können, in eine geeignete Umgebung zu bringen. Ich will dabei nicht die Kranken allzusehr in den Vordergrund stellen, die im Beginn ihrer Krankheit irgend ein Delikt begangen haben und außer Verfolgung gesetzt worden sind. Sie sind doch für den Arzt nur Kranke, und kein Arzt würde es über sich gewinnen können, das Verbrechen anders wie als Symptom der Krankheit anzusehen, wenn nicht gar nur als Symptom der unverzeihlichen Nachlässigkeit der Angehörigen, die den Kranken nicht rechtzeitig genug in eine Irrenanstalt überführt haben. Diesen die Fahrlässigkeit der Angehörigen entgelten zu lassen und in eine Abteilung, die nur für Verbrecher bestimmt ist, zu bringen, erscheint als eine unzulässige Härte. Und doch müssen wir auch gegen solche Kranke, wenn es nötig ist, die übrigen Patienten schützen.

Noch mehr gilt das für alle Übrigen. Ein nicht ganz geringer Teil unserer Kranken wird vorübergehend einmal gefährlich. Daß es während dieser Episoden krankhafter Erregung meist nicht zu ernsten Ereignissen kommt, liegt an der dauernden Beaufsichtigung durch die Ärzte in den Irrenanstalten. Sie werden sofort alles aufbieten, um eine Steigerung der Erregung zu verhindern, die Erregung selbst zu dämpfen, die Umgebung zu schützen. Unter Umständen kann es dazu kommen, daß nur eine ganz besondere Aufsicht oder sogar nur besondere Einrichtungen ausreichenden Schutz gewähren können. Für solche Kranke muß doch in jeder Anstalt gesorgt werden. Soll man nun auch für diese besondere Abteilungen schaffen? Dann werden wir überall zwei Stationen einrichten müssen, und beide werden nie ausreichend besetzt sein. Wir dürfen doch nicht vergessen, wie klein allenthalben die Zahl der „gefährlichen Kranken“ gefunden worden ist. Mit den Einrichtungen zweier Abteilungen würden wir aber erst recht die Kranken der „Kriminalabteilung“ zu Kranken einer niedereren Klasse stempeln und damit der Errregbarkeit dieser noch neuen Stoff geben.

Ähnliche Erwägungen haben fast allenthalben dazu geführt, die Bewahrungshäuser nicht nur als Aufenthalt für geisteskranke Verbrecher zu benutzen. Am besten spiegelt sich diese Auffassung wohl in dem § 1 des Statutes für das Göttinger Verwahrungshaus (S. 63) wieder. Lediglich die „Unmöglichkeit, den Kranken in freien Verhältnissen zu halten, sei es, weil er da durch festgesetzte Drohungen oder durch gewalttätige Handlungen oder durch Komplotte und Entweichungsversuche die Sicherheit seiner Umgebung und der Anstalt bedroht", diese Unmöglichkeit allein kann für die Aufnahme in ein Bewahrungshaus den Ausschlag geben.

Sollen die Adnexe an Irrenanstalten ihren Sicherungsaufgaben genügen, so müssen sie sowohl in den baulichen Einrichtungen wie der ganzen Organisaton diesen Aufgaben angepaßt werden. Das Personal muß sehr zahlreich sein; so hat Dalldorf z. B. für die 70 Kranken des Bewahrungshauses 2 Oberpfleger und 19 Pfleger angestellt. Das Verhältnis des Pflegepersonals ist in Nietleben 1:4,6, in Plagwitz 1:3,6, in Tapiau 1:3,5, in Neu-Ruppin 1:3, in Düren und Bedburg sogar 1:2,5. Je kleiner die Abteilung ist, um so mehr muß sich das Verhältnis in dem Sinne verschieben, daß die Zahl der Pfleger sehr viel größer wird.

Die zur Verfügung stehenden Einzelzimmer müssen recht zahlreich, die Sicherung der Fenster, der Türen, der einzelnen Korridore besonders stark sein. Dadurch werden in der Regel diese Pavillons sehr kostspielig im Bau und im Betrieb. Es ist gewiß nicht der wichtigste, aber doch wohl auch ein Gesichtspunkt, der Berücksichtigung verdient, daß derartig kostspielige Einrichtungen nur für die verwendet werden, die ihrer absolut bedürfen.

So ergibt sich aus alledem als natürliche Folge, daß die Bewahrungsabteilungen überall immer mehr zur Unterbringung gefährlicher Kranker dienen und dienen müssen, ohne Rücksicht auf ihr kriminelles Vorleben. Wenn ein Platz in einer solchen Abteilung frei wird, so wird jeder Leiter der Irrenanstalt dazu kommen, den Kranken dorthin zu schicken, der am bedenklichsten ist. Ich habe in meinem Bericht über Tapiau hervorgehoben, wie sich diese Art der Auslese immer mehr entwickelt hat, und überall sind die gleichen Beobachtungen gemacht worden.

Die Einrichtung von Bewahrungsabteilungen hat sich bewährt, das kann wohl kaum mehr bezweifelt werden, und auch darüber herrscht im allgemeinen Übereinstimmung, wie sie am besten zu organisieren sind. Sie dürfen nicht zu groß sein. Abteilungen für 60 Kranke sind schon kaum zu übersehen, zumal wenn man, was unbedingt notwendig ist, Unterabteilungen schafft. Darin so weit zu gehen wie in Gießen, wo für 25 Kranke 4 Abteilungen bestehen, ist nicht notwendig, vielleicht sogar verfehlt.

Auch in der Zahl der Einzelzimmer wird man nicht zu sparsam sein dürfen. Ein großer Teil der Kranken betrachtet das Recht, sein eigenes Zimmer zu haben, als einen Vorzug; aber auch für diejenigen, die unter der Isolierung leiden würden, werden wir nicht ausschließlich die rein ärztlichen Gesichtspunkte gelten lassen können. Ich glaube, die Behandlung ohne Zellen, wie sie sich in vielen Anstalten, auch in solchen mit zahlreichen kriminellen Elementen bewährt hat, beweist, daß wohl eingerichtete Anstalten die Zellen so gut wie ganz entbehren können. Aber ich möchte nicht so weit gehen, dieses Prinzip auch auf die festen Häuser auszudehnen. Es kommen immer wieder Fälle vor, in denen kein anderer Ausweg bleibt, als die Isolierung, wenn man nicht die Umgebung dauernd einer so großen Gefahr aussetzen will. Die ganze Erziehung unserer Irrenärzte bringt es mit sich, daß von dieser Maßregel so selten wie möglich Gebrauch gemacht wird. Deshalb wird auch bei den gefährlichen Kranken niemand außer acht lassen, welche Schädigung eine allzulange ausgedehnte Isolierung mit sich bringen kann. Aber das gibt uns noch nicht das Recht, Leben und Gesundheit anderer Kranker aufs Spiel zu setzen, nur um das Prinzip der „zellenlosen Behandlung" durchzuführen.

In allen Berichten kehrt die Erfahrung wieder, daß von dem Moment an alle Schwierigkeiten sehr viel geringer geworden sind, wo für die Kranken ausreichend Beschäftigungsmöglichkeit geschaffen worden war. Gewiß erschien es anfangs etwas unheimlich, die Kranken in einer Weise zu beschäftigen, die ihnen Waffen und Angriffsinstrumente geradezu in die Hand gibt; und doch hat sich auch diese Befürchtung als überflüssig erwiesen. In einzelnen Anstalten ist man in der Auswahl der Arbeitsgelegenheiten ohne Ängstlichkeit sehr weit gegangen. Der Erfolg hat dem Versuche Recht gegeben. Je mehr die Kranken durch Beschäftigung abgelenkt sind, um so weniger kommen ihre gefährlichen Neigungen zum Vorschein, die sonst bei dem stumpfsinnigen Zusammenhocken zur vollsten Blüte sich entwickeln müssen.

Die Arbeit zerstreut; der Kranke wird um so lieber arbeiten, je mehr die Tätigkeit ihm Freude macht. Das kann erreicht werden, wenn man ihn möglichst mit einer Arbeit beschäftigt, die seinen Neigungen entspricht. Deshalb ist eine recht große Mannigfaltigkeit der Arbeitsgelegenheit wünschenswert. Eintöniges, maschinenmäßiges Arbeiten wird auf die Dauer unerträglich; bei weitem vorzuziehen sind solche Tätigkeiten, die immer wieder von Neuem das Interesse des Kranken zu fesseln imstande sind. Sehr empfehlen möchte ich ferner die Bezahlung der Arbeit, wie in der Rheinprovinz, in Trondhjem und in Italien. Ist es auch nicht viel, was der Kranke verdienen kann, so spornt es doch seinen Arbeitseifer an, zumal dann, wenn er das Recht hat, sich selbst kleine Wünsche zu erfüllen. Auch für die Unterhaltung der Kranken muß ausgiebig gesorgt werden; der Versuch, unter anderem den Kranken ein kleines Gärtchen zur Bebauung nach eigenen Liebhabereien zu überlassen, wie in Broadmoor und in Düren, ist wohl der allgemeinen Einführung wert; so verbindet sich am besten Arbeit mit Unterhaltung.

4. Die Verteilung aller Kranken auf die zuständigen Heil- und Pflegeanstalten ohne jede Sondereinrichtung.

Die meisten Länder behelfen sich ganz ohne jede Sondereinrichtung für gefährliche Kranke, und vielfach beabsichtigt man auch gar nicht, von diesem Verfahren abzugehen. Ich habe in der Einleitung dargestellt, daß das Bedürfnis nach Sondereinrichtungen die natürliche Folge der immer größeren Bewegungsfreiheit war, die man den Kranken im allgemeinen einräumte. Der Unterschied gegen vergangene Zeiten und überwundene Gesichtspunkte der Verpflegung ist der: Früher glaubte man bei den meisten Kranken nicht ohne Zwangsmittel, ohne großen Zellenbauten, ohne hohe Mauern und Gitter auskommen zu können. Heute hat man sich überzeugt, daß die Kranken leichter zu behandeln sind, wenn man allen Zwang möglichst beseitigt. Die Zwangsjacke, ganz zu schweigen von noch unglaublicheren Behandlungsmethoden, hat in den modernen Kulturstaaten nur noch in Museen einen Platz. Zellenbauten bestehen nur da noch, wo die Mittel zu einer ausreichenden

Modernisierung der Anstalten fehlen; vielfach kommt man ohne Mauern und Gitter aus.

Aber doch nicht ganz. Auch in den Anstalten, wo alles geschieht, um den Krankenhauscharakter zu wahren, bleibt immer ein kleiner Rest von Kranken, bei denen dauernd oder vorübergehend eine erhebliche Beschränkung der Bewegungsfähigkeit erforderlich ist. Für solche Dauerzustände oder Episoden muß überall gesorgt werden, auch da, wo es sich hauptsächlich um abgelaufene Fälle, um Pfleglinge handelt. Deshalb besitzen alle Anstalten Abteilungen zur dauernden Überwachung und Unterbringung erregter oder sonst wie gefährlicher Kranker. Ist es nun wirklich eine notwendige Forderung, die im Interesse der freien Behandlung erhoben werden muß, alle oder einen Teil der schwierigen Kranken in einer einzigen Anstalt anzusammeln, um die anderen zu entlasten?

Um diese Frage richtig beantworten zu können, muß ich nochmals auf die Zahlen zurückgreifen, die ich S. 220 aufgeführt habe. Ich kam dort zu dem Schluße, daß es — abgesehen von den Großstädten — genügt, wenn auf 1 000 000 Einwohner eines Landes 20 Plätze für gefährliche Kranke zur Verfügung stehen. Das darf nach der allgemeinen Erfahrung als ausreichend betrachtet werden.

Wenden wir diesen Maßstab auf die Einwohnerzahl von ganz Deutschland[1]) an, so würden wir mit 1200 gefährlichen Kranken zu rechnen haben. Für diese standen 1906 nicht weniger als 149 öffentliche Anstalten für Geisteskranke, Idioten und Epileptische (mit Ausschluß der Kliniken und der neun badischen Kreisanstalten) zur Verfügung. Das macht auf jede Anstalt genau 8 Kranke, bei einem Durchschnittsbestand von 550 Kranken. In Wirklichkeit verschiebt sich das Verhältnis, denn unter den 82000 Kranken, die in den öffentlichen Anstalten untergebracht sind, sind eine der Größe nach nicht genau bekannte Zahl von Frauen. Die berechnete Zahl der wünschenswerten Plätze für gefährliche Kranke bezieht sich nur auf Männer. Bei den Frauen aber hat man bisher wegen der ge-

---

[1]) Ich benutze wieder die Zahlen Laehrs aus dem Jahre 1906.

ringen Zahl der in Betracht kommenden Kranken fast durchweg davon Abstand genommen, Sondereinrichtungen zu treffen.

Nehmen wir aber einmal an, es wären genau so viel Frauen als Männer in den Anstalten, was tatsächlich nicht zutrifft, so würden wir auf 41000 männliche Geisteskranke 1200 gefährliche zu rechnen haben. Das Verhältnis der schwierigen Kranken betrüge dann 1 : 33. Aber ist das denn wirklich ein unerträgliches Verhältnis? Unsere Männerabteilungen setzen sich — gleiche Zahl von Männern und Frauen vorausgesetzt — aus durchschnittlich 225 Kranken zusammen. Sollte es wirklich so schwierig sein, 8 Kranke so geschickt unter diese 225 (in Wirklichkeit sind es noch mehr) Patienten zu verteilen, daß ernste Schwierigkeiten vermieden werden können? Ich kann das nicht glauben. Und mit mir viele andere nicht. Es ist wohl kein Zufall, daß unter denjenigen die in den letzten Jahren sich genauer mit der Frage nach der Unterbringung gefährlicher Geisteskranker befaßt haben, sich manche wie Hegar, Rüdin, Lauritzen, Keraval aufs entschiedenste für eine Verteilung auf alle Anstalten eintreten.

Allerdings mit einer Einschränkung, der auch ich rückhaltlos zustimme. Es ist notwendig, daß die Einrichtungen der Anstalt entsprechend gut und vielseitig sind, um allen schwierigen Elementen Rechnung zu tragen. Der Bau besonders fester Häuser wird sich nicht überall lohnen, und so kann es durchaus zweckmäßig erscheinen, statt in jeder Anstalt alle Arten Kranker zu verpflegen, in jeder zweiten oder dritten eine Abteilung für gefährliche Kranke besonders auszugestalten. Damit nähern wir uns dem Adnex an der Irrenanstalt. Aber es ist kein Adnex mehr, nicht ein Fremdkörper in dem Getriebe des Asyls, nicht eine Einrichtung, auf die der Irrenarzt mit Bedauern als auf ein unvermeidliches Übel hinweist. Dann werden wir vielmehr sagen können, daß die Anstalt, die im Besitz eines „gesicherten Hauses" ist — so möchte ich es am liebsten nennen — einen Vorzug vor den anderen hat, den Vorzug, am besten und ausgiebigsten in der Behandlung individualisieren zu können.

Aber ich will doch auch noch auf einen Nachteil nachdrücklich hinweisen, der mit der Errichtung gesicherter Häuser verbunden ist. Können die Anstalten unbequeme Kranke dorthin abschieben, so werden sie dazu leicht bereit sein. Sind sie aber genötigt, sich selbst mit den unangenehmen Eigenschaften abzufinden, so werden sie sich bemühen und bemühen müssen, diese Eigenschaften zu bessern, durch Arbeit, durch Ablenkung, durch Behandlung in Bett und Bad, durch Wechsel der Abteilungen, und wie all die Mittel psychischer Beeinflussung heißen mögen. Und mancher schwierige Kranke wird dadurch wieder lenkbar und sozial brauchbar werden.

Eine abweichende Stellung nehmen nur die Großstädte ein. Für diese ist das Bedürfnis nach gesicherten Häusern sehr viel größer. Die Zahl der gefährlichen Kranken wächst mit der Anziehungskraft der Großstädte auf die kriminellen und psychopathischen Persönlichkeiten. Die Nähe der Großstadt vergrößert die Neigung zum Entweichen und vermehrt die Gefahr, sich dabei von Gesinnungsgenossen, die in der Freiheit leben, helfen zu lassen. So werden wohl alle großen Städte, soweit sie nicht ihre Kranken an die Provinzialanstalten abgeben und so verteilen, durch die Anhäufung gefährlicher Kranker zur Erbauung von Bewahrungshäusern gezwungen sein.

Aber hier bietet sich als Äquivalent ein Vorteil: Die Großstädte sind fast alle auch gleichzeitig Universitätsstädte. Die leichte Erreichbarkeit der Irrenanstalten ermöglicht es, die Insassen der gesicherten Häuser für den Unterricht zu verwerten. Da sich gerade unter ihnen eine ganz besonders reiche Fülle wissenschaftlich wertvoller und interessanter Fälle befinden, an denen der künftige Richter und Arzt vieles lernen kann, so kommt die Erbauung eines Bewahrungshauses auf diese Weise der Allgemeinheit zu gut. Und wenn diese Berührung mit der Welt der Wissenschaft dazu führen würde, daß die Kranken auch von den Ärzten der Anstalt sorgfältiger studiert und nicht nur als unbequemes Anhängsel der Irrenpflege betrachtet werden, so kann auch das der öffentlichen Rechtssicherheit nur von Nutzen sein. Denn noch bedürfen viele Fragen der wissenschaftlichen Klärung. Je klarer wir aber die Natur der gefährlichen Kranken erkennen, je tiefer wir eindringen in den Zusammenhang zwischen Verbrechertum, antisozialen Neigungen und Geisteskrankheit, um so eher werden wir den Weg finden, dem Unheil zu steuern, das von den gefährlichen Geisteskranken ausgeht. Qui bene diagnoscit, bene medebitur.

VI. Kapitel.

Der Rechtsschutz der gefährlichen Geisteskranken.

Die Internierung eines gemeingefährlichen Geisteskranken führt zu einer Kollision zahlreicher Interessen, denen restlos gerecht zu werden, schwerlich möglich ist. Das Interesse der Strafrechtspflege verlangt möglichst dauernde Internierung. Schon allein deshalb, um nicht das Vorurteil zu nähren, als ob eine bestehende Geistesstörung als Freibrief dienen könnte, der jegliche Greueltat eines Kranken entschuldigte und die Öffentlichkeit schutzlos seinen gefährlichen Neigungen aussetzte. Wer nicht ganz auf die generalpraevenierende Wirkung der Strafe verzichten will, muß da, wo keine Strafe eintreten kann, Sicherungsmaßregeln verlangen. Und die gleiche Forderung muß jeder erheben, der die öffentliche Rechtssicherheit für den leitenden Gesichtspunkt der Strafrechtspflego hält. In allen ernsten Fällen wird als die beste Art der Versorgung die Einweisung in eine Irrenanstalt in Frage kommen; nur so wird im allgemeinen das Bedürfnis, die Öffentlichkeit vor erneuten Angriffen gefährlicher Kranker zu schützen, befriedigt werden können.

Auf der andern Seite stehen die Interessen der Staats- und Provinzialbehörden, der Ortsarmenverbände, die durch eine allzugroße Zahl solcher Kranker zu immer neuen Bauten gezwungen werden, und deren Ausgaben für die Geisteskranken schließlich unerschwinglich würden. Nicht zum wenigsten sind aber auch die Interessen des Patienten selbst zu berücksichtigen. Die Internierung des Kranken, oft auf lange Jahre, stellt ihn ganz außerhalb des Lebens, reißt ihn aus Beruf und Familie heraus, beraubt ihn der Bewegungsfreiheit. Deshalb muß auch sein

Interesse wohl erwogen werden; ihm überflüssig die Freiheit zu entziehen, wäre eine Grausamkeit; und schließlich darf nicht vergessen werden, daß durch die Internierung den Familien der Ernährer entzogen wird, und daß dadurch, abgesehen von allem anderen, den Armenverbänden wieder neue Lasten aufgebürdet werden.

Diese ganz verschiedenen und vielfach sich stark entgegenstehenden Interessen machen es zur Pflicht, die Frage nach der besten Lösung der Schwierigkeiten besonders gründlich zu erörtern, insbesondere von dem Gesichtspunkte aus, wessen Interessen am meisten Berücksichtigung verdienen. Theoretisch ist die Frage ungemein leicht zu lösen. So lange der Kranke gefährlich ist, ist die Notwendigkeit seiner Internierung gegeben; sobald er ungefährlich ist, überwiegen die Interessen des Kranken. Aber wer soll entscheiden, wann die Unterbringung in einer Anstalt angezeigt ist? Der Kranke kann zur Zeit einer Gerichtsverhandlung doch bereits genesen sein, und die Art der Erkrankung einen Rückfall ausschließen.

Soll auch dann noch aus Gründen der Generalpraevention eine Internierung erfolgen? Wer soll über die Art der Unterbringung entscheiden? Bei manchen Kranken wird doch schon die Beaufsichtigung in der Familie genügen. Wer endlich soll bestimmen, wann der Zeitpunkt der Entlassung gegeben ist?

Die Veranlassung, sich mit dem Kranken zu beschäftigen, ist seine Gemeingefährlichkeit. Deshalb ist es für die hier zur Erörterung stehende prinzipielle Aufgabe kein Unterschied, ob die Gemeingefährlichkeit vor der Verurteilung oder erst im Strafvollzug, ob in der Freiheit oder in einer Irrenanstalt entdeckt wird. Die Sicherungsmaßregeln haben, wie schon früher bewiesen, mit der Rechtslage nichts zu tun; nur der Ausgangspunkt, der zu dem Einschreiten Anlaß gibt, ist je nach der Rechtslage verschieden. Durch diesen Ausgangspunkt aber treten die Fälle in den Vordergrund, in denen die Erkrankung sich im Laufe eines gerichtlichen Strafverfahrens herausgestellt hat. Aus deren Erörterung wird sich ungezwungen ergeben, daß die gleichen Betrachtungen auch für alle anderen Arten gefährlichen Geisteskranker zutreffen.

Die Gesetzgebung aller Länder zeigt eine bunte Mannigfaltigkeit und gibt uns wenig Anhaltspunkte für die beste Art des Vorgehens. In den meisten Ländern steht dem Strafrichter nicht einmal ein Recht der Mitbestimmung über das Schicksal eines Unzurechnungsfähigen zu, wenn es sich um Untersuchungsgefangene oder um Angeklagte, die außer Verfolgung gesetzt oder freigesprochen werden, handelt. Nur in Bulgarien, Spanien, den Niederlanden, in Rußland und einigen wenigen Schweizer Kantonen hat der Strafrichter das Recht, die Unterbringung der freigesprochenen Geisteskranken selbst anzuordnen. In England ist die Versorgung durch ein eignes Gesetz (criminal lunatic act) geregelt; die Entscheidung liegt auch dort in den Händen des Gerichts.

In einigen anderen Staaten, so in Norwegen und Dänemark, überweist das Gericht den Kranken an die Verwaltungsbehörden, die an die Entscheidung des Gerichtes gebunden und sie auszuführen verpflichtet sind.

Auch der neue Vorentwurf zu einem deutschen Strafgesetzbuch schließt sich diesem Vorgehen an. Der Richter ordnet die Verwahrung an, worauf die Landespolizeibehörde für die Unterbringung zu sorgen hat. Um aber willkürliche Handhabung dieser Bestimmung auszuschalten, ist wiederum vorgesehen, daß gegen die Verfügung der Landespolizeibehörde gerichtliche Entscheidung zulässig ist. Sehr einfach ist, wie ohne weiteres erkennbar, dieses Verfahren nicht, und es wird an ernsten Meinungsverschiedenheiten nicht mangeln. Der Schweizerische und Serbische Strafgesetzentwurf unterscheidet die Verwahrung im Interesse der öffentlichen Rechtssicherheit und die im Interesse des Kranken. Im ersten Fall verfügt das Gericht sowohl über die Verwahrung, wie über die Entlassung; im zweiten Fall überweist das Gericht den Kranken der Verwaltungsbehörde zur Versorgung.

In Italien ordnet der Strafrichter die vorläufige, der Zivilrichter die endgültige Unterbringung an. Auch der österreichische Entwurf zu einem neuen Strafgesetzbuch überträgt dem Gericht die Entscheidung; nach dem Entwurf der Strafprozeßordnung bestimmt das Gericht in besonderer Sitzung und durch besonderes Urteil alles Nähere.

In allen anderen Ländern, so auch bis jetzt in Deutschland, besteht keinerlei Recht und keinerlei gesetzliche Verpflichtung des Gerichtes, irgendwelche Maßregeln zur Sicherung eines freigesprochenen Geisteskranken zu treffen. Die Gerichte unterziehen sich zwar freiwillig in der Regel der Aufgabe, die Verwaltungsbehörde von dem ergangenen Urteile in Kenntnis zu setzen, haben aber keinerlei Einfluß darauf, was geschieht, und müssen es dieser überlassen, ob sie die notwendigen Vorsichtsmaßregeln treffen will oder nicht.

Ganz ausgeschaltet sind die Gerichte fast durchweg bei der Entscheidung über die Entlassung; nur in Spanien hat das Strafgericht, das sich für Freisprechung eines Kranken und Einweisung in die Irrenanstalt entschied, auch die Verfügung über den Zeitpunkt der Entlassung. Dasselbe soll auch nach dem neuen Strafgesetzentwurf in der Schweiz geschehen; ebenso nach dem Vorentwurf in Österreich. In Italien hängt die Entlassung von dem gleichen Zivilgericht ab, an das nach der Freisprechung der Kranke verwiesen wird.

Unser deutscher Vorentwurf gibt durch das Anrufen richterlicher Entscheidung bei Bedenken gegen die Entlassung dem Richter das Recht der Mitwirkung.

In England, wo die Einweisung „during her Majesty's pleasure“ stattfindet, gibt das Ministerium des Innern den Ausschlag, ebenso in Norwegen; in Ungarn eine besondere Kommission, und nur in Ausnahmefällen das Ministerium. Im österreichischen Entwurf kann sowohl der Staatsanwalt wie der Kranke oder sein Vertreter, aber nicht vor Ablauf eines Jahres, den Antrag auf Entlassung an das Gericht stellen.

Überall sonst, auch in den Ländern, wo nur moderne Entwürfe, aber keine modernen Gesetze vorliegen, mit Ausnahme von Schweden, wo die oberste Medizinalbehörde anzurufen ist, hängt die Entlassung eines Kranken, soweit überhaupt Vorschriften gegeben sind, von den Verwaltungsbehörden ab; in den anderen Ländern ist bei dem Mangel jeglicher Vorschriften, soweit nicht entsprechende Verordnungen, wie in Preußen, dieses Recht noch einschränken (S. 33), der Arzt imstande, ohne weitere Benachrichtigung der Verwaltungsbehörden oder der Gerichte, nach seiner Überzeugung zu verfahren und den Kranken zu entlassen, sobald es ihm zulässig erscheint.

Ich glaube, man wird ohne Gefahr des Widerspruches behaupten dürfen, daß derjenige, der den Zustand des Kranken am besten beurteilen kann, der Arzt ist. Er vermag, und zwar bei der meist langen Dauer der Beobachtung in der Regel mit ziemlicher Sicherheit zu sagen, ob die Erkrankung so weit gebessert ist, daß eine weitere Gefahr für die Öffentlichkeit nicht mehr vorliegt.

Besonders dann, wenn man, wie ich, der Ansicht ist, daß die Gefährlichkeit der hier in Frage kommenden Personen der Regel nach nur ein Symptom der Erkrankung ist, von der Art der Psychose, nicht von dem kriminellen Vorleben abhängt, wird man dem ärztlichen Gutachten die allergrößte Bedeutung zumessen. Für ganz unzulässig würde ich es halten, den Arzt bei der Entscheidung über die Entlassung auszuschalten. Aber ich kann es nicht so bedauerlich finden, wenn ihm die Entscheidung nicht allein anvertraut wird. Allzu häufig kommt es vor, daß die Platznot, unter der fast alle unsere Anstalten leiden, ihn zwingt, sich nach Kranken umzusehen, die entlassen werden können, um ernsteren Fällen, die der ärztlichen Hilfe mehr bedürfen, Platz zu machen. Die Gefahr ist dann recht groß, daß er sich bei der Entscheidung im wesentlichen nach rein ärztlichen Gesichtspunkten richtet und die Interessen der öffentlichen Rechtssicherheit nicht ausreichend berücksichtigt.

Sehr häufig sprechen auch bei der Entlassung äußere Umstände mit, über die sich der Arzt ohne Mitwirkung der Behörden nur schlecht unterrichten kann, wie z. B. in welche häuslichen Verhältnisse der Kranke zurückkehrt, ob er Arbeitsgelegenheit findet, ob er der Gefahr der Trunksucht ausgesetzt ist und Ähnliches mehr. Diese Grundlagen, deren er bedarf, um beurteilen zu können, ob der Kranke ohne Bedenken wieder in die Freiheit entlassen werden kann, kann dem Arzte in zweifelsfreier Weise nur die Verwaltungsbehörde verschaffen. Schon allein dieser Gesichtspunkt zwingt dazu, einem Handinhandarbeiten des Arztes mit einer anderen Behörde das Wort zu reden.

Soll nun aber die Verwaltungsbehörde, gestützt auf das ärztliche Gutachten, allein das Recht haben, die Entscheidung zu treffen? Wohin das führt, wird am besten durch die Klagen aus

England und Irland gekennzeichnet, wo dem Arzte nicht gar so selten die Entlassung von Kranken seitens der Verwaltungsbehörde abgeschlagen wird, ohne daß eine hinreichende Prüfung des augenblicklichen Zustandes vorangegangen ist. Diese Entscheidungen auf Grund der Akten und eines ärztlichen Gutachtens werden leicht einseitig, oder aber das Gutachten erhält ein Übergewicht, dessen sich vielfach die Verwaltungsbehörden kaum bewußt sind; dann bedeutet die Anrufung der Verwaltungsinstanz nur eine überflüssige Mehrarbeit und Zeitvergeudung.

Ist schon die Einweisung eines Kranken eine tief in alle möglichen Rechtssphären einschneidende Maßregel, so erst recht die Entscheidung über die Entlassung. Deshalb muß es als notwendig bezeichnet werden, ein eigenes Verfahren einzuleiten, und zwar ein Verfahren, bei dem sowohl die Einweisung eines Kranken in eine Irrenanstalt wie seine Entlassung gleichmäßig geregelt wird. Dieses Verfahren ist nicht nur in den Fällen angebracht, wo ein Unzurechnungsfähiger vom Gericht freigesprochen wird, sondern auch dann, wenn ein Strafgefangener in eine Irrenanstalt überführt wird, sowie auch dann, wenn ein Kranker innerhalb der Anstalt gefährlich wird, und die Angehörigen etwa einsichtslos genug sind, trotz dringenden ärztlichen Abmahnens auf der Entlassung des Kranken zu bestehen. Die Lage ist doch zu ernst, die Entscheidung zu wichtig, als daß Verwaltungsbehörden auf Grund von Akten und ärztlicher Zeugnisse, aber ohne Kenntnis der Persönlichkeit über das Schicksal eines Kranken verfügen dürften.

Sofort erhebt sich die große Streitfrage, ob dann dem Strafrichter oder dem Zivilrichter die Entscheidung zusteht. Der Strafrichter kennt die Akten und die Persönlichkeit des Rechtsbrechers genug, um ein freisprechendes Urteil ergehen zu lassen. Aber vielleicht nicht genug, um entscheiden zu können, welche Maßnahmen danach erforderlich sind; ob es ausreicht, den Kranken seiner Familie anzuvertrauen, ob eine Irrenanstalt oder eine Epileptikeranstalt geeigneter ist, oder welche Art der sicheren Verwahrung sonst angezeigt ist. Allzu stark würde bei dem Strafrichter auch die augenblickliche Straftat die Entscheidung beeinflussen. Unter dem Eindrucke einer sensationellen Greueltat wird er vielleicht zu allzu schroffen, bei harmlosen Kleinigkeiten zu allzu milden Maßnahmen geneigt sein. Ihm fehlt, mehr noch als, wie oben angeführt, dem Arzte, die Möglichkeit, die Verhältnisse klar zu übersehen, in die der Kranke zurückkehrt, und von deren Gestaltung es vielleicht einzig und allein abhängt, ob der Kranke harmlos bleiben oder von neuem die öffentliche Rechtssicherheit gefährden kann. Oetker[1]) erklärt es geradezu für eine „ungerechtfertigte Überschreitung der strafrichterlichen Sphäre“, wenn unser Strafgesetzentwurf das Strafgericht ermächtige, aus Gründen der öffentlichen Sicherheit die Verwahrung freigesprochener Geisteskranker anzuordnen.

In Italien ist die Anordnung der endgültigen Versorgung dem Zivilrichter anvertraut, während der Strafrichter nur für die vorläufige Unterbringung zu sorgen hat. Hier tritt uns in klarster Weise das Bestreben entgegen, über das Schicksal eines Menschen nicht in dem Augenblicke für lange Zeit zu entscheiden, in dem vielleicht die Schrecknisse der in der Verhandlung aufgerollten Ereignisse noch allzu stark nachzittern und kühle Erwägungen nicht aufkommen lassen. Aber Italien hat die Anwendung eines derartigen Verfahrens auf die Fälle beschränkt, die den Strafrichter beschäftigen, nicht aber auch auf die im Strafvollzug Erkrankten ausgedehnt. Und doch ist für diese ein gleiches Verfahren ebenso Bedürfnis wie weiterhin auch für gefährliche Kranke, deren Entlassung gegen den ärztlichen Rat von den Angehörigen gefordert wird.

Zieht man den Schluß aus alledem, so wird man zu der Forderung kommen müssen, daß der Strafrichter in jedem Falle, in dem er einen Kranken wegen mangelnder Zurechnungsfähigkeit außer Verfolgung setzt oder freispricht, für die vorläufige Unterbringung Sorge zu tragen hat. Dann aber sollte alles Weitere im Wege eines systematischen Verfahrens geregelt werden. Und zwar muß das gleiche Verfahren auch in allen den Fällen eingeleitet werden, wo eine geistige Erkrankung zur Unterbrechung des Strafvollzuges führt oder wo gewichtige Gründe, auch dann, wenn es überhaupt nicht zu einer Straftat gekommen ist, den Angehörigen, dem Arzte,

---

[1]) Oetker, Strafen und sichernde Maßnahmen nach dem Vorentwurf zu einem deutschen Strafgesetzbuch. Stuttgart, Euke S. 31.

unter Umständen auch dem Kranken selbst den Wunsch nahelegen, amtlich festgestellt zu wissen, was weiter geschehen soll.

V. Liszt[1]) hat 1904 einen Entwurf eines Gesetzes betreffend die Verwahrung gemeingefährlicher Geisteskranker und vermindert Zurechnungsfähiger veröffentlicht. Nach diesem Entwurfe soll das Gericht im Falle der Anwendung des § 51 StGB. von Amts wegen und durch besonderen Beschluß die vorläufige Verwahrung des Verurteilten anordnen und zugleich die Akten zur Einleitung des Entmündigungsverfahrens an die zuständige Staatsanwaltschaft abgeben. Die Entmündigung wegen Gemeingefährlichkeit soll dann die Geschäftsfähigkeit des Entmündigten in gleicher Weise beschränken, wie es bei einem Minderjährigen nach vollendetem siebenten Lebensjahre der Fall ist. Die Entmündigung gibt weiter das Recht, von Gerichts wegen die Unterbringung der Entmündigten in einer Heil- und Pflegeanstalt anzuordnen. Doch kann auf Antrag oder mit Zustimmung des Leiters der Anstalt der Kranke auch seiner eigenen oder einer fremden Familie zur Pflege und Beaufsichtigung überwiesen werden. In dieser Zeit steht der Entmündigte unter der Oberaufsicht des Anstaltsleiters. Die Anordnung ist widerruflich.

Oetker[2]) nimmt an der Entmündigung wegen Gemeingefährlichkeit Anstoß. Einer seiner Gründe, daß der Gemeingefährliche von dem Trunksüchtigen, der die Sicherheit anderer gefährde, verschieden sei, weil die Trunksucht immer die Unfähigkeit zur gehörigen Besorgung der Vermögensangelegenheiten mit sich bringe, die gemeingefährliche Geistesstörung aber nicht, ist nicht zutreffend. Denn die meisten Trunksüchtigen sind bei erzwungener Abstinenz bald durchaus wieder fähig, ihre Angelegenheiten zu besorgen; anderseits hat doch allein schon die Notwendigkeit der Internierung — auch abgesehen von der zugrunde liegenden Erkrankung — eine Behinderung der bürgerlichen Geschäftsfähigkeit zur Folge. Ich kann also darin, daß ein

---

[1]) Mitteilungen der Internationalen kriminalistischen Vereinigung. Bd. 11, S. 637.

[2]) Entwurf eines Reichsgesetzes betr. die Entmündigung und die Internierung gemeingefährlicher Geisteskranker. Mitteilungen der Internationalen krim. Vereinigung. Bd. 12, S. 58.

Kranker für die Besorgung seiner Angelegenheiten noch ein gewisses Verständnis hat, kein Hindernis gegen die Entmündigung erblicken und gehe darin sogar noch viel weiter; ich halte es ganz allgemein im Interesse der Strafgefangenen für wünschenswert, überall da, wo durch Verbüßung einer längeren Strafe ein Mensch in der Betätigung seiner sozialen Aufgaben und in seiner Stellung beeinträchtigt wird, ihm einen Berufsvormund zur Seite zu geben, der seine Interessen wahren könnte. Denn die Abgeschlossenheit von der Welt, die nebenbei im Gefängnis unendlich viel größer ist als in der Irrenanstalt, entfremdet nicht nur den Eingesperrten seiner Familie und der Welt — ich erinnere z. B. nur daran, daß dem Zuchthäusler nur vier Briefe in einem Jahre gestattet sind —, sondern macht es ihm auch praktisch unmöglich, die Schritte zu tun, die zur Wahrung seiner Interessen erforderlich sind. Deshalb habe ich die Einsetzung eines Vormundes auch für die Fälle vorgeschlagen, in denen ein Strafgefangener lange Zeit dem Leben ferngehalten wird[1]).

Die Entmündigung schafft dem Entmündigten einen Helfer, der ihm mit Rat und Tat zur Seite steht. Würde man das als die einzige Aufgabe der Entmündigung ansehen, so würde kein Bedenken dagegen bestehen, jeden gemeingefährlichen Geisteskranken zu bevormunden. Aber der rechtliche Gesichtspunkt der durch unser bürgerliches Gesetzbuch vorgesehenen Entmündigung ist für diese Fälle unzureichend. Er beschränkt sich ausschließlich auf die Unfähigkeit zur Besorgung der Angelegenheiten, und im Falle fraglicher Gemeingefährlichkeit könnte leicht ein Richter die Entmündigung deshalb ablehnen, weil er dem Kranken ein recht hohes Maß von Geschäftsfähigkeit zutraut. Deshalb hat Schultze Recht, wenn er die Entmündigung und Verwahrung für grundsätzlich verschieden erklärt; die Entmündigung erfolgt im Interesse des Einzelnen, die Verwahrung überwiegend im Interesse der Gesellschaft.

Um alle Bedenken gegen die Entmündigung zu vermeiden, schlägt Oetker vor, das Vorgehen gegen gemeingefährliche Kranke als Internierungsverfahren, das im übrigen

[1]) Verhandlungen des 28. Deutschen Juristentags. Bd. 2 S. 30.

prozessual und in seinen Wirkungen dem Entmündigungsverfahren entspricht, auszugestalten. Ich habe gegen diese, im ersten Augenblick bestechende Lösung der Schwierigkeit ein sehr ernstes Bedenken. Das Internierungsverfahren würde bedingen, daß andere Maßnahmen als die Einschließung in einer Anstalt ausgeschlossen wären. Es widerspricht dem Geiste eines Internierungsverfahrens, etwa bei einer nur geringfügigen Gefährlichkeit, den Kranken unter bestimmten Bedingungen der Obhut seiner Angehörigen oder sonst geeigneter Personen anzuvertrauen.

Allerdings rechnet Oetker, ganz ähnlich wie von Liszt, mit der Möglichkeit, daß das Gericht den Kranken unter ständiger Aufsicht eines Arztes, und zwar eines Fachmannes, auch in einer Familie unterbringen könnte. Man wird aber doch nicht gut bei der Unterbringung in der Familie, besonders wenn es die eigene ist, von einem Internierungsverfahren sprechen können. Oetker ist dabei von der Voraussetzung ausgegangen, daß nur ganz ausnahmsweise von einer Internierung abgesehen werden könnte. Ich bin nicht dieser Ansicht. Es gibt von vornherein dem ganzen Verfahren eine zu eng gebundene Marschroute, läßt zu sehr als das einzige Ziel die Versorgung des Gemeingefährlichen in einer Anstalt in den Vordergrund treten.

Die Aufgabe des Gerichts müßte dahin gehen, unter Zugrundelegung der Akten in allen den Fällen, in denen eine strafbare Handlung der Ausgang des Verfahrens ist, unter Berücksichtigung der sozialen und Familienverhältnisse des Kranken und ganz besonders gestützt auf die ärztliche Auffassung von der Art und Prognose der Erkrankung, den Zustand des Kranken festzustellen und die voraussichtliche weitere Entwicklung mit tunlichster Klarheit festzulegen. Nicht gar so selten wird das Gericht zu der Überzeugung kommen, daß eine Unterbringung in einer Irrenanstalt überflüssig ist. In all den Fällen z. B., in denen während der langen Dauer einer Voruntersuchung die Erkrankung selbst geheilt ist, und Rückfälle nach der Art der Erkrankung nicht zu erwarten sind.

Die starke Betonung des Internierungszweckes würde außerdem kaum eine Regelung gestatten, nach der ohne Aufhebung des Internierungsbeschlusses der Versuch einer

Entlassung gemacht werden könnte, während von Liszts und Oetkers Vorschläge, gerade wie auch die neuen Entwürfe, z. B. der österreichische, Wert darauf legen, die Entlassung stets nur als einen widerruflichen Versuch zu betrachten.

Vor allem aber bestünde die Gefahr, daß, um überhaupt etwas anordnen zu können, schematisch immer die Internierung für erforderlich gehalten wird, statt daß die Maßnahmen der Persönlichkeit des Kranken nach Möglichkeit angepaßt würden.

Für besonders wichtig halte ich die Forderung, die versuchsweise Entlassung durch bestimmte gesetzliche Regelung in den Kreis der notwendigen Maßnahmen aufzunehmen. In vielen Fällen wird die Änderung des krankhaften Zustandes dem Arzt die Hoffnung erwecken, daß sich der Kranke ohne Gefährdung der Öffentlichkeit außerhalb der Anstaltsmauern bewegen kann. Ob diese Auffassung richtig ist, kann im allgemeinen nur ein Versuch zeigen. Ein Beispiel mag das illustrieren. Ein infolge chronischer Trunksucht unter dem Einfluß von Sinnestäuschungen auf die Frau eifersüchtiger Geisteskranker versucht, die Frau zu töten. Die Untersuchung ergibt, daß er in einem unzurechnungsfähigen Zustande gehandelt hat, und nun wird der zweifellos gemeingefährliche Kranke in einer Anstalt untergebracht. Nach wenigen Monaten sind die wahnhaften Ideen geschwunden, und eine langdauernde, streng durchgeführte Abstinenz läßt erwarten, daß der gemeingefährliche Geisteskranke wieder zu einem harmlosen und friedlichen Rechtsbürger geworden ist. Aber nur unter der Bedingung voraussichtlich dauernder Alkoholenthaltsamkeit. Jeder Rückfall in seine Trinkgewohnheit ist gleichbedeutend mit einem Rückfall in seine Erkrankung, gleichbedeutend mit einer neuen Gefährdung seiner Umgebung. Ob der Kranke vom Alkohol lassen kann, läßt sich innerhalb einer Anstalt nicht feststellen; deshalb wird man den Kranken versuchsweise entlassen müssen. Es wäre aber ganz verfehlt, diese Entlassung mit der Aufhebung des ursprünglich ergangenen Urteils, durch das er als ein gemeingefährlicher Geisteskranker erklärt worden ist, zu verbinden. Die Beurlaubung würde es ermöglichen, den Kranken zu entlassen und ihn sofort wieder zu internieren, sobald sich herausstellt, daß er die Abstinenz nicht durchführt.

Mehr als unrichtig würde es sein, wollte man in dem Falle wie in vielen ähnlichen warten, bis der Kranke von neuem in seinen alten Zustand zurückfällt und von neuem seine Umgebung geschädigt hat. Das würde bei einer Aufhebung des Urteils der Fall sein, weil der Richter erst dann das Recht auf Einleitung eines neuen Feststellungsverfahrens hätte, wenn ihm ernsthafte kriminelle Anlässe auch äußerlich das Recht dazu geben würden, während bei der probeweisen Beurlaubung jede drohende Gefährdung der öffentlichen Rechtssicherheit die Zurückverweisung in die Anstalt zur Folge haben würde. Deshalb bin ich der Ansicht, daß in dem Rahmen eines solchen Gesetzes die versuchsweise Entlassung hineingehört; und zwar soll auch diese nicht allein in das Belieben der Ärzte gestellt sein, sondern von einem Gerichtsbeschlusse und von einem ordentlichen Verfahren, gegen das sowohl der Internierte und dessen Vormund, wie der Staatsanwalt das Recht des Einspruchs haben müssen, abhängig gemacht werden.

Das Internierungsverfahren kann unbedenklich nach Oetkers Vorschlag auf alle Erkrankungen während des Strafvollzugs ausgedehnt werden, die eine Fortsetzung der Strafverbüßung unmöglich machen, ebenso auf die in den Irrenanstalten als besonders gefährlich sich erweisenden Kranken; durch das Verfahren wäre den Angehörigen gegenüber eine Handhabe gegeben, allzu vorzeitige Entlassungen zu verhindern. Gerade durch ein solches Verfahren aber würden auch die Fälle sofort ausgeschieden werden, die trotz krimineller Vergangenheit für die Zukunft als harmlos gelten dürfen, und um so gewichtiger würde das Einschreiten gegen alle die sein, die als ernsthaft gemeingefährlich betrachtet werden müssen.

Ich halte den Entwurf Oetkers nach dieser Richtung für geeigneter als den von Liszts, weil er die Möglichkeit des Einschreitens auch gegen solche Kranke gibt, die keine strafbare Handlung begangen haben, und auf die ausgedehnt werden kann, die während der Strafverbüßung erkranken [1]).

[1]) Art. 3 § 3 des Oetkerschen Entwurfs lautet: „Begehung einer strafbaren Handlung seitens des zu Internierenden ist nicht Voraussetzung (des Internierungsverfahrens)."

Art. 7: „Stellt sich während der Verbüßung einer Freiheitsstrafe heraus,

Ob man nun dieses Verfahren Sicherungsverfahren, wie Schultze vorschlägt, oder, wie ich persönlich vorziehe, Feststellungsverfahren nennt, ist eigentlich belanglos. Ich gebe zu, daß der Einwand berechtigt ist, jedes Verfahren stelle etwas fest; aber mir scheint es wünschenswert, eine möglichst indifferente Bezeichnung zu wählen, da auch ein abweisender Beschluß in einem Sicherungsverfahren dem Kranken, der vielleicht als gänzlich harmlos erkannt wurde, einen Makel anhaften könnte, der unerwünscht ist. Auf die Bezeichnung kommt es ja schließlich überhaupt nicht an; die Hauptsache ist, daß durch ein geregeltes Verfahren festgestellt wird, welche Maßnahmen erforderlich sind, um die Öffentlichkeit zu schützen.

Die Form des Entmündigungsverfahrens darf wohl im allgemeinen als vorbildlich angesehen werden. Der „Fürsorger", — so würde wohl besser als der Vormund der bezeichnet werden, dem die Vertretung des Kranken obliegt, — hätte seine Aufgabe nicht nur darin zu suchen, daß dem Kranken im Feststellungsverfahren kein Unrecht geschieht, sondern auch darin, daß die getroffenen Maßnahmen nicht unnütz hart sind. Ihm wie auch der Staatsanwaltschaft würde es zustehen, eine Nachprüfung nach bestimmter Zeit zu beantragen, die probeweise Entlassung durch Beschaffung geeigneter Unterkunft zu ermöglichen, den Beurlaubten zu beaufsichtigen. Ich glaube, daß als Fürsorger nur ein Berufsvormund in Frage kommen kann, „denn die Situation ist zu schwierig, als daß ihr jeder Beliebige gewachsen sein könnte, zu verantwortlich, als daß sie der Tummelplatz dilettantischer Menschenliebe sein dürfte" [1]).

Ein weiteres Erfordernis müßte endlich noch in den Bestimmungen des Feststellungsverfahrens Berücksichtigung finden. Es müßte vorgesehen sein, daß in regelmäßigen Zwischenräumen auch ohne Antrag von irgendeiner Seite der Zustand des gemeingefährlichen Kranken einer erneuten Untersuchung unterzogen wird. Das allein dem Staatsanwalte oder der privaten Initiative, etwa dem Vormund des Kranken oder dem

daß der Verurteilte infolge von Geisteskrankheit gemeingefährlich ist, so entscheidet auf Antrag der Strafvollstrecker der Behörde das Gericht I. Instanz über die Anordnung der vorläufigen Verwahrung."

[1]) Verhandlungen des 28. Deutschen Juristentags, Bd. II S. 28.

leitenden Arzte der Anstalt, in der er untergebracht ist, zu überlassen, erscheint mir bedenklich. Die Verantwortung, die derjenige übernimmt, der zu der Entlassung des Kranken den Anstoß gibt, ist so groß, daß allzu große Gewissenhaftigkeit und Ängstlichkeit, zuweilen auch wohl einfach Bequemlichkeit eine rechtzeitige Beantragung einer Revision verhindern können. Dem Kranken selbst sind aber die Hände zu sehr gebunden, als daß man ohne weiteres sein Antragsrecht für ausreichend erklären könnte.

Anderseits werden sich unter den Kranken nicht selten solche Patienten finden, die aus krankhafter Empfindsamkeit oder infolge Mangels an Einsicht in die Krankhaftigkeit ihres Zustandes unablässig den Kampf um ihre Entlassung führen werden und durch die Notwendigkeit, ihrem Antrage stattzugeben, zu einer ganz überflüssigen Belastung der Gerichte Anlaß geben. Eine regelmäßige, ohne Anlaß sich je nach der Lage des Falles etwa jedes Jahr oder alle zwei Jahre wiederholende Kontrolle des Gerichtsbeschlusses würde allen Anforderungen genügen, wenn daneben noch den Parteien, d. h. dem Staatsanwalt und dem Vormund, sowie dem Arzt das Recht gegeben wird, jederzeit ein neues Verfahren zu beantragen. Die Beschränkung des österreichischen Entwurfs, daß nicht vor Jahresfrist die Entlassung beantragt werden kann, entspricht den Bedürfnissen der Praxis nicht. Eine Heilung sollte unter allen Umständen die sofortige Aufhebung der getroffenen Maßregel bedingen.

Die Anpassung an das Entmündigungsverfahren drängt dazu, dem Entmündigungsrichter auch dieses Feststellungsverfahren anzuvertrauen. Die Aufgabe des Strafrichters ist es, die Handlungen vergangener Zeiten zu erforschen und danach seine Maßnahmen zu treffen, die des Entmündigungsrichters, vorausschauend, auf Grund der Vergangenheit und Gegenwart dem ihm Zugewiesenen zur Seite zu stehen. Dieser rein praktische Gesichtspunkt der Prognose weist dem Zivilrichter den Weg. Er ist weit mehr als der Strafrichter gewohnt, auch die Verhältnisse, in denen der Kranke zu leben gezwungen ist, seine Neigungen und seine Widerstandskraft, die Entwicklung der Persönlichkeit zu berücksichtigen. Das gibt ihm ein Übergewicht gegenüber dem Strafrichter. Die Organe der Strafrechtspflege kommen insofern mit ihren Wünschen ausreichend zur Geltung, als die Mitwirkung der Staatsanwaltschaft nicht zu entbehren ist. Handelt es sich um erkrankte Gefangene, so werden ja auch die Beobachtungen der Strafvollzugsbeamten als Zeugenaussagen mitverwertet werden müssen, vor allem aber muß in jedem Falle ein psychiatrisches Gutachten eingeholt werden. Denn gerade bei diesen schwierig zu deutenden Persönlichkeiten wird oft der Psychiater auf gefährliche Eigenschaften hinweisen können, die der Aufmerksamkeit des Laien entgehen, und zuweilen auch die Harmlosigkeit von Symptomen, die höchst bedrohlich erscheinen, nachweisen können.

Gewiß wird ein Verfahren, wie es hier in Umrissen skizziert ist, eine erhebliche Belastung unserer Richter bedeuten. Aber das lohnt sich wohl in Anbetracht der Wichtigkeit jedes einzelnen Falles von wirklicher oder scheinbarer Gemeingefährlichkeit. Nur ein so umständliches Verfahren kann uns die Gewißheit geben, daß die Rechte des zu Internierenden bis zur äußersten Grenze der Zulässigkeit gewahrt werden, nicht aber über diese Grenze hinaus, denn das Recht des einzelnen kann nie über das Recht der Gesellschaft gestellt werden.

Zusammenfassung.

Mit der Gefährdung der öffentlichen Rechtssicherheit durch Geisteskranke wird man stets rechnen müssen, etwa wie mit den Betriebsunfällen der Eisenbahnen. Sie sind nicht ganz zu vermeiden, weil sich zuweilen geistige Erkrankungen so plötzlich entwickeln, oder bei einem jahrelang ruhigen Kranken so schnell Erregungszustände schwerster Art entstehen können, daß die Umgebung ernstester Gefahr ausgesetzt ist. Wenn man nicht alle Kranke unter genaueste Aufsicht stellen will, so muß man wohl auf unglückliche Ereignisse gefaßt sein. Aber es ist gerade deshalb doppelt notwendig, sich über die Wege klar zu werden, die es ermöglichen, die Zahl der Unglücksfälle einzuschränken.

Die erste Vorbedingung, um diesem Ziele näher zu kommen, ist die klare Erkenntnis der Aufgabe. Deshalb mußte zuerst erörtert werden, gegen wen sich der Kampf um die Rechtssicherheit richtet. Die Beantwortung war: Nicht gegen jeden geisteskranken Verbrecher, nicht gegen jeden verbrecherischen Geisteskranken, sondern nur gegen die gemeingefährlichen Geisteskranken. Nicht das Verhältnis des Kranken zu Strafgesetz oder Strafvollzug, nicht die Schwere eines begangenen Angriffs auf die öffentliche Rechtssicherheit gibt den Maßstab für die zu treffenden Anordnungen, sondern ausschließlich seine geistige Erkrankung. Daß dabei die persönliche Eigenart des Kranken mit berücksichtigt werden muß, ist ebenso selbstverständlich wie die Notwendigkeit, auch den äußeren Lebensverhältnissen Rechnung zu tragen. Die Diagnose der Erkrankung ist nicht ausreichend, wenn sie nicht auch die gesamte Entwicklung des Kranken mit berücksichtigt; erst aus dem Gesamtbild der Persönlichkeit, so wie sie in der Welt zu leben vermag, ergibt sich die Prognose für die Zukunft.

Je früher die Krankheit erkannt wird, um so größer die Wahrscheinlichkeit, daß unsere Schutz- und Abwehrmaßregeln rechtzeitig einsetzen können. Deshalb ist die sorgsamste Ausbildung aller derer, die berufsmäßig mit Geisteskranken in Berührung kommen, ein unbedingtes Erfordernis. Untersuchungsrichter, Staatsanwälte, Strafrichter und Zivilrichter müßten weit bessere Kenntnisse auch von den leichten Formen geistiger Abweichungen haben, als sie bisher besitzen. Nur so kann vermieden werden, daß Kranke widerrechtlich verurteilt werden. Und weiter müssen die Gefängnisbeamten mit den Erscheinungen geistiger Störungen vertraut sein.

Erst recht die Gerichts- und Gefängnisärzte, denn nur dadurch wird verhindert werden können, daß Kranke gegen die Rechtsgrundsätze aller Völker verurteilt werden, und daß weiter für eine rechtzeitige Ausscheidung aller Kranker aus dem Strafvollzug gesorgt wird. Eine regelmäßige Kontrolle aller Strafgefängnisse durch Irrenärzte, die von der Gefängnisverwaltung völlig unabhängig sein müssen, ist das wirksamste Unterstützungsmittel der Gefängnisärzte in diesem Bestreben.

Für diejenigen Fälle, in denen die Krankheit nicht in ihrer vollen Bedeutung klar ist, müssen Beobachtungsabteilungen an Strafgefängnissen unter der Leitung unabhängiger Psychiater eingerichtet werden. Nur zum Zweck der Beobachtung ist der Zusammenhang einer Krankenabteilung mit dem Strafvollzug erträglich. Sobald die Entscheidung getroffen ist, müssen die Kranken aus diesen Abteilungen entfernt werden und gehören dann ganz unter die Obhut der Irrenärzte. Aus Gründen der Humanität und der Heilungsbeobachtungen muß die Zeit des Aufenthalts in den Irrenanstalten entweder auf die Strafverbüßung angerechnet oder die Kranken durch Begnadigung von der Reststrafe befreit werden.

Die großen Kriminalanstalten haben sich nicht so bewährt und besitzen keine solchen Vorzüge, daß sie zur Nachahmung empfohlen werden könnten. Auch die Adnexe an Strafanstalten sind für die Behandlung und Verwahrung von Kranken ungeeignet. Sie sind unzulänglich, da sie aus Rechtsgründen Nichtbestrafte nicht aufnehmen dürften. Aber auch für Vorbestrafte sind sie unbrauchbar, weil der Kranke kein Objekt des Strafvollzugs mehr sein kann. Sie müßten unabhängig von den Strafanstalten sein, und sind dann besser auch aus dem räumlichen Zusammenhang mit den Strafanstalten loszulösen.

Im allgemeinen empfiehlt sich die Verteilung aller gefährlichen und schwierigen Kranken auf alle zur Verfügung stehende Anstalten.

Genügen die bestehenden Einrichtungen (Wachabteilungen, Abteilungen für unruhige Kranke) nicht, so müssen besondere gesicherte Häuser geschaffen werden, in denen alle Patienten mit ernsthaft bedenklichen Neigungen bis zum Schwinden des diesen zugrunde liegenden Zustandes Aufnahme finden können. Wo sich trotz bestehenden Bedürfnisses bei einer zu geringen Zahl gefährlicher Kranker die Erbauung gesicherter Häuser an allen Anstalten nicht lohnt, kann eine derartige Abteilung von mehreren Anstalten gemeinsam benutzt werden. Am meisten empfiehlt sich dann ihre Errichtung in der Nähe von Universitäten, um das wertvolle Studien- und Unterrichtsmaterial zur Ausbildung der Juristen und Mediziner ausnützen zu können.

Bei den Kranken, die wegen Unzurechnungsfähigkeit freigesprochen oder außer Verfolgung gesetzt worden sind oder aus dem Strafvollzug in die Irrenanstalt verbracht werden, muß die

Notwendigkeit der Einweisung und ebenso der Zeitpunkt der stets nur versuchsweise zu erlaubenden Entlassung von einem besonderen gerichtlichen Verfahren abhängig gemacht werden. In dringenden Fällen verfügt der Strafrichter die vorläufige Internierung; die endgültige Entscheidung geschieht durch das Feststellungsverfahren. Dieses Verfahren wird zweckmäßigerweise auch auf solche Kranke ausgedehnt, die sich innerhalb der Irrenanstalten als besonders gefährlich erweisen.

Druck von C. Schulze & Co., G. m. b. H., Gräfenhainichen.

Kolibri 360 GmbH
Ferdinand-Jühlke-Straße 7
99095 Erfurt, Deutschland
produktsicherheit@kolibri360.de